Die gesetzliche Regelung
der aktiven ärztlichen Sterbehilfe
des Königreichs der Niederlande – ein Modell
für die Bundesrepublik Deutschland?

Recht & Medizin

Herausgegeben von den Professoren
Dr. Erwin Deutsch, Dr. Adolf Laufs, Dr. Hans-Ludwig Schreiber

Bd./Vol. 46

PETER LANG
Frankfurt am Main · Berlin · Bern · Bruxelles · New York · Oxford · Wien

Birgit Reuter

Die gesetzliche Regelung der aktiven ärztlichen Sterbehilfe des Königreichs der Niederlande – ein Modell für die Bundesrepublik Deutschland?

2. durchgesehene Auflage

PETER LANG
Europäischer Verlag der Wissenschaften

Die Deutsche Bibliothek - CIP-Einheitsaufnahme

Reuter, Birgit:

Die gesetzliche Regelung der aktiven ärztlichen Sterbehilfe des Königreichs der Niederlande: ein Modell für die Bundesrepublik Deutschland? / Birgit Reuter. - 2., durchges. Aufl. - Frankfurt am Main ; Berlin ; Bern ; Bruxelles ; New York ; Oxford ; Wien : Lang, 2002
(Recht & Medizin ; Bd. 46)
Zugl.: Göttingen, Univ., Diss., 2000
ISBN 3-631-39452-7

D 7
ISSN 0172-116X
ISBN 3-631-39452-7

www.peterlang.de

Vorwort

Die vorliegende Arbeit wurde im Sommersemester 2000 von der Juristischen Fakultät der Georg-August-Universität zu Göttingen als Dissertation angenommen. Die Arbeit berücksichtigt die Rechtsentwicklung der aktiven ärztlichen Sterbehilfe in den Niederlanden einschließlich der am 1. November 1998 in Kraft getretenen Neuregelung und behandelt zugleich die von der niederländischen Regierung für die Zeit nach der Drucklegung angekündigten Gesetzesreformen.

Meinem verehrten Doktorvater, Herrn Prof. Dr. Dr. h.c. *Hans-Ludwig Schreiber*, danke ich herzlichst für das entgegengebrachte Vertrauen und die Anregung zu dieser Arbeit. Mein Dank gilt ihm und den Professoren *Deutsch* und *Laufs* auch für die Aufnahme der Arbeit in die von ihnen herausgegebene Reihe "Recht und Medizin", sowie Herrn Prof. Dr. *Harald Bogs* für die Übernahme des Korreferats.

Frau *Heleen M. van Maurik* vom niederländischen Justizministerium hat mit zahlreichen Informationen zu den rechtspolitischen Hintergründen zum Gelingen dieser Arbeit beigetragen. Herrn Dr. *Hans Reis* verdanke ich nicht zuletzt den Hinweis auf die Dissertation von Eva Hilschenz. Herr Dr. *Folke Schneider* hat die Aufgabe der kritischen Durchsicht des Manuskripts übernommen. Ihnen allen bin ich für die wertvollen Anregungen und Ratschläge zutiefst verbunden.

Mein besonderer Dank gilt schließlich meinen Eltern, *Gabriele Reuter* und Dr. *Hans Günter Reuter*, die mich stets in jeder erdenklichen Weise unterstützt und meine Bestrebungen gefördert haben.

Berlin, im September 2000 B. R.

Inhaltsverzeichnis

Teil 1: Einführung **1**

A. Einleitung: Zur Dringlichkeit einer Standortbestimmung des bundesdeutschen Gesetzgebers zur aktiven Sterbehilfe 1

B. Ziel und Methode der Arbeit 4

C. Zur aktiven Sterbehilfe auf Verlangen in den Niederlanden 5

I. Die gegenwärtige Definition 5

II. Die Strafbarkeit nach Art. 293 nlStGB 8

III. Allgemeine Strafausschließungsgründe 10

Teil 2: Vorgeschichte **15**

A. Rechtsprechung 15

I. Die für die Rechtsentwicklung bedeutsamen Gerichtsentscheidungen 16

1. Bezirksgericht Leeuwarden – Urteil vom 21.2.1973 16

2. Bezirksgericht Rotterdam – Urteil vom 1.12.1981 19

3. Bezirksgericht Alkmaar – Urteil vom 10.5.1983 23

a. Gerichtshof Amsterdam – Urteil vom 17.11.1983 27

b. Hoge Raad – Urteil vom 27.11.1984 28

c. Gerichtshof Den Haag – Urteil vom 11.9.1986 37

4. Bezirksgericht Groningen – Urteil vom 1.3.1984 42

a. Gerichtshof Leeuwarden – Urteil vom 11.10.1984 44

b. Hoge Raad – Urteil vom 21.10.1986 45

c. Gerichtshof Arnhem – Urteil vom 27.2.1987 48

d. Hoge Raad – Urteil vom 3.5.1988 48

II. Zusammenfassung 49

1. Die geltende Rechtslage 49

2. Die offiziellen Leitsätze der Rechtsprechung 50

B. Ärztlich-berufsständische Regelwerke und Standesrecht 50

I. Die Richtlinien des Präsidiums der Königlich Niederländischen Gesellschaft zur Förderung der Heilkunde 51

1. Vorläufiger Standpunkt, 1973 52

2. Standpunkt in Sachen aktiver Sterbehilfe auf Verlangen, 1984 53

a. Wissenschaftlich zu verantwortende Erkenntnis 54

b. Normen der medizinischen Ethik 60

c. Der Arzt als der allein Geeignete 62

II. Entscheidungen der ärztlichen Disziplinargerichtsbarkeit 63

1. Ärztliches Disziplinargericht Amsterdam – Spruch vom 8.2.1977 65

2. Ärztliches Disziplinargericht Den Haag – Spruch vom 20.1.1988 67

III. Zusammenfassung 70

Teil 3: Das Gesetzgebungsverfahren 71

A. Erste Entwürfe 72

I. Gesetzentwurf der Abgeordneten Wessel-Tuinstra von 1984 74

1. Besonderer Rechtfertigungsgrund in Art. 293 nlStGB 75

2. Ablehnende Stellungnahme des Staatsrates 76

II. Abgeänderter Gesetzentwurf Wessel-Tuinstra vom Dezember 1985 77

1. Besonderer Rechtfertigungsgrund in Art. 293 nlStGB in Anschluß an den Gesetzesvorschlag der Staatskommission Euthanasie 77

2. Die Einführung der Sorgfaltspflicht „aussichtslose Notsituation“ 79

III. Probeentwurf des Ersten Kabinetts Lubbers vom Januar 1986 81

1. Besonderer Schuldausschließungsgrund in Art. 293 nlStGB 82

2. Die Einführung der Sorgfaltspflicht „konkrete Todeserwartung“ 84

3. Reaktionen auf den Probeentwurf 86

a. Ablehnende Stellungnahme des Präsidiums der Königlich Niederländischen Gesellschaft zur Förderung der Heilkunde 86

b. Abgeänderter Gesetzentwurf Wessel-Tuinstra/Kohnstamm vom März 1986 87

c. Ablehnende Stellungnahme des Staatsrates 88

IV. Gesetzentwurf des Zweiten Kabinetts Lubbers vom Dezember 1987 90

1. Ergänzung des Disziplinarrechts 92

2. Erneute Anfrage beim Gesundheitsrat 94

B. Die bisherige Praxis 99

I. Verfolgungspraxis der Staatsanwaltschaft 99

1. Verfolgungsmonopol und allgemeine Geltung des Opportunitätsprinzips 99

2. Kenntnisnahme der unnatürlichen Todesursache vermittels ‚Artikel-10-Formular' des amtsärztlichen Leichenbeschauers 101

a. Aktive Sterbehilfe auf Verlangen als unnatürliche Todesursache 103

b. Umfang der Mitwirkung des behandelnden Arztes bei der Leichenschau 104

aa. Pflichten nach dem Gesetz über das Bestattungswesen 104

bb. Fälschung des ‚Totenscheines A' für natürliche Todesursachen als vorherrschende Praxis 105

3. Besondere Verfolgungsrichtlinien 107

a. Entscheidung durch die Versammlung der Generalstaatsanwälte seit 1982 anhand der bestehenden Rechtsprechung 108

b. Entscheidung durch die Bezirksstaatsanwaltschaften seit 1985 anhand der offiziellen Leitsätze der Rechtsprechung 111

c. Das Meldeverfahren seit 1991 114

II. Ergebnisse der Remmelink-Studie zur aktiven ärztlichen Sterbehilfe auf Verlangen 119

1. Anzahl der Vorkommnisse im Jahre 1990 120

2. Ansichten der Ärzteschaft zur eigenen Sterbehilfebereitschaft 124

C. Das Gesetzgebungsziel 124

D. Die Neuregelung seit 1. Juni 1994 127

I. Gesetz zur Änderung des Gesetzes über das Bestattungswesen 127

II. Allgemeine Regierungsverordnung aufgrund Art. 10 Abs. 1 des Gesetzes über das Bestattungswesen 128

E. Die abgeänderte Neuregelung seit 1. November 1998 131

I. Allgemeine Regierungsverordnung aufgrund Art. 10 Abs. 1 des Gesetzes über das Bestattungswesen 135

1. ‚Artikel-10-Formulare' 135

2. Musterbericht für den behandelnden Arzt 136

II. Ministerielle Regelung zur Einrichtung regionaler Prüfungskommissionen 137

Teil 4: Zur aktiven ärztlichen Sterbehilfe ohne Verlangen 141

A. Hintergründe 141

I. Psychiatrische Patienten 143

1. Zentrales Ärztliches Disziplinargericht – Spruch vom 29.3.1990 143

2. Stellungnahme der Niederländischen Vereinigung für Psychiatrie, 1992 145

3. Strafverfolgungsentscheidung des Justizministers zur Ausweitung des Meldeverfahrens auf psychiatrische Patienten 145

4. Diskussionsschrift des Präsidiums der Königlich Niederländischen Gesellschaft zur Förderung der Heilkunde, 1993 147

5. Standpunkt der Medizinischen Landesaufsichtsbehörden der Volksgesundheit und für Geistige Volksgesundheit, 1993 150

II. Einwilligungsunfähige Patienten 152

1. Der Gesetzesvorschlag der Staatskommission Euthanasie 152

2. Die „1.000 Fälle" der Remmelink-Studie 154

B. Die Neuregelung seit 1. Juni 1994 161

I. Psychiatrische Patienten und minderjährige Patienten 161

II. Einwilligungsunfähige Patienten 162

C. Die Rechtswirklichkeit am Beispiel des Urteils des Hoge Raad vom 21.6.1994 im Fall Chabot 163

D. Die Rechtsentwicklung am Beispiel schwerdefekt neugeborener Patienten 170

I. Gerichtshof Amsterdam – Urteil vom 7.11.1995 171

II. Standpunkt des Präsidiums der Königlichen Niederländischen Gesellschaft zur Förderung der Heilkunde, 1997 173

III. Empfehlungen der Justiz- und Gesundheitsministerinnen, 1997 .. 176

E. Voraussichtliche Fassung der abgeänderten Neuregelung 178

I. Allgemeine Regierungsverordnung aufgrund Art. 10 Abs. 1 des Gesetzes über das Bestattungswesen 179

1. ‚Artikel-10-Formular‘ 179

2. Musterberichte für den behandelnden Arzt 179

a. Psychiatrische Patienten 179

b. Minderjährige Patienten 180

c. Schwerdefekt neugeborene Patienten 180

d. Patienten mit fortgeschrittener Demenz 181

e. Patienten in dauerhaft vegetativem Zustand 181

II. Ministerielle Regelung zur Einrichtung einer zentralen Prüfungskommission 181

Teil 5: Analyse der gesetzlichen Regelung der aktiven ärztlichen Sterbehilfe 183

A. Die Modalitäten des Verfahrens 184

I. Meldung 184

II. Prüfung 185

B. Die Ziele der Prüfung 186

I. Kontrolle des Einzelfalls und der gesamten Praxis aktiver ärztlicher Sterbehilfe 186

II. Konkretisierung der Strafverfolgungspolitik zur aktiven ärztlichen Sterbehilfe ohne Verlangen 186

III. Garantie bzw. Förderung der Sorgfalt aktiver ärztlicher Sterbehilfe auf Verlangen....186

C. Zur Gefahr von Mißbrauch unter dem geltenden Kontrollregime...... 187

I. Unfreiwillige aktive ärztliche Sterbehilfe.... 188

1. Zur Rechtsklarheit der gesetzlichen Regelung aktiver ärztlicher Sterbehilfe auf Verlangen.... 188

2. Zur Wirksamkeit des strafrechtlichen Kontrollmechanismus... 190

a. Aktivierung durch vorschriftsgemäße Meldung des behandelnden Arztes....190

aa. Bisherige Meldebereitschaft.... 191

bb. Zukünftige Meldebereitschaft....191

cc. Ergebnis.... 193

b. Das eigentliche Kontrollinstrumentarium....194

aa. Faktische Kontrollkompetenz der Prüfungskommission....195

bb. Rechtspolitische Hintergründe....197

cc. Das Maß an Kontrolle durch die Prüfungskommission.. 199

dd. Ergebnis.... 201

c. Ergebnis.... 201

3. Ergebnis.... 201

II. Nichtfreiwillige aktive ärztliche Sterbehilfe....202

1. Übertragbarkeit der Ergebnisse zur gesetzlichen Regelung aktiver ärztlicher Sterbehilfe auf Verlangen 202

2. Ergebnis 205

D. Gesetzestechnische Aspekte der Regelung der aktiven ärztlichen Sterbehilfe auf Verlangen 205

I. Zum rechtmäßigen Zustandekommen der ministeriellen Regelung 205

II. Auswirkungen der Meldungsmodalitäten 207

1. Zur Vereinbarkeit der ärztlichen Meldepflicht mit dem Verbot des Selbstbelastungszwangs 207

2. Zur Vereinbarkeit der ärztlichen Meldepflicht mit der ärztlichen Geheimhaltungspflicht 210

III. Auswirkungen der Prüfungsmodalitäten 211

1. Zur Wahrung des Verfolgungsmonopols der Staatsanwaltschaft 211

2. Zur Einheitlichkeit der „Pseudogesetzgebung" durch die Prüfungskommissionen 212

IV. Prüfungsinhalt 213

1. Denaturierung des rechtfertigenden Notstands zur medizinischen Ausnahme 213

2. Zur Geltung des Art. 293 nlStGB 215

V. Ergebnis 217

E. Zusammenfassung 217

Teil 6: Rechtmäßige aktive ärztliche Sterbehilfe in der Bundesrepublik Deutschland? 219

A. Zeitgeschichtliche Hintergründe 219

I. Vernichtung lebensunwerten Lebens 219

II. Gnadentod dem deutschen Volksgenossen 219

B. Die gegenwärtig geltende Rechtslage 222

I. Die Tatsituation 222

II. Tatbestandsmäßigkeit gem. § 216 Abs. 1 StGB 223

C. Modellcharakter der niederländischen Regelung zur aktiven ärztlichen Sterbehilfe auf Verlangen? 224

I. Rechtstheoretische Möglichkeit der Rezeption der niederländischen Regelung 224

1. Rechtfertigungsgrund 224

a. nach der geltenden Rechtsordnung? 224

b. de lege ferenda? 226

c. Zwischenergebnis 227

2. Verfahren der Nichtverfolgung? 227

3. Ergebnis 229

II. Folgen einer Rezeption der niederländischen Regelung für Recht und Gesellschaft 229

1. Die Anziehungskraft der Forderung nach Selbstbestimmung über ein menschenwürdiges Sterben und des Gebotes der Humanität 230

2. Befürchtete Fernwirkungen rechtmäßiger aktiver ärztlicher Sterbehilfe auf Verlangen 233

3. Die „niederländische Erfahrung“ 234

a. Immanente Unbegrenzbarkeit der Rechtfertigung wegen Notstands auf die Tatsituation 234

aa. Die Weichenstellung durch eine „humane“ Jurisprudenz 234

bb. Die moralische Logik der Standardmotive einer Rechtfertigung der aktiven Sterbehilfe auf Verlangen... 236

cc. Das Urteil über die Qualität des Lebens 238

dd. Die Nivellierung des moralischen Unterschieds zwischen dem Behandlungsabbruch wegen medizinischer Sinnlosigkeit und der aktiven ärztlichen Sterbehilfe 239

b. Die Zwangsläufigkeit von Mißbrauch und rechtspolitisch untragbaren Fernwirkungen 241

c. Validität der Ergebnisse? 243

4. Zur Vermeidbarkeit von Mißbrauch und rechtspolitisch untragbaren Fernwirkungen 245

III. Ergebnis 250

D. Die Konsequenzen der niederländischen Erfahrung für den bundesdeutschen Gesetzgeber 250

Anhang I - XV 251

Abkürzungsverzeichnis

AA	Ars Aequi
BMJ	British Medical Journal
Camb Q Healthc Ethics	Cambridge Quarterly of Healthcare Ethics
DÄBl.	Deutsches Ärzteblatt
DD	Delikt en Delinkwent
Eur J Health Law	European Journal of Health Law
FAZ	Frankfurter Allgemeine Zeitung
Geriatr Nur Home Care	Geriatric Nursing and Home Care
Hastings Cent Rep	Hastings Center Report
Issues Law Med	Issues in Law & Medicine
JAMA	The Journal of the American Medical Association
J Med Ethics	Journal of medical ethics
J Med Philos	The Journal of Medicine and Philosophy
Lancet	The lancet
Law Q Rev	The Law Quarterly Review
MC	Medish Contact
Medicoleg J	Medico-Legal Journal
Med Law	Medicine and law – an international journal
Med Law Int	Medical law international
MedR	Medizinrecht
Merkur	Merkur – deutsche Zeitschrift für europäisches Denken
MLR	The Modern Law Review Limited

Ned T Geneesk	Nederlands Tijdschrift voor Geneeskunde
NJ	Nederlandse Jurisprudentie
NJB	Nederlands Juristenblad
nlGG	niederländisches Grundgesetz
nlGVG	niederländisches Gerichtsorganisationsgesetz
nlStGB	niederländisches Strafgesetzbuch
nlStPO	niederländische Strafprozeßordnung
O.M.	Openbaar Ministerie (Staatsanwaltschaft)
R M Themis	Rechtsgeleerd Magazijn Themis
Stcrt.	Staatscourant
Stb.	Staatsblad van het Koninginkrijk der Nederlanden
SZ	Süddeutsche Zeitung
Tge	Tijdschrift voor geneeskunde en ethiek
TvGR	Tijdschrift voor Gezondheidsrecht
Z. ärztl. Fortbild.	Zeitschrift für ärztliche Fortbildung

Aartsen, J. G. M. u.a.: Mercy, Murder and Morality, in: Hastings Cent Rep 19 (1989), S. 47-8.

Admiraal, Pieter V.: 20 Jahre Erfahrung mit der Euthanasie in den Niederlanden, in: Körner, Uwe (Hrsg.), Reihe: Berliner Medizinethische Schriften. Beiträge zu ethischen und rechtlichen Fragen der Medizin, Bd. 2, 1. Aufl. Dortmund 1996.

Akkermans, P. W. C./Koekkoek, A. K.: De Grondwet. Een artikelsgewijs commentaar, 2. Aufl. Zwolle 1992.

Alphen, H. A. M. van u.a.: Euthanasie, recht en medische ethiek, in: NJB 61 (1986), S. 311-3.

Bajle, W. F. u.a.: The Request for Assistence in Dying. The Need for Psychiatric Consultation, in: Cancer 72 (1993), 2786-91.

Baumann, Jürgen u.a.: Alternativentwurf eines Gesetzes über Sterbehilfe (AE-Sterbehilfe). Entwurf eines Arbeitskreises von Professoren des Strafrechts und der Medizin sowie ihrer Mitarbeiter, Stuttgart, New York 1986.

Beek, G. P. van de: Terminale ziektefase wel vereiste voor straffeloze euthanasie, in: NJB 68 (1993), S. 1078-82.

Belinfante, A. D./de Reede, J. L.: Beginselen van Nederlands staatsrecht, 10. Aufl. Alphen aan den Rijn 1987.

Bemmelen, J. M. van: Het materiële strafrecht. Algemeen deel, Reihe: Ons strafrecht, Bd. 1, 10. Aufl. Alphen aan den Rijn 1989.

Bemmelen, J. M. van: Het materiële strafrecht. Bijzondere delicten, Reihe: Ons strafrecht, Bd. 3, 8. Aufl. Alphen aan den Rijn 1990.

Bemmelen, J. M. van: Strafprocesrecht, Reihe: Ons strafrecht, Bd. 4, 10. Aufl. Alphen aan den Rijn 1989.

Berg, Jan Hendrik van den: Medische macht en medische ethiek, 13. Aufl. Nijkerk 1970.

Bergkamp, L. u.a.: Het advies van de Staatscommissie Euthanasie. Enkele discussiepunten, in: NJB 61 (1986), S. 47-9.

Bernat, Erwin: Anfang und Ende des menschlichen Lebens. Eine internationale juristische Bibliographie, Wien 1994.

Binding, Karl/Hoche, Alfred: Die Freigabe der Vernichtung lebensunwerten Lebens. Ihr Maß und ihre Form, 2. Aufl. Leipzig 1922.

Borst-Eilers, Else: Euthanasia in the Netherlands: Brief Historical Review and Present Situation, in: Misbin, Robert I. (Hrsg.), Euthanasia: The Good of the Patient, the Good of Society, Frederick (Maryland, USA) 1992, S. 55-68.

Bosma, J. M./Wal, G. van der: Kwaliteitsborging en toetsing achteraf van euthanasie en hulp bij zelfdoding, Amsterdam 1997.

Brandmaier, Stefan: Kultur des Todes. Euthanasie in den Niederlanden, in: Lebensforum 2 (1994), S. 22.

Bundesärztekammer: Grundsätze der Bundesärztekammer zur ärztlichen Sterbebegleitung, in: DÄBl. 95 (1998), S. B-1852-3.

Bundesärztekammer: Entwurf der Richtlinien der Bundesärztekammer zur ärztlichen Sterbebegleitung und den Grenzen zumutbarer Behandlung (Stand 25.4.1997), in: DÄBl. 94 (1997), S. A-1342-4.

Bundesärztekammer: Richtlinien der Bundesärztekammer für die ärztliche Sterbebegleitung (Stand: Juni 1993), in: DÄBl. 90 (1993), S. C-1628-9.

Burg, F. H. van der: Regelgiving en bestuur, Reihe: Handboeken staats- en bestuursrecht, Bd. IV, Zwolle 1993.

Callahan, Daniel: When Self-determination Runs Amok, in: Hastings Cent Rep 22 (1992), S. 52-5.

Cuperus-Bosma, Jacqueline M./Wal, Gerrit van der/Maas, Paul J. van der: Physician-assisted Death: Policy-making by the Assembly of Prosecutors General in the Netherlands, in: Eur J Health Law 4 (1997), S. 225-38.

Delden, Johannes J. M. van/Pijnenborg, Loes/Maas, Paul J. van der: The Remmelink Study. Two Years Later, in: Hastings Cent Rep 23 (1993), S. 24-7.

Dessaur, C. I.: Euthanasie: de zelfmoord op zieken en bejaarden, in: DD 10 (1985), S. 913-7.

Dessaur, C. I./Rutenfrans, C. J. C.: Mag de dokter doden? Argumenten en documenten tegen het euthanasiasme, Amsterdam 1986.

Deutsche Ärztetag, Entschließung des 98. Deutschen Ärztetages: Aktive Sterbehilfe, in: DÄBl. 92 (1995), S. B-1243-4.

Deutsche Gesellschaft für Humanes Sterben: Gefährdung der Demokratie, in: Humanes Leben – Humanes Sterben 18 (1998) 3, S. 1.

Deutsche Gesellschaft für Humanes Sterben: Rechtspolitische Leitsätze und Vorschläge der DGHS zu einer gesetzlichen Regelung der Sterbehilfe und -begleitung, (ohne Ortsangabe) Juli 1998.

Dillmann, Robert J. M.: Euthanasia in The Netherlands: The Role of the Dutch Medical Profession, in: Camb Q Healthc Ethics 5 (1996), S. 100-6.

Dillmann, Robert J. M./Legemaate, Johan: Euthanasia in the Netherlands: The State of the Legal Debate, in: Eur J Health Law 1 (1994), S. 81-7.

Dillmann, R. J. M. u.a.: Steun en consultatie bij euthanasie in Amsterdam. 24 uur per dag informatie en advies aan huisartsen, in: MC 52 (1997), S. 743-5.

Driesse, Marian H. N. u.a.: Op leven en dood, Dieren 1986.

Dürig, Günter: Der Grundrechtssatz von der Menschenwürde. Entwurf eines praktikablen Wertsystems der Grundrechte aus Art. 1 Abs. I in Verbindung mit Art. 19 Abs. II des Grundgesetzes, in: AöR 81 (1956), S. 117-57.

The Economist: The Euthanasia War. Last Rights, The Economist Nr. 8022 vom 21.6.1997, S. 17-22 (ohne Verfasserangabe).

Enschedé, Ch. J.: De arts en de dood. Sterven en recht. Opstellen over toekomstig euthanasiebeleid, Deventer 1985.

Enschedé, Ch. J.: Beginselen van strafrecht, 5. Aufl. Deventer 1984.

Eser, Albin: Möglichkeiten und Grenzen der Sterbehilfe aus der Sicht eines Juristen, in: Jens, Walter/Küng, Hans, Menschenwürdig sterben. Ein Plädoyer für Selbstverantwortung, München 1995, S. 149-81.

Feber, H. R. G.: Nu of nooit: euthanasie uit het strafrecht?, in: MC 51 (1996), S. 1616-7.

Feber, H. R. G.: Euthanasiewetgeving: verder uitstel is ongewenst, in: NJB 64 (1989), S. 1441-5.

Feber, H. R. G.: De Terpzaak: een toelichting. Enige algemene informatie over het beleid van het Openbaar Ministerie in euthanasiezaken, in: MC 42 (1987), S. 199-202.

Feber, H. R. G.: De wederwaardigheden van artikel 293 van het Wetboek van Strafrecht vanaf 1981 tot heden, in: Wal, G. A. van der u.a. (Hrsg.), Euthanasie. Knelpunten in een discussie, Baarn 1987, S. 54-82.

Frankfurter Allgemeine Zeitung: Schmidt-Jortzig kritisiert Richtlinie zur Sterbehilfe (AFP-Meldung), FAZ Nr. 213 vom 14. September 1998, S. 5.

Frankfurter Allgemeine Zeitung: Den Haag für Neuregelung bei Sterbehilfe. Prüfungskommissionen sollen Einhaltung von Kriterien sicherstellen (FAZ-Meldung), FAZ Nr. 19 vom 23. Januar 1997, S. 6.

Frankfurter Allgemeine Zeitung: Erklärung des Deutschen Ärztetages zur Euthanasie. Gefahr für den Lebensschutz (FAZ-Meldung), FAZ Nr. 158 vom 10. Juli 1996, S. 33.

Geilen, Gerd: Euthanasie und Selbstbestimmung. Juristische Betrachtungen zum „Recht auf den eigenen Tod", Reihe: Recht und Staat in Geschichte und Gegenwart, Bd. 446, Tübingen 1975.

Geneeskundige Inspectie voor de Geestelijke Volksgezondheid: De meldingsprocedure euthanasie/hulp bij zelfdoding en psychiatrische patiënten, Rijswijk 1993.

Gevers, J. K. M.: Legislation on Euthanasia: Recent Developments in the Netherlands, in: J Med Ethics 18 (1992), S. 138-41.

Gevers, J. K. M.: What the Law Allows: Legal Aspects of Euthanasia on Request in the Netherlands, in: Misbin, Robert I. (Hrsg.), Euthanasia: The Good of the Patient, the Good of Society, Frederick (Maryland, USA) 1992, S. 69-76.

Gezondheidsraad: Zorgvuldigheidseisen euthanasie, Den Haag 1987.

Gezondheidsraad: Advies inzake euthanasie, Den Haag 1982.

Gezondheidsraad: Advies inzake euthanasie bij pasgeborenen, Rijswijk 1975.

Gezondheidsraad: Advies inzake euthanasie, Den Haag 1973.

Giesen, Dieter: Ethische und rechtliche Probleme am Ende des Lebens, in: JZ 45 (1990), S. 929-43.

Gomez, Carlos F.: Regulating Death. Euthanasia and the Case of the Netherlands, New York 1991.

Griffiths, J.: Euthanasie: legalisering of decriminalisering?, in: NJB 72 (1997), S. 619-27.

Griffiths, John: Assisted Suicide in the Netherlands: Postscript to Chabot, in: MLR 58 (1995), S. 895-7.

Griffiths, John: Recent Developments in the Netherlands Concerning Euthanasia and Other Medical Behavior that Shortens Life, in: Med Law Int 1 (1995), S. 347-86.

Gunning, K. F.: Euthanasia, in: Lancet 338 (1991), S. 1010.

Haverkate, Ilinka/Wal, Gerrit van der: Policies on Medical Decisions Concerning the End of Life in Dutch Health Care Institutions, in: JAMA 275 (1996), S. 435-9.

Hazewinkel-Suringa, D./Remmelink, J.: Inleiding tot de studie van het Nederlandse strafrecht, 12. Aufl. Alphen aan den Rijn 1991.

Hilschenz, Eva: Die Sterbehilfe (Euthanasie), Diss. jur. Marburg 1936.

Hirsch Ballin, Ernst M. H.: Sterbehilfe in den Niederlanden, in: Die politische Meinung 39 (1994), S. 55-9.

Hoerster, Norbert: Rechtsethik der Sterbehilfe, in: Atrott, Hans Henning/ Pohlmeier, Hermann (Hrsg.), Sterbehilfe in der Gegenwart, Regensburg 1990, S. 55-63.

Jens, Walter: Si vis vitam para mortem. Die Literatur über Würde und Würdelosigkeit des Sterbens, in: Jens, Walter/Küng, Hans, Menschenwürdig sterben. Ein Plädoyer für Selbstverantwortung, München 1995, S. 87-129.

Josephus Jitta, A. N. A.: Justitiële toetsing vooraf. Naar een grotere meldingsbereidheid van euthanasie, in: MC 53 (1998), S. 34-5.

Josephus Jitta, A. N. A.: Nogmaals: de regionale toetsingscommissies, in: MC 52 (1997), S. 253.

Josephus Jitta, A. N. A.: Het rapport van de Staatscommissie Euthanasie. Vergelijking met het wetsontwerp Wessel-Tuinstra, in: NJB 61 (1986), S. 42-6.

Kästner, Erich: Fabian. Die Geschichte eines Moralisten, 13. unveränderte Aufl. München 1998.

Kelk, C.: De praktijk van de euthanasie: het einde van een rijpingsproces?, in: NJB 72 (1997), S. 101-7.

Kelk, C.: Euthanasie-wetgeving: nu of nooit?, in: NJB 64 (1989), S. 448-50.

Keown, John: Further Reflections on Euthanasia in The Netherlands in the Light of The Remmelink Report and The Van Der Maas Survey, in: Gormally, Luke (Hrsg.), Euthanasia, Clinical Practice and the Law, London 1994, S. 219-40.

Keown, John: On Regulating Death, in: Hastings Cent Rep 22 (1992), S. 39-43.

Keown, John: The Law and Practice of Euthanasia in the Netherlands, in: Law Q Rev 108 (1992), S. 51-78.

Kirchliche Nachrichtenagentur: Niederlande: Rechtsschutzversicherung für Ärzte bei Sterbehilfe, in: Kirchliche Nachrichtenagentur, Ausland 137 v. 19. Juli 1996, S. 3.

Klijn, W. C. M.: Levensbeëindiging en vervolgingsbeleid. Zelfbeschikkingsrecht schept verwarring, in: MC 50 (1995), S. 680-2.

Knigge, G.: Hoezo, meldingsplicht?, in: R M Themis 158 (1997), S. 81-2.

Koch, Gerhard: Euthanasie, Sterbehilfe. Eine dokumentierte Bibliographie, Erlangen 1984.

Koch, Hans-Georg: Landesbericht Bundesrepublik Deutschland, in: Eser, Albin/ Koch, Hans-Georg (Hrsg.), Materialien zur Sterbehilfe. Eine internationale Dokumentation, Reihe: Beiträge und Materialien aus dem Max-Planck-Institut f. ausländisches und internationales Strafrecht, Bd. S 25, Freiburg im Breisgau 1991, S. 31-193.

Koninklijke Nederlandsche Maatschappij tot bevordering der Geneeskunst: Medisch handelen rond het levenseinde bij wilsonbekwame patiënten, Houten, Diegem 1997.

Koninklijke Nederlandsche Maatschappij tot bevordering der Geneeskunst: Meldingsprocedure euthanasie. Reactie van het hoofdbestuur van de KNMG op het kabinetsstandpunt uit januari 1997 betreffende de evaluatie van de meldingsprocedure euthanasie, in: MC 52 (1997), S. 420-5.

Koninklijke Nederlandsche Maatschappij tot bevordering der Geneeskunst: Vision on Euthanasia. General Board RDMA, 1995, in: Koninklijke Nederlandsche Maatschappij tot bevordering der Geneeskunst (Hrsg.), Euthanasia in the Netherlands, 5. Aufl., Utrecht 1996, S. 24-56.

Koninklijke Nederlandsche Maatschappij tot bevordering der Geneeskunst: Statuten en huishoudelijk reglement, Utrecht 1994.

Koninklijke Nederlandsche Maatschappij tot bevordering der Geneeskunst: Discussienota hulp bij zelfdoding bij psychiatrische patiënten, Utrecht 1993.

Koninklijke Nederlandsche Maatschappij tot bevordering der Geneeskunst: Discussienota levensbeëindigend handelen bij wilsonbekwame patiënten. Deel III: Ernstig demente patiënten, Utrecht 1993.

Koninklijke Nederlandsche Maatschappij tot bevordering der Geneeskunst: Discussienota levensbeëindigend handelen bij wilsonbekwame patiënten. Deel II: Langdurig comateuze patiënten, Utrecht 1991.

Koninklijke Nederlandsche Maatschappij tot bevordering der Geneeskunst: Meldingsprocedure euthanasie, in: MC 46 (1991), S. 62-3.

Koninklijke Nederlandsche Maatschappij tot bevordering der Geneeskunst: Discussienota levensbeëindigend handelen bij wilsonbekwame patiënten. Deel I: Zwaar-defecte pasgeborenen, Utrecht 1990.

Koninklijke Nederlandsche Maatschappij tot bevordering der Geneeskunst: Adviesaanvrage inzake euthanasie, in: MC 42 (1987), S. 770-5.

Koninklijke Nederlandsche Maatschappij tot bevordering der Geneeskunst: Brief over advies Raad van State inzake euthanasie, in: MC 41(1986), S. 1334-5.

Koninklijke Nederlandsche Maatschappij tot bevordering der Geneeskunst: Brief over euthanasie aan regering en Kamer, in: MC 41 (1986), S. 208-9.

Koninklijke Nederlandsche Maatschappij tot bevordering der Geneeskunst: Reactie op vragen Staatscommissie Euthanasie, in: MC 39 (1984), S. 999-1002.

Koninklijke Nederlandsche Maatschappij tot bevordering der Geneeskunst: Standpunt inzake euthanasie, in: MC 39 (1984), S. 990-7.

Koninklijke Nederlandsche Maatschappij tot bevordering der Geneeskunst: Voorlopig standpunt van het hoofbestuur inzake het euthanasie-vraagstuck, in: MC 28 (1973), S. 587-8.

Kors, A.: Euthanasie, in: AA 43 (1994), S. 594-600.

Kuhse, Helga/Singer, Peter: From the Editors, in: Bioethics 6 (1992), S. iii-vi.

Kutzer, Klaus: Wir brauchen keine neuen Gesetze zur Sterbehilfe. In besonderen Ausnahmefällen könnte auch eine Tötung auf Verlangen straffrei sein, in: ZRP 30 (1997), S. 117-20.

Kutzer, Klaus: Strafrechtliche Grenzen der Sterbehilfe, in: NStZ 14 (1994), S. 110-5.

Lackner, Karl: Strafgesetzbuch mit Erläuterungen, 22. Aufl. München 1997.

Landelijke Overleggroep Openbaar Ministerie - Staatstoezicht op de Volksgezondheid: Evaluatie van de meldingsprocedure euthanasie over de periode 1 januari 1991 tot 1 februari 1992, Leeuwarden, Den Haag 1992.

Langemeijer, G. E./Enschedé, Ch. J./van Veen, Th. W.: Euthanasie heeft geen wetgeving nodig, in: Ned T Geneesk 130 (1986), S. 223-5.

Lauermann, Florian Markus: Der strafrechtliche Notstand im Vergleich zwischen dem Königreich der Niederlande und der Bundesrepublik Deutschland. Eine historische, rechtsvergleichende Untersuchung mit Berücksichtigung des französischen Rechts, Diss. jur. Freiburg 1980.

Leenen, H. J. J.: Toetsingscommissies euthanasie en geheim van de patiënt, in: NJB 73 (1998), S. 399-400.

Leenen, H. J. J.: Regulering van euthanasie, melding en commissies. Goede regeling vraagt verandering strafwet, in: MC 52 (1997), S. 45-8.

Leenen, H. J. J.: Vervolgingsbeleid euthanasie. Van duidelijkheid naar onduidelijkheid, in: MC 50 (1995), S. 539-40.

Leenen, H. J. J.: Dying with Dignity: Developments in the Field of Euthanasia in the Netherlands, in: Med Law 8 (1989), S. 517-26.

Leenen, H. J. J.: Euthanasia, Assistance to Suicide and the Law: Developments in the Netherlands, in: Health policy 8 (1987), S. 197-206.

Leenen, H. J. J.: Euthanasie en hulp bij zelfdoding. Van Leeuwarden naar Rotterdam, in: NJB 57 (1982), S. 103-6.

Leenen, H. J. J.: Rechten van mensen in de gezondheidszorg, Een gezondheidsrechtelijke studie, Alpen aan den Rijn 1978.

Leenen, H. J. J./Legemaate, J.: Stervensfase geen vereiste voor euthanasie, in: NJB 68 (1993), S. 755-6.

Legemaate, J.: 25 jaar euthanasie-beleid: tijd voor legalisiering, in: Tge 8 (1998), S. 14-8.

Legemaate, Johan: Legal Aspects of Euthanasia and Assisted Suicide in the Netherlands, 1973-1994, in: Camb Q Healthc Ethics 4 (1995), S. 112-21.

Lutterotti, Karl Michael von: Ärztliche Handlungsanleitungen im Grenzbereich von Leben und Tod in strafrechtlicher Sicht, Diss. jur. Freiburg 1990.

Lutterotti, Markus von: Der Arzt und das Tötungsverbot, in: MedR 10 (1992), S. 7-14.

Maas, P. J. van der/Delden, J. J. M. van/Pijnenborg, L.: Euthanasia and other Medical Decisions Concercerning the End of Life. An Investigation Performed upon Request of the Commission of Inquiry into the Medical Practice Concerning Euthanasia, in: Health Policy 22 (1992), S. 1-262.

Maas, Paul J. van der/Pijnenborg, Loes/Delden, Johannes J. M. van: Changes in Dutch Opinion on Active Euthanasia, 1966 through 1991, in: JAMA 273 (1995), S. 1411-4.

Merkel, Reinhard: Der Streit um Leben und Tod. Anmerkungen zur Euthanasiedebatte, in: Merkur 47 (1993), S. 951-64.

Minderhoud, J. M./de Jong, K.: Euthanasierichtlijnen arts-verpleegkundige, in: MC 52 (1997), S. 1115-8.

Ministerie van Justitie, Handreiking voor de beoordeling van wilsbekwaamheid, Den Haag 1994.

Ministry of Health, Welfare and Sport: Requirements Concerning the Deliberate Ending of a New Born Patient's Life. Summary and Recommendations, Rijswijk 1997.

Ministry of Health, Welfare and Sport: Health Care Inspectorate. Factsheet 02-E-1996. Rijswijk 1996.

Ministry of Justice: Medical Practice with Regard to Euthanasia and Related Medical Decisions in The Netherlands. Results of an Inquiry and the Government View (ohne Orts- u. Jahresangabe).

Minkenhof, A.: de Nederlandse strafvordering, 6. Aufl. Arnhem 1993.

Muschke, Astrid: Gesetzliche Regelung der Sterbehilfe?, Diss. jur. Gießen 1988.

Nederlandse Vereniging voor Kindergeneeskunde: To do or not to do? Doen of laten? Summary. Boundaries of medical action in neonatology, Utrecht 1992.

Nederlandse Vereniging voor Psychiatrie: Hulp bij zelfdoding door patiënten met een psychiatrische stoornis. Een protocol voor de psychiater. Concept, Utrecht 1996.

Nederlandse Vereniging voor Psychiatrie: Mededelingen bestuur, in: Nieuws en Mededelingen 56 (1992), S. 2-3.

Nederlandse Vereniging voor Vrijwillige Euthanasie: Voorontwerp euthanasiewet, Amsterdam 1996.

Nederlandse Vereniging voor Vrijwillige Euthanasie: Buitenparlementair wetsvoorstel NVVE met betrekking tot euthanasie en hulp bij zelfdoding, Amsterdam 1989.

Nieboer, W.: Zorg voor leven. ‚Euthanasie' in het strafrecht, Barneveld 1986.

Nowell-Smith, Patrick: A Plea for Aktive Euthanasia, in: Geriatr Nur Home Care 7 (1987), S. 23-4.

Otto, Harro: Recht auf den eigenen Tod? Strafrecht im Spannungsverhältnis zwischen Lebenserhaltungspflicht und Selbstbestimmung, in: Ständige Deputation des DJT (Hrsg.): Verhandlungen des 56. DJT. Berlin 1986, Bd. I (Gutachten Teil D), München 1986.

Pelzl, Stephan: An der Grenze von Leben und Recht. Euthanasie und Strafrecht, in: KJ 27 (1994), S. 179-99.

Pijnenborg, Ludovica: End-of-life decisions in Dutch medical practice. Beslissingen rond het levenseinde in de Nederlandse medische praktijk, Diss. med. Rotterdam 1997.

Pompe, W. P. J.: Das niederländische Strafrecht, in: Mezger, Edmund/Schönke, Adolf/Jescheck, Hans-Heinrich (Hrsg.), Das ausländische Strafrecht der Gegenwart, Bd. 5, Berlin 1976, S. 7-248.

Potts, S. G.: Euthanasia and Other Medical Decisions About the End of Life, in: Lancet 338 (1991), S. 952-3.

de Ridder, Michael/Dißmann, Wolfgang: Vom Unheil sinnloser Medizin, in: Der Spiegel Nr. 18 v. 27.4.1998, S. 202-10.

Reis, Hans: Die Gesetzgebung zur Euthanasie in den Niederlanden, in: ZfL 3 (1994), S. 42-6.

Reis, Hans: Anmerkung zu Hoge Raad der Nederlanden, 's-Gravenhage. Arrest van 21 oktober 1986, in: EuGRZ 13 (1987), S. 285-7.

Roxin, Claus: Strafrecht. Allgemeiner Teil, Bd. I, Grundlagen. Der Aufbau der Verbrechenslehre, 3. Aufl. München 1997.

Roxin, Claus: Strafverfahrensrecht, 24. Aufl. München 1995.

Sagel, J.: Die Sterbehilfediskussion in den Niederlanden, in: ZRP 19 (1986), S. 318-22.

Sagel-Grande, Irene: Rechtliche Regelung der Euthanasie in den Niederlanden, in: ZStW 111 (1999), S. 742-755.

Sahm, Stephan: Sterbebegleitung statt Sterbehilfe. Die Richtlinie der Bundesärztekammer, in: FAZ Nr. 213 vom 14. September 1998, S. 5.

Schaffmeister, Dieter: Niederlande. Die Rolle der Staatsanwaltschaft bei der Ermittlung und Verfolgung von Straftaten, in: Jescheck, Hans-Heinrich/Leibinger, Rudolf (Hrsg.), Funktion und Tätigkeit der Anklagebehörde im ausländischen Recht, Reihe: Rechtsvergleichende Untersuchungen zur gesamten Strafrechtswissenschaft, 3. Folge, Bd. 6, 1. Aufl. Baden-Baden 1979, S. 83-189.

Schaffmeister, Dieter: Das niederländische Strafgesetzbuch vom 3. März 1988; in Kraft getreten am 1. September 1886 nach dem Stand vom 1. Mai 1976, in: Jescheck, Hans-Heinrich/Kielwein, Gerhard (Hrsg.), Sammlung außerdeutscher Strafgesetzbücher in deutscher Übersetzung, Bd. XCIII, Berlin, New York 1977.

Schönke, Adolf/Schröder, Horst: Strafgesetzbuch. Kommentar, 25. Aufl. München 1997.

Scholten, Hans-Joseph: Landesbericht Niederlande, in: Eser, Albin/Koch, Hans-Georg (Hrsg.), Materialien zur Sterbehilfe. Eine internationale Dokumentation, Reihe: Beiträge und Materialien aus dem Max-Planck-Institut f. ausländisches und internationales Strafrecht, Bd. S 25, Freiburg im Breisgau 1991, S. 451-500.

Scholten, Hans-Joseph: Justification of Active Euthanasia, in: Med Law 5 (1986), S. 169-72.

Scholten, Hans-Joseph: Legalisierung der aktiven Sterbehilfe in den Niederlanden?, JZ 39 (1984), S. 877-9.

Schreiber, Hans-Ludwig: Behandlungsabbruch und Sterbehilfe, in: Deutsche Sektion der Internationalen Juristen-Kommission (Hrsg.),

Lebensverlängerung aus medizinischer, ethischer und rechtlicher Sicht. Jahrestagung vom 30. September bis 2. Oktober 1994 in Wolfenbüttel, Reihe: Rechtsstaat in der Bewährung, Bd. 30, Heidelberg 1995, S. 129-45.

Schreiber, Hans-Ludwig: Sterben lassen ja – Töten nein, in: Politische Studien 46 (1995) 340, S. 93-106.

Schreiber, Hans-Ludwig: Das Recht auf den eigenen Tod – zur gesetzlichen Neuregelung der Sterbehilfe, in: NStZ 6 (1986), S. 337-45.

Schroeder, Friedrich-Christian: Beihilfe zum Selbstmord und Tötung auf Verlangen, in: ZStW 106 (1994), S. 565-80.

Schöne-Seifert, Bettina: Die Grenzen zwischen Töten und Sterbenlassen, in: Honnefelder, Ludger/Streffer, Christian (Hrsg.), Jahrbuch für Wissenschaft und Ethik, Bd. 2, Berlin New York 1997, S. 205-227.

Schroten, E. u.a.: Euthanasie. Rapport van een commissie van de wetenschappelijke instituten van KVP, ARP, en CHU, Den Haag 1979

Segers, J. H.: Elderly Persons On The Subject of Euthanasia, in: Issues Law Med 3 (1988), S. 407-24.

Sieber, Ulrich: Memorandum für ein Europäisches Modellstrafgesetzbuch, in: JZ 52 (1997), S. 369-381.

Sluyters, B.: Euthanasia in the Netherlands, in: Medicoleg J 57 (1989), S. 34-43.

Smid, H. J.: Wet op ZorgOnderzoek Nederland treedt in werking, in: MC 53 (1998), S. 886-7.

Sorgdrager, W./Borst-Eilers, E.: Euthanasie. De stand van zaken, in: MC 50 (1995), S. 381-4.

Spaemann, Robert/Fuchs, Thomas: Töten oder Sterbenlassen? Worum es in der Euthanasiedebatte geht, Freiburg im Breisgau 1997.

Spreeuwenberg, C./Kastelein, W. R.: Hulp bij zelfdoding anorexia nervosa-patiënt, in: MC 47 (1992), S. 541.

Staatscommissie Euthanasie: Rapport van de Staatscommissie Euthanasie. Advies. Deel 1, Den Haag 1985.

Staatscommissie Euthanasie: Rapport van de Staatscommissie Euthanasie. Hoorzittingen. Deel 3, Den Haag 1985.

Staatscommissie Euthanasie: Rapport van de Staatscommissie Euthanasie. Rechtsvergelijkend onderzoek. Deel 2, Den Haag 1985.

Stolwijk, S. A. M.: De meldingsprocedure euthanasie, in: DD 27 (1997), S. 311-5.

Stolwijk, S. A. M.: Het einde van een vervolgingsbeleid, in: DD 26 (1996), S. 503-8.

Stroink, F.A.M.: Rechterlijke organisatie en rechtspraak in beweging, Reihe: Handboeken staats- en bestuursrecht, Bd. V, Zwolle 1993.

Süddeutsche Zeitung: „Bis zum letzten Atemzug“. Kirchen lehnen aktive Sterbehilfe strikt ab, in: SZ Nr. 108 v. 10. Mai 1996, S. 8 (SZ-Meldung).

Sutorius, Eugéne: Ein gnädiger Tod für Paragraph 293 des Niederländischen Strafgesetzbuches?, in: Deutsche Gesellschaft für Humanes Sterben (Hrsg.), 5. Europäischer Kongreß für Humanes Sterben. Kongreßbericht, Reihe: Schriftenreihe der DGHS e.V., Bd. 6, Augsburg 1985, S. 151-60.

Tijmstra, T. J./Kempen, G. I./Ormel, J.: Levenseinde en levensbeëindiging: meningen van ouderen met gezondheidsproblemen, in: Ned T Geneesk 141 (1997), S. 2444-8.

Tröndle, Herbert: Strafgesetzbuch und Nebengesetze, 48. Aufl., München 1997.

de Wachter, Maurice A.M.: Euthanasia in the Netherlands, in: Hastings Cent Rep 22 (1992), S. 23-30.

de Wachter, M.A.M.: Active Euthanasia in the Netherlands, in: JAMA 262 (1989), S. 3316-9.

Wal, Gerrit van der/Dillmann, Robert J. M.: Euthanasia in the Netherlands, in: BMJ 308 (1994), S. 1346-9.

Wal, G. van der/Maas, P. J. van der: Euthanasie en andere medische beslissingen rond het levenseinde. De praktijk en de meldingsprocedure, Den Haag 1996.

Wal, Gerrit van der/Onwuteaka-Philipsen, Bregje D.: Cases of Euthanasia and Assisted Suicide Reported to the Public Prosecutor in North Holland Over 10 Years, in: Br Med J 312 (1996), S. 612-3.

Wal, G. van der, u.a.: Euthanasie en hulp bij zelfdoding door huisartsen. Een onderzoek: opzet en methode, in: MC 46 (1991), S. 171-3.

Wal, G. van der, u.a.: Euthanasie en hulp bij zelfdoding in de huisartspraktijk. Hoe vaak komt dit feitelijk voor, in: MC 46 (1991), S. 174-6.

Wal, G. van der, u.a.: Euthanasie en hulp bij zelfdoding. Hoe gaan huisartsen om met de inhoudelijke zorgvuldigheidseisen?, in: MC 46 (1991), S. 211-5.

Welie, Jos V. M.: The Medical Exception: Physicians, Euthanasia and the Dutch Criminal Law, in: J Med Philos 17 (1992), S. 419-37.

Winau, Rolf: Der eigene und der fremde Tod. Überlegungen zur Geschichte der Sterbehilfe, in: Z. ärztl. Fortbild. 87 (1993), S. 3-11.

Teil 1: Einführung

A. Einleitung: Zur Dringlichkeit einer Standortbestimmung des bundesdeutschen Gesetzgebers zur aktiven Sterbehilfe

Kurz, schmerzlos und am liebsten zu Hause – so möchten nach Umfragen die meisten Deutschen sterben[1]. Die Realität sieht vielfach anders aus: Von den etwa 900.000 Menschen, die jährlich in der Bundesrepublik zu Tode kommen, sterben mehr als die Hälfte im Krankenhaus oder in Heimen, in manchen Großstädten liegt der Anteil derer, die hinter den Toren öffentlicher Anstalten sterben, gar bei 90 Prozent. Und ihr Leben endet meist nicht plötzlich, sondern nach langer Krankheit. Ein zweiter maßgeblicher Faktor liegt in der revolutionären Steigerung der medizinisch-technischen Möglichkeiten, das Leben über sein natürliches Ende hinaus durch Apparate bedeutend zu verlängern. Der Neigung deutscher Klinikärzte, das Leben durch einen bisweilen maßlosen Einsatz aller verfügbaren Mittel eines hochgerüsteten Medizinbetriebs zu erhalten[2], begegnen potentielle Patienten mit der Forderung nach menschenwürdigem Sterben[3] und Selbstbestimmung über den Zeitpunkt des eigenen Todes[4].

Vor diesem Hintergrund findet eine Renaissance der Sterbehilfe statt, bei der das in Deutschland seit 1945 herrschende Euthanasietabu allmählich einer kritischen Diskussion über die Notwendigkeit der Einführung einer gesetzlichen Regelung der Sterbehilfe weicht[5]. Bereits im Jahre 1986 hatte ein Arbeitskreis aus Professoren des Strafrechts und der Medizin sowie ihrer Mitarbeiter die dringende Reformbedürftigkeit des geltenden Strafrechts, welches zu Sachverhalten von aufgedrängter Lebenserhaltung oder -verlängerung schweigt, konstatiert[6]. Ihr „Alternativentwurf eines Gesetzes über Sterbehilfe" zur Ergänzung des Strafgesetzbuches hat beim Gesetzgeber nicht die erhoffte Reaktion gezeitigt. Noch 1993 hat der Parlamentarische Staatssekretär beim Bundesministerium der Justiz, Funke, „ein Bedürfnis für eine wie auch immer geartete

1 SZ Nr. 108 v. 10.5.1996, S. 8.

2 Vgl. die Ergebnisse einer Umfrage aus 1996 bei de Ridder/Dißmann, in: Der Spiegel Nr. 18 v. 27.4.1998, S. 204.

3 Vgl. z.B. Jens in der gleichlautenden Veröffentlichung von Jens/Küng, 1995, S. 122 ff.

4 Vgl. z.B. DGHS, Rechtspolitische Leitsätze, 1998, S. 1. Zum Kürzel „DGHS" s. S. 226

5 Einen Überblick gibt Koch, Euthanasie, Sterbehilfe – Eine dokumentierte Bibliographie, 1984; vgl. die umfassende internationale juristische Bibliographie von Bernat, Anfang und Ende des menschlichen Lebens, 1994, S. 205-89.

6 Baumann u.a., AE-Sterbehilfe, S. 1f.

Gesetzesänderung in diesem Bereich" negiert[7]. In den Jahren 1994-1997 wurde die Regierung aus den Reihen des Deutschen Bundestages mit zwei Anfragen zur Sterbehilfe befaßt[8].

Unterdessen steht das Thema Sterbehilfe weltweit auf der Tagesordnung und gewinnen insbesondere Anhänger der aktiven Sterbehilfe täglich an Boden[9]. In Europa sind die Niederlande der Vorreiter in Sachen aktiver Sterbehilfe. In dem Land, in dem traditionell großes Vertrauen in die Ärzte herrscht[10], gilt seit dem 1. April 1994 ein gesetzliches Meldeverfahren, nach dem die von einem Arzt geleistete aktive Sterbehilfe zwar strafbar bleibt. Gemeldete Fälle aktiver ärztlicher Sterbehilfe auf Verlangen aussichtslos und unerträglich leidender Patienten werden heute jedoch wegen rechtfertigenden Notstands strafrechtlich nicht mehr verfolgt. Die Mehrzahl der niederländischen Ärzte hält es mittlerweile für selbstverständlich, ihren Patienten unter bestimmten Umständen aktive ärztliche Sterbehilfe als Ausweg aus der Qual vorzuschlagen[11]. In den nach Regierungsangaben jährlich etwa 1.000 Fällen aktiver Sterbehilfe ohne ein Verlangen des Patienten[12] haben Ärzte die Meldepflicht bislang fast ausnahmslos verletzt[13].

Die deutsche Bundesärztekammer hat sich im September 1998 erneut indirekt von der niederländischen Praxis der aktiven ärztlichen Sterbehilfe distanziert[14]. In den „Grundsätzen der Bundesärztekammer zur ärztlichen Sterbebegleitung" wird das Tabu der deutschen Ärzteschaft unmißverständlich bekräftigt: „Aktive Sterbehilfe ist unzulässig und mit Strafe bedroht, auch dann, wenn sie auf Ver-

---

7 BT-Drucks. 12/4405, Antwort zu Frage Nr. 7.

8 BT-Drucks. 13/6665, Fragen Nr. 35, 36. Eine gesetzliche Sterbehilferegelung wurde nicht thematisiert.

9 The Economist Nr. 8022 v. 21.6.1997, S. 17 ff.

10 Vgl. Gezondheidsraad, Advies inzake euthanasie, 1982, S. 100.

11 Van der Wal/van der Maas, Euthanasie en andere medische beslissingen, S. 174 (Tabelle 16.2).

12 Ministry of Justice, Medical Practice with Regard to Euthanasia, S. 5.

13 Vgl. van der Wal/van der Maas, a.a.O., S. 110 (Tabelle 11.1) und S. 137 (Tabelle 13.1).

14 Laut "Vorwort" zum Entwurf der Richtlinie, DÄBl. 1997, A-1342, hielt sie die mit der Richtlinie beabsichtigte Standortbestimmung nicht zuletzt in Anbetracht des Wandels der ärztlichen Auffassungen "in einigen unserer Nachbarländer" für notwendig. Vgl. bereits Bundesärztekammer, DÄBl. 1993, S. C-1628 und -1629.

langen des Patienten geschieht."[15] Andererseits hat die Bundesärztekammer der jüngsten Rechtsprechung des Bundesgerichthofes[16] Rechnung getragen, indem sie Ärzten in der Richtlinie die Möglichkeit eröffnet, lebensverlängernde Maßnahmen bei entsprechendem, mutmaßlichen Willen eines bewußtlosen Patienten außerhalb der Sterbensphase zu unterlassen[17]. Kritiker befürchten, daß die Ärzteschaft damit den Einstieg in die aktive Sterbehilfe betreibe.[18] Ob die umgehende Forderung von Justizminister Schmidt-Jortzig nach einer gesetzlichen Regelung der Sterbehilfe[19] tatsächlich eine baldige Abkehr von der bisherigen Orientierung an einer rechtsschöpfenden Jurisprudenz bedeutet oder es sich dabei nach den Worten des Präsidenten der Bundesärztekammer, Vilmar, nur um „blinden Populismus"[20] handelt, bleibt unter der neuen Regierung abzuwarten.

In einem rechtsvergleichenden Bericht für den Europarat gelangte Giesen 1990 noch zu dem Ergebnis, „daß es einen grundsätzlichen ethischen und rechtlichen Konsens über Sterbehilfe in der westlichen Welt gibt", dessen „Dreh- und Angelpunkt" das Prinzip des Respekts vor der Autonomie und dem damit verbundenen Selbstbestimmungsrecht des einzelnen sei[21]. Unter Berufung auf das Selbstbestimmungsrecht des Patienten haben die niederländischen Gerichte bereits Mitte der achtziger Jahre die Möglichkeit gerechtfertigter aktiver ärztlicher Sterbehilfe auf Verlangen des Patienten angenommen und damit eine Rechtsentwicklung eingeleitet, in deren Verlauf sich der niederländische Gesetzgeber zur Regelung der aktiven ärztlichen Sterbehilfe entschied. Im Zuge der zunehmenden Rechtsvereinheitlichung innerhalb der Europäischen Union könnte sich die Bundesrepublik Deutschland deshalb alsbald gezwungen sehen[22], eigene Konzepte zur (Nicht-)Regelung der Sterbehilfe gegen die der eu-

---

15 Bundesärztekammer, DÄBl. 1998, S. B-1852; vgl. auch den Entwurf zur Richtlinie, dies., DÄBl. 1997, S. A-1342.

16 BGHSt 40, 257 ff = NJW 1995, 204 ff; dem BGH folgend OLG Frankfurt/Main, in: NJW 1998, 2747 ff.

17 Bundesärztekammer, DÄBl. 1998, S. B-1853; vgl. dagegen dies., DÄBl. 1993, S. C-1628-9.

18 Sahm, in: FAZ Nr. 213 v. 14.9.1998, S. 5.

19 Vgl. FAZ Nr. 213 v. 14.9.1998, S. 5.

20 FAZ Nr. 213 v. 14.9.1998, S. 5.

21 Giesen, JZ 1990, 943.

22 Sieber, JZ 1997, S. 369 ff, hat in einem im Auftrag des Europarats erstellten Memorandum die Schaffung eines Europäischen Modellstrafgesetzbuches jüngst befürwortet.

ropäischen Nachbarn zu verteidigen. Eine Standortbestimmung des deutschen Gesetzgebers zur gesetzlichen Handhabe der aktiven Sterbehilfe ist dafür unerläßlich.

B. Ziel und Methode der Arbeit

Die vorliegende Arbeit bemüht sich, als Beitrag zur deutschen Standortbestimmung den möglichen Modellcharakter der im Königreich der Niederlande am 1. Juni 1994 in Kraft getretenen gesetzlichen Regelung zur aktiven ärztlichen Sterbehilfe in der Fassung vom 1. November 1998 zu prüfen. Kernfrage ist, ob eine straf(verfahrens)rechtliche Reaktion des deutschen Gesetzgebers nach dem Vorbild der niederländischen Regelung angezeigt ist.

Methodisch erhebt die Arbeit nicht den Anspruch einer rechtsvergleichenden Untersuchung, sondern beschränkt sich zur Beantwortung obiger Frage auf die Dokumentation und kritische Analyse der niederländischen Rechtsentwicklung und derzeitigen Gesetzeslage zur aktiven ärztlichen Sterbehilfe. Dabei bleiben kirchliche Stellungnahmen[23] sowie die Standpunkte nicht berufsständisch gebundener Vereinigungen[24] unberücksichtigt, um die Arbeit in einem angemessenen Rahmen zu halten. Für die Dokumentation ist neben niederländischen Gerichtsurteilen, ärztlich-berufsständischen Regelwerken und parlamentarischen Drucksachen und Verhandlungen als Quelle vornehmlich auf niederländisch erschienene Literatur herangezogen worden. Daß niederländische Autoren englisch- oder deutschsprachiger Publikationen zumeist darauf bedacht sind, der ausländischen Leserschaft die Skepsis gegenüber der niederländischen Sterbehilferegelung zu nehmen[25], sei nur am Rande bemerkt. Da zu-

23 Für einen Überblick der unterschiedlichen Standpunkte der Kirchen, s. de Wachter, Hastings Cent Rep 1992, 27-8.

24 Vgl. hierzu vor allem die Gesetzesvorschläge der NVVE, Euthanasie, Buitenparlementair wetsvoorstel NVVE, 1989; dies., Voorontwerp euthanasiewet, 1996. Zum Kürzel „NVVE“ s. S. 20. Zur NVVE s. auch S. 170, Fn. 189.

25 Vgl. z.B. den niederländischen Anästhesisten Admiraal, S. 240, Fn. 120; den Aufsatz des damaligen Justizministers, Hirsch Ballin, Die politische Meinung 1994, 55 ff; die Wissenschaftlerin Sagel-Grande von der Universität Leiden, ZStW 1999, 753-5; sowie den Beitrag von 25 niederländischen Medizinern und Juristen wie z.B. der amtierenden Gesundheitsministerin Borst-Eilers, Aartsen u.a., Hastings Cent Rep 1989, 47 f, die es „bedauern“, daß die Leser einer Ausgabe des Hastings Cent Rep zur aktiven Sterbehilfe auf Verlangen ohne weitere Erläuterung mit zwei widersprüchlichen Beiträgen zur Lage in den Niederlanden konfrontiert wurden und im Anschluß den Bericht des niederländischen Kardiologen Feningsen, der eine „Alptraumsituation“ beschrieben habe, vehement zurückweisen und berichtigen. Vgl. auch S. 215.

gleich nur wenige überhaupt die niederländische Sprache beherrschen, erscheint diese Herangehensweise geboten, darüber hinaus liegen die Meilensteine der legislativen Entwicklung vollständig übersetzt im Anhang vor[26].

C. Zur aktiven Sterbehilfe auf Verlangen in den Niederlanden

I. Die gegenwärtige Definition

Der Komplex Sterbehilfe wird in den Niederlanden regelmäßig unter dem Stichwort „euthanasie“ behandelt. In der Vergangenheit hat sich die niederländische Literatur jedoch keineswegs einer einheitlichen Terminologie, geschweige denn einheitlicher Definitionen bedient, um die aktive Sterbehilfe durch gezielte, direkte Tötung zu beschreiben[27]. Das galt auch für offizielle Erklärungen[28]. Inzwischen hat die 1985 von der Staatskommission Euthanasie verfaßte[29] Definition, wonach „euthanasie“ ein „das Leben vorsätzlich beendendes Handeln durch einen anderen als den Betroffenen auf dessen Verlangen“ ist[30], Aufnahme in den allgemeinen Sprachgebrauch gefunden[31]. Mit der Beschränkung der „euthanasie“-Definition auf lebensbeendende Maßnahmen *auf Verlangen* des Betroffenen sollte zum einen klargestellt werden, daß sich die rechtspolitische Diskussion um die Zulässigkeit von lebensbeendenden Maßnahmen nur auf solche bezieht, die auf Verlangen des Betroffenen vorgenommen wurden und deren Ausgangspunkt somit das Selbstbestimmungsrecht des Betroffenen sei[32]. Zum anderen war mit der Definition eine Anknüpfung an jene Strafvorschrift beabsichtigt, deren Wortlaut in Abgrenzung zu den bei

---

26 Nicht näher bezeichnete Übersetzungen sind solche der Verfasserin.

27 Vgl. Schroten u.a., Euthanasie, S. 14; Muntendamm, Anm. zum Spruch des Ärztlichen Disziplinargerichts Amsterdam v. 8.2.1977, in: Ned T Geneesk 1978, (Nr. 34) 1265.

28 Vgl. Gezondheidsraad, Advies inzake Euthanasie, 1973, S. 10-1; ders., Advies inzake Euthanasie, 1982, S. 15; Drucks. („Kamerstukken“) II, 1975-76, 11 256 Nr. 6, S. 4; Drucks. II, 1983-84, 18 331 Nr. 3, S. 9-10; KNMG, MC 1984, 991.

29 Staatskommissie Euthanasie, Rapport, Teil I, S. 26. Die Staatskommission hat sich bei ihrem Begriffsverständnis von der KNMG, MC 1984, 999, leiten lassen, deren „euthanasie“-Definition sich offensichtlich an der von Leenen, Rechten van mensen, S. 213, orientiert. Vgl. dazu unten Fn. 38. Zum Kürzel „KNMG“ s. S. 38.

30 = „het opzettelijk lebensbeëndigend handelen door een ander dan de betrokkene, op diens verzoek“.

31 Nicht nur bei Medizinern und Juristen, van der Wal/van der Maas, Euthanasie en andere beslissingen, S. 44; Dillmann, Eur J Health Law 1994, 81 und Aartsen u.a., Hastings Cent Rep 1989, 47; sondern auch in offiziellen Erklärungen, Drucks. II, 1987-88, 20 383 Nr. 3, S. 1; Gezondheidsraad, Zorgvuldigheidseisen euthanasie, S. 14.

32 Pijnenborg, End-of-life-decisions, S. 128.

vorsätzlichen lebensbeendenden Maßnahmen ohne Verlangen des Betroffenen einschlägigen Strafvorschriften des Totschlags und des Mordes ein „ausdrückliches und ernsthaftes Verlangen“ des Betroffenen voraussetze[33].

Übereinstimmung besteht heute zugleich über die lebensbeendenden Maßnahmen, die als normales ärztliches Handeln („normaal medisch handelen“)[34] angesehen werden und daher nicht unter die „euthanasie“-Definition fallen:

„a. die Nichteinleitung oder Beendigung einer medizinisch sinnlosen Behandlung;

b. die Nichteinleitung oder Beendigung einer ärztlichen Behandlung auf Verlangen des Patienten sowie

c. die ärztliche Behandlung, die auf Schmerzbekämpfung abzielt, auch wenn dadurch der Eintritt des Todes beschleunigt wird[35].“

Die in Deutschland häufig verwendete Unterscheidung zwischen „aktiver“ und „passiver“ sowie „indirekter“ Sterbehilfe[36] erübrigt sich nach allgemeiner Auffassung durch das Zusammenspiel der „euthanasie“-Definition mit ihrer Negativdefinition[37]. Infolge des Zusammenspiels fällt die vorsätzliche Nichteinleitung oder Beendigung lebensverlängernder Behandlungen, die nicht dem normalen ärztlichen Handeln im Sinne von Punkt 1 oder 2 zuzuordnen sind, unter die „euthanasie“-Definition[38].

---

33 Pijnenborg, a.a.O., S. 128. Zum Straftatbestand der Tötung auf Verlangen s. S. 9; zu denen des Totschlags und des Mordes s. S. 142ff.

34 Drucks. II, 1991-92, 20 383 Nr. 14, S. 7.

35 Drucks. II, 1991-92, 20 383 Nr. 14, S. 6-7; vgl. KNMG, MC 1984, 992; Borst-Eilers, in: Misbin, S. 55-6.

36 Vgl. Tröndle, StGB, vor § 211 Rn. 14-6; Kutzer, NStZ 1994, 111-5.

37 Vgl. Drucks. II, 1983-84, 18 331 Nr. 3, S. 10; KNMG, MC 1984, 991-3; Leenen, Health Policy 1987, 199.

38 So ausdrücklich die Abgeordnete Wessel-Tuinstra, Drucks. II, 1983-84, 18 331 Nr. 3, S. 10. Gleichwohl hat die Staatskommission den Zusatz in der „euthanasie“-Definition von Leenen, Rechten van mensen, S. 213, wonach „euthanasie“ ein „lebensbeendendes Handeln (*einschließlich Unterlassen* [Hervorh., d. Verf.]) durch einen anderen als den Betroffenen“ ist, nicht vollständig übernommen, vgl. oben, Fn. 29. Auf zweifache Anfrage beim nl. Justizministerium in Den Haag, ob die Nichteinleitung oder Beendigung ei-

Dennoch erscheint es angesichts der in den Niederlanden verwendeten „euthanasie"-Definition sinnvoll, den Begriff „Euthanasie", dessen Definition im deutschen Sprachgebrauch durch das Mitleidsmotiv des Handelnden und die Todesnähe des Betroffenen phänomenologisch belegt ist[39], durch den Begriff „aktive Sterbehilfe auf Verlangen" zu ersetzen.

Vorsätzliche lebensbeendende Maßnahmen ohne Vorliegen eines ausdrücklichen oder freiverantwortlichen Verlangens des Opfers, die in Art. 287 und 289 nlStGB unter Strafe gestellt sind[40], fanden in der niederländischen Sterbehilfepraxis zwar schon vor ihrer erstmaligen Erfassung in 1990 statt[41], erhielten allerdings erst in der Folgezeit Eingang in die seinerzeit bereits zwei Jahrzehnte währende Diskussion um eine gesetzliche Regelung der aktiven ärztlichen Sterbehilfe[42]. Ihre gesonderte rechtliche Berücksichtigung wird erstmals durch eine gesetzliche Regelung erfolgen, deren Entwurf voraussichtlich im Herbst 2000 in das Parlament eingebracht wird[43]. In Abgrenzung zur „aktiven Sterbehilfe auf Verlangen" werden diese lebensbeendenden Maßnahmen im folgenden als „aktive Sterbehilfe ohne Verlangen" bezeichnet.

---

ner ärztlichen Behandlung, welche weder medizinisch sinnlos noch vom Patienten verlangt worden ist, zur „euthanasie" oder zum normalen ärztlichen Handeln zählt, erklärte van den Wildenberg, Referentin im Direktorat Gesetzgebung zur „euthanasie", nl. Justizministerium, Generaldirektorat Gesetzgebung, Rechtsanwendung u. -pflege, schriftliche Auskunft v. 25.8.1998 und v. 6.9.1998, daß es sich bei der Nichteinleitung oder Beendigung einer medizinisch sinnlosen Behandlung um normales ärztliches Handeln und nicht um „euthanasie" handele. Ob jene ärztlichen Maßnahmen, die Gegenstand der Anfrage waren, deshalb in den Niederlanden tatsächlich zur „euthanasie" gerechnet werden, konnte somit nicht abschließend geklärt werden.

39 Vgl. S. 219ff.

40 Zum Wortlaut der Art. 287 und 289 nlStGB s. S. 142ff.

41 Für den Zeitraum 1986-1989 s. die Untersuchungsergebnisse zur Häufigkeit der von Hausärzten geleisteten aktiven Sterbehilfe ohne Verlangen v. van der Wal u.a., Huisarts Wet 1991, 523 f, zitiert nach: Pijnenborg, End-of-life decisions, S. 85. Diese Ergebnisse sind im Gegensatz zu denen zur aktiven hausärztlichen Sterbehilfe auf Verlangen, van der Wal u.a., Family Practice 1992, 130-40, zitiert nach: Pijnenborg, ebd., S. 138, nicht ins Englische übersetzt worden. Vgl. zu den Ergebnissen zur aktiven hausärztlichen Sterbehilfe auf Verlangen unter Hausärzten S. 56ff.

42 Dazu Teil 4, A; D.

43 Dazu Teil 4, E.

II. Die Strafbarkeit nach Art. 293 nlStGB

Spezielle Strafvorschriften zur aktiven Sterbehilfe auf Verlangen gibt es im niederländischen Recht nicht. Nach geltendem Strafrecht ist sowohl die aktive Sterbehilfe auf Verlangen als auch die Hilfe zur Selbsttötung verboten. Das niederländische Strafgesetzbuch aus dem Jahre 1881 stellt in Titel XIX des Zweiten Buches unter der Überschrift „*Verbrechen gegen das Leben*“[44] nicht nur die Tötung auf Verlangen in Art. 293 nlStGB unter Strafe, sondern droht gemäß Art. 294 nlStGB auch demjenigen, der „vorsätzlich einen anderen zum Selbstmord antreibt, ihm dabei behilflich ist oder ihm die Mittel dazu verschafft“, Gefängnisstrafe bis zu drei Jahren oder Geldstrafe der vierten Kategorie (bis zu 25.000 Gulden) an, wenn der Selbstmord tatsächlich erfolgt ist[45]. Die Strafvorschriften sind bis heute unverändert[46].

Im Gegensatz zum deutschen Strafrecht, wo der Abgrenzung zwischen täterschaftlicher Tötung auf Verlangen und bloßer Mitwirkung am Selbstmord wegen der unterschiedlichen Konsequenzen von Strafbarkeit einerseits und möglicher Straffreiheit andererseits große Bedeutung zukommt[47], spielt diese Unterscheidung im niederländischen Recht aufgrund der in Art. 294 nlStGB unter Strafe gestellten Hilfe zur Selbsttötung nur eine untergeordnete Rolle. In der niederländischen Literatur[48] und offiziellen Erklärungen[49] erfahren die nach

---

44 = „*Misdrijven tegen het leven gericht*“, Übersetzung von Pompe, in: Mezger/Schönke/Jescheck, S. 194. Das niederländische Strafrecht unterscheidet zwischen Verbrechen („misdrijven“) und Übertretungen („overtredingen“), wobei die Verbrechen etwa den Bereich der deutschen Straftaten, also Vergehen und Verbrechen, umfassen, während die Übertretungen den Ordnungswidrigkeiten gleichgesetzt werden müßten, im Gegensatz zu diesen aber zum Kriminalstrafrecht zählen, Pompe, ebd., S. 55; vgl. dazu auch Hazewinkel-Suringa/Remmelink, Inleiding, S. 90-6; Enschedé, Beginselen, S. 133-4.

45 = „Hij die opzettelijk een ander tot zelfmoord aanzet, hem daarbij behulpzaam is of hem de middelen daartoe verschaft, wordt, indien de zelfmoord volgt, gestraft met gevangenisstraf van ten hoogste drie jaren of geldboete van de vierde categorie.“ (Zuletzt übersetzt von Schaffmeister, in: Jescheck/Kielwein, S. 151. Hiesige Übersetzung berücksichtigt die inzwischen eingetretenen Änderungen im Strafmaß. Die Kategorien der Geldstrafen sind in Art. 23 Abs. 3, 4 nlStGB geregelt). Die Abgrenzung zwischen den beiden Delikten erfolgt nach objektiven und subjektiven Kriterien. Einerseits ist der Tatbeitrag, andererseits der Vorsatz maßgeblich, vgl. van Bemmelen, strafrecht bijzondere delicten, S. 26-7; Hazewinkel-Suringa/Remmelink, a.a.O., S. 389ff. Zum Vorsatz s. S. 18, Fn. 18.

46 Vgl. nlStGB („Wetboek van strafrecht“) v. 3.3.1881, Stb. 35, welches am 1.9.1886 in Kraft getreten ist, Stb. 64. Art. 293 und 294 nlStGB sind abgedruckt im Anhang, Ziff. I.

47 Vgl. S. 224.

48 Leenen, NJB 1982, 103-4; vgl. Hazewinkel-Suringa/Remmelink, a.a.O., S. 342.

Art. 293 nlStGB strafbare aktive Sterbehilfe auf Verlangen und die nach Art. 294 nlStGB strafbare Hilfe zur Selbsttötung denn auch eine rechtliche Gleichbehandlung. Abgesehen von dem in Art. 293 nlStGB wesentlich höheren Strafmaß von bis zu zwölf Jahren Haft, für das sich der Gesetzgeber von 1881 entschied, gibt es nach allgemeiner Auffassung keinen Grund für eine Unterscheidung[50]. Insbesondere sei der ethische Unwertgehalt dieser beiden Handlungsweisen nicht derart verschieden, daß er unterschiedliche rechtliche Konsequenzen rechtfertige.

Aus diesem Grund sowie im Hinblick auf die nach deutschem Recht straflose Beihilfe zum Selbstmord beschränkt sich die Arbeit mit Ausnahme der besonderen Dokumentation zur ärztlichen Hilfe bei der Selbsttötung von psychiatrischen Patienten[51] auf die in Art. 293 nlStGB unter Strafe gestellte aktive Sterbehilfe auf Verlangen. Im Rahmen der für die Rechtsentwicklung bedeutsamen Gerichtsentscheidungen[52] werden Fälle der Hilfe zur Selbsttötung nur berücksichtigt, wenn den Entscheidungsgründen über den Fall hinausgehende Rechtsgrundsätze zu entnehmen sind. Sämtliche, für die aktive Sterbehilfe auf Verlangen im folgenden aufgezeigten Rechtsgrundsätze und zitierten Regelwerke gelten auch für die Hilfe zur Selbsttötung.

Der bei der aktiven Sterbehilfe auf Verlangen einschlägige Art. 293 nlStGB lautet: „Wer vorsätzlich einem anderen auf dessen ausdrückliches und ernsthaftes Verlangen das Leben nimmt, wird mit Gefängnisstrafe bis zu zwölf Jahren oder Geldstrafe der fünften Kategorie [bis zu 100.000 Gulden, d. Verf.] bestraft.“[53]

---

49 Drucks. II, 1983-84, 18 331 Nr. 3, S. 9; vgl. Gezondheidsraad, Advies inzake euthanasie, 1982, S. 16-7; Landelijke Overleggroep O.M., Evaluatie, S. 11. Der Ärzteverband KNMG versteht unter seiner „euthanasie“-Definition, MC 1984, 991, daher sowohl die Tötung auf Verlangen als auch die Hilfe zur Selbsttötung, MC 1984, 992-3.

50 Vgl. z.B. Gezondheidsraad, a.a.O., S. 16, Leenen, NJB 1982, 103; dazu auch van Bemmelen, Strafrecht bijzondere delicten, S. 26-7.

51 Teil 4, A, I.

52 Teil 2, A, I, 1-4d.

53 = „Hij die een ander op zijn uitdrukkelijk en ernstig verlangen van het leven berooft, wordt gestraft met gevangenisstraf van ten hoogste twaalf jaren of geldboete van de vijfde categorie.“ (Zuletzt übersetzt von Schaffmeister, in: Jescheck/Kielwein, S. 151. Hiesige Übersetzung berücksichtigt die inzwischen eingetretenen Änderungen im Strafmaß).

III. Allgemeine Strafausschließungsgründe

Obwohl der Wortlaut des Art. 293 nlStGB für ein uneingeschränktes Verbot der Tötung auf Verlangen spricht, ist die Vorschrift für Ärzte seit den achtziger Jahren durch eine rechtsfortbildende Rechtsprechung im Wege einer extensiven Interpretation der allgemeinen Strafausschließungsgründe modifiziert worden[54].

Wie im deutschen Recht[55] wird im niederländischen Recht zwischen Strafausschließungsgründen und Strafverfolgungshindernissen unterschieden[56]. Das gilt auch für die Unterscheidung zwischen Rechtfertigungsgründen, welche die Strafbarkeit der Tat ausschließen, und Entschuldigungsgründen, welche die Strafbarkeit des Täters ausschließen[57]. Rechtfertigungs- und Entschuldigungsgründe gelten im niederländischen Recht als Strafausschließungsgründe[58], haben aber die gleiche praktische Konsequenz wie im deutschen Recht[59]. Schließlich werden im niederländischen Recht die Strafausschließungsgründe in allgemeine und besondere Strafausschließungsgründe unterteilt. Die besonderen Strafausschließungsgründe gelten nur für das Delikt, bei dem sie vorge-

54 Dazu Teil 2, A, I, 1-4d.

55 Vgl. Roxin, StrafR AT, § 23 Rn. 42; § 260 Abs. 3 StPO.

56 Hazewinkel-Suringa/Remmelink, Inleiding, S. 254; van Bemmelen, Strafrecht algemeen deel, S. 170.

57 Roxin, StrafR AT, § 19 Rn. 1 und Hazewinkel-Suringa/Remmelink, a.a.O., S. 248; vgl. Enschedé, Beginselen, S. 138-9; van Bemmelen, a.a.O., S. 174.

58 Vgl. Enschedé, a.a.O., S. 141; van Bemmelen, a.a.O., S. 173.

59 Aus dem Umkehrschluß des Art. 50 nlStGB folgt, daß eine tatbestandsmäßige, aber nicht rechtswidrige Tat zur Folge hat, daß strafbare Teilnahme nicht möglich ist, weil diese eine rechtswidrige Haupttat voraussetzt, van Bemmelen, a.a.O., 284; vgl. Hazewinkel-Suringa/Remmelink, a.a.O., S. 446-7; §§ 26, 27, 28 Abs. 2, 29 StGB. *Art. 50 nlStGB*: „Die persönlichen Umstände, durch die die Strafbarkeit ausgeschlossen, vermindert oder erhöht wird, kommen bei der Anwendung des Strafgesetzes allein für den Täter oder Gehilfen in Betracht, den sie persönlich betreffen." (Übersetzung von Schaffmeister, in: Jescheck/Kielwein, S. 78). Dagegen ist bei einer tatbestandsmäßigen und rechtswidrigen Haupttat strafbare Teilnahme möglich, auch wenn der Haupttäter entschuldigt ist. Die Entschuldigungsgründe sind persönliche Umstände, die bei der Anwendung des Strafgesetzes nur dem Täter oder Gehilfen zugute kommen, den sie persönlich betreffen; will der Teilnehmer ebenfalls Straflosigkeit erlangen, müssen auch bei ihm persönlich die Voraussetzungen eines Entschuldigungsgrundes vorliegen, Art. 50 nlStGB, van Bemmelen, ebd., 285; vgl. Hazewinkel-Suringa/Remmelink, ebd., S. 447 und §§ 26, 27, 28 Abs. 2, 29 StGB; Tröndle, StGB, § 26 Rn. 11, § 29 Rn. 3.

sehen sind[60]. Die allgemeinen Strafausschließungsgründe sind hingegen im Gesetz nicht oder nur ansatzweise im Ersten Buch des niederländischen Strafgesetzbuches geregelt[61]. So gelten der „Wegfall der materiellen Rechtswidrigkeit" und die dem ärztlichen Berufsrecht zuzuordnende „medizinische Ausnahme", die von der Rechtsprechung als Rechtfertigungsgrund für Ärzte zu dem Verbot des Art. 293 nlStGB herangezogen wurden, als ungeschriebene Rechtfertigungsgründe[62].

Auch für den rechtfertigenden Notstand existiert keine gesetzliche Regelung im niederländischen Recht. Die Rechtsprechung hat aber in Anknüpfung an Art. 40 nlStGB entsprechende Grundsätze entwickelt[63]. Art. 40 nlStGB lautet: „Nicht strafbar ist, wer eine Tat begeht, zu der er durch einen übermächtigen Einfluß [‚overmacht', d. Verf.] gedrängt wird."[64] Der in Art. 40 nlStGB genannte übermächtige Einfluß ist durch keine gesetzliche Definition begrenzt[65]. Der rechtfertigende Notstand als sog. übermächtiger Einfluß (Art. 40 nlStGB) im Sinne von Notstand („noodtoestand") ergibt sich vielmehr aus einer Güterabwägung der im Einzelfall einander gegenüberstehender Pflichten und Inter-

---

60 Hazewinkel-Suringa/Remmelink, a.a.O., S. 252. Laut Reis, mündliche Auskunft v. 27.8.1996, ähneln die besonderen Strafausschließungsgründe im Sinne von Rechtfertigungsgründen insofern § 326 Abs. 6 StGB, wenngleich § 326 Abs. 6 StGB ein objektiv wirkender, also von den Vorstellungen des Täters unabhängiger Strafausschließungsgrund ist. Zu § 326 Abs. 6 StGB s. Lackner, StGB, § 326 Rn. 12.

61 Enschedé, a.a.O., S. 141; van Bemmelen, Strafrecht algemeen deel, S. 171; ders., Strafrecht bijzondere delicten, S. 28.

62 Scholten, in: Eser/Koch, S. 456; vgl. van Bemmelen, a.a.O., S. 171. Zum „Wegfall der materiellen Rechtswidrigkeit" s. S. 23ff, 27, 29; zur „medizinischen Ausnahme" s. S. 43, 45f. Im niederländischen Recht ist die Rechtswidrigkeit grundsätzlich ein Element der Strafbarkeit. Rechtswidrig bedeutet nach dem Sprachgebrauch des niederländischen Gesetzgebers „im Widerspruch zum Recht". Heute besteht weitgehend Einigkeit darüber, daß Rechtswidrigkeit nicht nur bei Widerspruch zum geschriebenen, sondern auch bei Widerspruch zum ungeschriebenen Recht angenommen wird, Pompe, in: Mezger/Schönke/Jescheck, S. 62-3.

63 Erstmals vom Hoge Raad anerkannt im sog. Optiker („opticien") -Urteil v. 15.10.1923, in: NJ 1923, 1329-30. Zur Entwicklung der Notstandsregeln aus Art. 40 nlStGB s. Lauermann, Der strafrechtliche Notstand.

64 = „Niet strafbaar is hij die een feit begaat waartoe hij door overmacht is gedrongen." (Übersetzung von Schaffmeister, in: Jescheck/Kielwein, S. 76).

65 So der Gesetzgeber von 1881, zitiert nach: Staatscommissie Euthanasie, Rapport, Teil I, S. 309 (minderheidsnota).

essen, bei der das nach der Rechtsordnung geringere zugunsten des höheren Interesses geopfert wird[66].

Der entschuldigende Notstand knüpft ebenfalls an Art. 40 nlStGB an. Ein entschuldigender Notstand im Sinne eines übermächtigen psychischen Einflusses („psychische overmacht") ist gegeben, wenn eine Güterabwägung nicht vorgenommen werden kann, der Täter unter der Belastung der Umstände des Falles aber psychisch zu seinem Verhalten gezwungen war, so daß ihm ein normgemäßes Verhalten nicht zugemutet werden konnte[67]. Insofern entspricht die im niederländischen Recht vorgenommene Unterscheidung zwischen rechtfertigendem und entschuldigendem Notstand der der seit 1975 geltenden §§ 34, 35 StGB[68].

Schließlich kann das Gericht, sofern es das Bestehen allgemeiner Strafausschließungsgründe nicht für bewiesen erachtet[69], von der Auferlegung einer Strafe gem. Art. 9a nlStGB absehen, wenn es dies im Hinblick auf die geringe

---

66 Leenen, Rechten van mensen, S. 253; vgl. Noyon/Langemeijer/Remmelink, commentaar Wetboek van Strafrecht, S. 254, zitiert nach: Feber, in: van der Wal u.a., S. 64 ; vgl. Enschedé, Beginselen, S. 142; van Bemmelen, Strafrecht algemeen deel, S. 183; Hazewinkel-Suringa/Remmelink, a.a.O., S. 281-4. Anders Pompe, in: Mezger/ Schönke/Jescheck, S. 72-4, der die Unterscheidung zwischen „noodtoestand" und „overmacht" zugunsten eines einheitlichen Begriffs der „overmacht" vermeidet. In Sterbehilfeprozessen hat das höchste niederländische Gericht bei der Beurteilung von Strafausschließungsgründen im Sinne von Art. 40 nlStGB eine differenzierte Anknüpfung an Art. 40 nlStGB zugrundegelegt, vgl. S. 30ff, 46ff, 48ff, so daß vorliegend eine Unterscheidung zwischen „noodtoestand" und „overmacht" angezeigt ist. Anders der Gerichtshof Amsterdam, Urteil v. 17.11.1983, vgl. S. 27ff.

67 Hazewinkel-Suringa/Remmelink, a.a.O., S. 279-80; van Bemmelen, Strafrecht algemeen deel, S. 179; Welie, J Med Philos 1992, 432-3.

68 Allerdings besteht im niederländischen Recht anders als im deutschen für den entschuldigenden Notstand keine Beschränkung auf bestimmte Rechtsgüter, Hazewinkel-Suringa/ Remmelink, a.a.O., S. 279-80; Roxin, StrafR AT, § 22 Rn. 22.

69 Obschon die Rechtswidrigkeit eine Voraussetzung für die Strafbarkeit des Täters ist, sind im Gesetz die Handlungen, die grundsätzlich rechtswidrig sind, regelmäßig nur als strafbar umschrieben. Im Strafprozeß muß deshalb nicht die Rechtswidrigkeit, sondern müssen eventuelle Strafausschließungsgründe bewiesen werden, Pompe, in: Mezger/Schönke/Jescheck, S. 63-4; vgl. van Bemmelen, a.a.O., S. 170-1.

Schwere der Tat, die Persönlichkeit des Täters oder die Umstände, unter denen die Tat begangen wurde oder die sich danach gezeigt haben, für ratsam hält[70].

70 Vgl. die Übersetzung von Scholten, in: Eser/Koch, S. 471. Vor Inkrafttreten des Art. 9a nlStGB im Jahre 1983 bestand die Möglichkeit, von der Auferlegung einer Strafe abzusehen, nur unter engen Voraussetzungen im Jugendstrafrecht, Scholten, JZ 1984, 878; vgl. zu Art. 9a nlStGB Hazewinkel-Suringa/Remmelink, a.a.O., S. 602.

Teil 2: Vorgeschichte

Anlaß zu den Bemühungen um eine gesetzliche Regelung der aktiven ärztlichen Sterbehilfe auf Verlangen haben eine Reihe spektakulärer Fälle von Mitleidstötungen durch Ärzte gegeben, die von den Gerichten zusehends milder beurteilt wurden mit dem Ergebnis, daß Ende der achtziger Jahre eine ständige Rechtsprechung zur Möglichkeit der Rechtfertigung der nach Art. 293 nlStGB strafbaren aktiven ärztlichen Sterbehilfe auf Verlangen vorlag.

A. Rechtsprechung

Der erste Richterspruch zur aktiven Sterbehilfe auf Verlangen stammt von einem unteren Gericht aus dem Jahre 1952[1]. Das Bezirksgericht Utrecht[2] sah damals eine Ausnahme von dem in Art. 293 nlStGB niedergelegten Verbot für den angeklagten Arzt gegeben und verurteilte ihn auch aus generalpräventiven Erwägungen zu einer Freiheitsstrafe von einem Jahr auf Bewährung[3]. Zwar sind in den Niederlanden allgemein kurze Freiheitsstrafen gebräuchlich[4]. In späteren Sterbehilfeprozessen verhängten die Richter jedoch nur noch symbolische Strafen[5]. Gleichzeitig gingen die unteren Gerichte zu dem für das niederländische Rechtssystem ungewöhnlichen Schritt über, materielle und prozessuale Voraussetzungen für die Gewährung strafloser lebensbeendender Maßnahmen in Form von über den Einzelfall hinausgehenden Richtlinien zu formulieren[6]. Straflosigkeit kam danach ausschließlich für Ärzte in Betracht,

1 Der niederländische Gerichtsaufbau ist vierstufig und steigt von 62 Kreisgerichten („kantongerechten“) über 19 Bezirksgerichte („arrondissementsrechtsbanken“) zu den 5 Gerichtshöfen („gerechtshoven“) auf, an deren Spitze der Hoge Raad mit Sitz in Den Haag steht; vgl. Art. 1, 60 Abs. 1 nlGVG („Wet op de rechterlijke organisatie“) und das „wet op de rechterlijke indeling“, Stb. 1951, 347.

2 Urteil v. 11.3.1952, in: NJ 1953, (Nr. 275) 580-82.

3 Bezirksgericht Utrecht, a.a.O., S. 582.

4 Vgl. Hazewinkel-Suringa/Remmelink, a.a.O., S. 635 (Tabelle 4). Dem Richter wird nach niederländischem Recht große Freiheit bei der Strafzumessung eingeräumt. Jede Strafbestimmung regelt zwar die zulässigen Sanktionen, teilweise unter Vorgabe einer speziellen Höchststrafe. Gem. Art. 10 Abs. 2 nlStGB beträgt die Mindestdauer der zeitlichen Gefängnisstrafe jedoch nur einen Tag (gem. Art. 23 Abs. 2 nlStGB beträgt die Mindesthöhe der Geldbuße fünf Gulden). Der Richter kann somit auch für die schwerste Straftat eine Gefängnisstrafe von nur einem Tag verhängen, Enschedé, a.a.O., S. 159-60.

5 Vgl. Surtorius, in: Deutsche Gesellschaft für Humanes Sterben, S. 152.

6 Vgl. Scholten, JZ 1984, 877; van Bemmelen, Strafrecht bijzondere delicten, S. 29; Griffiths, MLR 1995, 895; Surtorius, a.a.O., S. 152.

sofern bei der lebensbeendenden Behandlung die in den Richtlinien aufgestellten materiellen und prozessualen Sorgfaltspflichten („zorgvuldigheidseisen“[7]) eingehalten wurden.

I. Die für die Rechtsentwicklung bedeutsamen Gerichtsentscheidungen

1. Bezirksgericht Leeuwarden – Urteil vom 21.2.1973

Erste Richtlinien zur Zulässigkeit lebensbeendender ärztlicher Behandlungen stellte das Bezirksgericht Leeuwarden[8] im Jahre 1973 in einem Fall aktiver Sterbehilfe auf Verlangen auf. Das Gericht verurteilte eine praktizierende Allgemeinärztin nach Art. 293 nlStGB zu einer einwöchigen Haftstrafe auf Bewährung[9], weil sie ihre Mutter auf deren Verlangen mit einer Injektion von 200 mg Morphin getötet hatte[10].

Das Gericht hat seiner Entscheidung die Erklärung eines sachverständigen Arztes zur etablierten und allgemein gebilligten Sterbehilfepraxis innerhalb der Ärzteschaft vorangestellt[11]. Dieser Erklärung schloß sich das Gericht weitestgehend an und erklärte eine ärztliche Behandlung, die zwar lebensverkürzend wirkt, in erster Linie aber der Schmerzlinderung dient, sowie eine Nichteinleitung oder Beendigung einer ärztlichen Behandlung eventuell auftretender Komplikationen, wie etwa einer Infektion, wegen entschuldigenden Notstands im Sinne eines übermächtigen psychischen Einflusses (Art. 40 nlStGB) für ent-

---

7 Vgl. Feber, in: van der Wal u.a., S. 55, 58.

8 Urteil v. 21.2.1973, in: NJ 1973, (Nr. 183) 556-63.

9 Die Strafe wurde für eine Bewährungszeit von einem Jahr ausgesetzt, a.a.O., S. 563.

10 Die 78-jährige, in einem Altersheim lebende Patientin war dem Tatbestand, a.a.O., S. 558-60, zufolge halbseitig gelähmt, inkontinent, schwerhörig und unfähig zu lesen, oft hing ihr die Zunge aus dem Mund, zuletzt war sie mit einem Gurt ans Bett fixiert, wirkte melancholisch und lebensmüde. Sie war wiederholt den behandelnden Arzt, das Pflegepersonal und ihre Tochter angegangen, ihr das Leben zu nehmen und hatte sich mehrmals kopfüber aus dem Bett gestürzt, um ihr Leiden zu beenden. Der behandelnde Arzt hatte zunächst erwogen, die Behandlung einer von ihm diagnostizierten Harnwegsvergiftung wegen Nierenversagens abzubrechen, hatte aber aufgrund zu erwartender Schwierigkeiten mit dem Personal und insbesondere der Direktion des Altenheimes davon abgesehen. Nach Gesprächen der Tochter mit Angehörigen und dem behandelnden Arzt, verabreichte die Tochter ihrer Mutter einen Monat nach deren Aufnahme ins Altenheim 200 mg Morphin, woraufhin diese verstarb.

11 Bezirksgericht Leeuwarden, a.a.O., S. 558.

schuldigt[12], wenn folgende Sorgfaltspflichten erfüllt seien:

„a. der Patient ist durch Krankheit oder Unfall unheilbar – ohne Rücksicht auf kurze oder längere Phasen der Besserung oder Verschlechterung seines Zustandes – oder gilt aus medizinischer Sicht als unheilbar;

b. sein körperliches oder geistiges Leiden ist für den Patienten unerträglich oder schwer;

c. der Patient hat, eventuell vorab schriftlich, zu erkennen gegeben, daß er sein Leben beenden will, jedenfalls von seinem Leiden erlöst werden will;

d. der Eingriff muß durch den behandelnden Arzt oder einen Facharzt nach Rücksprache mit dem behandelnden Arzt vorgenommen werden; in diesem Fall dürfe auch die (weitere) Behandlung eventuell auftretender Komplikationen unterbleiben“[13].

Daß sich die Sterbensperiode beim Patienten zumindest angekündigt hat, hielt das Gericht[14] im Gegensatz zum Sachverständigen[15] nicht für erforderlich, weil unheilbar kranken Patienten, die körperlich oder geistig schwer litten, im übrigen aber vital seien und in diesem Zustand möglicherweise viele Jahre weiterlebten, eine derartige Linderung nicht verweigert werden dürfe. In vorliegendem Fall seien die Sorgfaltspflichten zu a. – d. zwar eingehalten worden[16]. Gleichwohl hielt das Gericht eine Entschuldigung der Allgemeinärztin für ausgeschlossen, weil sie nicht den Versuch unternommen habe, ihr anvisiertes

---

12 Zum entschuldigenden Notstand im Sinne eines übermächtigen psychischen Einflusses s. Teil 1, C, III.

13 Bezirksgericht Leeuwarden, a.a.O., S. 558-60.

14 Bezirksgericht Leeuwarden, a.a.O., S. 560. Obwohl das Gericht die Ankündigung der Sterbensperiode als Sorgfaltspflicht klar abgelehnt hat, hielten es die 1986 amtierenden Minister für Justiz und Gesundheit später u.a. für zweifelhaft, ob sich das Gericht der vom Sachverständigen angeführten Voraussetzung zur Sterbensperiode angeschlossen hat, Drucks. II, 1985-1986, 19 359 Nr. 2, S. 9.

15 Bezirksgericht Leeuwarden, a.a.O., S. 558.

16 Bezirksgericht Leeuwarden, a.a.O., S. 558-60.

Ziel, ihre Mutter von ihrem Leiden zu befreien, zunächst in einer primär der Schmerzlinderung dienenden, ihr ebenfalls möglichen Weise, nämlich mit steigenden Dosen Morphin, zu verwirklichen[17].

Obschon das Gericht die *vorsätzliche* Tötung durch die Tochter auf Verlangen ihrer Mutter für bewiesen erachtete[18], hat es in den Urteilsgründen mit keinem Wort die unverhüllt vorliegende aktive Sterbehilfe auf Verlangen erwähnt[19]. Vielmehr legte das Gericht zur Beurteilung des Falles seine Richtlinien zur Zulässigkeit lebensverkürzender ärztlicher Schmerzbekämpfung zugrunde und verurteilte folgerichtig allein die *Methode*, die die Tochter zur Tötung eingesetzt hatte. Die in diesem Zusammenhang nach Auffassung des Gerichts gebotenen steigenden Dosen bleiben vage und stiften zusätzliche Unklarheit[20]. Erst

---

17 Bezirksgericht Leeuwarden, a.a.O., S. 560.

18 „...[D]e Rechtsbank...bewezen acht, dat verdachte...*opzettelijk* [Hervorh., d. Verf.]...op het uitdrukkelijk en ernstig verlangen...van het leven heeft beroofd...," a.a.O., S. 558. Vorsatz bedeutet nach niederländischem Recht das Wissen und Wollen aller Elemente einer Strafbestimmung, die dem Wort „vorsätzlich" folgen, Hazewinkel-Suringa/ Remmelink, a.a.O., S. 185. Der Streit, ob Vorsatz Willen oder Wissen ist, hat in der niederländischen Strafrechtsdogmatik keine Bedeutung erlangt, Pompe: in Mezger/Schönke/Jescheck, S. 78. Dagegen ist der Wissensgrad des Vorsatzes umstritten. Im Jahre 1954 hat der Hoge Raad, Urteil v. 9.11.1954, in: NJ 1955, (Nr. 55) 98, die Lehre vom bedingten Vorsatz übernommen, Pompe, a.a.O., S. 81, dem sich die Literatur überwiegend angeschlossen hat, Hazewinkel-Suringa/Remmelink, ebd., S. 189. Der Hoge Raad hat verschiedene Formeln für den bedingten Vorsatz verwendet, vgl. Urteil v. v. 6.5.1969, in: NJ 1970, (Nr. 32) 75 und v. 25.6.1974, in: NJ 1974, (Nr. 455) 1310, die Remmelink übersetzt als das „Billigend-in-Kauf-Nehmen", daß die für die Strafbarkeit der Tat erforderlichen Begleitumstände gegeben waren, Hazewinkel-Suringa/Remmelink, ebd., S. 191. Vgl. dazu auch Schaffmeister, in: Jescheck/Kühlwein, S. 34.

19 Das Gericht beschränkt sich auf die Feststellung, als „... Allgemeinärztin...mit Interesse für das von ihr als ‚euthanasie' im weitesten Sinne angedeutete Gebiet..." sei der Tochter die Verabreichung steigender Dosen Morphin auch subjektiv möglich gewesen, a.a.O., S. 560. Gomez, Regulating Death, S. 31, bezeichnet den Fall denn auch als einen „schlecht getarnten Fall ärztlicher Tötung".

20 Bezirksgericht Leeuwarden, a.a.O., S. 560. Zu den Besonderheiten des Falles hat das Gericht gänzlich geschwiegen. So wuchs der Todeswunsch der Mutter erst inmitten einer klinischen Umgebung und war ihre Einwilligungsfähigkeit angesichts nach dem Krankheitsbild zu vermutender Depressionen jedenfalls fragwürdig. Die Tochter war zwar praktizierende Allgemeinärztin, aber weder Angestellte der Pflegeeinrichtung, noch zuständig für die ärztliche Betreuung ihrer Mutter. Vgl. dazu auch Gomez, Regulating Death, S. 31, der darauf hinweist, daß der Mutter keine Antidepressionstherapie verabreicht wurde, obwohl sie klassische Symptome einer klinischen Depression aufwies.

die überaus milde Strafe, die das Gericht wegen der „...vollkommene[n] Reinheit ihrer Motive..." verhängte[21], zeigt an, daß sich das Gericht trotz der von ihm anerkannten formellen Grenzen des Art. 293 nlStGB gewunden hat, die Tat als einen Fall der aktiven Sterbehilfe auf Verlangen zu deklarieren und zu verurteilen, was zugleich den Schluß nahelegt, das Gericht halte die Zulässigkeit aktiver Sterbehilfe auf Verlangen zumindest für möglich[22]. Dem Urteil entnehmen zu wollen, daß das Gericht die aktive Sterbehilfe auf Verlangen unter gewissen Voraussetzungen für zulässig erachtet habe, ist schlichtweg verfehlt[23], nichtsdestotrotz seither weitverbreitet[24]. Das Leeuwardener Gericht hat vielmehr die rechtlichen Grenzen der aktiven Sterbehilfe auf Verlangen konkludent in Frage gestellt[25] und dadurch eine öffentliche Diskussion um die Zulässigkeit der aktiven Sterbehilfe auf Verlangen eingeläutet[26].

2. Bezirksgericht Rotterdam – Urteil vom 1.12.1981

Acht Jahre nach der Entscheidung von Leeuwarden verurteilte das Bezirksgericht Rotterdam[27] eine Nichtärztin gem. Art. 294 nlStGB wegen Hilfe zur Selbsttötung einer vermeintlich Krebskranken zu einer Gefängnisstrafe von sechs Monaten auf Bewährung. In seiner Entscheidung ließ sich das Gericht zwar vor allem von der Tatsache leiten, daß die Angeklagte keine Ärztin war, stellte jedoch abermals, wenngleich direkter und detaillierter als das Leeuwardener Gericht[28], über den Fall hinausgehende Richtlinien zur Straflosigkeit lebensbeendender ärztlicher Behandlungen auf.

---

21 Bezirksgericht Leeuwarden, a.a.O., S. 561.

22 So auch Gomez, a.a.O., S. 31.

23 Vorsichtiger drückt es Gomez, a.a.O., S. 31, aus.

24 So beispielsweise Leenen, NJB 1982, 104; ders., Health Policy 1987, 200, dessen „euthanasie"-Definition seit jeher mit hiesiger übereinstimmt, vgl. Teil 1, C, I; NJB 1982, 103. Anders Staatscommissie Euthanasie, Rapport, Teil I, S. 302 (Minderheitsvotum, vgl. dazu Teil 3, A, II, 2); Scholten, in: Eser/Koch, S. 458.

25 Vgl. Gomez, a.a.O., S. 31.

26 Vgl. Borst-Eilers, in: Misbin, S. 56. Zu der bereits 1969 entfachten Diskussion um medizinische Macht und medizinische Ethik auf dem Gebiet der Empfängnis, der Geburt und des Todes s. Teil 3.

27 Urteil v. 1.12.1981, in: NJ 1982, (Nr. 63) 222-4. Das Gericht berücksichtigte bei der Strafzumessung, daß die Beklagte bereits 6 Tage in Verwahrung und vorläufiger Haft verbracht und im Rahmen von letzterer schon 63 Tage Hausarrest abgeleistet hatte, ebd., S. 224.

28 Gomez, a.a.O., S. 32.

Im Einzelfall, so erwog das Rotterdamer Gericht, sei das Interesse der Person, die ihr Leben beenden will, und das ihrer Umgebung an einem „sanften“ Tod höher zu bewerten als das Interesse des Gesetzgebers an der Erhaltung von Leben, dessen Verletzung er in Art. 294 nlStGB sanktioniere[29]. Laut Aussage eines sachverständigen Arztes, der sich das Gericht anschloß, bestand damals zunehmend die Auffassung, daß Selbstmord in bestimmten, stets außergewöhnlichen Fällen nicht per se unannehmbar sei. Vielmehr müsse die Entscheidung dessen, der sein Leben beenden will, respektiert werden. Sowohl für den Betroffenen als auch für dessen Umgebung sei dabei von großem Interesse, daß das Leben nicht auf eine grausame Weise beendet werden müsse. Dies sei jedoch im allgemeinen ohne die Hilfe anderer nicht möglich, weil dem Betroffenen oftmals die Mittel für einen „sanften“ Tod fehlten. Zugleich zählte das Gericht im Anschluß an die Formulierungen in „...mehrere[n] Veröffentlichungen...“ wie beispielsweise die der Niederländischen Vereinigung für Freiwillige Euthanasie („Nederlandse Vereniging voor Vrijwillige Euthanasie“ - NVVE)[30] neun Sorgfaltspflichten einer gerechtfertigten ärztlichen Hilfeleistung zur Selbsttötung auf, die später als die „Rotterdamer Richtlinien“ bekannt wurden[31]. Obwohl das Gericht keine Rechtsgrundlage nannte, scheint es nach obiger Interessenabwägung zwischen dem Interesse des Patienten, den Zeitpunkt des eigenen Todes zu bestimmen, und der ärztlichen Pflicht, das Leben des Patienten zu beschützen, eine Rechtfertigung wegen Notstands für Fälle in Betracht zu ziehen, in denen:

> a. „der Patient sein körperliches oder geistiges Leiden als unerträglich empfindet;
>
> [b.] das Leiden des Patienten und sein Verlangen nach dem Tod von Dauer sind;
>
> [c.] der Patient den Entschluß zum Selbstmord freiwillig gefaßt hat;

---

29 Bezirksgericht Rotterdam, a.a.O., S. 223.

30 Von den „...mehrere[n] Veröffentlichungen“ benennt das Bezirksgericht Rotterdam lediglich diese Quelle, a.a.O., S. 224. Leenen, NJB 1982, 105, zufolge hat das Gericht die Sorgfaltspflicht zu f. aus einer Broschüre der NVVE übernommen.

31 Vgl. beispielsweise Leenen, Health Policy 1987, 200.

[d.] der Patient sich seiner gegenwärtigen Situation sowie seiner eventuellen Handlungsalternativen bewußt ist und sie gewissenhaft gegeneinander abgewogen hat;

[e.] zur Erleichterung seines Leidens es redlicherweise keine vernünftige andere Lösung gibt;

[f.] durch seinen Tod anderen kein unnötiges Leid zugefügt wird“[32].

Um eine nachträgliche Überprüfung der materiellen Sorgfaltspflichten zu a. - f. zu ermöglichen, legte das Gericht zudem drei prozessuale Sorgfaltspflichten fest, nach denen:

g. „die Entscheidung, Hilfe zu leisten, nicht durch bloß eine Person getroffen werden darf;

[h.] ferner bei der Entscheidung, Hilfe zu leisten, immer ein Arzt einzubeziehen ist, der auch das anzuwendende Mittel verschreiben soll;

[i.] schließlich bei der Entscheidung, Hilfe zu leisten, und bei der Hilfeleistung selbst die größtmögliche Sorgfalt einzuhalten ist; das Gericht denkt dabei z.B., wenn sich der Betroffene bereits in der Sterbensphase befindet, an die Hinzuziehung von Kollegen zur Beratung, oder, wenn die Sterbensphase noch nicht eingetreten ist, an die Beratung des Falles mit anderen Fachleuten, wie einem Psychiater, Psychologen oder Sozialarbeiter“[33].

Die Entscheidung des Rotterdamer Gerichts signalisierte einen Wendepunkt in der rechtlichen Handhabung der aktiven Sterbehilfe auf Verlangen[34]. Erstmals

[32] Bezirksgericht Rotterdam, a.a.O., S. 223.

[33] Bezirksgericht Rotterdam, a.a.O., S. 223.

[34] Gomez, a.a.O., S. 32. Zur rechtlichen Gleichbehandlung der nach Art. 294 nlStGB strafbaren Hilfe zur Selbsttötung und der nach Art. 293 nlStGB strafbaren aktiven Sterbehilfe auf Verlangen s. Teil 1, C, II.

befaßte sich ein Gericht nicht nur direkt und ausdrücklich mit der direkten, gezielten Lebensbeendigung, sondern die von ihm eröffnete Möglichkeit der Rechtfertigung der *ärztlichen* Hilfe zur Selbsttötung ging tatsächlich einen Schritt in Richtung ihrer rechtlichen Zulässigkeit für Ärzte[35].

Anknüpfend an die Entscheidung des Betroffenen, sein Leben beenden zu wollen, wird dazu eingangs die Notwendigkeit von „Mittel[n] zu einem sanften Tod“[36], wie sie nur dem Arzt zur Verfügung stünden, erklärt. Zur Begründung der unterstellten Notwendigkeit ärztlichen Beistands stützen sich die Richter auf die Idee eines ansonsten unvermeidlich „grausamen Todes“, wobei die den dabei einzuhaltenden Sorgfaltspflichten ausdrücklich als Vorlage dienende Veröffentlichung der NVVE von Befürwortern einer Legalisierung der aktiven Sterbehilfe auf Verlangen stammt[37]. Anlaß zu gleich drei Sorgfaltspflichten zum Verlangen des Patienten nach aktiver Sterbehilfe, b. - d., mögen darüber hinaus die angehörten Sachverständigen mit der Aussage geliefert haben, daß sich hinter dem Verlangen nach Sterbehilfe oftmals eine Bitte um Lebenshilfe verberge[38]. Für die Sorgfaltspflichten zu g. - i. berief sich das Gericht hingegen ausdrücklich auf die Sachverständigenaussage, daß die ärztliche Hilfe zur Selbsttötung regelmäßig nicht die Sorgfaltspflichten zu a. - f. erfüllte, was im Rahmen einer nachträglichen Überprüfung des Einzelfalls überdies kaum feststellbar sei[39]. So ließ sich das Gericht denn auch von den Besonderheiten des Falles (eine Nichtärztin leistet Hilfe zur Selbsttötung einer nur vermeintlich körperlich Erkrankten ohne Einbeziehung von Dritten) leiten, als es die prozessualen Sorgfaltspflichten zu g. und h. in seine Richtlinien miteinbezog.

---

35 So Remmelink, Oberstaatsanwalt beim Hoge Raad, Schlußantrag zu NJ 1985, (Nr. 106) 462. Die Staatsanwaltschaft auf der Ebene des Hoge Raad in Gestalt des Generalstaatsanwaltes („procureur-generaal“) oder des Oberstaatsanwaltes („advocat-generaal“) stellt einen Schlußantrag („conclusie“), in der die zu entscheidenden Rechtsfragen wissenschaftlich durchleuchtet sind und eine Empfehlung an den Hoge Raad ausgesprochen wird, wie er den vorliegenden Fall entscheiden sollte, vgl. Art. 440 Abs. 1 nlStPO („Wetboek van strafvordering“); Stroink, Rechterlijke organisatie, S. 143.

36 Bezirksgericht Rotterdam, a.a.O., S. 223.

37 Vgl. Scholten, in: Eser/Koch, S. 455.

38 Bezirksgericht Rotterdam, a.a.O., S. 223.

39 Bezirksgericht Rotterdam, a.a.O., S. 223. Vgl. gleichlautende Feststellung des Staatsrates, Teil 3, A, I, 2, in bezug auf den ersten Gesetzentwurf zur aktiven ärztlichen Sterbehilfe auf Verlangen, welcher sich u.a. auf die Rotterdamer Richtlinien stützt, Teil 3, A, I, 1.

Zugunsten einer überprüfbaren Praxis forderte das Gericht vom Arzt schließlich unter i. größtmögliche Sorgfalt bei seiner Entscheidung und eigentlichen Hilfeleistung. Darin ist allerdings weniger eine Sorgfaltspflicht wie unter a. - h. als eine Anweisung an die Ärzteschaft zu sehen, im Einzelfall eigenmächtig zu entscheiden, was eine sorgfältige Praxis ausmacht[40]. Dieser „Aufruf" bringt denn auch das Motiv der Rotterdamer Richter zutage, welches sie zu der Festschreibung von Richtlinien im Rahmen einer Einzelfallentscheidung bewegte: Das Gericht wollte der Ärzteschaft nicht nur Voraussetzungen strafloser aktiver Sterbehilfe aufzeigen, die ihnen de lege lata nicht gegeben waren, sondern vor allem rechtliche Entscheidungshilfen zu eigenverantwortlichem Handeln in der Praxis geben[41]. In diesem Lichte erscheinen die gegenüber der Leeuwardener Entscheidung[42] detailliert und präzise wirkenden Sorgfaltspflichten zu a. - h. allerdings eher unscharf. So läßt die Wortwahl der Rotterdamer Richter, beispielsweise zu dem sich seiner Handlungsalternativen bewußten Patienten, Raum für Interpretation durch den Arzt. Des weiteren schweigt das Gericht darüber, wie der Arzt zu der Feststellung gelangt, daß der Patient sein Leiden als unerträglich erfährt.

Die Entscheidung des Bezirksgerichts Rotterdam setzte ein Signal[43]. Allerdings lieferte die Entscheidung keine Garantie, daß Ärzte dennoch angeklagt und von einem anderen Gericht, das sich den Rotterdamer Richtlinien nicht anschloß, gemäß Art. 293 nlStGB für dergleichen Tat verurteilt würden.

3. Bezirksgericht Alkmaar – Urteil vom 10.5.1983

Kaum achtzehn Monate nach der bahnbrechenden Entscheidung von Rotterdam sprach das Bezirksgericht Alkmaar[44] einen Hausarzt, der einer Patientin auf ihre Bitte hin eine tödlich wirkende Spritze verabreicht hatte, von der Anklage nach Art. 293 nlStGB frei, weil der Tat die materielle Rechtswidrigkeit gefehlt habe. Der Fall ging durch alle gerichtlichen Instanzen bis hin zum höchsten niederländischen Gericht und zeugte von der großen Unsicherheit der Gerichte, der in Rotterdam zuvor aufgezeigten Richtung zu folgen.

---

40 Admiraal, zitiert nach: Gomez, a.a.O., S. 33; Gomez, ebd.

41 Vgl. Surtorius, in: Deutsche Gesellschaft für Humanes Sterben, S. 152.

42 Teil 2, A, I, 1.

43 Gomez, a.a.O., S. 34; Feber, in: van der Wal u.a., S. 54 f.

44 Urteil v. 10.5.1983, in: NJ 1983, (Nr. 407) 1276-7.

Die 95-jährige Patientin war dem Tatbestand zufolge seit über sechs Jahren bei dem angeklagten Hausarzt in Behandlung[45]. Sie war schwerhörig, ihr Seh- und Sprechvermögen war stark beeinträchtigt, sie litt an Schwindelanfällen und war aufgrund einer Hüftfraktur bettlägerig, die Obduktion ergab zudem den Befund einer Arterienverkalkung in fortgeschrittenem Stadium. Eine Woche vor ihrem Tod erkrankte sie akut, verlor das Bewußtsein und konnte nach ihrem Erwachen weder essen noch trinken. Am Montag, dem 12. Juli, hatte sie sich von den Folgen des gesundheitlichen Einbruchs erholt und erklärte ihrem Hausarzt, sie könne ein derartiges Erlebnis nicht noch einmal ertragen. Die Patientin hatte von ihrem Hausarzt in den vergangen Jahren und in den letzten Wochen schließlich immer eindringlicher aktive Sterbehilfe verlangt. Im Alter von 93 Jahren hatte sie ihn zudem schriftlich um aktive Sterbehilfe gebeten für den Fall, daß sie sich in einem Zustand befände, aus dem eine Genesung zu einem vernünftigen und würdigen Leben nicht mehr zu erwarten sei. Der Arzt hatte ihren Wunsch mehrfach mit seinem Assistenzarzt sowie nahen Angehörigen der Patientin beratschlagt und handelte mit deren Zustimmung, als er ihr am 16. Juli hintereinander intravenös Stesolid, Pethidin und Curarin verabreichte, woraufhin die Patientin verstarb.

Das Bezirksgericht Alkmaar ging mit denselben Erwägungen wie schon das Rotterdamer Gericht von der Möglichkeit der Rechtfertigung strafbarer lebensbeendender Behandlungen durch Ärzte aus. Wo letzteres Gericht jedoch nicht ausdrücklich ein Recht des Patienten zur Selbstbestimmung des eigenen Todeszeitpunkts sowie keine Rechtsgrundlage für die von ihm als möglich erachtete Rechtfertigung ärztlicher Hilfe zur Selbsttötung genannt hatte[46], wurden die Alkmaarer Richter deutlich: Weil ein Selbstbestimmungsrecht in immer breiteren Bevölkerungskreisen anerkannt werde und zugleich allgemein bekannt sei, daß oftmals die Hilfe Dritter notwendig sei, um Leben auf humane, nicht gewalttätige Weise zu beenden, könne im Fall der Hilfeleistung zu einer freiwilligen Lebensbeendigung trotz formeller Verletzung des Art. 293 nlStGB die materielle Rechtswidrigkeit entfallen, wenn und soweit die Tat rechtlich als nicht unerwünscht betrachtet werden könne[47]. Die materielle Rechtswidrigkeit entfalle bei dergleichen Hilfeleistung allerdings nur dann, wenn die Entscheidung zur Lebensbeendigung durch denjenigen, der um Hilfe bitte, wohlerwogen und aufgrund eines dauerhaften Leidens getroffen worden sei und wenn derjenige,

45 Bezirksgericht Alkmaar, a.a.O., S. 1276-7; NJ 1985, (Nr.106) 455-6.

46 Vgl. Teil 2, A, I, 2.

47 Bezirksgericht Alkmaar, a.a.O., S. 1277.

der die Hilfe leiste, sowohl bei der Beurteilung der Frage, ob eine solche Situation gegeben sei, als auch bei der Hilfeleistung selbst den Anforderungen allergrößter Sorgfalt genüge und allen Umständen des Falles Rechnung getragen habe.

Der von den Alkmaarer Richtern herangezogene Wegfall der materiellen Rechtswidrigkeit ist ein ungeschriebener Strafausschließungsgrund[48], dessen Qualität als Rechtfertigungsgrund seit langem umstritten ist. Während der Lehre der formellen Rechtswidrigkeit für die Annahme der Rechtswidrigkeit ausreicht, daß alle Tatbestandsmerkmale vorliegen[49], prüft die Lehre der materiellen Rechtswidrigkeit darüber hinaus die Rechtswidrigkeit nach ihrem materiellen Inhalt. Trotz Vorliegens aller Tatbestandsvoraussetzungen kann nach letzterer Ansicht die Rechtswidrigkeit entfallen, wenn die Tat aus der Sicht der Rechtsordnung nichts Verwerfliches enthält[50]. Das ist der Fall, wenn ein tatbestandsmäßiges Tun einem solchen, von der Rechtsordnung gebilligten Vorteil dient, daß dadurch der Nachteil der förmlichen Gesetzesverletzung bei weitem überwogen wird. Vor einem großzügigen Gebrauch dieses Rechtfertigungsgrundes wird mitunter gewarnt, da der Richter bei dessen Gewährung Gefahr laufe, sich an die Stelle des Gesetzgebers zu begeben[51]. Der Richter dürfe das Gesetz nicht gegen den gesetzgeberischen Willen anwenden. Er müsse sich vielmehr fragen, ob der Gesetzgeber vernünftigerweise ebenso entschieden hätte, wenn er den konkreten Fall geregelt hätte[52].

Mit seiner Entscheidung schloß sich das Bezirksgericht Alkmaar einem Urteil des höchsten niederländischen Gerichts[53] aus dem Jahre 1933 an, in dem der

---

48 Teil 1, C, III.

49 Vgl. Enschedé, Beginselen, S. 144.

50 Hazewinkel-Suringa/Remmelink, Inleiding, S. 323. Die Lehre von der materiellen Rechtswidrigkeit wurde bereits Anfang dieses Jahrhunderts u.a. von Mayer propagiert, Hazewinkel-Suringa/Remmelink, ebd., vgl. auch Langemeijer, Schlußantrag z. Urteil des Hoge Raad v. 6.10.1949, in: NJ 1950, (Nr. 178) 305-6.

51 Van Bemmelen, a.a.O., S. 224.

52 Vgl. van Bemmelen, a.a.O., S. 224-5; Enschedé, a.a.O., S. 144.

53 Hoge Raad, Urteil v. 20.2.1933, in: NJ 1933, 918-23, auf S. 923. Ein Tierarzt hatte gesunde Kühe unter Verletzung des Viehgesetzes einer ansteckenden Krankheit zum Zwecke der Immunisierung der Kühe ausgesetzt. In späteren Entscheidungen lehnte der Hoge Raad eine Rechtfertigung wegen Wegfalls der materiellen Rechtswidrigkeit ab, vgl. Urteil v. 16.10.1973, in: NJ 1974, (Nr. 29) 54.

Hoge Raad ein einziges Mal den Wegfall der materiellen Rechtswidrigkeit als ungeschriebenen Rechtfertigungsgrund anerkannte[54]. Die Doktrin des Wegfalls der materiellen Rechtswidrigkeit wurde allerdings nie verworfen.[55] Über die Jahre haben sich Angeklagte, die wegen Straftaten vor Gericht standen, zu denen sie aufgrund ihres Gewissens gedrängt wurden, wiederholt auf den Wegfall der materiellen Rechtswidrigkeit berufen.[56] Die Richter argumentieren dabei regelmäßig, daß die Voraussetzungen nicht erfüllt seien.[57] Daher ist es nach wie vor möglich, einen Freispruch mit dem Wegfall der materiellen Rechtswidrigkeit zu rechtfertigen. Die Alkmaarer Richter, von seiten der Verteidigung mit dem Wegfall der materiellen Rechtswidrigkeit befaßt, sahen mithin objektiv nichts Verwerfliches in der aktiven Sterbehilfe des Hausarztes an seiner Patientin. Ihr freiwilliges und wohlerwogenes Verlangen um aktive Sterbehilfe könne nicht als eine Frage „um Hilfeleistung anderer Art" verstanden werden[58]. Die Patientin habe vielmehr aufgrund ihres hohen Alters und dem damit verbundenen, sich verschlechternden Gesundheitszustand ihr Leben als unerträglich erfahren. Schließlich habe der Hausarzt einen Arzt zu Rate gezogen und mit Familienangehörigen gesprochen, die den Sterbewunsch der Patientin unterstützten, also mit allergrößter Sorgfalt gehandelt.

Gegen den Freispruch des Alkmaarer Gerichts legte die Staatsanwaltschaft Berufung ein, da sich das Gericht nach ihrer Meinung nicht hinreichend an die Rotterdamer Richtlinien gehalten und die Besonderheiten des Sachverhalts übergangen hatte[59]. So seien die körperlichen Leiden der Patientin ausschließlich altersbedingt gewesen. Ihr Sterbewunsch dagegen basierte vornehmlich auf geistigem Leiden. Vor allem aber bezweifelte die Staatsanwaltschaft die Tauglichkeit des Wegfalls der materiellen Rechtswidrigkeit als Rechtfertigungsgrund der aktiven ärztliche Sterbehilfe auf Verlangen.

---

54 Enschedé, a.a.O., S. 144.

55 Hazewinkel-Suringa/Remmelink, a.a.O., S. 329.

56 Schaffmeister, in: Jescheck/Kielwein, S. 34.

57 Scholten, Med Law 1986, S. 171; vgl. Schaffmeister, a.a.O., S. 34 und z.B. Gerichtshof Amsterdam, Urteil v. 7.11.1995, in: NJ 1996, (Nr. 113) 554. Zum Urteil s. Teil 4, D, I.

58 Bezirksgericht Alkmaar, a.a.O., S. 1277; vgl. dazu Teil 2, A, I, 2.

59 Vgl. Gomez, Regulating Death, S. 35.

a. Gerichtshof Amsterdam – Urteil vom 17.11.1983

Der Gerichtshof Amsterdam[60] hob das Urteil des Bezirksgerichts Alkmaar auf und erklärte den Hausarzt einer Tötung auf Verlangen gem. Art. 293 nlStGB für schuldig. Aufgrund der besonderen Umstände des Falles, insbesondere des Leidens der Patientin, der aufrichtigen Überzeugung des Arztes, richtig zu handeln sowie die von ihm beachtete Sorgfalt vor und bei Ausführung der Tat sah das Gericht jedoch im Rahmen der Strafzumessung gem. Art. 9a nlStGB von der Auferlegung einer Strafe ab[61].

Der Gerichtshof Amsterdam verwarf in Punkt 4 seiner Urteilsbegründung die erneut von der Verteidigung vorgebrachte Berufung auf den Wegfall der materiellen Rechtswidrigkeit mit der Begründung, eine hinreichend gefestigte Auffassung, derzufolge die aktive Sterbehilfe auf Verlangen entgegen der Strafvorschrift des Art. 293 nlStGB gesellschaftlich allgemein anerkannt sei[62], habe sich noch nicht herauskristallisiert[63]. Nach Meinung des Gerichtshofes war vielmehr das Gegenteil dadurch indiziert, daß die Regierung erst kürzlich aufgrund der mit der Sterbehilfe evident verbundenen Gefahren eine Staatskommission[64] mit der Untersuchung der Problematik beauftragt habe.

Der Hausarzt hatte zu seiner weiteren Verteidigung vorgebracht, er habe unter einem übermächtigen Einfluß (Art. 40 nlStGB) gehandelt, weil er sich als behandelnder Arzt der Patientin, konfrontiert mit ihrem Leiden, in einer Zwangslage befunden habe, in der er zu keiner anderen Entscheidung habe kommen können, als ihrem Todeswunsch nachzukommen[65]. Dazu führte das Gericht in Punkt 7 der Urteilsgründe an, obschon der Angeklagte „nach Ehre und Gewissen gemeint hat, als Arzt zu keiner anderen Entscheidung kommen zu können", als dem Verlangen der Patientin Folge zu leisten, sei nicht glaubhaft geworden,

---

60 Gerichtshof Amsterdam, Urteil v. 17.11.1983, in: NJ 1984, (Nr. 43) 168-70.

61 Gerichtshof Amsterdam, a.a.O., S. 170. Zu Art. 9a nlStGB s. Teil 1, C, III.

62 Tatsächlich lehnten einer Meinungserhebung zufolge 1985 noch immerhin 12 % der Bevölkerung zwischen 14 und 70 Jahre die aktive ärztliche Sterbehilfe auf Verlangen des Patienten ab. Dagegen befürworteten 34 % die aktive ärztliche Sterbehilfe auf Verlangen unter gewissen Umständen und ganze 52 % befürworteten sie einschränkungslos. Vgl. die tabellarische Übersicht bei van der Maas/Pijnenborg/van Delden, JAMA 1995, 1412. Zum Wandel im öffentlichen Meinungsbild s. Teil 3, B, I, 1.

63 Gerichtshof Amsterdam, a.a.O., S. 169.

64 Zur Staatskommission Euthanasie s. insbesondere Teil 3, A, II; II, 1-2; Teil 4, A, II, 1.

65 Gerichtshof Amsterdam, a.a.O., S. 169.

daß „die Ansichten, die der Angeklagte seinem Handeln zugrundelegte, ihn derart zwingend zu der Tat nötigten, daß es für ihn unmöglich war, davon abzusehen“[66]. In Punkt 8 der Urteilsbegründung stellte das Gericht des weiteren fest, daß die Patientin selbst ihr durch schwere körperliche Einschränkungen verursachtes geistiges Leiden als unerträglich erlebte. Nachdem es zuvor als bewiesen erklärt hatte, daß die Patientin nach Meinung des Hausarztes jeden Tag, den sie noch lebte, als schwere Belastung empfand, unter der sie unerträglich litt, bezweifelte das Gericht gleichwohl unter Punkt 8, ob zur Zeit der Tat, also zu einem Zeitpunkt, in dem sich die Patientin von einem körperlichen Rückfall bereits erholt hatte, das Leiden der Patientin „auch als derart unerträglich angesehen werden mußte, daß der Angeklagte vernünftigerweise keine andere Wahl hatte, als ihr Leiden durch aktive Sterbehilfe auf Verlangen zu beenden“[67]. Seinen Zweifel vermochte das Gericht auch nicht durch die Tatsache auszuräumen, daß der Hausarzt zuvor die Zustimmung seines Assistenten eingeholt hatte, da dessen Urteil nicht hinreichend objektiv und unabhängig gewesen sei[68]. Hier manifestiert sich denn auch die zuvor vom sachverständigen Arzt vor dem Rotterdamer Gericht[69] konstatierte Schwierigkeit, im Rahmen einer nachträglichen Prüfung festzustellen, ob die vom Arzt einzuhaltenden materiellen Sorgfaltspflichten im Einzelfall auch tatsächlich vorlagen.

b. Hoge Raad – Urteil vom 27.11.1984

Auf die Kassation des Hausarztes hin befaßte sich erstmals das höchste Gericht mit einem Fall aktiver Sterbehilfe auf Verlangen[70]. Der Hoge Raad[71] hob das Urteil des Gerichtshofes Amsterdam auf und verwies die Sache zur Neuverhandlung an den Gerichtshof Den Haag.

---

66 Gerichtshof Amsterdam, a.a.O., S. 169.

67 Gerichsthof Amsterdam, a.a.O., S. 169-70.

68 Der Gerichtshof Den Haag hielt den Assistenten später für hinreichend unabhängig, um den Hausarzt sorgfältig beraten zu können, NJ 1987, (Nr. 608) 2134. Zum Urteil s. Teil 2, A, I, 3c.

69 Teil 2, A, I, 2.

70 Der Hoge Raad ist gem. Art. 99 Abs. 1, 2° nlGVG ausschließlich für Rechtsfragen zuständig, ohne daß ihm der Status eines Verfassungsgerichts zukäme, Art. 120 nlGG („Grondwet van de koninginkrijk der Nederlande“) v. 1814, i.d.F. v. Stb. 1987, 458; vgl. dazu Belinfante/de Reede, Nederlands staatsrecht, S. 147-8; Stroink, Rechterlijke organisatie, S. 15-20, 136-43.

71 Hoge Raad, Urteil v. 27.11.1984, Nr. 77 091, in: NJ 1985, (Nr. 106) 451-60.

Der Hoge Raad hat die von der Vorinstanz entschiedene Verwerfung des Wegfalls der materiellen Rechtswidrigkeit[72] ohne eigene Begründung aufrechterhalten[73]. Auf das Vorbringen der Verteidigung, die Begründung des Gerichtshofes Amsterdam sei unzulänglich, weil aus der Einsetzung einer Staatskommission „lediglich abgeleitet werden kann ... ‚daß es in dieser Sache ‚politische' Meinungsverschiedenheiten gibt"[74], ging der Hoge Raad nicht ein. Die Berufung des Angeklagten auf einen übermächtigen Einfluß, welche die Vorinstanz zum einen in Punkt 7 ihrer Urteilsgründe verworfen hatte[75], war dem Hoge Raad zufolge als eine Berufung des Angeklagten auf den Entschuldigungsgrund des übermächtigen Einflusses (Art. 40 nlStGB) im Sinne von Gewissensnot („gewetensdrang")[76] zu begreifen.

Die Gewissensnot, deren Qualifizierung als allgemeiner Strafausschließungsgrund und Anknüpfung an Art. 40 nlStGB umstritten sind[77], wurde im Jahre 1950 vom Hoge Raad als Entschuldigungsgrund zumindest nicht ausgeschlossen[78]. Vorliegend stimmte der Hoge Raad der Verwerfung des übermächtigen Einflusses im Sinne von Gewissensnot ohne eigene Begründung zu[79]. Dem Entschuldigungsgrund der Gewissensnot als Ausnahme von dem Verbot des Art. 293 nlStGB wurde demzufolge für zukünftige Sterbehilfeprozesse keine Aussicht auf Erfolg eingeräumt, weil vom gelernten Arzt zu verlangen sei, daß

---

72 Teil 2, A, I, 3a.

73 Hoge Raad, a.a.O., S. 459. Die Urteilsbegründung des Gerichsthofes sei „weder unverständlich noch unvollständig", ebd.

74 Hoge Raad, a.a.O., S. 454.

75 Teil 2, A, I, 3a.

76 Hoge Raad, a.a.O., S. 459. Zur differenzierten Anknüpfung an Art. 40 nlStGB s. Teil 1, Fn. 66.

77 Vgl. dazu Lauermann, Der strafrechtliche Notstand, S. 312-20. Zur Qualifizierung als allgemeiner Strafausschließungsgrund s. auch Hazewinkel-Suringa/Remmelink, a.a.O., S. 286-8. Für eine Anknüpfung an Art. 40 nlStGB unter bestimmten Voraussetzungen ist Generalstaatsanwalt Hooykaas, Schlußantrag zu NJ 1951, (Nr. 348) 628; dagegen Pompe, Anm. zu NJ 1951, (Nr. 348) 630-1.

78 Hoge Raad, Urteil v. 20.6.1950, in: NJ 1951, (Nr. 348) 627-9.

79 Hoge Raad, a.a.O., S. 459. Das Bezirksgericht Utrecht, im Jahre 1952 ebenfalls mit dieser Verteidigung konfrontiert, begründete sein Urteil hingegen mit der Existenz eines besonderen Tatbestands für die Tötung auf Verlangen in Art. 293 nlStGB, demzufolge der Gesetzgeber in Gewissenskonflikten keinen Grund für einen Ausschluß der Strafbarkeit gesehen habe, NJ 1952, (Nr. 275) 582. Zum Urteil des Bezirksgerichts Utrecht s. Teil 2, A, I.

er dem Druck, der aus schwerer Krankheit oder bevorstehendem Tod herrührt, standhalten könne[80].

Zum zweiten müßten dem Hoge Raad zufolge die Urteilsgründe des Gerichtshofes Amsterdam zum übermächtigen Einfluß auf den Hausarzt in Punkt 8[81] in Abgrenzung zu Punkt 7 als die Verwerfung der *zusätzlich* geführten Verteidigung gedeutet werden, der Angeklagte habe unter einem übermächtigen Einfluß im Sinne eines rechtfertigenden Notstands (Art. 40 nlStGB) gehandelt[82]. In den Urteilsgründen des Gerichtshofes fehle allerdings jede Prüfung, ob der Arzt wegen Notstands gerechtfertigt sei, weshalb die Entscheidung als rechtsfehlerhaft aufgehoben werden müsse[83].

Zur fehlenden Notstandsprüfung führte der Hoge Raad von Amts wegen aus, mit der Feststellung, daß der Angeklagte am 16. Juli beschloß, dem Wunsch der Patientin nachzukommen, „weil sie *nach seinem Urteil* [Hervorh., d. Verf.] jeden Tag, den sie noch lebte, als eine schwere Aufgabe erfuhr, worunter sie auf unerträgliche Weise litt", habe das Berufungsgericht „nach seinem fachkundigen Urteil als Arzt" gemeint[84]. Ausgehend von dem Umstand, daß die Patientin ihr Leiden auch am 16. Juli weiterhin als unerträglich erfuhr, hätte der Gerichtshof anschließend prüfen müssen,

> „...ob nach [objektiver] ärztlicher Erkenntnis, gemessen an in der medizinischen Ethik geltenden Normen, ein rechtfertigender Notstand vorlag..."[85].

Die objektive ärztliche Erkenntnis ist das professionelle Urteil des behandelnden Arztes, welches interkollegial überprüfbar sowie nachvollziehbar ist. Die medizinisch-ethischen Normen gelten der Frage, ob und unter welchen Voraussetzungen die aktive ärztliche Sterbehilfe auf Verlangen zulässig ist. Dem Hoge Raad zufolge ist diese Prüfung von den Umständen des Einzelfalls abhän-

80 Vgl. van Veen, Anm. zu NJ 1985, (Nr. 106) 467.

81 Teil 2, A, I, 3a.

82 Hoge Raad, a.a.O., S. 459.

83 Hoge Raad, a.a.O., S. 459-60.

84 Hoge Raad, a.a.O., S. 459.

85 = „of naar [objektief] medisch inzicht getoetst aan in de medische ethiek geldende normen, te dezen sprake was van een noodtoestand...", a.a.O., S. 460.

gig[86]. In vorliegendem Fall habe für die Prüfung eines rechtfertigenden Notstands „*u.a.* [Hervorh., d. Verf.] von Interesse“ sein können: „...1. ob, und inwiefern nach fachkundiger medizinischer Ansicht ein unaufhaltbarer geistiger und körperlicher Verfall [‚ontluistering‘[87], d. Verf.] der Patientin und/oder eine noch weitere Verschlechterung von ihr bereits als unerträglich erfahrenes Leiden befürchtet werden mußte; 2. ob, verbunden mit der Möglichkeit neuer ernsthafter Rückfälle, vorhersehbar war, daß sie anders als am 16. Juli alsbald nicht mehr imstande sein würde, auf würdige Weise zu sterben, und 3. ob und inwiefern noch Möglichkeiten zur Linderung ihres Leidens bestanden“[88].

Das Bezirksgericht Rotterdam[89] hat zu Beginn der achtziger Jahre mit den Rotterdamer Richtlinien eine Entwicklung eingeläutet, die der Suche nach geeigneten materiellen und prozessualen Voraussetzungen zur Rechtfertigung der aktiven ärztlichen Sterbehilfe auf Verlangen galt und unter den Bezirksgerichten Reaktionen in diesem Sinne hervorgerufen hat[90]. Anders dagegen das Konzept des Hoge Raad zur aktiven ärztlichen Sterbehilfe auf Verlangen: Der Hoge Raad hat sich der Suche der Bezirksgerichte offenkundig nicht angeschlossen – die vom Hoge Raad an den Gerichtshof Den Haag gerichteten Fragen zum würdevollen Tod bzw. unaufhaltbar geistigen und körperlichen Verfall der Patientin können nicht als entsprechender Beitrag gewertet werden, waren sie ausdrücklich an den besonderen Umstände des Falles ausgerichtet. Gleichwohl folgt aus seiner Prüfungsanweisung an den Gerichtshof Den Haag, daß der Hoge Raad eine Rechtfertigung der aktiven ärztlichen Sterbehilfe auf Verlangen wegen Notstands für möglich hielt[91] (und damit die fundamentale Frage, ob eine Mitleidstötung je rechtmäßig sein kann, offenkundig entschieden hatte). Sein Vorgehen ist deshalb als stillschweigende Absage an die Rotterdamer Richtlinien und alle übrigen rechtsschöpferischen Bemühungen der Bezirksgerichte zu verstehen[92]. Fraglich ist demnach, ob nach der höchstrichterlichen Rechtsprechung einige, wenn nicht gar alle der später sogar zu offiziellen Leit-

---

86 Hoge Raad, a.a.O., S. 459.

87 So die Definition von Mulder, Anm. zu NJ 1987, (Nr. 608) 2135. Vgl. dazu auch Gomez, Regulating death, S. 155-6.

88 Hoge Raad, a.a.O., S. 460.

89 Teil 2, A, I, 2.

90 Vgl. Teil 2, A, I, 3 und 4.

91 So auch die Justiz- und Gesundheitsminister, Drucks. II, 1985-86, 19359 Nr. 2, S. 6.

92 Staatscommissie Euthanasie, Rapport, Teil I, S. 309 (Minderheitsvotum).

sätzen der Rechtsprechung zusammengefaßten ärztlichen Sorgfaltspflichten der Bezirksgerichte für die Gewährung strafloser aktiver ärztlicher Sterbehilfe auf Verlangen unerläßlich sind.

Ausgangspunkt des Hoge Raad bei der rechtlichen Beurteilung der aktiven ärztlichen Sterbehilfe auf Verlangen ist die Strafbarkeit nach Art. 293 nlStGB, die er mit der Verwerfung der medizinischen Ausnahme bekräftigt hat. Der rechtfertigende Notstand (Art. 40 nlStGB), den der Hoge Raad als Rechtfertigungsgrund der aktiven ärztlichen Sterbehilfe auf Verlangen in Betracht zog, ist für den Hoge Raad hingegen nicht mehr und nicht weniger als eine nicht von vornherein auszuschließende Korrekturmöglichkeit des Richters im Einzelfall[93]. Materielle oder gar prozessuale Voraussetzungen sind für den Hoge Raad mit der seiner gesetzlichen Definition nach unbestimmten Rechtsnatur des rechtfertigenden Notstands unvereinbar[94]. In Fällen aktiver ärztlicher Sterbehilfe auf Verlangen hat der Richter nach dem höchstrichterlichen Konzept zum rechtfertigenden Notstand vielmehr ausschließlich zu prüfen, ob der Arzt nach objektiver ärztlicher Erkenntnis und den in der medizinisch Ethik geltenden Normen in einer Notsituation aus den einander gegenüberstehenden Pflichten und Interessen eine Wahl getroffen hat, die objektiv gesehen und nach den besonderen Umständen des Falles wegen Notstands gerechtfertigt ist[95]. Daß die Notsituation für den Hoge Raad in den widerstreitenden ärztlichen Pflichten des Lebensschutzes und der Leidenserleichterung liegt[96], sollte er übrigens erst ein Jahrzehnt später kundtun[97]. Die Einhaltung von Sorgfaltspflichten – und damit auch der offiziellen Leitsätze der Rechtsprechung – durch den Arzt sind nach dem höchstrichterlichen Konzept zum rechtfertigen-

---

93 So der Hoge Raad erstmals ausdrücklich im Fall Chabot, Urteil v. 21.6.1994, in: NJ 1994, (Nr. 656) 3154. Zum Urteil s. Teil 4, C.

94 Staatscommissie Euthanasie, a.a.O., S. 309 (Minderheitsvotum); vgl. Klijn, MC 1995, 680.

95 Hoge Raad, a.a.O., S. 3154.

96 Hoge Raad, a.a.O., S. 3154. Da die vom Hoge Raad bei der aktiven ärztlichen Sterbehilfe auf Verlangen ausgemachte Notsituation folglich in der Kollision einer Unterlassungspflicht und einer Handlungspflicht des Arztes gründet, ist die Übersetzung des vom Hoge Raad erwogenen Rechtfertigungsgrundes durch Sagel, ZRP 1986, 319, als einen „rechtfertigenden Notstand i. S. einer rechtfertigenden Pflichtenkollision" eher verwirrend. Ähnlich auch Giesen, JZ 1990, 934; Reis, ZfL 1994, 42. Zur rechtfertigenden Pflichtenkollision nach deutschem Recht als einem Pflichtenwiderstreit zweier rechtlich begründeter Handlungspflichten s. Roxin, StrafR AT, § 16 Rn. 101 f.

97 Vgl. Stolwijk, DD 1996, 505.

den Notstand weder Bedingung für, noch mit einer erfolgreichen Berufung auf einen rechtfertigenden Notstand gleichzusetzen.

Die von den Instanzgerichten formulierten ärztlichen Sorgfaltspflichten wurden kurze Zeit nach dem Urteil des Hoge Raad von Justizminister Korthals Altes und Gesundheitsminister[98] Brinkman zu offiziellen Leitsätzen der Rechtsprechung zur Straflosigkeit aktiver ärztlicher Sterbehilfe auf Verlangen kasuistisch zusammengefaßt[99], um ihnen alsdann eine praktische Funktion in der Strafverfolgung zuzuschreiben[100], die in bedenklicher Weise über den eigentlichen Aktionsradius jedweden Gerichtsurteils hinausging. Noch über ein Jahrzehnt später sollten die offiziellen Leitsätze der Rechtsprechung also „wie materielle..." oder prozessuale „...Voraussetzungen" für die Annahme eines rechtfertigenden Notstands in den der Staatsanwaltschaft zur Kenntnis gelangten Fälle aktiver ärztlicher Sterbehilfe auf Verlangen angewandt werden[101].

---

98 Laut Westra, Dokumentationsabteilung des Ministeriums für Volksgesundheit, Gemeinwohl und Sport, schriftliche Auskunft v. 8.10.1997, wurde das Ministerium für Volksgesundheit und Umweltschutz im November 1982 aufgelöst und an seiner Stelle das Ministerium für Gemeinwohl, Volksgesundheit und Kultur gegründet, dessen Name im Herbst 1994 zu „Ministerium für Volksgesundheit, Gemeinwohl und Sport" geändert wurde. Im folgenden wird die Bezeichnung „Gesundheitsministerium" verwendet.

99 Drucks. II, 1985-86, 19 359 Nr. 2, S. 6. Vgl. Drucks. II, 1985-86, 18 331 Nr. 43 C, S. 11; Sagel, ZRP 1986, 319; Surtorius, in: Deutsche Gesellschaft für Humanes Sterben, S. 152-3.

100 Teil 3, B, I, 3b; vgl. auch Teil 4, C.

101 Van Maurik, nl. Justizministerium, Generaldirektorat Gesetzgebung, Rechtsanwendung und -pflege, Direktorat Gesetzgebung, Bereich Staats- und Verwaltungsrecht, fernmündliche Auskunft v. 17.12.1997. Der Justizminister ist als Führungsspitze der Staatsanwaltschaft in bezug auf die Strafrechtspflege bei der Lenkung der Strafverfolgungspolitik an die jeweilige Strafvorschrift und deren Auslegung durch die höchstrichterliche Rechtsprechung gebunden, Teil 3, B, I, 1. Daß der Justizminister dennoch die instanzgerichtliche Auslegung bzw. Rechtsschöpfung zu Art. 293 nlStGB entgegen der höchstrichterlichen Rechtsprechung kasuistisch für die Strafverfolgungspolitik funktionalisierte, ist jedoch weniger als willentlicher Verstoß gegen diese – wohlbemerkt selbstauferlegte, ebd. – Bindung zu begreifen. Es besteht vielmehr Anlaß zu der Annahme, daß die Tragweite des ersten Sterbehilfeurteils des Hoge Raad von seiten der Regierung zunächst verkannt wurde, vgl. dazu Teil 3, B, I, 3b und 3c; anders z.B. das Zweite Kabinett Lubbers Ende 1987, Teil 3, IV, 1. Die Instanzgerichte dagegen haben sich der höchstrichterliche Rechtsprechung überwiegend angeschlossen, vgl. z.B. Teil 2, A, I, 3c; Teil 4, D, I; dagegen Teil 4, A, I, 3. Zum Schrifttum s. Teil 4, Fn. 173.

Durch den (pauschalen) Verweis auf die objektive ärztliche Erkenntnis und medizinische Ethik hat der Hoge Raad allerdings die strafrichterliche Beurteilung des rechtfertigenden Notstands abhängig gemacht von Fragen, die für jeden gerichtsnotorischen Fall aktiver ärztlicher Sterbehilfe auf Verlangen allein von ärztlichen und medizinisch-ethischen Sachverständigen beantwortet werden können[102] und folglich größtenteils dem richterlichen Urteil entzogen[103]. Einzige Konsequenz der höchstrichterlichen Rechtsprechung zum rechtfertigenden Notstand in Fällen aktiver ärztlicher Sterbehilfe auf Verlangen ist somit, daß für die vom Richter im Einzelfall nachträglich zu treffende Güterabwägung die Gewichtung der widerstreitenden Pflichten von Ärzten und Medizinethikern vorzunehmen ist[104]. Dabei *können* die Sachverständigen Umstände wie das unerträgliche Leiden des Patienten oder eben das Vorliegen eines ausdrücklichen Verlangens in die Abwägung miteinbeziehen, sofern dies nach den Normen der medizinischen Ethik angezeigt ist; eine Zweitdiagnose versetzt den Arzt hingegen nicht in eine Notsituation, sie kann vielmehr dazu beitragen, daß dem Gericht der ärztliche Notstand glaubhaft wird[105].

Daß innerhalb des Ärztestandes die Meinungen zur aktiven ärztlichen Sterbehilfe auf Verlangen seinerzeit jedoch ebenso auseinandergingen wie in der übrigen Gesellschaft, also keinesfalls eine medizinisch-ethische Norm zur Zulässigkeit bzw. über die Voraussetzungen zulässiger aktiver Sterbehilfe auf Verlangen, geschweige denn objektive ärztliche Erkenntnisse im Einzelfall vorherrschten, hatte der Gerichtshof Leeuwarden[106] kurz zuvor in einem weiteren

---

[102]Nach Sluyters, Medicoleg J 1989, 38, hat der Hoge Raad die von ihm verworfene medizinische Ausnahme durch den Verweis auf die Ärzteschaft zu einem gewissen Grad anerkannt.

[103]Mulder, Anm. zu NJ 1987, (Nr. 608) 2134; Stolwijk, DD 1996, 505; vgl. Feber, in: van der Wal u.a., S. 61. Mulder zufolge hat der Hoge Raad insbesondere offen gelassen, wie der Richter vorzugehen habe, wenn die Sachverständigen mit jeweils schwerwiegenden Argumenten beide Waagschalen anfüllten, ebd. Vgl. dazu Teil 2, A, I, 3c.

[104]Vgl. Staatscommissie Euthanasie, Rapport, Teil I, S. 309 (Minderheitsvotum); Scholten, in: Eser/Koch, S. 478; Keown, Law Q Rev 1992, 70. Vgl. dazu auch die Beispiele in Teil 2, A, I, 3c; Teil 4, Fn. 78; Teil 4, D, I.

[105]Klijn, MC 1995, 680; vgl. dazu auch Kelk, NJB 1989, 449; Griffiths, NJB 1997, 620; Teil 4, C und das Beispiel in Teil 2, A, I, 3a.

[106]Gerichtshof Leeuwarden, Urteil v. 11.10.1984, in: NJ 1985, (Nr. 241) 886. Erstmals 1990 wurden die Meinungen der Ärzte zur aktiven ärztlichen Sterbehilfe auf Verlangen empirisch erfaßt, Pijnenborg, End-of-life-decisions, S. 113. Zum Meinungsbild unter Ärzten im Jahre 1990 s. Teil 3, B, II, 2.

Sterbehilfeprozeß angemerkt und wird dem Hoge Raad folglich nicht entgangen sein. Den gesellschaftlichen Streit zur Zulässigkeit aktiver Sterbehilfe auf Verlangen hat der Hoge Raad darüber hinaus in seinem Urteil ausdrücklich anerkannt[107]. Mangels Einvernehmen innerhalb des Ärztestandes hängt die Annahme eines rechtfertigenden Notstands im Einzelfall somit von der einhelligen *Meinung* der jeweils befaßten sachverständigen Ärzte ab[108]. Die ärztlichen Meinungen können jedoch bereits über rein technische Fragen wie eine Diagnose auseinandergehen[109]. In diesem Lichte ist auch die Tauglichkeit der vom Hoge Raad vorgegebenen fallbezogenen Abwägungselemente wie der unaufhaltbare geistige und körperliche Verfall der Patientin bzw. deren Möglichkeit, würdig sterben zu können, höchst fraglich. Die Kriterien sind nicht nur undurchsichtig, lassen jede Präzision juristischer Normen missen und sind widersprechenden Interpretationen zugänglich[110], sondern finden ihre nötige Konkretisierung eben auch nicht vermittels des im Einzelfall fehlenden ärztlichen Standards. Der Hoge Raad suchte folglich vergebens sein Heil in der persönlichen Meinung von Ärzten[111]. Zu recht folgert Remmelink deshalb, für den Hoge Raad gelte zur aktiven ärztlichen Sterbehilfe auf Verlangen ein „in einen Ärztekittel" gehüllter rechtfertigender Notstand „von unbestimmter Weite"[112].

Aber selbst wenn ein ärztlicher Standard hergestellt und allgemein akzeptierte Normen medizinischer Ethik erzielt würden, bestünden prinzipielle ethische rechtliche Bedenken gegen die Urteilsgründe des Hoge Raad[113]. Das vom Hoge Raad ausgerufene Konzept des rechtfertigenden Notstands bedingt nicht nur den Verzicht richterlicher Verantwortung[114]. Welche Kompetenz oder zumin-

---

[107]Hoge Raad, a.a.O., S. 457.

[108]Gomez, Regulating Death, S. 39; Keown, a.a.O., S. 71; vgl. Staatscommissie Euthanasie, a.a.O., S. 312 (Minderheitsvotum); Klijn, zitiert nach: Feber, in: van der Wal u.a., S. 62-3.

[109]Keown, a.a.O., S. 71; vgl. dazu auch das Beispiel in Teil 4, B, III

[110]Vgl. Mulder, Anm. zu NJ 1987, (Nr. 608) 2135.

[111]Vgl. Staatscommissie Euthanasie, a.a.O., S. 311 (Minderheitsvotum).

[112]Hazewinkel-Suringa/Remmelink, Inleiding, S. 345.

[113]Nach Feber, a.a.O., S. 59, hat eine Entscheidung des Hoge Raad selten so große Resonanz gefunden, insbesondere interdisziplinäre Kritik erfahren wie das Urteil vom 27.11.1984.

[114]Keown, Law Q Rev 1992, S. 71; vgl. Mulder, Anm. zu NJ 1987, (Nr. 608) 2134; von Lutterotti, Ärztliche Handlungsanleitungen, S. 145-6.

dest Qualifikation die in der Medizin und nicht etwa in der medizinischen Ethik (oder Rechtswissenschaft) geübten Ärzte zur Entscheidungsfindung besitzen, bleibt offen[115]. Insbesondere ist die medizinische Ethik nicht notwendig eine Ethik von Ärzten, sondern eine Ethik für Ärzte.[116] Mit keinem Wort wird die Vereinbarkeit von objektiven ärztlichen Erkenntnissen mit dem in Art. 293 nlStGB festgeschriebenen absoluten Schutz menschlichen Lebens erwähnt[117].

Vor allem aber fehlt eine Begründung, weshalb aktive ärztliche Sterbehilfe zwecks Leidensverkürzung den eindeutigen Schutzzweck des Art. 293 nlStGB – die Wahrung der Achtung vor dem Lebens[118] – überwiegen sollte[119]. Mulder erläutert, das Rechtsgut „Leben" beinhaltete für den Gesetzgeber von 1881 nicht nur den Wert, den es für den einzelnen habe, sondern zugleich den Wert, den es für die Gemeinschaft habe[120]. Deshalb stelle sich das Gesetz auch schützend vor das Leben, das keinen Wert mehr für den einzelnen habe und sei es folglich Aufgabe des Arztes, das Leben als Gemeinschaftswert zu hüten. Sein Dienst am Patienten sei schließlich auch immer Dienst an der Gemeinschaft. Aus diesem Grund gilt nach dem Wortlaut des Art. 293 nlStGB eine Einwilligungssperre, ist das ausdrückliche und ernsthafte Verlangen des Opfers kein Rechtfertigungsgrund[121], sondern mindert lediglich das Höchststrafmaß der Tötung[122]. Schließlich sei sich der Gesetzgeber von 1881 des unerträg-

---

115 Keown, a.a.O., S. 71.

116 Vgl. Staatscommissie Euthanasie, Rapport, a.a.O., S. 311 (Minderheitsvotum). Die vom Ärzteverband KNMG formulierten Normen medizinischer Ethik zur aktiven ärztlichen Sterbehilfe auf Verlangen werden deshalb im folgenden als „standesethische" Normen bezeichnet, vgl. dazu Teil 2, B, I, 2b.

117 Feber, in: van der Wal u.a., S. 69; vgl. Keown, a.a.O., S. 71; dazu auch Langemeijer/Enschedé/van Veen, Ned T Geneesk 1986, 223-4.

118 Smidt, Geschiedenis van het Wetboek van Strafrecht 1881, Teil II, S. 440, zitiert nach: Driesse u.a., Op leven en dood, S. 124.

119 Keown, a.a.O., S. 72; vgl. Staatscommissie Euthanasie, a.a.O., S. 310 (Minderheitsvotum).

120 Mulder, Anm. zu NJ 1987, (Nr. 607) 2130; vgl. auch Hazewinkel-Suringa/Remmelink, Inleiding, S. 335.

121 Vgl. Smidt, a.a.O., S. 124. Zum Wortlaut des Art. 293 nlStGB s. Teil 1, C, II.

122 Hazewinkel-Suringa/Remmelink, a.a.O., S. 335. Zum Straftatbestand der Tötung s. Teil 4, A.

lichen Leidens so manch unheilbar Kranken bewußt gewesen[123], demzufolge Art. 293 nlStGB der Achtung des Lebens galt, ganz „gleich aus welchen Motiven der Täter handelt“[124]. Angesichts der modernen Palliativtherapie müßte das Leiden, das Patienten zum Verlangen nach aktiver ärztlicher Sterbehilfe bewegt, gegenüber der damaligen Zeit eher noch abgenommen haben.[125]

Eine Minderheit der von der Regierung 1982 eingesetzten Staatskommission Euthanasie fügte dem ergänzend hinzu, bei der vom Hoge Raad angezeigten Güterabwägung zwischen Lebensschutz und Leidensverkürzung ein und desselben Lebens habe die Unterlassungspflicht, also die Pflicht zur Lebenserhaltung, Vorrang[126]. Jeder Entlassung aus der Rechtsverfolgung („ontslag van rechtsverfolging“)[127] durch den Richter wegen rechtfertigenden Notstands oder anderen Rechtfertigungsgründen verstieße deshalb gegen das Gesetz[128].

c. Gerichtshof Den Haag – Urteil vom 11.9.1986

Der Gerichtshof Den Haag[129] sprach den Hausarzt im ersten auf Freispruch lautenden Urteil in einem Sterbehilfeprozeß von der Anklage nach Art. 293 nlStGB wegen rechtfertigenden Notstands frei. Die zur Bestimmung der objektiven ärztlichen Erkenntnis und medizinisch-ethischen Normen vor Gericht zitierten drei ärztlichen Sachverständigen – ein Internist, ein Psychiater und ein

---

[123]Staatscommissie Euthanasie, Rapport, Teil I, S. 310 (Minderheitsvotum); vgl. Driesse u.a., Op leven en dood, S. 124; Keown, a.a.O., S. 73.

[124]Smidt, a.a.O., S. 124; vgl. Drucks. II, 1986-87, 19 359 Nr. 6, S. 6.

[125]Driesse u.a., a.a.O., S. 124; Keown, a.a.O., S. 73.

[126]Staatscommissie Euthanasie, a.a.O., S. 310 (Minderheitsvotum). Bereits die Frage, ob die Kollision von zwei Pflichten in bezug auf das Leben desselben Rechtsgutsträgers dem objektiven Rechtfertigungsgrund des Notstands im Sinne von Art. 40 nlStGB überhaupt zugänglich ist, ist in der Literatur zur aktiven Sterbehilfe nicht aufgegriffen worden. Vgl. dagegen allgemein zum Ausschluß der Pflichtenkollision zweier Menschenleben von einer Rechtfertigung wegen Notstands Lauermann, Der strafrechtliche Notstand, S. 277.

[127]Die in Art. 352 Abs. 2 S. 1 nlStPO geregelte Entlassung aus der Rechtsverfolgung ergeht durch den Richter, wenn die Straftat zwar als erwiesen, die Tat oder – im Falle eines Rechtfertigungsgrundes – der Täter jedoch als nicht strafbar angesehen wird. Vgl. Teil 4, Fn. 76.

[128]Staatscommissie Euthanasie, a.a.O., S. 310 (Minderheitsvotum).

[129]Gerichtshof Den Haag, Urteil v. 11.9.1986, in: NJ 1987, (Nr. 608) 2132-4.

Gerontologe[130] – hatten bemerkenswerterweise weitgehend nicht übereinstimmende Gutachten verfaßt[131].

Vor diesem Hintergrund zog der Gerichtshof Den Haag für die vom Hoge Raad angezeigte Prüfung eines rechtfertigenden Notstands den landesweit größten Ärzteverband, die Königlich Niederländische Gesellschaft zur Förderung der Heilkunst („Koninklijke Nederlandsche Maatschappij tot bevordering der Geneeskunst" - KNMG) zu Rate[132], dessen Präsidium zuvor in einem Positionspapier zwar Sorgfaltspflichten für zulässige aktive ärztliche Sterbehilfe auf Verlangen formuliert, sich jedoch ausdrücklich einer berufsständischen Stellungnahme zum Streit über deren grundsätzliche medizinisch-ethische Zulässigkeit enthalten hatte[133]. Das Präsidium der KNMG erklärte vor dem Gerichtshof,

> „[b]ei der Entscheidung, einem Verlangen nach aktiver Sterbehilfe Folge zu leisten, ist Ausgangspunkt stets gewesen, daß Arzt und Patient mit dem Rücken zur Wand stehen, also keine andere Möglichkeit mehr sehen, das Leiden des Patienten erträglich zu machen. Dieser Ausgangspunkt ähnelt insoweit dem rechtlichen Konzept der Notstandslage, als anhand einer Reihe von medizinisch-ethischen Prinzipien eine Wahl getroffen wird, die am wenigsten inakzeptabel für sowohl Arzt als auch Patient ist. In diesem Fall besteht ein Konflikt zwischen dem Prinzip, daß der Arzt einerseits verpflichtet ist, alles in seiner Macht stehende zu tun, um Leben zu retten und andererseits verpflichtet ist, eine Antwort auf den ausdrücklichen Wunsch des Patienten zu finden, der sich selbst in einer Notstandslage befindet. Infolgedessen hat der Arzt einem verständlichen Sterbewunsch schweres Gewicht beizumessen, sofern das Ersuchen mit den rechtlichen Kriterien und denen

---

130 Gerichtshof Den Haag, a.a.O., S. 2132. Das Gericht wich von der Empfehlung der Staatsanwaltschaft und der Verteidigung ab, zwei Mediziner sowie einen Ethiker zu beauftragen, Feber, a.a.O., S. 63-4.

131 Feber, a.a.O., S. 62. Daß die Meinungen der Sachverständigen weitgehend auseinandergingen, geht aus der Entscheidung nicht hervor.

132 Feber, a.a.O., S.65. Aus der Entscheidung geht die Beteiligung der KNMG nicht hervor.

133 Teil 2, B, I, 2b.

der KNMG übereinstimmt, und *kann* [Hervorh., d. Verf.] die Befolgung dieses Ersuchens gerechtfertigt sein. Der Arzt ist folglich mit derart widerstreitenden Pflichten konfrontiert, daß man tatsächlich von einer Notstandslage, wie sie der Hoge Raad erwogen hat, sprechen kann."[134]

Indem es das höchstrichterliche Konzept des rechtfertigenden Notstands auf die ärztliche Praxis für anwendbar befand, gab das Präsidium der KNMG dem Gerichtshof Den Haag „grünes Licht" von seiten der Ärzteschaft für eine Rechtfertigung des Hausarztes wegen Notstands[135].

Der Gerichtshof Den Haag entschied denn auch weitestgehend im Sinne des Präsidiums der KNMG[136]: Dem Vorbringen des Angeklagten, keine Norm der medizinischen Ethik verböte sein Handeln, sei zwar entgegenzuhalten, daß eine allgemein akzeptierte Norm der medizinischen Ethik zur Zulässigkeit aktiver ärztlicher Sterbehilfe auf Verlangen fehle[137]. Gleichwohl obliege es nicht dem Richter, diese festzulegen. Der Gerichtshof entschied vielmehr ohne weitere Begründung, daß der Angeklagte „aufgrund seiner Kenntnis und Einsicht als Arzt und seiner Erfahrung als Hausarzt von Frau B., infolge einer gemessen an den Normen der medizinischen Ethik sorgfältigen Abwägung der widerstreitenden Pflichten und Interessen eine Wahl getroffen hat, die gemessen an den Umständen des Falles nach redlicher ärztlicher Erkenntnis als gerechtfertigt angesehen werden muß"[138]. Die vom Hoge Raad vorgegebene Abhängigkeit des rechtfertigenden Notstands von umstrittenen medizinisch-ethischen Normen löste der Gerichtshof Den Haag folglich, indem er die aktive ärztliche Sterbehilfe auf Verlangen als eine ärztliche Handlung auffaßte, für die keine medizinisch-ethische Norm bestünde, außer daß der Arzt – wie bei jeder ärztlichen Handlung – sorgfältig vorzugehen habe[139].

Die Beantwortung der vom Hoge Raad vorgeschlagenen Frage, ob das von der Patientin als unerträglich erfahrene Leiden nach „objektiver" („objektief") ärzt-

---

[134]Präsidium der KNMG, zitiert nach: Feber, a.a.O., S. 65.

[135]Vgl. Gomez, Regulating Death, S. 37.

[136]Gomez, a.a.O., S. 37; vgl. dazu auch Teil 2, B, I, 2-2b.

[137]Gerichtshof Den Haag, a.a.O., S. 2134.

[138]Gerichtshof Den Haag, a.a.O., S. 2134.

[139]Mulder, Anm. zu NJ 1987, (Nr. 608) 2135.

licher Erkenntnis als solches gelten könne[140], überließ der Gerichtshof Den Haag mangels Einvernehmen unter den drei Sachverständigen der „redlichen" („redelijk") ärztlichen Erkenntnis[141], also dem sorgfältig zu handeln meinenden Hausarzt[142]. Sowohl bei der vom Hoge Raad vorgeschlagenen Frage nach würdigem Sterben als auch der nach etwaigen Alternativen zum Tod ließ der Gerichtshof Den Haag zu, daß die hausärztliche Erkenntnis auf dem Urteil der Patientin beruhte[143]. Der Angeklagte habe der Erklärung der Patientin zufolge annehmen und in die Abwägung miteinbeziehen dürfen, daß sie „in ihren Augen" zwar am 16. Juli, kurze Zeit später jedoch nicht mehr würdig sterben können würde[144].

Daß dem Gerichtshof Den Haag zufolge für den Arzt keine andere Möglichkeit der Leidenserleichterung bestand, weil die Patientin die Einnahme von Psychopharmaka abgelehnt habe[145], sollte der Hoge Raad in einem späteren Sterbehilfeprozeß hingegen zum Anlaß nehmen, eine Rechtfertigung mangels Notsituation des angeklagten Arztes abzulehnen[146]. Wenngleich Verfechter der niederländischen Sterbehilfelösung im Anschluß an die Urteilsgründe der Bezirksgerichte in Sterbehilfeprozessen[147] nicht müde werden zu betonen, bei der aktiven ärztlichen Sterbehilfe auf Verlangen gehe es um die Verwirklichung des Selbstbestimmungsrechts[148], wird angesichts der vom Hoge Raad ausgemachten *ärztlichen* Pflichtenkollision[149] offenkundig, daß er mit seinem Konzept des rechtfertigenden Notstands keineswegs dem Selbstbestimmungsrecht des Patienten, sondern einzig der Autonomie des Ärztestandes Vorrang vor dem Lebensschutz verschafft hat[150]. Hierin ist zusätzlich[151] eine Absage an

---

[140] S. oben Fn. 85.

[141] Gerichtshof Den Haag, a.a.O., S. 2134.

[142] Admiraal, zitiert nach: Gomez, a.a.O., S. 39; zustimmend Gomez, ebd.

[143] Vgl. Gomez, a.a.O., S. 39; Feber, a.a.O., S. 70.

[144] Gerichtshof Den Haag, a.a.O., S. 2133-4.

[145] Gerichtshof Den Haag, a.a.O., S. 2133.

[146] Teil 4, C.

[147] Vgl. Teil 2, A, I, 2 und 3.

[148] Dazu Teil 6, C, II, 3a, bb.

[149] Teil 2, A, I, 3b.

[150] Welie, J Med Philos 1992, 419 f.

[151] Zur Unvereinbarkeit der offiziellen Leitsätze der Rechtsprechung mit dem höchstrichterlichen Konzept zum rechtfertigenden Notstand s. auch Teil 2, A, I, 3b.

die rechtsschöpferischen Bemühungen derjenigen Bezirksgerichte zu sehen, deren Richtlinien als Ausgangspunkt das Selbstbestimmungsrecht des Patienten zugrundelag[152]. Auch aus diesem Grund also können die offiziellen Leitsätze der Rechtsprechung nicht zur Gewährung strafloser aktiver ärztlicher Sterbehilfe auf Verlangen herangezogen werden.

Im übrigen aber löste der Gerichtshof die ihm gestellte Aufgabe ganz im Sinne des Hoge Raad[153], der damit den Weg zu einer im Gegensatz zu den Rotterdamer Richtlinien liberal anmutenden Rechtsprechung geebnet hatte. Nunmehr galten unerträglich geistiges Leiden als (normale) psychologische Reaktion auf schweren körperlichen Verfall, der erträgliche Schmerzen bereitete[154], bzw. ein nur potentiell unaufhaltbarer geistiger und körperlicher Verfall vor Eintritt in die Sterbensphase als hinlängliche Gründe für eine Rechtfertigung aktiver ärztlicher Sterbehilfe auf Verlangen[155].

Durch die vom Präsidium der KNMG aufgestellte Verpflichtung des Arztes, „eine Antwort ... zu finden", wähnte sich manch Arzt in einem Dilemma, der die aktive Sterbehilfe auf Verlangen eines Patienten prinzipiell ablehnte[156]. Andere hielten den Appell des Hoge Raad an die medizinische Ethik nicht nur aufgrund des herrschenden Streits für untauglich, sondern für schlichtweg falsch[157]. Aktive Sterbehilfe auf Verlangen sei ein sozialer Akt, in den Ärzte einbezogen seien, nicht jedoch ein rein medizinischer Akt und unterliege deshalb dem allgemeinen ethischen Urteil. Driesse u.a. schließlich gelangten zu

---

152 Staatscommissie Euthanasie, Rapport, Teil I, S. 308-9 (Minderheitsvotum); vgl. Teil 2, A, I, 2; 3.

153 Vgl. Teil 2, A, I, 3b.

154 Das Präsidium der KNMG hatte dem Gerichtshof Den Haag empfohlen, geistiges Leiden infolge von körperlichen Beschwerden mit dem geistigen Leiden aufgrund körperlich schmerzfreien Verfalls gleichzustellen, zitiert nach: Feber, a.a.O., S. 66-7. Sagel, ZRP 1986, 319, hält das Urteil dagegen für den ersten Sterbehilfeprozeß, in dem der angeklagte Arzt aufgrund psychischer Leiden der Patientin wegen Notstands gerechtfertigt handelte; vgl. Teil 4, C.

155 Vgl. Gomez, a.a.O., S. 39; Feber, a.a.O., S. 71.

156 Vgl. van Alphen u.a., NJB 1986, 312. Aus diesem Grund sei nach van Alphen u.a., ebd., S. 312, umso erstaunlicher, daß ein Mitglied des Hoge Raad erklärt habe, daß das „Nicht-Töten" dazu führen und deshalb ursächlich sein könne für „„ein unbefriedigendes Ergebnis'".

157 Vgl. Leenen, Health Policy 1987, 201. A.A. sind Langemeijer/Enschedé/van Veen, Ned T Geneesk 1986, S. 223 f; Enschedé, De arts en de dood, S. 88; vgl. ebd., S. 19 f.

dem Ergebnis, die Änderung des Art. 293 nlStGB durch die Möglichkeit der Straflosigkeit aktiver ärztlicher Sterbehilfe auf Verlangen unter bestimmten Voraussetzungen

> „...ist nicht eine durch veränderte Verhältnisse notwendig gewordene Anpassung einer veralteten Vorschrift. Es ist die Manifestation eines fundamentalen Meinungswandels in der Haltung in bezug auf die Unantastbarkeit des Menschen und der Achtung menschlichen Lebens."[158]

4. Bezirksgericht Groningen – Urteil vom 1.3.1984

Nur zehn Monate nach der Entscheidung des Bezirksgerichts Alkmaar[159] verurteilte das Bezirksgericht Groningen[160] in einem weiteren Sterbehilfeprozeß eine Ärztin gem. Art. 293 nlStGB wegen Tötung auf Verlangen ihrer Freundin, sah jedoch nach Art. 9a nlStGB von der Auferlegung einer Strafe ab[161].

Die Angeklagte, eine Fachärztin für Psychiatrie und Psychotherapie, war dem Tatbestand zufolge von ihrer 73-jährigen, an fortgeschrittener Multipler Sklerose erkrankten Freundin infolge deren zunehmenden körperlichen Verfalls mehrfach mündlich als auch schriftlich um aktive Sterbehilfe gebeten worden[162]. Die Freundin lehnte die von der Ärztin angebotenen Medikamente ab. Nachdem die Ärztin den Rat eines Theologen, eines Apothekers sowie zweier Ärzte, die die Freundin nicht selbständig untersucht hatten, eingeholt hatte, besorgte sie einige Gläser Portwein und Seconal, die die Freundin zu sich nahm und das Bewußtsein verlor. Da sie zwei Stunden später noch meßbare Lebenszeichen hatte, injizierte die Ärztin ihrer Freundin eine tödliche Dosis Morphin, woraufhin jene sodann verstarb.

Die Berufung der Ärztin, sie habe unter einem übermächtigen Einfluß (Art. 40 nlStGB) im Sinne eines rechtfertigenden Notstands gehandelt, verwarf das Bezirksgericht Groningen mit der Begründung, das Interesse der Patientin und ihrer Umgebung an einem sanften Tod überwiege objektiv nicht das Interesse,

---

158 Driesse u.a., Op leven en dood, S. 125.

159 Teil 2, A, I, 3.

160 Bezirksgericht Groningen, Urteil v. 1.3.1984, in: NJ 1984, (Nr. 450) 1635-6.

161 Zu Art. 9a s. Teil 1, C, III.

162 Hoge Raad, NJ 1987, (Nr. 607) 2121.

welches der Gesetzgeber in Art. 293 nlStGB zu schützen beabsichtigte[163]. Dies gelte um so mehr, als die lebensbeendende Handlung nicht aus medizinischen Gründen dringend geboten gewesen sei. Auch schloß das Gericht einen entschuldigenden Notstand im Sinne eines übermächtigen psychischen Einflusses aus, weil von der Angeklagten als Ärztin zu erwarten gewesen sei, daß sie auch unter den von ihr als belastend erfahrenen Umständen im Stande bleibe, ihr Verhalten derart zu bestimmen, daß sie dafür die volle Verantwortung tragen könne[164].

Ernsthaft in Betracht zogen die Groninger Richter dagegen das Vorliegen einer sog. medizinischen Ausnahme („medische exceptie"), einen für Heilbehandlungen anerkannten außergesetzlichen Rechtfertigungsgrund[165]. Anders als bei den besonderen Strafausschließungsgründen[166], deren verobjektivierte Normen vom Strafrichter zu überprüfen sind, sind die Normen und Grenzen der ungeschriebenen medizinischen Ausnahme in der medizinischen Ethik festzulegen und primär von den ärztlichen Disziplinargerichten[167] zu überprüfen[168]. Dem Bezirksgericht Groningen zufolge kann die nach Art. 293 nlStGB strafbare aktive ärztliche Sterbehilfe als medizinische Ausnahme gerechtfertigt sein, wenn die Handlung im Interesse des Patienten erfolge, aus medizinischen Gründen dringend geboten sei und bei ihrer Ausführung alle durch die medizinische Wissenschaft und Praxis gebotene Sorgfalt beachtet worden seien[169], weil

> „a. der behandelnde Arzt in Absprache mit mindestens einem Kollegen oder einem Psychiater tätig wird und dieser sich über den Zustand des Patienten ein eigenes Urteil gebildet hat. Ist der Arzt, der die Sterbehilfe leistet, nicht zugleich der Arzt, bei dem sich der Patient in Behandlung befindet, muß er sich auch mit dem behandelnden Kollegen absprechen;

---

163 Bezirksgericht Groningen, a.a.O., S. 1636.

164 Bezirksgericht Groningen, a.a.O., S. 1636.

165 Teil 1, C, III. Vgl. dazu auch Langemeijer/Enschedé/van Veen, Ned T Geneesk 1986, 223-4; Enschedé, De arts en de dood, S. 94 f.

166 Vgl. Teil 1, C, III.

167 Vgl. Teil 2, B, II.

168 Drucks. II, 1985-86, 19 359 Nr. 2, S. 9; Langemeijer/Enschedé/van Veen, a.a.O., S. 224; Enschedé, a.a.O., S. 97 f.

169 Bezirksgericht Groningen, a.a.O., S. 1635.

b. der Patient sich in einem irreversiblen Zustand befindet, der durch den Betroffenen dauerhaft als unerträgliches körperliches und/oder seelisches Leiden empfunden wird;

c. während das ausdrückliche und ernsthafte Verlangen des Patienten, seinem Leben ein Ende zu setzen, als dauerhaft erfahren wird und auf der Einsicht des Betroffenen in die eigene Situation und auf der Abwägung mit anderen Möglichkeiten der Hilfeleistung beruht;

d. eine andere – für den Betroffenen vernünftigerweise annehmbare – Lösung als die Beendigung des Lebens fehlt;

e. während im übrigen auch bei der Ausführung des Eingriffs die Anforderungen der Sorgfalt eingehalten sind“[170].

Die Annahme einer medizinischen Ausnahme scheitere vorliegend an der Sorgfaltspflicht zu a., die „eine hinreichend objektive und fachkundige Beschlußfassung zu garantieren beabsichtigt“ und von der Ärztin verletzt wurde, weil die Rücksprache mit Dritten ausschließlich auf der Grundlage der Diagnose der Angeklagten stattgefunden habe[171]. Schließlich hätte die Ärztin dem Gericht zufolge den Hausarzt ihrer Freundin, von dessen prinzipieller Ablehnung der aktiven Sterbehilfe sie wußte, zu Rate ziehen müssen.

a. Gerichtshof Leeuwarden – Urteil vom 11.10.1984

Die Staatsanwaltschaft legte gegen die Entscheidung des Bezirksgerichts zunächst mit Erfolg Berufung ein. Der Gerichtshof Leeuwarden[172] verurteilte die Ärztin zu zwei Monaten Gefängnisstrafe auf Bewährung, da nach seiner Auffassung die Voraussetzungen des Art. 9a nlStGB nicht vorlagen[173].

---

[170] Bezirksgericht Groningen, a.a.O., S. 1635-6.

[171] Bezirksgericht Groningen, a.a.O., S. 1636.

[172] Gerichtshof Leeuwarden, Urteil v. 11.10.1984, in: NJ 1985, (Nr. 241) 884-6.

[173] Zu Art. 9a nlStGB s. Teil 1, C, III.

Das Gericht verwarf die medizinische Ausnahme als Möglichkeit zur Rechtfertigung der aktiven ärztlichen Sterbehilfe auf Verlangen[174]. Der Entstehungsgeschichte des Art. 293 nlStGB sei nicht zu entnehmen, daß der Gesetzgeber für Ärzte, die aktive Sterbehilfe auf Verlangen leisteten, von dem Verbot des Art. 293 nlStGB eine Ausnahme machen wollte[175], und zwar auch dann nicht, wenn dies in Übereinstimmung mit den von der KNMG im Positionspapier[176] 1984 veröffentlichten Richtlinien geschehe, die innerhalb des ärztlichen Berufsstandes als allgemein akzeptiert angesehen würden, zumal aus dem Positionspapier gleichzeitig hervorgehe, daß innerhalb der Ärzteschaft weder über Zulässigkeit noch Voraussetzungen der aktiven ärztlichen Sterbehilfe auf Verlangen eine einhellige Meinung bestünde[177].

Der Annahme eines rechtfertigenden bzw. entschuldigenden Notstands im Zeitpunkt der Tötung stünde schließlich entgegen, daß sich die Angeklagte aufgrund des Versprechens gegenüber ihrer Freundin, an welches sie sich gebunden fühlte, selbstverschuldet in eine Notstandslage versetzt habe[178].

b. Hoge Raad – Urteil vom 21.10.1986

Auf die Kassation der Ärztin hin hob der Hoge Raad[179] das Berufungsurteil des Leeuwardener Gerichtshof auf und verwies die Sache zur Neuverhandlung an den Gerichtshof Arnheim.

---

174 Gerichtshof Leeuwarden, a.a.O., S. 886.

175 A.A. ist Enschedé, De dood en de arts, S. 95 f.

176 Vgl. Teil 2, B, I, 2-2c.

177 A.A. sind Langemeijer/Enschedé/van Veen, Ned T Geneesk 1986, 223-4, denen zufolge es auch in bezug auf andere ärztliche Heilbehandlungen keinen ärztlichen Standard gibt. Das Recht respektiere die Meinungsverschiedenheiten unter Ärzten in der gesamten übrigen Gesetzgebung zur Gesundheitspflege. Nach Enschedé, De arts en de dood, S. 76, hat der Richter „die Weise, in der der Arzt auf das Verlangen seines Patienten reagiert hat...nicht an dem darüber herrschenden medizinischen Normsystem, sondern an Maßstäben, die Anklang gefunden haben“ zu prüfen. Insbesondere bleibe „...auch der Arzt, der nach Maßstäben handelt, die nicht allgemein akzeptiert, sondern vielmehr umstritten und gleichwohl einer Diskussion innerhalb der Ärzteschaft zugänglich sind...,straffrei“.

178 Gerichtshof Leeuwarden, a.a.O., S. 886. Zu der umstrittenen Frage, ob der Täter sich auf rechtfertigenden oder entschuldigenden Notstand berufen kann, wenn er die Notstandslage selbst verschuldet hat, s. Lauermann, Der strafrechtliche Notstand, S. 220-37; Hazewinkel-Suringa/Remmelink, a.a.O., S. 291-2.

179 Hoge Raad, Urteil v 21.10.1986, Nr. 79 065, in: NJ 1987, (Nr. 607) 2117-24. Für eine deutsche Übersetzung nebst Anm. zum Urteil s. Reis, EuGRZ 1987, 282 f. Gegen die

Der Hoge Raad schloß sich dem Urteil der Leeuwardener Richter an, soweit sie die Annahme der medizinischen Ausnahme verwarfen und fügte hinzu, Literatur, Rechtsprechung sowie der Entstehungsgeschichte des Gesetzes seien zwar zu entnehmen, daß die medizinische Ausnahme im Rahmen von ärztlichen Heilbehandlungen anerkannt sei[180]. Weder die Gesetzesgeschichte noch eine veränderte gesellschaftliche Auffassung gäben hingegen Anlaß zu der Annahme, daß Art. 293 nlStGB Ärzte, die im Rahmen sorgfältigen ärztlichen Handelns das Leben eines anderen auf dessen ausdrückliches Verlangen beendeten, vom Täterkreis ausnehme[181].

Die vom Gerichtshof ausgemachte Selbstverschuldung der Notstandslage durch die Ärztin lehnte der Hoge Raad mit der Begründung ab, Zusage und Planung ginge stets der Entschluß voraus, dem Verlangen des Patienten nach aktiver ärztlicher Sterbehilfe zu entsprechen[182]. Bereits zum Zeitpunkt der Entschlußfassung wäre deshalb zu prüfen gewesen, „ob die Angeklagte nach wissenschaftlich zu verantwortender [‚wetenschappelijk verantwoord', d. Verf.] ärztlicher Erkenntnis und nach den in der medizinischen Ethik geltenden Normen" in einem rechtfertigenden oder entschuldigenden Notstand gehandelt habe[183].

In seinem zweiten Sterbehilfeprozeß ist der Hoge Raad seinem Konzept zum rechtfertigenden Notstand[184] treu geblieben und hat insofern dazu beigetragen, die Zulässigkeit aktiver ärztlicher Sterbehilfe auf Verlangen zu etablieren. Mit der jüngsten Forderung nach einer Notstandsprüfung auf Grundlage der „wissenschaftlich zu verantwortende[n]" statt „objektive[n]"[185] ärztlichen Erkennt-

---

Anm. von Reis, ebd., S. 287, demzufolge die Bedeutung der Entscheidung in der Ablehnung der medizinischen Ausnahme – von Reis als „Ärzteprivileg" übersetzt – liegt, Scholten, in: Eser/Koch, S. 478.

180 Hoge Raad, a.a.O., S. 2123.

181 Trotz der klaren Worte des höchsten Gerichts sollten die Stimmen nicht verebben, nach denen Art. 293 nlStGB unanwendbar sei für den Arzt, der nach allen Regeln der Kunst auf Verlangen töte, vgl. beispielsweise van Bemmelen, Strafrecht bijzondere delicten, S. 28.

182 Hoge Raad, a.a.O., S. 2124.

183 Hoge Raad, a.a.O., S. 2124.

184 Teil 2, A, I, 3b.

185 Teil 2, A, I, 3b.

nis scheint der Hoge Raad lediglich Unmögliches aufgegeben zu haben[186], nämlich Objektivität zu fordern, wo keine existiert[187].

Von der Entscheidung aus dem Jahre 1984 unterscheidet sich die Entscheidung mitunter in dreierlei Hinsicht. Zum einen bezog der Hoge Raad mit keinem Wort Stellung zu dem Erfordernis der Beratung mit Kollegen, wohingegen er im älteren Urteil ein Handeln des Hausarztes in einem rechtfertigenden Notstand für möglich hielt, wenngleich der hinzugezogene Berater Assistent des angeklagten Arztes war[188]. Zum anderen war der Angeklagte des ersten Sterbehilfeprozesses der behandelnde Hausarzt der Patientin[189], im zweiten bestand hingegen kein Arzt-Patienten-Verhältnis, sondern eine zuoberst von Freundschaft geprägte Beziehung[190]. Daß der Hoge Raad der angeklagten Ärztin infolge ihrer Zusage gegenüber der Freundin den Status als deren behandelnde Ärztin eingeräumt haben könnte, ist unwahrscheinlich, da sie nach der Tat als erstes den Hausarzt ihrer Freundin von deren Tod benachrichtigte[191]. Dennoch hielt der Hoge Raad den bislang nur in Arzt-Patienten-Verhältnissen angenommenen rechtfertigenden Notstand vorliegend für erwägenswert, ist folglich in dieser Entscheidung ein Verzicht auf die Qualität des Arztes als behandelnder Arzt auszumachen. Der Freundschaft, aus der die Angeklagte handelte, wollte der Hoge Raad offensichtlich dadurch Rechnung tragen, daß er neben einem rechtfertigenden Notstand erstmals auch einem entschuldigenden Notstand im Sinne eines übermächtigen psychischen Einflusses (Art. 40 nlStGB)[192] Aussicht auf Erfolg einräumte.

186Eine Begründung liefert der Hoge Raad hierfür nicht, a.a.O., S. 2117-24, allerdings hatte der Gerichtshof Den Haag zuvor die Frage des Hoge Raad nach der „objektive[n]" ärztlichen Erkenntnis mit der „redliche[n]" ärztlichen Erkenntnis des Hausarztes beantwortet, Teil 2, A, I, 3c. Vgl. Hazewinkel-Suringa/Remmelink, a.a.O., S. 344; Feber, in: van der Wal u.a., S. 69-70.

187Teil 2, A, I, 3b.

188Teil 2, A, I, 3b; vgl. I, 3a.

189Teil 2, A, I, 3.

190Remmelink stellte im Schlußantrag fest, daß die Angeklagte als Freundin handelte, NJ 1987, (Nr. 607) 2128. Die Beziehung ähnelt insofern der der angeklagten Ärztin und der von ihr getöteten Mutter in der Entscheidung des Bezirksgerichts Leeuwarden von 1973, vgl. Teil 2, A, I, 1.

191Hoge Raad, a.a.O., S. 2121.

192Zum entschuldigenden Notstand im Sinne eines übermächtigen psychischen Einflusses s. Teil 1, C, III.

Die Forderung des Hoge Raad nach Übereinstimmung der aktiven ärztlichen Sterbehilfe auf Verlangen mit der ärztlichen Erkenntnis und medizinischen Ethik kommt im Rahmen des entschuldigenden Notstands nicht zum Tragen[193], da der vom Täter widerstandslos befolgte Drang nicht verobjektivierbar, sondern von der Person des Täters abhängig ist. Dadurch aber ist die Möglichkeit eröffnet, daß die von einem Laien geleistete aktive Sterbehilfe auf Verlangen entschuldbar ist. Auch für Ärzte liegt die Begründetheit einer Berufung auf entschuldigenden psychischen Notstand näher als die auf einen rechtfertigenden Notstand. Der Verweis des Hoge Raad auf die Feststellung des Gerichtshofes Leeuwarden, die Angeklagte sei in aller Aufrichtigkeit der Meinung gewesen, *als Ärztin* nicht anders handeln zu dürfen[194], vermag an diesem Ergebnis nichts zu ändern[195].

c. Gerichtshof Arnhem – Urteil vom 27.2.1987

Der Gerichtshof Arnhem[196] verurteilte die Ärztin gem. Art. 293 nlStGB wegen Tötung auf Verlangen ihrer Freundin zu einer Gefängnisstrafe von zwei Monaten auf Bewährung. Eine Rechtfertigung wegen Notstands entfalle, weil die zu Rate gezogenen Ärzte den Fall mangels eigenhändiger Diagnose nicht hinreichend unabhängig hätten beurteilen können[197]. Ein entschuldigender psychischer Notstand sei ausgeschlossen, da die Angeklagte aufgrund ihrer Ausbildung und Erfahrung als praktizierende Psychiaterin befähigt sein müsse, sich dem auf sie von ihrer Freundin ausgeübten Druck zu entziehen.

d. Hoge Raad – Urteil vom 3.5.1988

Die erneute Berufung der Ärztin verwarf der Hoge Raad[198] in seinem dritten Sterbehilfeurteil. Übereinstimmend mit einem von ihm kurz zuvor getroffenen Beschluß[199] und seinem ersten Sterbehilfeurteil[200] stellte der Hoge Raad fest,

---

[193] Vgl. Mulder, Anm. zu NJ 1987, (Nr. 607) 2131

[194] Hoge Raad, a.a.O., S. 2124. Der Gerichtshof Leeuwarden hatte diesem Umstand nur im Rahmen der Strafzumessung Rechnung getragen, NJ 1985, (Nr. 241) 886. Zum Urteil des Gerichtshofes Leeuwarden s. Teil 2, A, I, 4a.

[195] Mulder, Anm. zu NJ 1987, (Nr. 607) 2131.

[196] Gerichtshof Arnhem, Urteil v. 28.2.1987, in: TvGR 1987, (Nr. 35) 273-4.

[197] Gerichtshof Arnhem, a.a.O., S. TvGR 1987, (Nr. 35) 274.

[198] Hoge Raad, Urteil v. 3.5.1988, Nr. 82 788, in: NJ 1989, (Nr. 391) 1401-8.

[199] Hoge Raad, Beschluß v. 23.06.1987, Nr. 1978, in: NJ 1988, (Nr. 157) 673-8, auf S. 677. Vgl. dazu Scholten, in: Eser/Koch, S. 484.

[200] Teil 2, A, I, 3b.

daß ein rechtfertigender Notstand auch dann in Betracht käme, wenn der Arzt seine Erkenntnisse nicht von einem unabhängigen Arzt habe überprüfen lassen[201]. Eine Rechtfertigung wegen Notstands lehnte der Hoge Raad vorliegend gleichwohl ab, da zu dem Zeitpunkt, als sich die Ärztin zum Handeln entschloß, die Krankheit der Patientin weder das Endstadium erreicht habe noch kurz zuvor eine mehr oder minder ernsthafte Verschlechterung eingetreten sei[202]. Schließlich stellte der Hoge Raad klar, daß sich die Einschränkung „...nach wissenschaftlich zu verantwortender medizinischer Erkenntnis und nach in der medizinischen Ethik geltenden Normen" ausschließlich auf den rechtfertigenden Notstand, also nicht auf den entschuldigenden psychischen Notstand beziehe[203]. Die Möglichkeit, daß die von Laien vorgenommene aktive Sterbehilfe auf Verlangen unter Umständen entschuldigt sein kann[204], hat der Hoge Raad somit bekräftigt, für Ärzte hingegen ausgeschlossen, weil von ihnen zu erwarten sei, daß sie jedem noch so starken beruflichen Druck standhalten[205].

II. Zusammenfassung

1. Die geltende Rechtslage

Auf der Grundlage der erfaßten Gerichtsentscheidungen gilt in der Rechtsprechung folgende Rechtslage zur aktiven Sterbehilfe auf Verlangen:

1. Die aktive ärztliche Sterbehilfe auf Verlangen ist nach geltendem Recht gem. Art. 293 nlStGB strafbar.

2. Der Arzt kann sich auf einen rechtfertigenden Notstand berufen. Eine Rechtfertigung wegen Wegfalls der materiellen Rechtswidrigkeit oder medizinischer Ausnahme ist dagegen ausgeschlossen. Ein Rechtfertigung aktiver Sterbehilfe durch Laien ist ausgeschlossen.

3. Ein rechtfertigender Notstand liegt vor, wenn nach wissenschaftlich zu verantwortender ärztlicher Er-

[201] Hoge Raad, a.a.O., S. 1407.

[202] Hoge Raad, a.a.O., S. 1407.

[203] Hoge Raad, a.a.O., S. 1408; vgl. ebd., S. 1407.

[204] Teil 2, A, I, 4b.

[205] Hoge Raad, a.a.O., S. 1408.

kenntnis und den in der medizinischen Ethik geltenden Normen die Pflicht des Arztes, das Leiden des Patienten zu erleichtern, seine Pflicht nach Art. 293 nlStGB, das Leben zu erhalten, überwiegt.

2. Die offiziellen Leitsätze der Rechtsprechung

Die von den Instanzgerichten entwickelten ärztlichen Sorgfaltspflichten wurden 1986 von Justizminister und Gesundheitsminister zu folgenden offiziellen Leitsätzen der Rechtsprechung zur Straflosigkeit aktiver ärztlicher Sterbehilfe auf Verlangen kasusistisch zusammengefaßt:

a. das mündliche oder schriftliche Verlangen des Patienten nach aktiver Sterbehilfe ist freiwillig; wohlerwogen und dauerhaft;

b. der Patient leidet aussichtslos, unerträglich und dauerhaft, nicht notwendig körperlich;

c. der Arzt hat einen anderen Arzt konsultiert;

d. schließlich hat der Arzt die aktive Sterbehilfe sorgfältig ausgeführt[206].

B. Ärztlich-berufsständische Regelwerke und Standesrecht

Die vom Hoge Raad entschiedene Abhängigkeit des rechtfertigenden Notstands von wissenschaftlich zu verantwortenden ärztlichen und standesethischen Maßstäben hat dem Ärztestand Raum gewährt, Einfluß auf die Rechtsentwicklung zur aktiven ärztlichen Sterbehilfe auf Verlangen zu nehmen. Einen wesentlichen Beitrag zur Zulässigkeit aktiver ärztlicher Sterbehilfe auf Verlangen und deren inner- und interdisziplinärer Anerkennung hat das Präsidium des 1849 gegründeten[207], landesweit größten Ärzteverbandes KNMG[208] geleistet,

---

[206] Drucks. II, 1985-86, 19 359 Nr. 2, S. 6 (v. 20.1.1986).

[207] Vgl. Art. 35 der Satzung der KNMG. Die KNMG ist eine private Vereinigung, vgl. Art. 3 der Satzung der KNMG, deren Organe u.a. das Präsidium, Art. 15-18 der Satzung, und die Mitgliederversammlung, Art. 19-25 der Satzung, sind. Die Zeitschrift Medisch Contact (MC) ist das offizielle Veröffentlichungsorgan der KNMG, Kap. XIV, Art. 900 Abs. 1 der Hausordnung („huishoudelijk reglement“) der KNMG.

dessen satzungsmäßiges Ziel es ist, die medizinische Wissenschaft und Praxis in den Niederlanden im weitesten Umfang zu fördern[209]. Sofern das Präsidium nicht als Sachverständige vor Gericht zitiert wurde[210] oder als Verhandlungspartner der Regierung zur Sterbehilfepolitik agierte[211], wirkte es im Dienste dieses Ziels vor allem durch die Veröffentlichung von Positionspapieren zur aktiven ärztlichen Sterbehilfe auf Verlangen.

I. Die Richtlinien des Präsidiums der Königlich Niederländischen Gesellschaft zur Förderung der Heilkunde

Im Jahre 1934 veröffentlichte die KNMG ein erstes Manuskript zur medizinische Ethik, welches seither regelmäßig überarbeitet wurde.[212] 1959 sprach sie sich darin erstmals ausdrücklich gegen aktive ärztliche Sterbehilfe auf Verlangen aus[213]. Es sei nicht Aufgabe des Arztes, über den Wert eines mit Schmerzen und großem Leid verbundenen Lebens zu entscheiden[214]. Der Arzt habe vielmehr alles in seiner Macht stehende zu tun, um Leben zu erhalten. Speziell zur Problematik der aktiven ärztlichen Sterbehilfe auf Verlangen hat das Präsidium der KNMG 1973 und 1984 Stellung bezogen. In den zwei Positionspapieren hat es insbesondere Sorgfaltspflichten aktiver ärztlicher Sterbehilfe auf Verlangen formuliert mit dem erklärten Ziel, dem mit einer Bitte um aktive Sterbehilfe konfrontierten Arzt Richtlinien zur verantwortlichen Entscheidungsfindung und -ausführung zu geben[215].

Vollständigkeitshalber sei angemerkt, daß die Richtlinien von 1973 und 1984 von der Mitgliederversammlung der KNMG, der nach Art. 21 Abs. 1 S. 1 der Satzung der KNMG die verbandsinterne Normsetzung obliegt, nicht in den

---

208 Die 25.000 Mitglieder der KNMG konstituieren 60 % aller in den Niederlanden praktizierenden Ärzte, Dillmann, Camb Q Healthc Ethics 1996, 100; vgl. Art. 5 Abs. 1 der Satzung. Zum Kürzel „KNMG“ s. Teil 2, I, 3c.

209 Art. 1 der Satzung der KNMG.

210 Zum Wirken des Präsidiums vor dem Gerichtshof Den Haag im Jahre 1986 s. Teil 2, A, I, 3c.

211 Zum Wirken des Präsidiums gegenüber der Regierung s. Teil 3, A, III, 2; 3a; IV 2 und Teil 3, B, I, 3c.

212 Borst-Eilers, in: Misbin, S. 56.

213 Van Berkestein u.a., Medische Ethiek en Gedragsleer, 1959, zitiert nach: Borst-Eilers, in: Misbin, S. 56; vgl. dazu Dillmann, Camb Q Healthc Ethics 1996, 102.

214 Vgl. Van Berkestein u.a., a.a.O., S. 56.

215 KNMG, MC 1973, 588; dies., MC 1984, 994, 996.

Rang formeller Richtlinien erhoben worden sind[216]. Obwohl beide Richtlinien somit keine bindende Wirkung für die Mitglieder der KNMG hatten, ist aus dem Positionspapier von 1984 zu folgern, daß gegen Ärzte, die entsprechend der Richtlinien handeln, kein standesrechtliches Verfahren – zumindest von seiten des Präsidiums[217] – eingeleitet würde[218].

1. Vorläufiger Standpunkt, 1973

Anläßlich eines Zwischenberichts des Gesundheitsrates („Gezondheidsraad") zur Sterbehilfe[219] sowie des Urteils des Bezirksgerichts Leeuwarden[220] veröffentlichte das Präsidium der KNMG im Mai 1973 einen als vorläufig bezeichneten Standpunkt[221], in dem es die aktive ärztliche Sterbehilfe auf Verlangen im Grundsatz entschieden ablehnte. Das Präsidium räumte allerdings im Anschluß an den Gesundheitsrat ein, der Richter habe im Einzelfall zu entscheiden, ob für einen Arzt, der „nach Ehre und Gewissen" einem unheilbaren Patienten in der Sterbensphase aktive ärztliche Sterbehilfe auf Verlangen leiste, Strafausschließungsgründe zum Tragen kämen[222].

Der Entscheidung des Arztes zur Vornahme aktiver Sterbehilfe auf Verlangen solle nach Ansicht des Präsidiums eine Konsultation eines Kollegen oder anderer an der Behandlung des Patienten beteiligter Personen vorausgehen[223]. Ob der Arzt Familienmitglieder in die Entscheidung miteinzubeziehen habe, hänge hingegen von den Umständen des Einzelfalls ab. Angesichts der herrschenden

---

216 Van Gelder (KNMG), schriftliche Auskunft v. 15.7.1997. Zum Verfahren bei Entwürfen des Präsidiums s. Kap. VI, Art. 405a Abs. 1 Buchst. a, 405b, 408 Abs. 2, 4, 410 und 411 der Hausordnung.

217 Vgl. KNMG, a.a.O., S. 994, 996.

218 Vgl. Scholten, in: Eser/Koch, S. 463. Die KNMG verfügt über eine verbandsinterne Gerichtsbarkeit, Art. 26 der Satzung, Kap. X, Art. 600-657 der Hausordnung, die primär zur Wahrung der Ehre des Ärztestandes Verstöße der Mitglieder gegen die Satzung ahndet, vgl. Kap. X, Art. 600 Abs. 2, 627 der Hausordnung.

219 Dazu Teil 3.

220 Teil 2, A, I, 1.

221 KNMG, Voorlopig standpunt van het hoofdbestuur inzake het euthanasievraagstuk, in: MC 1973, S. 587-8. Der vorläufige Standpunkt knüpft an den Bericht einer 1972 vom Präsidium eingesetzten Arbeitsgruppe an, ebd., S. 587. Zur Möglichkeit des Präsidiums, Arbeitsgruppen einzusetzen s. Art. 572 Abs. 1 der Hausordnung.

222 KNMG, a.a.O., S. 588. Zu den allgemeinen Strafausschließungsgründen s. Teil 1, C, III.

223 KNMG, a.a.O., S. 588.

Rechtsunsicherheit empfahl das Präsidium dem Arzt schließlich, das informelle Gespräch mit dem Staatsanwalt zu suchen. Der Staatsanwalt könne alle relevanten Faktoren aufzeigen und dadurch bei einer Entscheidung behilflich sein, die jeweils zuoberst im Interesse des Patienten auszufallen habe.

Im übrigen betonte das Präsidium, daß die aktive ärztliche Sterbehilfe auf Verlangen „bei einer richtigen Ansicht über die Rechte des Patienten und einem richtigen Verständnis der Möglichkeit der passiven Sterbehilfe“ nur selten erwägenswert sei[224].

2. Standpunkt in Sachen aktiver Sterbehilfe auf Verlangen, 1984

Noch während der Verhandlung im ersten Sterbehilfeprozeß vor dem Hoge Raad[225] veröffentlichte das Präsidium der KNMG ein umfassendes Positionspapier zur aktiven ärztlichen Sterbehilfe auf Verlangen[226]. Der „Standpunkt in Sachen aktiver Sterbehilfe auf Verlangen“ („Standpunt inzake euthanasie“) entstand vornehmlich auf Veranlassung der von der Regierung eingesetzten Staatskommission Euthanasie[227], welche die Ansichten der KNMG zur aktiven Sterbehilfe auf Verlangen in ihrer Untersuchung zu berücksichtigen beabsichtigte[228]. Nach einem wissenschaftlich zu verantwortenden ärztlichen Standard bzw. einer klaren Antwort auf die Frage der standesethischen Zulässigkeit der aktiven ärztlichen Sterbehilfe auf Verlangen sucht man in den Richtlinien aus 1984 allerdings vergeblich. Auf der Grundlage der bestehenden Strafrechtsprechung der Instanzgerichte hat das Präsidium vielmehr eine Anleitung zur nach ihrer Meinung strafrechtlich nicht verfolgungswürdigen aktiven ärztlichen Sterbehilfe auf Verlangen verfaßt[229].

---

224 KNMG, a.a.O., S. 588.

225 Zum Urteil des Hoge Raad v. 27.11.1984 s. Teil 2, A, I, 3b.

226 KNMG, Standpunt inzake euthanasie, in: MC 1984, 990-8 (3. August 1984). Leitfaden für den Standpunkt war der Bericht einer 1982 vom Präsidium eingesetzten Arbeitsgruppe, ebd., S. 990-1. Für eine Übersetzung des Positionspapieres s. von Lutterotti, Ärztliche Handlungsanleitungen, Anhang, S. 47-68.

227 Zur Staatskommission Euthanasie s. Teil 3, A, II; II, 1-2; und Teil 4, A, II, 1.

228 KNMG, a.a.O., S. 990. Die im Lichte des Standpunktes durch das Präsidium der KNMG beantworteten Fragen der Staatskommission sind in: MC 1984, 999-1002 sowie in: Staatscommissie Euthanasie, Rapport, Teil III, S. 71-4, abgedruckt.

229 Legemaate, Tge 1998, 14; anders von Lutterotti, Ärztliche Handlungsanleitungen, S. 56, demzufolge mit den Richtlinien von 1984 bezweckt wurde, Ärzten eine Hilfe für eine „sowohl aus rechtlicher wie aus standesethischer Sicht abgewogene Entscheidungsfindung“ zu geben. Allerdings sind standesethische Erwägungen des Präsidiums im anson-

a. Wissenschaftlich zu verantwortende ärztliche Erkenntnis

Ausgehend von den „neuesten, die Anwendung aktiver Sterbehilfe betreffenden Urteile“ handelt der Arzt nach Ansicht des Präsidiums „verantwortlich“[230], wenn das Verlangen des Patienten um aktive ärztliche Sterbehilfe freiwillig, dauerhaft und wohlerwogen, das Leiden für den Patienten unerträglich sei und der Arzt zuvor einen Kollegen zu Rate gezogen habe[231]. Der Arzt, der diese Sorgfaltspflichten erfülle, müsse „vernünftigerweise“ erwarten dürfen, daß von seiner Rechtsverfolgung abgesehen werde[232]. Das Erfordernis der Sterbensphase hingegen hat das Präsidium gegenüber dem vorläufigen Standpunkt von 1973 ausdrücklich aufgegeben, weil es als Sorgfaltspflicht für die Annehmbarkeit aktiver ärztlicher Sterbehilfe auf Verlangen seit geraumer Zeit „ausgedient“ habe[233]. Einem unerträglich und aussichtslos leidenden Patienten dürfe „das Recht auf aktive Sterbehilfe auf Verlangen“ nicht verweigert werden[234].

Die Richtlinien des Präsidiums von 1984 schließen sich den offiziellen Leitsätzen der Rechtsprechung[235] im wesentlichen an und markieren gegenüber dem vorläufigen Standpunkt des Präsidiums aus 1973 einen Meinungswandel in der Ärzteschaft parallel zu der sich in der Rechtsprechung abzeichnenden Liberalisierung[236]. Anders als dem Rotterdamer Bezirksgericht, dessen Urteil sich auf die Umstände des Falles zu beschränken hatte[237], wäre es dem Präsidium im Rahmen seines Positionspapieres eigentlich möglich gewesen, die darin aufgezählten Sorgfaltspflichten zu erläutern und damit für die adressierte Ärzteschaft unmißverständlich zu konkretisieren. Die umfangreichen Erläuterungen durch

---

sten umfangreichen Positionspapier nur vereinzelt zu finden, vgl. das Beispiel bei von Lutterotti, a.a.O., S. 57 und Teil 2, B, I, 2b.

230 KNMG, a.a.O., S. 994.

231 KNMG, a.a.O., S. 994-5.

232 KNMG, a.a.O., S. 995.

233 KNMG, a.a.O., S. 995.

234 KNMG, a.a.O., S. 995, unter Berufung auf die Rechtsprechung, den Bericht des Gesundheitsrates aus 1982 und Autoren wie Leenen, ebd. In einem Brief an Regierung und Parlament, MC 1986, 208, bezog sich das Präsidium auf seine Ansicht aus 1984 zur Sorgfaltspflicht der Sterbensphase, wonach es das Prinzip huldigte, „*unerträglichem Leiden zuvorkommen ist besser als unerträgliches Leiden zulassen*“.

235 Teil 2, A, II, 2.

236 Vgl. insbesondere Teil 2, A, I, 2.

237 Vgl. Stolwijk, DD 1996, 504; Teil 2, A, I, 2.

das Präsidium lassen gleichwohl Präzision vermissen und werfen im Gegenteil zahlreiche Fragen auf[238]. Mit der im Positionspapier eingangs von Ärzten geforderten Eigenverantwortlichkeit und Gewissenhaftigkeit[239] scheint das Präsidium der KNMG Ernst gemacht zu haben.

Den Erläuterungen des Präsidiums zufolge bezweckt die Sorgfaltspflicht der „Freiwilligkeit", auszuschließen, daß das Verlangen des Patienten nach aktiver ärztlicher Sterbehilfe auf Nötigung seitens der Familie beruhe[240]. Zu der Frage, ob der Arzt hingegen seinem Patienten aktive Sterbehilfe anbieten oder empfehlen darf, schweigt das Präsidium allerdings.[241] Der Arzt solle „irgendwie mit dem Patienten allein" sprechen und „wenigstens einen ziemlich zuverlässigen Eindruck" über die Freiwilligkeit des Verlangens nach aktiver ärztlicher Sterbehilfe erhalten[242]. Wann das Verlangen nach aktiver ärztlicher Sterbehilfe als „dauerhaft" zu bezeichnen sei, hängt nach Ansicht des Präsidiums von den Umständen des Einzelfalls ab und obliege somit größtenteils der Meinung des behandelnden Arztes[243]. Impulsiven Entscheidungen des Patienten, die auf Stimmungswandlungen oder vorübergehenden Depressionen beruhten, dürfe der Arzt jedenfalls nicht nachkommen. Eine einmalige Bitte könne in keinem Fall ausreichen. Die Definition des Präsidiums verhindert also nicht den Schluß des Arztes, daß das zweifach geäußerte Verlangen des Patienten nach aktiver Sterbehilfe, womöglich während einer Visite, ausreichend ist.[244] Dafür spricht der Hinweis des Präsidiums an den Arzt, die eigenen Widerstände gegen ein lebensbeendendes Handeln dürften „nicht zu einem solchen Aufschub führen ... ‚daß der Wunsch des Patienten dabei untergeht"[245].

Der Schwerpunkt der Prüfung eines sorgfältig handelnden Arztes liegt dem Präsidium zufolge auf dem wohlerwogenen Verlangen des Patienten, weil dessen Befolgen letztlich unwiderruflich sei[246]. Der Sterbewunsch erweise sich

---

[238] A.A. ist von Lutterotti, Ärztliche Handlungsanleitungen, S. 60.
[239] Vgl. KNMG, a.a.O., S. 993-4.
[240] KNMG, a.a.O., S. 994.
[241] Keown, Law Q Rev 1992, 62-3.
[242] KNMG, a.a.O., S. 994.
[243] KNMG, a.a.O., S. 994.
[244] Gomez, Regulating Death, S. 41; Keown, a.a.O., S. 64.
[245] KNMG, a.a.O., S. 994.
[246] KNMG, a.a.O., S. 994.

oft als Ausdruck von Angst, „z.B. Angst vor Schmerzen, Altersschwäche, Einsamkeit"[247]. Obwohl der Arzt nach Ansicht des Präsidiums in diesen Fällen nach Alternativen zur aktiven Sterbehilfe für den Patienten zu suchen hat, wird mit keinem Wort erwähnt, ob aktive ärztliche Sterbehilfe auf Verlangen in diesen Fällen verboten ist[248]. Offen bleibt des weiteren, wie der Arzt die Wohlerwogenheit des Verlangens festzustellen oder ob er zumindest auszuschließen hat, daß das Verlangen nicht das Ergebnis vernünftiger Erwägungen, sondern unter dem Einfluß von Medikamenten zustandegekommen ist[249]. Aber selbst wenn die Sorgfaltspflicht des „wohlerwogenen Verlangens" vom Präsidium klar und präzise definiert wäre, ist fraglich, ob Ärzte, die in der Regel täglich eine Mehrzahl von Patienten zu betreuen haben, überhaupt die Möglichkeit zu deren Feststellung besitzen[250].

Die Zweifel, ob die Richtlinien des Präsidiums der KNMG sicherstellen können, daß stets ein freiwilliges, wohlerwogenes und dauerhaftes Verlangen nach aktiver ärztlicher Sterbehilfe vorliegt, sollten auch nicht durch spätere Studienergebnisse ausgeräumt werden. Sechs Jahre, nachdem das Präsidium Ärzte in seinem Positionspapier zu verantwortlicher aktiver Sterbehilfe aufgerufen hatte, ergab eine Untersuchung unter Hausärzten für den Zeitraum 1986 bis 1989, daß in 10 % aller Fälle der Arzt das Gespräch mit dem Patienten über aktive ärztliche Sterbehilfe auf Verlangen initiiert hatte, in weiteren 6 % waren es der Partner oder die Familie des Patienten[251]. In 13 % der Fälle lag der Zeitraum zwischen der ersten Bitte um aktive ärztliche Sterbehilfe und deren Ausführung bei weniger als 24 Stunden; weniger als eine Woche in 35 % aller Fälle und weitere 17 % innerhalb von zwei Wochen[252]. In knapp der Hälfte aller Fälle lag zwischen dem letzten geäußerten Sterbehilfewunsch und dessen Aus-

---

[247]KNMG, a.a.O., S. 994.

[248]Keown, a.a.O., S. 63. Das klare Votum des Präsidiums zugunsten des Selbstbestimmungsrechts des Patienten, Teil 2, B, I, 2b, spricht vielmehr dafür, daß das Bestehen von Alternativen nach Ansicht des Präsidiums kein Hindernis zulässiger aktiver ärztlicher Sterbehilfe auf Verlangen ist, sofern der Patient die Alternativen zuvor abgelehnt hat. So auch der Gerichtshof Den Haag, Teil 2, A, I, 3c; anders der Hoge Raad, Teil 4, C.

[249]Vgl. Keown, a.a.O., S. 63.

[250]Vgl. Keown, a.a.O., S. 64.

[251]Van der Wal u.a., MC 1991, 212 (Tabelle 1). Zu Zielen u. Methode der Untersuchung s. dies., MC 1991, 171-3.

[252]Van der Wal u.a., a.a.O., S. 212 (Tabelle 2).

führung nur ein Tag, in 11 % aller Fälle sogar weniger als eine Stunde[253]. Die Untersuchung ergab weiter, daß in 22 % aller Fälle nur eine einzige Bitte um aktive ärztliche Sterbehilfe geäußert worden war[254]. In weiteren 30 % lag der Zeitraum zwischen erstem und letztem Verlangen zwischen einer Stunde und einer Woche. Schließlich war in 62 % aller Fälle das Verlangen um aktive ärztliche Sterbehilfe ausschließlich mündlich geäußert worden[255].

Demnach bestehen vielmehr keine Zweifel daran, daß Ärzte die in den Richtlinien des Präsidiums erläuterten Sorgfaltspflichten im Einzelfall recht unterschiedlich interpretierten oder eben gar nicht erst einhielten. Ein „freies, dauerhaftes und wohlerwogenes Verlangen" entlarvt sich – selbst gemessen an dem vom Präsidium aufgemachten Maßstab – in einer Vielzahl der Fälle aktiver ärztlicher Sterbehilfe *auf Verlangen* offensichtlich als bloße Fiktion.

Von den in der Rechtsprechung geforderten Sorgfaltspflichten der „Aussichtslosigkeit", „Unerträglichkeit" und „Dauerhaftigkeit" des Leidens des Patienten, so die Erläuterungen des Präsidiums weiter, sei letzteres „strenggenommen ... von untergeordneter Bedeutung"[256], wobei allerdings eine Begründung durch das Präsidium fehlt. Ferner wird das Leiden des Patienten vom Präsidium nicht auf körperliches Leiden beschränkt[257]. Allein die Sorgfaltspflicht der „Aussichtslosigkeit" des Leidens beinhalte ein objektives Element und sei deshalb einer Prüfung durch den Arzt zugänglich[258]. Der Arzt habe zu prüfen, ob kurzfristig neue medizinische Heilungsmöglichkeiten für den Patienten zu erwarten seien.

Obwohl der Studie zufolge Ärzte bei ihrer Vernehmung durch die Polizei in 56 % aller Fälle das „unerträgliche Leiden" als wichtigsten Grund für die geleistete aktive Sterbehilfe auf Verlangen angaben, nannten es nur 42 % der Patienten überhaupt als Grund und nur 18 % der Patienten für den wichtigsten Grund ihrer Bitte um aktive ärztliche Sterbehilfe[259]. Dagegen gaben 29 % der

253 Van der Wal u.a., a.a.O., S. 213 (Tabelle 3).
254 Van der Wal u.a., a.a.O., S. 212 (Tabelle 2).
255 Van der Wal u.a., a.a.O., S. 213 (Tabelle 7).
256 KNMG, a.a.O., S. 995.
257 Gomez, a.a.O., S. 41.
258 KNMG, a.a.O., S. 994.
259 Van der Wal u.a., a.a.O., S. 214 (Tabelle 5).

Patienten „sinnloses“ Leiden und 24 % die Furcht vor bzw. den Eintritt unaufhaltbaren geistigen und körperlichen Verfalls als wichtigsten Grund an. Der Arzt, so scheint es demnach, ist in seiner Meinung über die Befindlichkeit des Patienten alles andere als unfehlbar. Zu Recht erklärte das Präsidium darüber hinaus die „Unerträglichkeit“ bzw. „Aussichtslosigkeit“ des Leidens des Patienten oftmals von dessen individuellen Werten und Normen abhängig, die für den Arzt nicht nachvollziehbar seien[260]. Ungeachtet dessen hat der Arzt dem Präsidium zufolge auch nach sozialen Alternativen zu suchen, die „in [den] Augen“ des Patienten sein „Leiden bzw. Leben“ erträglich machen könnten[261].

Ob die letzte vom Präsidium formulierte Sorgfaltspflicht, „irgendeine Form der kollegialen Beratung“[262], Fehlinterpretationen und damit Verstöße gegen die übrigen Sorgfaltspflichten des Präsidiums abzuwenden vermag, ist schließlich zu bezweifeln. Offen bleibt bereits, ob der hinzugezogene Arzt die Sorgfaltspflichten mit dem handelnden Arzt übereinstimmend zu interpretieren und, auf den Patienten angewandt, zu demselben Ergebnis zu kommen hat[263]. Dabei ist durchaus denkbar, daß jener die Sorgfaltspflichten mindestens ebenso lax interpretiert wie letzterer. Einer Studie zufolge hatte ein Viertel der Ärzte von einer vorherigen Beratung mit einem zweiten Arzt gänzlich abgesehen und weitere 12 % jeglichen Austausch mit anderen über ihre Entscheidung vermieden[264]. So es zu einer Konsultation kam, war der Hinzugezogene überwiegend ein Kollege im engeren Sinne und nicht ein unabhängiger Arzt. 60 % der konsultierten Ärzte kannten den Patienten bereits und weniger als 50 % legten ihre Meinung schriftlich nieder.

Nach alledem bleiben die von der Rechtsprechung eingeführten ärztlichen Sorgfaltspflichten auch nach deren Erläuterung durch das Präsidium der KNMG offen, elastisch und daher vielfältig interpretierbar. Das Präsidium sollte seine Sorgfaltspflichten in späteren Jahren lediglich um die der Unabhän-

---

260 KNMG, a.a.O., S. 994. Anders das Präsidium in Beantwortung der Anfrage der Staatskommission, MC 1984, 1000, wonach die Unerträglichkeit des Leidens „intersubjektiv[]“ sei. Vgl. auch Teil 4, D, II.

261 KNMG, a.a.O., S. 994.

262 KNMG, a.a.O., S. 995.

263 Keown, a.a.O., S. 65-6; vgl. dazu auch KNMG, Euthanasia in the Netherlands, S. 48, wonach der behandelnde Arzt nicht verpflichtet ist, sich den Ansichten des konsultierten Arztes anzuschließen.

264 Van der Wal u.a., MC 1991, 213.

gigkeit des konsultierten vom behandelnden Arzt ergänzen[265]. Die 1984 fixierten Sorgfaltspflichten sollte es dagegen auch später keineswegs näher konkretisieren[266], so daß bereits die Richtlinie von 1984 als Antwort auf den Hilferuf des Hoge Raad[267] zu begreifen ist. Das Präsidium appellierte stets zuoberst an die Eigenverantwortlichkeit und Gewissenhaftigkeit des jeweils handelnden Arztes[268], strebte also keineswegs eine Übereinkunft der ärztlichen *Meinungen* mit dem Ziel eines einheitlichen ärztlichen Standards an. Damit bewegte sich das Präsidium freilich innerhalb des vom höchsten Gericht gesteckten Rahmens zum rechtfertigenden Notstand[269].

Daß das Präsidium die offiziellen Leitsätze der Rechtsprechung in seiner Richtlinie aufgegriffen hat und – strenggenommen – wider dem Notstandskonzept des Hoge Raad an ihnen festhielt, hat nicht zuletzt dazu beigetragen, daß die Sorgfaltspflichten durch das Einfallstor der „wissenschaftlich zu verantwortenden ärztlichen Erkenntnis" zumindest vorläufig ihren Platz in der strafrechtlichen Beurteilung eines rechtfertigenden Notstands in Fällen aktiver ärztlicher Sterbehilfe auf Verlangen finden sollten. Daß auch das Präsidium der ärztlichen Autonomie damit keine Grenzen – geschweige denn enge – setzte, beruht offensichtlich auf dem Verständnis, daß es keinen Grund für die Annahme gebe, „daß die Möglichkeit, jemandem auf sein Verlangen zu einem milden Tod zu verhelfen, den Arzt dazu verleiten soll, ‚euthanasie' an Patienten vorzunehmen, die danach nicht verlangt haben oder ‚euthanasie' aus tiefster Überzeugung ablehnen"[270].

In diesem Sinne forderte das Präsidium denn auch sofortige Gesetzgebung und bis dahin Absprachen zwischen Justiz und KNMG über eine eindeutigere straf-

---

[265]KNMG, Euthanasia in the Netherlands, S. 46.

[266]Vgl. Teil 3, A, III, 3a; IV, 2 und B, I, 3c; KNMG, Euthanasia in the Netherlands, S. 24, 42-8.

[267]Teil 2, A, I, 3b; vgl. I, 4b und d.

[268]Das gilt offensichtlich auch für die in der Zusammenfassung vom Präsidium beiläufig erwähnte Forderung, der Arzt habe die aktive Sterbehilfe auf Verlangen auf medizinisch-pharmakologisch verantwortliche Weise auszuführen, KNMG, a.a.O., S. 997, die vom Präsidium nicht näher erläutert wird.

[269]Vgl. Teil 2, A, I, 3b.

[270]So jene Kommissionsmitglieder des Gesundheitsrates, die 1982 eine Aufhebung des Verbots des Art. 293 nlStGB für Ärzte befürworteten, Advies inzake euthanasie, S. 100; vgl. dazu Teil 3, A.

rechtliche Verfolgungspolitik zur aktiven ärztlichen Sterbehilfe auf Verlangen als bisher[271]. Daß die Staatsanwaltschaft „vernünftigerweise“ von der Rechtsverfolgung absehen müsse, so der Arzt die Richtlinie aus 1984 im Einzelfall befolge[272], läßt das Selbstverständnis, mit der das Präsidium seinen Standpunkt als das „richtige Recht“ durchsetzen sollte[273], um später unverblümt die Legalisierung der aktiven ärztlichen Sterbehilfe auf Verlangen zu fordern[274], bereits erahnen.

b. Normen der medizinischen Ethik

In der Einleitung zum „Standpunkt“ erkannte das Präsidium den bestehenden und seiner Ansicht nach in einer pluralistischen Gesellschaft unvermeidlichen Streit an, *ob* aktive Sterbehilfe auf Verlangen zulässig sei[275]. Einen medizinisch-ethischen Standpunkt zu beziehen, war gleichwohl (erklärtermaßen) nicht seine Absicht. Da aktive Sterbehilfe auf Verlangen im ärztlichen Alltag stattfinde, stellte das Präsidium vielmehr kurzum eine Reihe von Regeln auf, *wie* die (nach seiner Ansicht strafrechtlich nicht verfolgungswürdige) aktive Sterbehilfe auf Verlangen im Alltag vom Arzt vorzunehmen sei[276]. Derselbe Ausgangspunkt eignet sich ohne weiteres, um aktive Sterbehilfe, die Ärzte ohne ein Verlangen des Patienten leisten, zu tolerieren[277].

Das Strafrecht ist nicht notwendig deckungsgleich mit der medizinischen Ethik, zu deren Normierung sich die KNMG wohlbemerkt in Art. 1 Abs. 1 a ihrer Hausordnung verpflichtet hat. Darüber hinaus taugt der 1984 vom Präsidium gewählte Ausgangspunkt, sich einer Bestimmung der Norm medizinischer Ethik über die prinzipielle Zulässigkeit der aktiven ärztlichen Sterbehilfe zu enthalten, eher dazu, eine Analyse der standesethischen Problematik der aktiven Sterbehilfe zu unterbinden, als diese zu stimulieren. Trotz der kurz darauf vom Hoge Raad ausgerufenen Abhängigkeit der Zulässigkeit aktiver ärztlicher Sterbehilfe auf Verlangen von einer entsprechenden medizinisch-ethischen

---

[271] KNMG, a.a.O., S. 990, 997.

[272] Teil 2, B, I, 2a.

[273] Vgl. Teil 3, A, III, 3a; B, I, 3c.

[274] Teil 5, D, IV, 2. Im Auftrag der KNMG wurde von van der Wal/Bosma ein entsprechender Gesetzesvorschlag erarbeitet, vgl. dazu Teil 3, E.

[275] KNMG, a.a.O., S. 990.

[276] Vgl. Teil 2, B, I und I, 2a.

[277] Vgl. Keown, Law Q Rev 1992, 75 und Teil 4, A, I, 4 und D, II.

Norm[278] sollte sich das Präsidium zur Zulässigkeit aktiver ärztlicher Sterbehilfe auf Verlangen auch später nicht auf die medizinische Ethik, sondern auf gesellschaftliche Entwicklungen und darunter insbesondere die Strafrechtsprechung berufen[279]. Die Wechselwirkung zwischen Rechtsprechung und Ärztestand hat durch den jeweiligen Verweis auf des anderen Antwort[280] dazu geführt, daß die Frage nach der medizinisch-ethischen Zulässigkeit aktiver ärztlicher Sterbehilfe auf Verlangen letztlich ungelöst blieb[281].

Wenngleich sich das Präsidium auch ausdrücklich eines standesethischen Urteils zur Zulässigkeit aktiver ärztlicher Sterbehilfe auf Verlangen verwahrte, hat es – mitunter an versteckter Stelle im Positionspapier – seine diesbezügliche Ansicht erhellt. Bei der aktiven Sterbehilfe auf Verlangen gehe es immer um „die Selbstbestimmung über ein menschenwürdiges Lebensende“[282]. Daß der Arzt, der aktive Sterbehilfe auf Verlangen ablehne, deshalb verpflichtet sei, den Patienten unverzüglich an einen Arzt weiterzuleiten, der sich dazu bereit erkläre[283], läßt keinen Zweifel, daß das Präsidium die von ihm zitierte aktive ärztliche Sterbehilfepraxis auf Verlangen nicht nur tolerierte[284], sondern durch den Arzt auch standesethisch billigte. Der Standpunkt von 1984 löste denn auch eine Austrittswelle derjenigen Ärzte unter den Mitgliedern der KNMG aus, die sich als Gegner der aktiven ärztlichen Sterbehilfe auf Verlangen[285]

---

[278]Teil 2, A, I, 3b.

[279]Vgl. KNMG, Euthanasia in the Netherlands, S. 42, 24.

[280]Staatscommissie Euthanasie, Rapport, Teil I, S. 299 (Minderheitsvotum). Dagegen bezeichnete das Präsidium der KNMG dieses Phänomen als ein „wahres ‚Verschmelzen‘“ juristischer Regeln und medizinischer Ansichten und Normen, Medisch handelen, S. 189.

[281]Nach den ärztlichen Sachverständigen vor dem Gerichtshof Amsterdam, Urteil v. 7.11.1995, in: NJ 1996, (Nr. 113) 554, bestand auch Ende 1995 kein Einvernehmen unter Ärzten, ob die Entscheidung des Arztes, aktive Sterbehilfe zu leisten, mit den in der medizinischen Ethik geltenden Normen übereinstimme. Zum Urteil s. Teil 4, D, I.

[282]KNMG, a.a.O., S. 993.

[283]Vgl. KNMG, a.a.O., S. 993 und Teil 3, Fn. 100.

[284]So aber Scholten, in: Eser/Koch, S. 463 und Gomez, a.a.O., S. 43.

[285]Nach van Alphen u.a., NJB 1986, 312, gibt es keine Norm der medizinischen Ethik, die zur Erfüllung der Pflicht des Arztes, das Leiden des Patienten zu erleichtern, das Töten eines Patienten als Mittel einschließe. Nach dieser Meinung kann aktive ärztliche Sterbehilfe auf Verlangen nie eine gerechtfertigte Wahl des Arztes in der vom Hoge Raad ausgemachten Notsituation des Arztes zwischen der Pflicht, das Leben des Patienten zu schützen, und der Pflicht, das Leiden des Patienten zu erleichtern, sein.

verstanden[286]. Dieselben Aussagen sollte das Präsidium übrigens noch über ein Jahrzehnt später treffen[287].

Ungeachtet der Schwierigkeit, die standesethische Position des Präsidiums im einzelnen zu ermitteln, besteht angesichts der Motivation des Präsidiums, eine strafrechtlich zulässige Sterbehilfepraxis zu beschreiben sowie der Eigenverantwortlichkeit, die das Präsidium wiederholt von Ärzten forderte[288], schließlich Grund zu der Annahme, daß es die von ihm aufgezählten Sorgfaltspflichten[289] keineswegs für medizinisch-ethisch unabdingbare Voraussetzungen zulässiger aktiver ärztlicher Sterbehilfe auf Verlangen hielt. Auch vor dem Gerichtshof Den Haag hatte das Präsidium lediglich ausgesagt, daß die in der ärztlichen Praxis stattfindende aktive Sterbehilfe nach seiner Auffassung bei einem aussichtslos und unerträglich leidenden Patienten zulässig sein könne[290]. In Abwesenheit eines Konsenses unter Experten der medizinischen Ethik bzw. Ärzten über die Voraussetzungen, unter denen die aktive ärztliche Sterbehilfe auf Verlangen medizinisch-ethisch zulässig ist[291], erweisen sich die ärztlichen Sorgfaltspflichten auch nach deren Erläuterung durch das Präsidium der KNMG letztlich als bloßes Provisorium.

c. Der Arzt als der allein Geeignete

Zur aktiven Sterbehilfe auf Verlangen ist dem Positionspapier des Präsidiums zufolge allein der Arzt qualifiziert[292]. Die alleinige Eignung des Arztes, welche auch die Rechtsprechung unter Berufung auf die Position des KNMG-Prä-

---

[286] Vgl. Scholten, a.a.O., S. 462. Ärzte, die sich als Gegner der Abtreibung verstanden, haben bereits Ende der sechziger Jahre den im Vergleich zur KNMG weitaus kleineren Niederländischen Ärzteverband („Nederlands Artsenverbond" - NAV) gegründet, vgl. Reis, EuGRZ 1987, 285. Der NAV hat sich der „World Federation of Doctors Who Respect Life" angeschlossen, vgl. Gunning, Lancet 1991, 1010. Zum 1989 von NAV u. KNMG veröffentlichten Manuskript mit dem Ziel, daß optimale Sterbebegleitung die Nachfrage nach aktiver Sterbehilfe auf Verlangen reduziere s. van Aller u.a., Stervensbegeleiding: Praktische Adviezen voor Hulperleners, Utrecht 1990, zitiert nach: Borst-Eilers, in: Misbin, S. 59. Zum Meinungsbild unter Ärzten s. Teil 3, II, 2.

[287] Vgl. KNMG, Euthanasia in the Netherlands, S. 28, 36.

[288] Teil 2, B, I, 2a.

[289] Teil 2, B, I, 2a.

[290] Teil 2, A, I, 3c.

[291] Vgl. Teil 2, A, I, 3b; B, I, 2b.

[292] KNMG, a.a.O., S. 993.

sidiums später bestätigen sollte[293], folge nach dem Präsidium weniger daraus, daß dem Arzt die Ausführung der aktiven Sterbehilfe, wie beispielsweise die Verabreichung tödlicher Pharmaka vorbehalten sei. Entscheidend für die Eignung des Arztes sei vielmehr, daß einzig er die zu einer sorgfältigen Entscheidung nötigen Fragen beantworten könne wie beispielsweise, was dem Patienten fehle bzw. welcher Leidensweg ihm noch bevorstünde. Deshalb habe der ärztliche Berufsstand als Einheit „die Pflicht", eine gesellschaftlich akzeptable Lösung der aktiven Sterbehilfe auf Verlangen zu ermöglichen[294]. Die so gefolgerte Zuständigkeit der Ärzteschaft fußt auf unsicherem Boden, ist doch die Unfehlbarkeit der ärztlichen Erkenntnis keineswegs gesichert[295], von der unterstellten Notwendigkeit einer Sterbehilfelösung von seiten der Ärzteschaft ganz zu schweigen[296]. Nicht zuletzt, so die Argumentation des Präsidiums weiter, könne der Arzt disziplinarrechtlich belangt werden und seien etwaige Unsorgfältigkeiten dadurch leichter zu kontrollieren[297].

II. Entscheidungen der ärztlichen Disziplinargerichtsbarkeit

Unbeschadet seiner strafrechtlichen Verantwortlichkeit ist der Arzt im Rahmen seiner Berufsausübung nach dem Gesetz über die Berufe in der persönlichen Gesundheitspflege („Wet op de beroepen in de individuele gezondheidszorg" – Wet BIG)[298] disziplinarrechtlich verantwortlich. Gemäß Art. 48 Abs. 1 des Wet BIG sind die ärztlichen Disziplinargerichte („medische tuchtcolleges") als berufsständische Organe befugt[299], dem Arzt, der durch ein Verhalten im Sin-

[293] Gerichtshof Leeuwarden, Urteil v. 21.9.1995, in: NJ 1996, (Nr. 61) 310.

[294] KNMG, a.a.O., S. 993.

[295] Teil 2, B, I, 2a. Auch die Prognose über den Eintritt des Patienten in die Sterbensphase sollte das Präsidium wenig später als selbst für erfahrene Ärzte äußerst schwierig hinstellen, vgl. Teil 3, A, III, 2.

[296] Dazu Teil 6, C, II, 3b.

[297] KNMG, a.a.O., S. 993.

[298] Stb. 1993, 655. Das Ärztliche Disziplinargesetz („Medische Tuchtwet"), Stb. 1982, 222, ist gem. Art. 145 des Wet BIG, der zusammen mit Art. 47, 48 Wet BIG am 1.12.1997 in Kraft getreten ist, Stb. 1997, 553, eingezogen worden.

[299] Gem. Art. 113 Abs. 2 nlGG ist staatliche eingesetzte Disziplinargerichtsbarkeit durch Gesetz zu regeln; vgl. dazu Akkermans/Koekkoek, Grondwet, Art. 113, S. 1000-2. Aufbau und Arbeitsweise der Ärztlichen Disziplinargerichte und des Zentralen Ärztlichen Disziplinargerichts als Berufungsinstanz sind in Art. 53 ff Wet BIG geregelt.

ne von Art. 47 des Wet BIG das Vertrauen in den Ärztestand schädigt[300], Maßregeln wie beispielsweise Geldbuße oder Berufsverbot aufzuerlegen.

Auf dem Gebiet der aktiven ärztlichen Sterbehilfe auf Verlangen dient die disziplinarrechtliche Verantwortlichkeit neben der strafrechtlichen Verantwortlichkeit des Arztes der zusätzlichen Festlegung standesrechtlicher Grenzen des Arztes[301]. Dabei sollen die ärztlichen Disziplinargerichte die Normen der medizinischen Ethik in stärkerem Maße zum Ausgangspunkt nehmen als der Strafrichter[302]. Parallel zur wachsenden Zahl strafgerichtsnotorischer Sachverhalte ärztlicher Sterbehilfe wurde auch die ärztliche Disziplinargerichtsbarkeit zunehmend mit Klagen gegen Ärzte befaßt. Die gewünschte Zusatzkontrolle des Arztes unter standesrechtlichen Gesichtspunkten, wie sie das Präsidium der KNMG durch die disziplinarrechtliche Verantwortung des Arztes gewährleistet glaubte[303], blieb allerdings aus.

Zur Konkretisierung ärztlicher Berufspflichten in Fällen aktiver ärztlicher Sterbehilfe auf Verlangen haben sich die ärztlichen Disziplinargerichte weitestgehend der offiziellen Leitsätze der Rechtsprechung[304] bedient und taten sich

---

300 So der Wortlaut des Art. 1 Abs. 1 des eingezogenen Ärztlichen Disziplinargesetzes. *Art. 47 Abs. 1 Wet BIG*: „Derjenige, der in einer der in Abs. 2 angegebenen Eigenschaften registriert ist, ist der Disziplinargerichtsbarkeit unterworfen in bezug auf: *a.* ein Handeln oder Unterlassen, das gegen die Sorgfalt, die er in dieser Eigenschaft walten zu lassen hat, verstößt ... *b.* ein anderes als das unter *a.* bestimmte Handeln oder Unterlassen in dieser Eigenschaft, die gegen das Interesse einer guten Ausübung der persönlichen Gesundheitspflege verstößt." In Art. 47 Abs. 2 Wet BIG ist u.a. die Eigenschaft „Arzt" aufgezählt. Feber, MC 1987, 201, nennt als zweites Hauptziel des ärztlichen Disziplinarrechts die Prävention.

301 Vgl. KNMG, Discussienota – zwar-defecte pasgeborenen, S. 42; Feber, MC 1987, 210. Zwar fehlt in Art. 47 Wet BIG der noch in Art. 1 Abs. 1 des Ärztlichen Disziplinargesetzes enthaltene Zusatz, „unbeschadet seiner Verantwortlichkeit nach anderen Gesetzen". Daß schon vor Inkrafttreten des Art. 47 Wet BIG über den Sinn einer disziplinarrechtlichen Überprüfung jener Fälle aktiver ärztlicher Sterbehilfe auf Verlangen diskutiert wurde, für die sich der Arzt bereits vor dem Strafrichter verantworten mußte, vgl. unten, Fn. 327, sollte allerdings einen anderen Grund haben, vgl. Teil 2, B, II, 2.

302 KNMG, a.a.O., S. 42; vgl. Feber, MC 1987, 201-2. Zur Zusammenstellung der ärztlichen Disziplinargerichte und des Zentralen Ärztlichen Disziplinargerichts s. Art. 55 ff Wet BIG.

303 Teil 2, B, I, 2c.

304 Teil 2, A, II, 2.

entsprechend schwer, Verstöße gegen das Standesrecht zu sanktionieren[305]. Ebensowenig wie das Präsidium der KNMG[306] haben die ärztlichen Disziplinargerichte die ihnen von Haus aus eröffnete Gelegenheit wahrgenommen, medizinisch-ethische Normen zur Zulässigkeit aktiver ärztlicher Sterbehilfe auf Verlangen im Rahmen des Einzelfalls zu setzen.

1. Ärztliches Disziplinargericht Amsterdam – Spruch vom 8.2.1977

Vier Jahre nach dem Urteil des Bezirksgerichts Leeuwarden[307] hielt das Ärztliche Disziplinargericht Amsterdam[308] im ersten Sterbehilfefall vor einem ärztlichen Disziplinargericht die Klage eines Ehemanns gegen den Arzt einer 66-jährigen, an Kehlkopfkrebs leidenden Patientin nach dem damals geltenden Art. 1 Abs. 1 des Ärztlichen Disziplinargesetzes[309] für unbegründet. Das trotz mehrfacher Operationen metastasierende Tracheostoma der Patientin mußte dem Tatbestand zufolge mehrmals täglich gereinigt werden und machte einen regelmäßigen Schlaf unmöglich[310]. Der Arzt hatte der Patientin auf deren Verlangen ein Schlafmittel in dem Bewußtsein injiziert, daß die Patientin möglicherweise an einer Verstopfung der Luftröhre ersticken würde. Die Patientin, die ihre Situation als hoffnungslos erfuhr, hatte eine Einbeziehung ihres Ehegatten in die Entscheidung ausdrücklich abgelehnt.

Das Disziplinargericht stellte fest, der Arzt habe sich die wahrscheinliche Folge des Schlafmittels vergegenwärtigt, mit der Patientin und deren nächsten Angehörigen mit Ausnahme ihres Ehemanns besprochen und ferner einen Pastor der Wachtturmgesellschaft, deren Mitglied die Patientin war, in die Entscheidung miteinbezogen[311]. Angesichts der Umstände des Falles einschließlich eines Briefes der Patientin, in dem sie ein Jahr vor ihrem Tod zu erkennen gab,

---

305 Vgl. Scholten, in: Eser/Koch, S. 463.

306 Teil 2, B, I, 2b.

307 Teil 2, A, I, 1.

308 Ärztliches Disziplinargericht Amsterdam, Spruch v. 8.2.1977, Nr. 7595, in: Ned T Geneesk 1978, (Nr. 34) 1264-5. Der Spruch wurde vom Zentralen Ärztlichen Disziplinargericht mit Spruch v. 30.3.1978, in: MC 1978, 769-70, bestätigt.

309 Teil 2, B, II und oben, Fn. 300.

310 Ärztliches Disziplinargericht Amsterdam, a.a.O., S. 1264-5.

311 Ärztliches Disziplinargericht Amsterdam, a.a.O., S. 1265.

daß Schlafmittel ihren Tod zur Folge hätten, habe der Arzt durch die Verabreichung des Schlafmittels „nicht unrichtig“ gehandelt[312].

Der Spruch wurde nach seiner Verkündung im Jahre 1977 als erster Fall der primär der Schmerzlinderung dienenden, gleichwohl lebensverkürzend wirkenden ärztlichen Behandlung vor einem ärztlichen Disziplinargericht gehandelt[313]. Daß der Miturheber der „euthanasie“-Definition in jüngsten Rückblicken zur ärztlichen Disziplinarrechtsprechung gleichwohl diesen Fall als deren ersten Spruch zur aktive Sterbehilfe auf Verlangen deklariert[314], legt zum einen den schmalen Grat zwischen diesen zwei Formen lebensbeendender ärztlicher Behandlung offen[315]. Zum anderen stellt sich die Frage, mit welcher Strenge zeitgenössische Rechtsgelehrte die „euthanasie“-Definition anwenden, nimmt es zuweilen deren Hauptakteure die mitunter auch in den Niederlanden als solche empfundene Bürde, „euthanasie“ geleistet zu haben[316], und verschleiert darüber hinaus das wahre Ausmaß ärztlicher Tötung auf Verlangen des Patienten[317].

Bemerkenswert ist im übrigen, daß das Ärztliche Disziplinargericht Amsterdam die Vermeidung unnötigen Leids anderer Personen als des Betroffenen

---

[312]Ärztliches Disziplinargericht Amsterdam, a.a.O., S. 1265.

[313]Muntendamm, Anm. zu Spruch des Ärztlichen Disziplinargerichts Amsterdam v. 8.2.1977, in: Ned T Geneesk 1978, (Nr. 34) 1265, der den Fall der „aktieve (indirecte) euthanasie“ zuordnet, die er als eine Behandlung definiert, die zwar unvermeidlich lebensverkürzend wirkt, in erster Linie aber auf Schmerzlinderung gerichtet ist und im folgenden von der „actieve (directe) euthanasie“ abgrenzt, bei der die direkte Lebensbeendigung das eigentliche Ziel sei. Zur Negativdefinition der „euthanasie“ s. Teil 1, C, I.

[314]Leenen, Health Policy 1987, 202; ders., Med Law 1989, 522; so auch Scholten, in: Eser/Koch, S. 463-4. Zum Einfluß der 1978 von Leenen verfaßten „euthanasie“-Definition s. Teil 1, Fn. 29, 38.

[315]Begründungsvorschläge zur (unumstrittenen) Annahme der rechtlichen Unbedenklichkeit derjenigen ärztlichen Behandlungen, die zum normalen ärztlichen Handeln gerechnet werden und damit nicht als „euthanasie“ gelten, Teil 1, C, I, sind in der Strafrechtsliteratur nicht auszumachen.

[316]Vgl. Remmelink, Schlußantrag zu Hoge Raad, Urteil v. 27.11.1984, in: NJ 1985, (Nr. 106) 461, der unter Verweis auf die „Vernichtung unwerten Lebens“ behauptet, daß „die Nazis...das normale Gespräch über diesen Gegenstand [aktive Sterbehilfe auf Verlangen, d. Verf.] unmöglich gemacht“ haben. Vgl. dazu Teil 6, I, 1.

[317]Vgl. dazu die „euthanasie“-Definition, Teil 1, C, I, und die Ergebnisse der Remmelink-Studie, Teil 3, B, II, 1.

nicht zur ärztlichen Berufspflicht bei der aktiven Sterbehilfe auf Verlangen rechnete. Im Gegensatz zu den drei Jahre später ergangenen Rotterdamer Richtlinien, in denen die Vermeidung unnötigen Leids Dritter als ärztliche Sorgfaltspflicht aufgestellt wurde[318], trug das ärztliche Disziplinargericht in seiner Entscheidung der ärztlichen Geheimhaltungspflicht[319] als Ausfluß des Selbstbestimmungsrechts des Patienten Rechnung[320].

2. Ärztliches Disziplinargericht Den Haag – Spruch vom 20.1.1988

Im Jahre 1988 schloß sich das Ärztliche Disziplinargericht Den Haag[321] der Meinung des Klägers, eines regionalen Inspektors der Staatsaufsicht über die Volksgesundheit an und erklärte die aktive ärztliche Sterbehilfe auf Verlangen bei Einhaltung folgender ärztlicher Berufspflichten disziplinarrechtlich für zulässig:

> „a. die Lebensbeendigung muß auf das ausdrückliche Verlangen des Patienten erfolgen und der Arzt muß annehmen dürfen, daß das Verlangen in dem Zeitpunkt, in dem das Leben beendet wird, noch gültig ist;
>
> b. der Arzt muß mit dem Patienten über dessen Verlangen nach Sterbehilfe tiefgehende und nachhaltige Überlegungen angestellt haben;
>
> c. bevor er einem derartigen Verlangen nachkommt, hat der Arzt einen anderen fachkundigen und von ihm unabhängigen Arzt zu konsultieren; dabei muß der Fall detailliert besprochen werden;
>
> d. im Krankenbericht muß der Arzt detailliert festhalten, was Inhalt der Beratung mit dem Patienten war, welche Einsichten er im Gespräch mit den nächsten Angehörigen erlangt hat, zu welchen Ergebnissen die

---

318 Vgl. die ärztliche Sorgfaltspflicht zu f., Teil 2, A, I, 2.

319 Vgl. dazu auch den Gesundheitsrat, Teil 3, IV, 2.

320 Vgl. Leenen, NJB 1982, 105-6; Feber, in: van der Wal u.a., S. 56-7.

321 Ärztliches Disziplinargericht Den Haag, Spruch v. 20.1.1988, in: NJ 1988, (Nr. 772) 2616-20.

> Konsultation mit dem Kollegen geführt hat und welche Überlegungen und Handlungen er bei der Lebensbeendigung angestellt hat"[322].

Die augenscheinliche Übernahme der seinerzeit immerhin schon offiziellen Leitsätze der Strafrechtsprechung[323] durch das Ärztliche Disziplinargericht Den Haag, an der auch die neuerliche Pflicht zum schriftlichen Krankenbericht wenig änderte[324], vermochte zwar all diejenigen vermeintlich zu bestätigen, die die offiziellen Leitsätze trotz anderslautender Urteile des Hoge Raad weiterhin als die der Rechtsprechung zur *Straf*losigkeit des Arztes führenden materiellen und prozessualen Voraussetzungen aktiver ärztlicher Sterbehilfe auf Verlangen hielten[325]. Ob das Disziplinargericht mit den ärztlichen Berufspflichten zu a. - d. tatsächlich medizinisch-ethische Normen zur standesrechtlichen Begrenzung der aktiven ärztlichen Sterbehilfe auf Verlangen festlegte, die bis dahin noch als umstritten galten[326], oder ob es bei der Übernahme der offiziellen Leitsätze der Strafrechtsprechung als disziplinarrechtlichen Maßstab zur Beurteilung des Falles eben diesem Trugschluß erlegen war, ist fraglich[327]. Für letzteres spricht die Anmerkung von Griffiths in bezug auf einen weiteren Sterbehilfefall vor einem ärztlichen Disziplinargericht, der vorab die Strafgerichte befaßt hatte: Obwohl eine gesetzlich angeordnete Kongruenz zwischen ärztlichem Disziplinarrecht und Strafrecht fehle[328], wäre es angesichts der Tatsache, daß die von den Strafgerichten geschöpften Sorgfaltspflichten auf Aussagen medizinischer Sachverständiger zur ärztlichen Sterbehilfepraxis basier-

---

322 Ärztliches Disziplinargericht, a.a.O., S. 2619.

323 Teil 2, A, II, 2. Vgl. dazu auch Teil 4, C.

324 Zu der vom KNMG-Präsidium 1987 befürworteten prozessualen Sorgfaltspflicht der Unabhängigkeit des beratenden vom behandelnden Arzt s. Teil 3, D, II.

325 Teil 2, Fn. 101; vgl. Teil 2, A, II, 1. Zur Unvereinbarkeit der Sorgfaltspflichten der Instanzgerichte mit dem höchstrichterlichen Konzept des rechtfertigenden Notstands s. Teil 2, A, I, 3b; 3c.

326 Teil 2, A, I, 3b; B, I, 2b.

327 In einem Spruch v. 12.6.1986 hatte das Zentrale Ärztliche Disziplinargericht dagegen erwogen, daß es nicht Aufgabe der ärztlichen Disziplinargerichte sei, allgemeine Voraussetzungen zulässiger aktiver ärztlicher Sterbehilfe auf Verlangen zu formulieren, weil „jede Klage mit Bezug zur aktiven Sterbehilfe auf Verlangen Besonderheiten aufweisen kann, die der Disziplinarrichter prüfen muß", in: TvGR 1987, (Nr. 3) 53.

328 Vgl. dazu Teil 2, B, II.

ten[329], für das ärztliches Disziplinargericht „peinlich" gewesen, von den Sorgfaltspflichten abweichende standesrechtliche Berufspflichten einzuführen[330].

In der Sache hatte der regionale Inspektor der Staatsaufsicht über die Volksgesundheit Klage gegen einen 33-jährigen Hausarzt beim Disziplinargericht erhoben, nachdem der Hausarzt nach erstinstanzlicher strafgerichtlicher Verurteilung zu einem Jahr Gefängnis wegen mehrfachen Mordes (Art. 289 nlStGB[331]) an schwerkranken, zur Tatzeit komatösen Patienten sowie mehrfacher Fälschung von Totenscheinen in der Berufung wegen rechtswidriger Beweiserlangung seitens der Staatsanwaltschaft freigesprochen worden war[332]. Obgleich das Ärztliche Disziplinargericht Den Haag die Klage nach dem seinerzeit geltenden Art. 1 Abs. 1 des Ärztlichen Disziplinargesetzes[333] wegen Verletzung sämtlicher in a. - d. aufgezählter Berufspflichten für begründet hielt, es insbesondere in allen vier Fällen an einem Verlangen der einwilligungsunfähigen Patienten nach aktiver ärztlicher Sterbehilfe fehlte, sah es von einer Sanktionierung des Hausarztes ab, weil er im Rahmen der Untersuchungshaft beinahe vier Monate an der Berufsausübung gehindert worden war und außerdem das Gericht hatte wissen lassen, daß er in Zukunft dergleichen Handlungen unterlassen würde[334].

Wäre also nach den Umständen des Falles eine Stellungnahme des Disziplinargerichts gar über medizinisch-ethische Normen und entsprechende standesrechtliche Berufspflichten zur Frage angezeigt gewesen, ob, und unter welchen Voraussetzungen aktive ärztliche Sterbehilfe *ohne* Verlangen an Patienten zulässig ist, die zur Tatzeit zur Selbstbestimmung unfähig sind, erweist sich die

---

[329]Vgl. z.B. Teil 2, A, I, 2; dazu auch Surtorius, in: Deutsche Gesellschaft für Humanes Sterben, S. 153.

[330]Vgl. Griffiths, MLR 1995, 896, der diese Aussage in bezug auf den Spruch des Ärztlichen Disziplinargerichts Amsterdam im Fall Chabot trifft. Zum Fall Chabot s. Teil 4, C.

[331]Zum Wortlaut des Art. 289 nlStGB s. Teil 4, A.

[332]Rechtskräftiges Urteil des Gerichtshofs Den Haag v. 12.11.1986, in: NJ 1987, (Nr. 609) 2136-9, im Anschluß an das Urteil des Bezirksgerichts Den Haag v. 6.8.1985, in: NJ 1985, (Nr. 708) 2328-31. Der Hausarzt hatte sich vor dem Bezirksgericht primär auf rechtfertigenden Notstand berufen, a.a.O., S. 2329. Zur Fälschung von Totenscheinen durch den behandelnden Arzt s. Teil 3, B, I, 2b, bb.

[333]Zum Wortlaut des Art. 1 Abs. 1 Ärztliches Disziplinargesetz s. Teil 2, B, II, und oben, Fn. 300.

[334]Ärztliches Disziplinargericht Den Haag, a.a.O., S. 2616-20.

berufsständische „Korrektur", die das Ärztliche Disziplinargericht Den Haag anzubieten hatte, als ein Gang auf ohnehin strafrechtlich abgesteckten Terrain[335]. Das Argument all derer, die den Arzt wegen seiner zusätzlichen disziplinarrechtlichen Verantwortlichkeit für den zur aktiven Sterbehilfe auf Verlangen allein Geeigneten befinden, ist bereits durch die mit Zweifel behaftete Motivation des Disziplinargerichts, eigenständige Zusatzkontrolle zum Strafrecht zu sein[336], erheblich geschwächt.

III. Zusammenfassung

Eine angemessene Antwort auf den Appell des Hoge Raad an Ärzteschaft und Medizinethik ist von seiten des KNMG-Präsidiums ausgeblieben. In den Richtlinien fehlen eine adäquate Analyse und die Antwort zu den Fragen, ob, und unter welchen Voraussetzungen aktive ärztliche Sterbehilfe standesethisch zulässig ist. Das Präsidium hat die offiziellen Leitsätze der Rechtsprechung als Richtlinien des Arztes zur aktiven Sterbehilfe auf Verlangen erläutert, ohne diese jedoch entscheidend zu konkretisieren. Vielmehr geht daraus vor allem die Notwendigkeit der Integrität des einzelnen Arztes bei der Entscheidung, im Einzelfall aktive Sterbehilfe zu leisten, hervor. Untersuchungsergebnisse belegen insbesondere, daß die von der KNMG erläuterten Leitsätze verschiedenen Interpretationen zugänglich sind und von Ärzten in den Jahren 1986 bis 1989 vielfach gar nicht erst eingehalten wurden. Schließlich haben auch ärztliche Disziplinargerichte für die Formulierung des Standesrechts zur aktiven ärztlichen Sterbehilfe auf Verlangen im wesentlichen auf die offiziellen Leitsätze der Rechtsprechung zurückgegriffen, so daß mangels standesrechtlicher Zusatzkontrolle des Arztes ein wesentliches Argument für die Ansicht, der Arzt sei der zur aktiven Sterbehilfe allein Geeignete, entkräftet ist.

---

335 Feber, MC 1987, 201-2 (13. Februar 1987), der Argumente für und gegen eine zusätzliche Beurteilung des Falles durch ein ärztliches Disziplinargericht aufzählt, ebd., S. 201-2, wünscht anschließend dem zuständigen Inspektor der Staatsaufsicht über die Volksgesundheit „viel Weisheit" bei der Entscheidung zur Klageerhebung. Zur Klagebefugnis s. Art. 65 Abs. 1 Wet BIG. Gem. Art. 65 Abs. 6 Wet BIG können die Inspektoren der Staatsaufsicht über die Volksgesundheit seit Inkraftreten des Wet BIG die Disziplinargerichte zur beschleunigten Klagebehandlung anhalten, wenn deren weiterer Aufschub zu schwerem Nachteil für das Interesse des Schutzes der persönlichen Gesundheitspflege führt.

336 Dasselbe gilt für den Spruch des Ärztlichen Disziplinargerichts Amsterdam im Fall Chabot, vgl. Teil 4, C.

Teil 3: Das Gesetzgebungsverfahren

Das Verbot des Art. 293 nlStGB ist durch die Rechtsprechung des Hoge Raad nicht außer Kraft gesetzt worden. Im Einzelfall war für den Arzt deshalb selbst die minutiöse Einhaltung der durch die KNMG erläuterten[1] offiziellen Leitsätze der Rechtsprechung[2] keine Garantie für einen Freispruch wegen rechtfertigenden Notstands. Entsprechend herrschte Mitte der achtziger Jahre große Rechtsunsicherheit unter Ärzten[3].

Bestrebungen um die Vorbereitung einer gesetzlichen Regelung der aktiven ärztlichen Sterbehilfe auf Verlangen reichen bis in das Jahr 1970 zurück. Damals beauftragte das Parlament („Tweede Kamer der Staten-Generaal"[4]) den Staatssekretär im Gesundheitsministerium, eine Prüfungskommission zu Fragen medizinischer Macht und medizinischer Ethik einzustellen, weil sich in der Gesellschaft aufgrund des medizinisch-technischen Fortschritts eine zunehmende Rechtsunsicherheit auf dem Gebiet der Empfängnis, der Geburt und des Todes eingestellt habe[5]. Anstoß zur öffentlichen Diskussion hatte nicht zuletzt die 1969 erschienene Veröffentlichung „Medizinische Macht und Medizinische Ethik" gegeben[6], die für das Zeitalter der medizinisch-technischen Macht eine neue medizinische Ethik forderte, die es Ärzten gestatten soll, menschliches Leben direkt und gezielt zu beenden[7].

Staatssekretär Kruisinga wandte sich an den Gesundheitsrat[8], ein mit dem Gesundheitsministerium assoziiertes, ständiges Sachverständigengremium[9], dessen Kommission Medizinische Ethik („Commissie Medische Ethiek") sich in

---

1 S. 54ff.

2 S. 50.

3 KNMG, MC 1984, 990; vgl. S. 52ff.

4 Der Staaten-General besteht aus Parlament und Provinzvertretung („Eerste Kamer"), vgl. Belinfante/de Reede, Beginselen, S. 61 2. Gem. Art. 81 nlGG bildet der Staaten-General zusammen mit der Regierung den Gesetzgeber, vgl. Belinfante/de Reede, ebd., S. 100-1.

5 Verhandl. („Handelingen") II, 1969-70, 1954.

6 Drucks. II, 1983-84, 18 331 Nr. 3, S. 6.

7 Van den Berg, Medische macht en medische ethiek, S. 47-8. Vgl. dazu auch S. 170.

8 Anfrage v. 30.9.1970, Text in: Gezondheidsraad, Advies inzake Euthanasie, 1973, S. 3-4. Vgl. S. 52.

9 Zusammensetzung und Arbeitsweise des Gesundheitsrates sind in Art. 21-35 Gesundheitsgesetz („Gezondheidswet"), Stb. 1956, 51, geregelt.

einem ersten, 1972 veröffentlichen Zwischenbericht besonders den Fragen lebensbeendender ärztlicher Behandlungen widmete und darin zu dem Ergebnis kam, daß die von einem Arzt geleistete aktive Sterbehilfe auch bei Vorliegen eines ausdrücklichen und freiwilligen Verlangens des Patienten medizinisch-ethisch sowie rechtlich prinzipiell nicht zulässig sei und strafbar bleiben müsse[10]. Eine Ausnahme von Art. 293 nlStGB könne allein der Richter machen, wobei der Ausgangspunkt für das Vorliegen eines Strafausschließungsgrundes das Interesse des Patienten sein müsse[11]. Die Regierung vermochte sich allerdings aufgrund des Gutachtens nicht zu einer Gesetzesinitiative zu entschließen, weil die Zeit in politischer Hinsicht noch nicht reif war für konkrete Schritte[12].

A. Erste Entwürfe

Im November 1978 wurde im Parlament während der Debatte zum Gesundheitshaushalt erstmals die Frage aufgeworfen, inwiefern Regierungspolitik und Gesetzgebung zur „*euthanasie* [Hervorh., d. Verf.]“ noch zeitgemäß seien[13]. Einige Abgeordnete forderten damals unter Berufung auf die Resolution Nr. 779 der Parlamentarischen Versammlung des Europarates über die Rechte der Kranken und Sterbenden[14] von der Regierung, eine Untersuchungskom-

---

10 Gezondheidsraad, Advies inzake euthanasie 1973, S. 20-1.

11 Gezondheidsraad, a.a.O., S. 20. Die Kommission beabsichtigte mit dem Zwischenbericht, Ärzten eine Hilfe für eine aus medizinisch-ethischer Sicht abgewogene Entscheidung zu lebensbeendenden Behandlungen zu geben und Arzt und Richter bei der Frage nach dem Vorliegen eines Strafausschließungsgrundes zu beraten, vgl. ebd., S. 8. Vgl. die Reaktion des Präsidiums der KNMG, S. 52ff. Zu den allgemeinen Strafausschließungsgründen s. S. 10ff.

12 Van Maurik (S. 33, Fn. 101), schriftliche Auskunft v. 1.9.1997.

13 Verhandl. II, 1978-79, 1052-3. Angesichts der seinerzeit uneinheitlichen Terminologie, um die Sterbehilfepraxis zu beschreiben, S. 5ff, ist zweifelhaft, ob die Anfrage (auch) der aktiven Sterbehilfe auf Verlangen galt, vgl. auch unten, Fn. 14. Im Zeitraum 1981-83 hat sich das Parlament achtmal, die Provinzvertretung zweimal mit Anfragen von Abgeordneten zum Thema Sterbehilfe befaßt, Scholten, JZ 1984, 877.

14 Text in: Staatscommissie Euthanasie, Rapport, Teil I, S. 131-3. Den Mitgliedsstaaten wurde in Teil II der Resolution aus 1976 empfohlen, nationale Kommissionen zu ethischen Fragen lebensbeendender ärztlicher Behandlungen einzusetzen, die allesamt unter die gegenwärtige Negativdefinition der „euthanasie“ fallen, ebd., S. 133. Zur Negativdefinition der „euthanasie“ s. S. 6.

mission zu diesem Thema einzusetzen[15]. Zur Vorbereitung der sog. Staatskommission Euthanasie („Staatscommissie Euthanasie") beauftragte der Staatssekretär im Gesundheitsministerium, Veder-Smit, abermals den Gesundheitsrat mit der Abfassung eines Grundlagengutachtens zur Sterbehilfe[16].

Im Gegensatz zum zehn Jahre älteren Zwischenbericht[17] gab die Kommission Medizinische Ethik in diesem Gutachten erklärtermaßen kein Urteil über die Zulässigkeit der aktiven Sterbehilfe auf Verlangen ab[18]. Über die Fragen, welche Aufgabe dem Gesetzgeber bei der aktiven Sterbehilfe auf Verlangen zukomme und ob insbesondere eine Aufhebung des Verbots des Art. 293 nlStGB für Ärzte zu empfehlen sei, konnte die Kommission keine Einigkeit erzielen und legte statt dessen die gegensätzlichen Standpunkte innerhalb der Kommission dar[19]. Die Argumentation der Kommissionsmitglieder, die sich für eine Aufhebung des Art. 293 nlStGB aussprachen, findet sich in der Rechtsprechung der Instanzgerichte zur Auflockerung des Art. 293 nlStGB für Ärzte wieder[20]: Das Verbot des Art. 293 nlStGB sei unvereinbar mit dem Recht des einzelnen, sein Leben zu beenden[21]. Selbstmord sei nicht strafbar, dies müsse erst recht für Fälle gelten, in denen der einzelne ohne die Mitwirkung anderer dazu außerstande sei[22]. Die durch einen Arzt nach den Regeln der Heilkunst vorgenommene aktive Sterbehilfe auf Verlangen eines Patienten, der unerträglich leide, unheilbar sei oder sich zumindest in der Sterbensphase befinde, werde „von vielen" für das „richtige Recht" gehalten[23]. Wenn aber der aktiven ärztlichen Sterbehilfe auf Verlangen die materielle Rechtswidrigkeit fehle, wäre es auch im Dienste der Rechtssicherheit konsequenter, das Verbot des Art. 293 nlStGB gänzlich aufzuheben. Die ärztliche Heilkunde basiere auf dem Vertrauensverhältnis des Patienten zum Arzt und es gäbe keinen Grund zur

---

15 Verhandl. II, 1978-79, 1053. Der Antrag, Drucks. II, 1978-79, 15 300-XVII Nr. 26, wurde u.a. von der Abgeordneten gestellt, ebd., die den ersten Gesetzentwurf einbrachte, vgl. S. 74.

16 Anfrage v. 9.10.1979; Text in: Staatscommissie Euthanasie, Rapport, Teil I, S. 135-6.

17 Vgl. S. 71ff.

18 Gezondheidsraad, Advies inzake Euthanasie, 1982, S. 5.

19 Gezondheidsraad, a.a.O., S. 63-91, speziell zur Frage der Aufhebung des Art. 293 nlStGB, ebd. S. 99-105.

20 Vgl. S. 20, 24, 43ff, und zur materiellen Rechtswidrigkeit S. 24ff.

21 Vgl. Gezondheidsraad, a.a.O., S. 99.

22 Gezondheidsraad, a.a.O., S. 101.

23 Vgl. Gezondheidsraad, a.a.O., S. 101.

Annahme, daß die Straflosigkeit aktiver ärztlicher Sterbehilfe auf Verlangen den Arzt dazu verleite, Patienten ungefragt zu töten[24]. Um Mißbrauch auszuschließen, sei eine vorherige interkollegiale Prüfung der ärztlichen Entscheidung vorzuschreiben. Die Prüfung, ob der Patient freiwillig nach Sterbehilfe verlangt hat, könne dagegen von Laien vorgenommen werden.

Einstimmig plädierte die Kommission hingegen für die ernsthafte Erwägung der Möglichkeit durch die Staatskommission, eine Anpassung des Art. 293 nlStGB an die heutigen Meinungen zur aktiven ärztlichen Sterbehilfe auf Verlangen im Wege von Verfolgungsrichtlinien der Staatsanwaltschaft vorzunehmen, womit „einiges Experimentieren möglich ist. (...) ... [S]ei es als Vorbereitung auf oder vielleicht sogar anstelle einer Gesetzesänderung“[25].

I. Gesetzentwurf der Abgeordneten Wessel-Tuinstra von 1984

Kaum hatte die Staatskommission Euthanasie ihren Auftrag anhand der Empfehlungen des Gesundheitsrates erhalten[26], wurde bereits in der folgenden Sitzungsperiode des Parlaments von linksliberaler Seite ein Gesetzentwurf zur Änderung des Art. 293 nlStGB[27] eingebracht. Weil die zunehmend steigende Lebenserwartung immer mehr Menschen mit der Frage nach der „Qualität ihres Lebens“ konfrontiere, befürchtete die federführende Abgeordnete Wessel-Tuinstra der Demokraten D'66 („Politieke Partij Democraten 66“), daß die Qual der Hilfesuchenden und Hilfeleistenden unnötig hinausgeschoben würde, wenn das Parlament bis zum Erscheinen des Abschlußberichts der Staatskommission Euthanasie untätig bliebe[28]. Darüber hinaus sei es staatsrechtswidrig, ein so wichtiges gesellschaftliches Problem wie die Strafbarkeit der aktiven Sterbehilfe auf Verlangen dem Richter zu überlassen. Für die Abgeordnete Wessel-Tuinstra war insbesondere die damit verbundene Bestimmung der Strafverfolgungspolitik durch die Staatsanwaltschaft wegen der Vermengung von Verantwortlichkeiten in einer Demokratie nur als Übergangslösung denkbar.

---

24 Gezondheidsraad, a.a.O., S. 100.

25 Gezondheidsraad, a.a.O., S. 98. Vgl. dazu S. 107ff, 166ff.

26 Königlicher Einsetzungsbeschluß v. 18.10.1982, Text in: Staatscommissie Euthanasie, Rapport, Teil I, S. 138-9.

27 Drucks. II, 1983-84, 18 331 Nr. 2. Der Gesetzentwurf ist abgedruckt im Anhang, Ziff. II.

28 Drucks. II, 1983-84, 18 331 Nr. 3, S. 6-8. Das Begriffsverständnis der „euthanasie (op verzoek van de betrokkene zelf)“, a.a.O., S. 10, deckt sich mit dem der „euthanasie“, S. 5ff.

1. Besonderer Rechtfertigungsgrund in Art. 293 nlStGB

Der sog. Gesetzentwurf Wessel-Tuinstra sieht die Einführung eines besonderen Rechtfertigungsgrundes für Ärzte in Art. 293 Abs. 2 i.V.m. Abs. 3 nlStGB für den Fall vor, daß

- der Patient sich schon in der Sterbensphase befindet oder subjektiv unerträglich körperlich oder geistig leidet;

- die Lebensbeendigung auf das wohlüberlegte und freiwillig geäußerte Verlangen des Patienten erfolgt ist;

- der Arzt sich nach reifer Überlegung entscheidet, nachdem er einen unabhängigen Sachverständigen, nicht notwendig einen Arzt zu Rate gezogen hat;

- der Arzt in einem Tagebuch seine Entscheidung begründet und die Ansichten der nächsten Umgebung und des konsultierten Sachverständigen niederlegt und dieses Dokument der Staatsanwaltschaft auf Anfrage zur Verfügung stellt;

- der Totenschein[29] in bezug auf die Todesursache wahrheitsgemäß abgegeben wird.

Der Gesetzentwurf Wessel-Tuinstra ist unter Berufung auf die seinerzeit bestehende Rechtsprechung der Instanzgerichte ergangen. Der Entwurf übernahm nicht nur deren Kriterien zum Zustand des Patienten[30] und der sorgfältigen Hilfeleistung, sondern folgte der Rechtsprechung auch in der Wahl eines Rechtfertigungsgrundes[31]. Tendenz der Gerichte aber war gewesen, eine *Ausnahme* zu Art. 293 nlStGB zu finden, wonach bei Einhaltung materieller Sorgfaltspflichten die aktive ärztliche Sterbehilfe auf Verlangen gerechtfertigt sein

---

[29] Zu dem vom behandelnden Arzt auszufüllenden Totenschein s. S. 104ff.

[30] Das eingeschränkte Selbstbestimmungsrecht des Patienten über den eigenen Todeszeitpunkt, Drucks. II, 1983-84, 18 331 Nr. 3, S. 12, ist ebenfalls der Rechtsprechung entlehnt, vgl. S. 20, 24.

[31] Drucks. II, 1983-84, 18 331 Nr. 3, S. 15.

könnte. Der Gesetzentwurf Wessel-Tuinstra strebte hingegen an, bei Einhaltung obiger Sorgfaltspflichten den Unrechtsgehalt der aktiven ärztlichen Sterbehilfe auf Verlangen gänzlich aufzuheben und dadurch unter Umständen ein positives Recht des Patienten auf Tötung durch den Arzt zu schaffen.

2. Ablehnende Stellungnahme des Staatsrates

Gegen den Gesetzentwurf Wessel-Tuinstra meldete der Staatsrat („Raad van State")[32], der die Regierung zu sämtlicher angestrebter Gesetzgebung berät[33], erhebliche Bedenken an. Zwar sei der Schutzbereich des Art. 2 Abs. 1 der 1950 geschlossenen Europäischen Konvention zum Schutze der Menschenrechte und Grundfreiheiten (EMRK), der den Schutz des menschlichen Lebens garantiere, nach Art. 2 Abs. 2 EMRK nicht unbeschränkbar[34]. Die Voraussetzungen in der Rechtsprechung für eine Rechtfertigung der aktiven ärztlichen Sterbehilfe auf Verlangen, auf die dabei zurückgegriffen werde, seien von den Gerichten jedoch weder scharf umrissen, noch abschließend geklärt[35].

Obwohl der Staatsrat die Kluft zwischen Gesetz und Praxis anerkannte, gab er zu bedenken, daß die Zulässigkeit der aktiven Sterbehilfe auf Verlangen nach wie vor umstritten sei und sich mit der angestrebten Gesetzgebung denn auch weniger Rechtssicherheit einstellen, als die Gefahr realisieren würde, daß der Gesetzgeber durch die Festschreibung von Grenzen unwiderruflich seine Pflicht zum Schutz des menschlichen Lebens aufgebe[36]. Speziell dem Arzt böte der Gesetzentwurf nicht die gewünschte Rechtssicherheit, da bei Vorliegen des Art. 293 Abs. 1 des Entwurfes die Staatsanwaltschaft gleichwohl zur Einleitung von Ermittlungen befugt bzw. durch Strafanzeige verpflichtet sei. Bei der nachträglichen Prüfung, ob eine Rechtfertigung gem. Art. 293 Abs. 2

---

32 Gutachten v. 24.8.1984, Drucks. II, 1983-84, 18 331 A. Die Vorlage an den Staatsrat erfolgte mit Kabinettsorder („kabinetsmissive") Nr. 46 v. 29.5.1984.

33 Art. 73 Abs. 1 S. 1 nlGG. Gem. Art. 74 Abs. 1 S. 1 nlGG ist die Königin Vorsitzende des Staatsrates, dessen Mitglieder aufgrund bindenden Vorschlags des Parlaments von der Regierung (auf Lebzeit, Art. 74 Abs. 2 nlGG) benannt werden, also von der Exekutive unabhängig sind, vgl. dazu Belinfante/de Reede, Beginselen, S. 147-8. Zum Staatsrat vgl. auch das Gesetz über den Staatsrat („Wet op de Raad van State"), Stb. 1994, 2; Belinfante/de Reede, ebd., S. 71-4; Akkermans/Koekkoek, Grondwet, Art. 73 f, S. 681 f.

34 Drucks. II, 1983-84, 18 331 A, S. 1. Nach Leenen, Med Law 1989, 519, fällt die aktive Sterbehilfe, die auf Verlangen des Patienten vorgenommen wird, gar nicht erst in den Schutzbereich des Art. 2 EMRK. Vgl. S. 80.

35 Druck. II, 1983-84, 18 331 A, S. 1-2; vgl. ebd., S. 3.

36 Drucks. II, 1983-84, 18 331 A, S. 2.

i.V.m. Abs. 3 des Entwurfes einschlägig sei, müßten ferner Fragen beantwortet werden, die von einem anderen als dem jeweils handelnden Arzt schwerlich auch nur annähernd festzustellen seien. Schließlich rügte der Staatsrat die Aufnahme prozessualer Sorgfaltspflichten im Strafgesetzbuch als systemwidrig und empfahl, eine Regelung der aktiven ärztlichen Sterbehilfe auf Verlangen in einem besonderen Gesetz vorzunehmen[37]. Der Gesetzgeber müsse zunächst aber die Ergebnisse und Argumente der Staatskommission abwarten[38]. Dem schloß sich die Mehrheit des Parlaments an und setzte die Behandlung des Gesetzentwurfs Wessel-Tuinstra zeitweilig aus.[39]

II. Abgeänderter Gesetzentwurf Wessel-Tuinstra vom Dezember 1985

Im Juli 1985 legte die Staatskommission Euthanasie ihren Abschlußbericht vor[40]. Kern des dreiteiligen[41], seinerzeit umfangreichsten staatlichen Berichts zur aktiven Sterbehilfe war die Empfehlung einer Gesetzesreform[42], auf die die Abgeordnete Wessel-Tuinstra mit einer veränderten Fassung ihres Gesetzentwurfs[43] reagierte.

1. Besonderer Rechtfertigungsgrund in Art. 293 nlStGB im Anschluß an den Gesetzesvorschlag der Staatskommission Euthanasie

Der abgeänderte Gesetzentwurf Wessel-Tuinstra (WT) sieht im Vergleich zum Gesetzesvorschlag der Staatskommission Euthanasie (SK) einen besonderen

---

37 Drucks. II, 1983-84, 18 331 A, S. 2-3.

38 Drucks. II, 1983-84, 18 331 A, S. 2. Zur Einsetzung der Staatskommission s. S. 72ff.

39 Scholten, in: Eser/Koch, S. 465; vgl. Leenen, Health Policy 1987, 202-3.

40 Staatscommissie Euthanasie, Rapport, Teil I, S. 3. Der Abschlußbericht v. 9.7.1985 wurde am 19.8.1985 veröffentlicht, Josephus Jitta, NJB 1986, 42.

41 Staatscommissie Euthanasie, Rapport van de Staatscommissie Euthanasie, Teil I: Advies; Teil II: Rechtsvergelijkend onderzoek; Teil III: Hoorzittingen.

42 Staatscommissie Euthanasie, Rapport, Teil I, S. 40-3. Der Gesetzesvorschlag der Staatskommission Euthanasie zur Änderung des XIX. Titel des Zweiten Buches des Strafgesetzbuches ist abgedruckt im Anhang, Ziff. III. Zum Gesetzesvorschlag der Staatskommision s. insbesondere S. 77ff und 152ff.

43 Gesetzentwurf i.d.F. vom 18.12.1985, Drucks. II, 1985-86, 18 331 Nr. 11 („Nota naar aanleiding van het eindverslag"). Der abgeänderte Gesetzentwurf ist abgedruckt im Anhang, Ziff. IV.

Rechtfertigungsgrund für Ärzte in Art. 293 Abs. 2 i.V.m. Abs. 3 nlStGB vor, sofern

- der Patient sich in einer aussichtslosen Notsituation befindet (WT, SK);
- der Patient wohlüberlegt und freiwillig die Lebensbeendigung verlangt (WT, SK: nach Aufklärung);
- sich der Arzt nach reiflicher Überlegung entscheidet, nachdem er einen unabhängigen Arzt (WT) bzw. einen vom Gesundheitsminister bestellten Arzt zu Rate (SK) gezogen hat;
- der Arzt in einem Tagebuch seine Entscheidung begründet und die Ansichten der nächsten Umgebung und des konsultierten Arztes niederlegt und diese Dokument der Staatsanwaltschaft auf Anfrage zur Verfügung stellt (WT, nicht SK) und
- der Totenschein[44] in bezug auf die Todesursache wahrheitsgemäß abgegeben wird (WT, SK: außerdem Meldepflicht an die Staatsanwaltschaft[45]).

Der abgeänderte Entwurf Wessel-Tuinstra, der bereits in seiner ursprünglichen Fassung dem später veröffentlichten Gesetzesvorschlag der Staatskommission stark ähnelte[46], wies nunmehr beinahe völlige Übereinstimmung mit diesem auf[47]. Zwar übernahmen die Abgeordneten weder eine dem Abs. 2 des Art. 292bis des Gesetzesvorschlags vergleichbare Vorschrift, wonach bei Einhaltung bestimmter Sorgfaltspflichten die aktive ärztliche Sterbehilfe ohne vorheriges Verlangen eines unwiderruflich Bewußtlosen gerechtfertigt ist, noch die negative Deliktsumschreibung in Art. 293quarter des Gesetzesvorschlags

---

44 Zu dem vom behandelnden Arzt auszufüllenden Totenschein s. S. 104ff.

45 Vgl. dazu S. 128ff.

46 Sluyters, Medicoleg J 1989, 39.

47 Sagel, a.a.O, S. 320; vgl. Josephus Jitta, NJB 1986, 42-6.

der Staatskommission, welche sich bis auf c.[48] mit der geltenden Negativdefinition der „euthanasie“[49] deckt.

Gegenüber dem ursprünglichen Entwurf Wessel-Tuinstra[50] wurde der besondere Rechtfertigungsgrund für Ärzte allerdings in Art. 293 Abs. 4 nlStGB der abgeänderten Fassung in Anlehnung an Art. 293 Abs. 5 nlStGB des Vorschlags der Staatskommission auf nicht mehr Einwilligungsfähige, die zuvor ein schriftliches Verlangen nach aktiver Sterbehilfe geäußert haben, erweitert. Eine Berücksichtigung der Kritik des Staatsrates[51] ist hingegen nicht festzustellen.

2. Die Einführung der Sorgfaltspflicht „aussichtslose Notsituation“

Die Sorgfaltspflichten aktiver ärztlicher Sterbehilfe auf Verlangen, bei deren Einhaltung der Arzt nach dem abgeänderten Entwurf Wessel-Tuinstra und dem Gesetzesvorschlag der Staatskommission gerechtfertigt handelt, stimmen im wesentlichen mit den offiziellen Leitsätzen der Rechtsprechung[52] und folglich auch denen des Präsidiums der KNMG[53] überein. Neu hingegen war das von der Staatskommission eingeführte und in Art. 293 Abs. 2 des abgeänderten Gesetzentwurfs Wessel-Tuinstra übernommene Erfordernis, daß sich der Patient in einer aussichtslosen Notsituation befinden müsse[54]. Mit der Aufnahme der „aussichtslosen Notsituation“ in den Entwurf Wessel-Tuinstra entschieden sich die Abgeordneten für eine Sorgfaltspflicht, deren Tauglichkeit zur Rechtfertigung aktiver ärztlicher Sterbehilfe auf Verlangen unter den Mitgliedern der Staatskommission äußerst umstritten war.

Neun der fünfzehn Mitglieder der interdisziplinär besetzten Staatskommission empfahlen den Begriff „aussichtslose Notsituation“, um den für eine gerechtfertigte aktive ärztliche Sterbehilfe auf Verlangen erforderlichen Zustand des Patienten zu umschreiben. Danach müsse das körperliche oder geistige Leiden

---

48 Zum Behandeln einer Nebenerkrankung bei unwiderruflich bewußtlosen Patienten als Teil der Negativdefinition der „euthanasie“ s. unten, Fn. 171.

49 S. 6.

50 Vgl. S. 74ff.

51 S. 76ff.

52 Vgl. S. 50.

53 Vgl. S. 54ff.

54 Vgl. die vom Präsidium der KNMG aufgestellte Voraussetzung, „...Arzt und Patient stehen mit dem Rücken zur Wand...“, S. 38, die allerdings zusätzlich eine Notsituation beim Arzt voraussetzt.

für den Patienten einen so außergewöhnlichen Umstand darstellen, daß er seine Lebensbeendigung für unumgänglich halte[55]. Jede individuelle Situation sei anders, so daß der Gesetzestext einen derart ausfüllungsbedürftigen Begriff vorzugeben habe.

Vier Mitglieder der Staatskommission forderten dagegen dessen Unanwendbarkeit auf geistig aussichtslose Notsituationen des Patienten sowie die zusätzliche Einschränkung, daß der Sterbensprozeß, also der Tod des Patienten, unvermeidlich bevorstehe[56]. Es sei Aufgabe des Gesetzgebers, den Gesetzeswortlaut aus Gründen der Rechtssicherheit so eng wie nur möglich zu fassen. Ansonsten würde dem Richter die Aufgabe überantwortet, die rechtlichen Grenzen einer „aussichtslosen Notsituation" festzulegen.

Zwei Mitglieder fügten dem Abschlußbericht der Staatskommission schließlich ein umfangreiches Minderheitsvotum[57] hinzu, in dem sie jede Rechtfertigung der aktiven Sterbehilfe auf Verlangen unter Verweis auf Art. 2 der EMRK kategorisch abwiesen[58]. Die Entscheidung des Arztes, aktiven Sterbehilfe zu leisten, bedinge dessen Urteil über die Sinnlosigkeit des verbleibenden Lebens des Patienten, ganz gleich, ob der Patient danach verlangt habe, und widerspreche daher der Würde des Menschen[59]. Die Niederlande würden mit einer entsprechenden Gesetzesänderung einen „historischen Fehler" begehen[60]. Die Regierung dürfe den Rechtsschutz des Lebens nicht von der „sogenannten ‚wissenden Mehrheit'" im Parlament abhängig machen, welche dem Thema gerade nur soviel Gewicht beimesse, daß der Fortbestand einer Regierungskoalition nicht gefährdet würde[61]. Dem Hoge Raad fehle der Verfassungsstatus, um dergleichen inhaltliche rechtspolitische Veränderung herbeizuführen[62], die Allgemeingültigkeit der Verfolgungsrichtlinien der Staatsanwalt-

---

55 Staatscommissie Euthanasie, Rapport, Teil I, S. 56-7.

56 Staatscommissie Euthanasie, a.a.O., S. 59-60. Zum Sterbensprozeß s. S. 84ff.

57 Staatscommissie Euthanasie, a.a.O., S. 191-360 (Minderheitsvotum); vgl. auch das Werk von Nieboer, Zorg voor leven, 1986.

58 Staatscommissie Euthanasie, a.a.O., S. 265; vgl. ebd., S. 198, 266-81 und S. 76.

59 Vgl. Staatscommissie Euthanasie, a.a.O., S. 249; vgl. ebd., S. 240-8, 250.

60 Staatscommissie Euthanasie, a.a.O., S. 195-6. Vgl. dazu unten, Fn. 74.

61 Staatscommissie Euthanasie, a.a.O., S. 325. Vgl. dazu S. 88.

62 Vgl. Staatscommissie Euthanasie, a.a.O., S. 325. Zum Status des Hoge Raad s. S. 28, Fn. 70.

schaft sei in einer Materie wie der aktiven Sterbehilfe auf Verlangen unvereinbar mit der staatsrechtlichen Position der Staatsanwaltschaft und der politischen Verantwortlichkeit des Justizministers gegenüber dem Gesetz[63]. Die Verfasser des Minderheitsvotums empfahlen deshalb der Regierung, den Gesetzeswortlaut im Sinne des geltenden Rechts durch Aufnahme einer Negativdefinition der „euthanasie" zu verdeutlichen[64].

III. Probeentwurf des Ersten Kabinetts Lubbers vom Januar 1986

Während der parlamentarischen Beratungen zum abgeänderten Gesetzentwurf Wessel-Tuinstra gab die Koalitionsregierung von Christdemokraten („Christen Democratisch Appèl" – CDA) und Liberalen („Volkspartij voor Vrijheid en Democratie" – VVD), das sog. Erste Kabinett Lubbers[65], einen *Entwurf* eines Gesetzentwurfs[66] bekannt, der den Standpunkt der Regierung auf Basis des Berichts der Staatskommission beinhaltete.

Ende 1985 sprachen sich sowohl die rechtsliberale VVD als auch die Großparteien[67] der Sozialdemokraten („Partij van de Arbeid" – PvdA) und Liberalen Demokraten der D'66 für eine Auflockerung des Strafgesetzbuches im Sinne des abgeänderten Gesetzentwurfs Wessel-Tuinstra[68] und gegen eine erneute Vorlage des Entwurfs beim Staatsrat aus[69]. Die CDA, die die Regierungskoalition mit der VVD anführte[70], lehnte den Gesetzentwurf Wessel-Tuinstra hingegen strikt ab, da sie unter allen Umständen eine Legalisierung der aktiven

63 Staatscommissie Euthanasie, a.a.O., S. 324 (Minderheitsvotum). Vgl. dazu S. 99ff.

64 Staatscommissie Euthanasie, a.a.O., S. 324 (Minderheitsvotum); vgl. ebd., S. 200.

65 Benannt nach dem seinerzeit amtierenden Premierminister Lubbers (CDA); vgl. Kors, AA 1994, 594; dazu auch Belinfante/de Reede, Beginselen, S. 55. Premierminister ist stets der den Ministerrat leitende Minister für allgemeine Angelegenheiten („Minister van Algemene Zaken"), der auch im übrigen umfangreiche Kompetenzen innehat, vgl. „Reglement van Orde voor de Raad van Ministers", Stb. 1994, 203; Belinfante/de Reede, ebd., S. 58-9.

66 Stcrt. 1986, Nr. 13; Text auch in: Drucks. II, 1985-86, 19 359 Nr. 2, S. 3-5. Der Entwurf des Ersten Kabinetts Lubbers ist abgedruckt im Anhang, Ziff. V.

67 Pijnenborg, End-of-life decisions, S. 129.

68 Vgl. Verhandl. II, 1993-94, 3282; dazu auch Legemaate, Tge 1998, 15; Sluyters, Medicoleg J 1989, 39.

69 Vgl. Verhandl. II, 1985-86, 4021.

70 Vgl. Verhandl. II, 1985-86, 4024.

Sterbehilfe auf Verlangen verhindern wollte[71]. Nur durch die unverminderte Geltung des Art. 293 nlStGB sei der Schutz menschlichen Lebens auf effektive und verantwortliche Weise vom Gesetzgeber gewährleistet[72]. Der für sie ungünstigen politischen Konstellation hatte die CDA Einhalt geboten, indem sie zum einen ankündigte, eine Gegenzeichnung des Gesetzentwurfs Wessel-Tuinstra[73] zu verweigern[74]. Zweitens schlug die Regierung einen eigenen Entwurf eines Gesetzentwurfs vor, dessen Unterstützung durch den Koalitionspartner VVD die CDA unter Androhung einer Koalitionskrise erzwang[75].

Der Entwurf ist als „Probeentwurf" („proeve van en voorstel van wet") bezeichnet worden, hatte also nicht den formellen Status eines Gesetzentwurfs mit der offiziellen Begründung, die Regierung wolle klarstellen, daß sie eine gesetzliche Regelung zur Zeit noch für verfrüht und außerdem Beratungen im internationalen Verband für von Nöten halte und es deshalb vorzöge, weitere Entwicklungen der Rechtsprechung abzuwarten[76]. Die Regierung hatte nicht die Absicht, sich auf den Probeentwurf festzulegen[77]. Allein für den Fall, daß das Parlament auf gesetzgeberische Tätigkeit insistieren und den schwebenden Entwurf Wessel-Tuinstra weiterverfolgen würde, hatte die Regierung ihren eigenen, vorläufigen Standpunkt im Probeentwurf fixiert und würde in seinem Sinne votieren[78].

1. Besonderer Schuldausschließungsgrund in Art. 293 nlStGB

Der Probeentwurf sieht für Ärzte in Art. 293 Abs. 2 i.V.m. Abs. 4 nlStGB

---

71 KNMG, Medisch handelen, S. 186; vgl. Leenen, Med Law 1989, 524; Gevers, J Med Ethics 1992, 139.

72 Van der Burg, Standardbrief der CDA v. 12/1996, S. 1; Schroten u.a., Euthanasie, S. 36-8; vgl. ebd, S. 22-3, 39.

73 Gem. Art. 81 nlGG kommt ohne Zustimmung der Regierung, die zusammen mit dem Staaten-General den Gesetzgeber stellt, kein Gesetz zustande. Vgl. Belinfante/de Reede, Beginselen, S. 100-1.

74 Vgl. Verhandl. II, 1985-86, 4022, wonach Ministerpräsident Lubbers den Weg des Gesetzentwurf Wessel-Tuinstra einen „historischen Fehler" nannte. Zur Verweigerung der Gegenzeichnung s. auch ebd., S. 4027, 4030.

75 Vgl. Verhandl. II, 1985-86, 4018, 4020; dazu auch Kors, AA 1994, 596.

76 Drucks. II, 1985-86, 19 359 Nr. 2, S. 1-2.

77 Vgl. Verhandl. II, 1985-86, 4022.

78 Drucks. II, 1985-86 Nr. 2, S. 2; vgl. auch Leenen, Health Policy 1987, 204; Scholten, in: Eser/Koch, S. 465-6.

einen besonderen Schuldausschließungsgrund vor für den Fall, daß

- der Patient unerträglich leidet;

- nach herrschender ärztlicher Erkenntnis eine konkrete Todeserwartung besteht und

- eine weitere Behandlung keinen Sinn für den Patienten mehr hat;

- der Patient freiwillig, wohlüberlegt und mit Nachdruck die Lebensbeendigung verlangt, nachdem er über seine Situation und alternative Behandlungsmöglichkeiten aufgeklärt wurde;

- der Arzt sich nach reiflicher Überlegung entscheidet, nachdem er einen vom Gesundheitsminister bestellten Arzt zu Rate gezogen hat, der nicht in irgendeinem Zusammenarbeits- oder Familienverband mit dem die Lebensbeendigung ausführenden Arzt steht;

- der Arzt seine Befunde und die Ansicht des konsultierten Arztes schriftlich niederlegt und dieses Dokument mindestens fünf Jahre aufbewahrt und auf Anfrage dem zuständigen Inspektor der Staatsaufsicht über die Volksgesundheit zur Verfügung stellt.

Wie schon der abgeänderte Entwurf Wessel-Tuinstra[79] stellt auch der Probeentwurf in Art. 293 Abs. 8 nlStGB ein früher schriftlich geäußertes Verlangen des nicht mehr Einwilligungsfähigen dem ausdrücklichen Verlangen nach aktiver ärztlicher Sterbehilfe gleich und übernimmt zusätzlich in Art. 293quarter die negative Deliktsumschreibung der Staatskommission[80].

Mit der Wahl eines Schuldausschließungsgrundes allerdings distanzierte sich die Regierung von den mehrheitlichen Empfehlungen der Staatskommission, um nicht zuletzt zum Ausdruck zu bringen, daß auch der einvernehmlichen Tö-

---

79 S. 77ff.

80 S. 78ff.

tung ihr außerordentlicher Charakter anhaften bleiben müsse[81]. Daß die Regierung auch im übrigen „nicht mit großer Erkenntlichkeit“ den Bericht der Staatskommission empfangen hatte[82], schlug sich zugleich in dem im Probeentwurf formulierten Sorgfältigkeitsrahmen nieder. Der Probeentwurf, so die Regierung in der Erläuterung, unterscheide sich von dem Vorschlag der Staatskommission vor allem dadurch, daß er nach verobjektivierten Normen strebe, indem er Nachdruck auf das medizinische Handeln sowie die Sinnlosigkeit weiterer ärztlicher Behandlungen nach herrschender ärztlicher Erkenntnis lege und ferner größtmögliche Präzision durch Vermeidung von Begriffen wie der „aussichtslose[n] Notsituation“ gewinne. Schließlich wurde im Probeentwurf erstmals eine besondere Regelung für Minderjährige getroffen[83]. Allen Betroffenen werde dadurch eine deutliche Handhabe geboten und gleichzeitig die Überprüfbarkeit durch den Strafrichter gewährleistet[84]. Angesichts der weitgehenden Übereinstimmung des Gesetzesvorschlags der Staatskommission mit dem abgeänderten Gesetzentwurf Wessel-Tuinstra[85] sowie der vehementen Blockade von letzterem durch die CDA im Parlament[86] ist davon auszugehen, daß selbige Kritik zugleich dem Gesetzentwurf Wessel-Tuinstra in seiner zweiten Fassung galt.

2. Die Einführung der Sorgfaltspflicht „konkrete Todeserwartung“

Der Probeentwurf stimmte mit dem abgeänderten Gesetzentwurf Wessel-Tuinstra lediglich in den prozessualen Sorgfaltspflichten des Arztes überein[87]. Während letzterer aktive ärztliche Sterbehilfe prinzipiell in jeder aussichtslosen Notsituation auf Verlangen des Patienten hin erlaubte[88], verlangte der Probeentwurf in Art. 293 Abs. 2 nicht nur das Vorliegen eines unerträglichen Leidens und die Sinnlosigkeit weiterer ärztlicher Behandlungsmaßnahmen, son-

---

81 Drucks. II, 1985-86, 19 359 Nr. 2, S. 8-9.

82 Drucks. II, 1985-86 Nr. 2, S. 9.

83 Vgl. Art. 293 Abs. 7. Der Staatsrat hatte eine Regelung für Minderjährige gefordert, Drucks. II, 1983-84, 18 331 A, S. 3. Zum Gutachten des Staatsrates s. S. 76ff. Zur Minderjährigenregelung s. auch S. 96, 142, 161ff, 180.

84 Drucks. II, 1985-86, 19 359 Nr. 2, S. 9.

85 S. 77ff.

86 S. 81ff.

87 Vgl. Art. 293 Abs. 4 d), Abs. 5 und Art. 293 Abs. 3 d)- f). Zu der ärztlichen Pflicht, den Totenschein des Patienten wahrheitsgemäß auszufüllen s. S. 104ff.

88 S. 77ff, 79ff.

dern vor allem eine nach herrschender ärztlicher Erkenntnis bestehende konkrete Todeserwartung.

Bereits 1973 hatte sich ein Sachverständiger vor dem Bezirksgericht Leeuwarden auf die „Sterbensperiode“ des Patienten, die sich nach ärztlichem Urteil zumindest „angekündigt hat“, abgestellt[89]. Vier Jahre darauf machte das Bezirksgericht Rotterdam eine Rechtfertigung der aktiven ärztlichen Sterbehilfe auf Verlangen ohne Zweitkonsultation von dem Vorliegen einer „Sterbensphase“ abhängig[90]. Die Minderheitsgruppe der Staatskommission forderte wiederum, daß „der Tod unabwendbar bevorsteht“[91]. Die unterschiedlichen Begriffe reichen von dem Zeitpunkt, in dem die Krankheit als unheilbar und damit unausweichlich zum Tod führend festgestellt wird bis hin zum eigentlichen „Sterbensprozeß“, also den letzten Stunden vor dem Tod[92].

Speziell gegen die Einführung der „konkreten Todeserwartung“ im Probeentwurf sprach sich mit einiger Vehemenz das Präsidium der KNMG aus[93], obschon es noch 1973 die „Sterbensphase“ als Voraussetzung zulässiger aktiver ärztlicher Sterbehilfe auf Verlangen gefordert hatte[94]. Es sei bereits schwierig, die „Sterbensphase“ scharf zu definieren, geschweige denn nachträglich zu überprüfen[95]. Selbst einem erfahrenen Arzt falle es äußerst schwer, eine Prognose über den Eintritt des Patienten in die Sterbensphase aufzustellen[96]. Die Diagnose zum Zustand des Patienten sei stets ein subjektives Urteil des individuellen Arztes. Ein hinzugezogener Arzt könne deshalb über dieselben objektiven Gegebenheiten zu einer anderen Meinung gelangen, so ein kaum definierbarer Begriff wie die „konkrete Todeserwartung“ gelte.

---

89 S. 17.

90 S. 21.

91 S. 80.

92 Vgl. Drucks. II, 1985-86, 19 359 Nr. 2, S. 9-12; Gezondheidsraad, Advies inzake Euthanasie 1982, S. 27.

93 KNMG, Schreiben v. 7.2.1986 an Regierung und Parlament, MC 1986, 208-9.

94 S. 52.

95 KNMG, a.a.O., S. 208; vgl. KNMG, MC 1984, S. 995.

96 KNMG, a.a.O., S. 208. A.A. ist die Regierung, Drucks. II, 1985-86, 19 359 Nr. 2, S. 10.

Daß das Präsidium plötzlich mit Härte gegen die Einführung einer ärztlichen Sorgfaltspflicht vorging, die in eigener Angelegenheit offenkundig nicht galt[97], mag an deren befürchteter, vermeintlich allzu starker Begrenzung des ärztlichen Entscheidungsspielraums liegen. Das Motiv der Regierung zur Einführung der „konkrete[n] Todeserwartung" lag dagegen wahrscheinlich in der Beschwichtigung erzürnter konservativer Mitglieder über die zunehmend liberale Handhabe des Art. 293 nlStGB durch die Gerichte[98]. Der Streit um eine wie auch immer definierte Sterbensphase ließ jedenfalls das Politikum, zu dem jede in Aussicht genommene gesetzliche Regelung zur aktiven ärztlichen Sterbehilfe auf Verlangen reduziert zu werden drohte, klar erahnen. Nicht nur die Schwierigkeit, in präzisen, unmißverständlichen und dennoch für jeden denkbaren Fall gültigen Worten ärztliche Sorgfaltspflichten zu formulieren, zeichnete sich immer deutlicher ab. Vor allem kommt der Verdacht auf, daß der ausschlaggebende Faktor für deren Auswahl in den Kreis entschuldigender oder gar rechtfertigend wirkender Voraussetzungen der Straftat nach Art. 293 nlStGB weniger der Lebensschutz, als die Rechtsüberzeugung des politisch Stärksten zur aktiven ärztlichen Sterbehilfe auf Verlangen sein sollte.

3. Reaktionen auf den Probeentwurf

a. Ablehnende Stellungnahme des Präsidiums der Königlich Niederländischen Gesellschaft zur Förderung der Heilkunde

Mit einem an Regierung und Parlament gerichteten Brief[99] sprach sich das Präsidium der KNMG im Februar 1986 gegen zukünftige Gesetzgebung in Gestalt des Probeentwurfs aus. Ihre Ablehnung des Probeentwurfs gründete nicht zuletzt in der Wahl eines Schuldausschließungsgrundes in Art. 293 nlStGB, wonach auch die sorgfältige aktive ärztliche Sterbehilfe auf Verlangen strafbar bleiben würde[100]. Der Rechtssicherheit von Ärzten durch „gute, deutliche" Gesetzgebung sei dadurch nicht gedient[101]. So von staatlicher Seite zur Regle-

---

97 S. 54ff.

98 NVVE, Fact sheet, S. 3, zitiert nach: Gomez, Regulating Death, S. 46; vgl. Feber, in: van der Wal u.a., S. 74.

99 KNMG, a.a.O., S. 208-9.

100 KNMG, a.a.O., S. 208. Des weiteren lehnte das Präsidium u.a. die Sorgfaltspflicht der Sinnlosigkeit weiterer ärztlicher Behandlung als zu eng und Art. 293bis Abs. 2 des Probeentwurfs mit der Begründung ab, die Vorschrift lasse dem Arzt, der gegen aktive Sterbehilfe auf Verlangen sei, die Möglichkeit offen, dem Patienten seine Meinung aufzuzwingen und keinen weiteren Arzt neben sich zu dulden, ebd., S. 209.

101 Vgl. KNMG, a.a.O., S. 208.

mentierung der aktiven ärztlichen Sterbehilfe auf Verlangen ein besonderer Strafausschließungsgrund erwogen werde, gab das Präsidium der Einführung eines besonderen Rechtfertigungsgrundes in Art. 293 nlStGB den Vorzug. Allein die Rechtmäßigkeit sorgfältiger aktiver ärztlicher Sterbehilfe auf Verlangen führe zu einer Rechtslage, aufgrund derer Ärzte in „redlichem Vertrauen“ die geleistete Sterbehilfe wahrheitsgemäß melden könnten[102]. In der Zwischenzeit komme der Strafverfolgungspolitik derart große Bedeutung zu, daß deren Anpassung an die jüngste Rechtsprechung erforderlich sei, damit die gegenwärtige Rechtsunsicherheit nicht zum Ausbleiben vorschriftsgemäßer Meldung führen werde, ohne die jede Kontrolle der aktiven ärztlichen Sterbehilfe auf Verlangen gefährdet sei[103].

b. Abgeänderter Gesetzentwurf Wessel-Tuinstra/Kohnstamm vom März 1986

Nur zwei Monate nach Veröffentlichung des Probeentwurfs legte die Abgeordnete Wessel-Tuinstra dem Parlament eine dritte, erneut[104] abgeänderte Fassung ihres Gesetzentwurfs[105] als Gegenvorschlag zum Probeentwurf vor, der mit ihrem Ausscheiden aus dem Parlament von dem D‘66-Abgeordneten Kohnstamm vertreten wurde[106]. Die Veränderungen beschränkten sich auf eine teilweise Anpassung der ärztlichen Sorgfaltspflichten an den Probeentwurf. So wurden die Sorgfaltspflicht der Aufklärung des Patienten und die Minderjährigenregelung nahezu wörtlich übernommen[107]. Auch die übrigen Korrekturen wie die Aufnahme des Verbots der Zusammenarbeit oder Verwandtschaft der beratenden Ärzte sowie die fünfjährige Verwahrung des Tage-

102Vgl. KNMG, a.a.O., S. 208. Zur ärztlichen Meldepflicht s. S. 104ff.

103Vgl. KNMG, a.a.O., S. 209. Zur veränderten Verfolgungspolitik auf Druck des Präsidiums, S. 114ff.

104Zum Gesetzentwurf Wessel-Tuinstra s. S. 74ff; zur ersten abgeänderten Fassung s. S. 77ff.

105Drucks. II, 1985-86, 18 331 Nr. 38, S. 1-3, i.d. F. vom 12.3.1986, Drucks. II, 1985-86, 18 331 Nr. 37 („Derde nota van wijzing“). Der abgeänderte Gesetzentwurf ist abgedruckt im Anhang, Ziff. VI.

106Drucks. II, 1985-86, 18 331 Nr. 42.

107Vgl. Art. 293 Abs. 3 unter a., Abs. 5 des Entwurfs Wessel-Tuinstra/Kohnstamm und Art. 293 Abs. 4 unter a., Abs. 7 des Probeentwurfs.

buchs sind dem Probeentwurf entlehnt[108] und führten zu einer gegenüber der zweiten Fassung[109] insgesamt präziseren, geringfügig strengeren Regelung.

Im Frühjahr 1986 fanden die parlamentarischen Beratungen zum Gesetzentwurf Wessel-Tuinstra/Kohnstamm statt, die in intensive Diskussionen um den Probeentwurf mündeten[110]. Der politische Dissens zwischen CDA und VVD zur Sterbehilfegesetzgebung drohte noch kurz vor den für Mai 1986 anberaumten Neuwahlen sich zur Regierungskrise auszuweiten[111]. Die VVD zog schließlich im März 1986 ihre Unterstützung des Wessel-Tuinstra/Kohnstamm Entwurfs zurück, da sie befürchtete, ansonsten vorzeitige Neuwahlen auszulösen[112]. Der politische Engpaß ist dadurch beendet worden, daß man sich im Parlament einigte, den Gesetzentwurf Wessel-Tuinstra/Kohnstamm zusammen mit einer gegenüber dem Probeentwurf leicht abgeänderten Fassung[113] dem Staatsrat vorzulegen[114], der somit die Rolle des Schiedsrichters einzunehmen gezwungen wurde[115]. Dadurch erreichte die Regierung, die Verabschiedung des Gesetzentwurfs Wessel-Tuinstra/Kohnstamm bis zur Zeit nach den Neuwahlen hinauszuzögern[116].

c. Ablehnende Stellungnahme des Staatsrates

Der Staatsrat lehnte beide Entwürfe im Kern ab. In seinem Gutachten[117] warnte der Staatsrat vor der Unüberprüfbarkeit der vielen subjektiven Tatbestandsmerkmale. Nicht nur die „aussichtslose Notsituation", auch Begriffe wie „unerträglich leidet" und „konkrete Todeserwartung" böten keinen hinlänglichen Rahmen für die ärztliche Praxis, die im Einzelfall erhebliche Unterschie-

---

108 Vgl. Art. 293 Abs. 3 unter d., Abs. 6 und Art. 293 Abs. 3 unter d., Abs. 5.

109 Vgl. Art. 293 Abs. 3 unter d. und Abs. 3 unter e.

110 Vgl. Verhandl. II, 1986-87, 2253 f (v. 17.2., 3.3. und 10.3.1986 respektive).

111 Leenen, Med Law 1989, 524; vgl. dazu S. 81ff.

112 Verhandl. II, 1985-86, 4032-6; de Wachter, Hastings Cent Rep 1992, 27; Leenen, Law Med 1989, 524.

113 Drucks. II, 1985-86, 18 331 Nr. 43 C, S. 10-11.

114 Kors, AA 1994, 596. Vorlage mit Kabinettsorder Nr. 98 (Gesetzentwurf Wessel-Tuinstra/Kohnstamm) und Nr. 100 (Probeentwurf), beide v. 21.03.1986.

115 Verhandl. II, 1985-1986, 4037; vgl. auch Leenen, Health Policy 1987, 205.

116 Verhandl. II, 1993-94, 3314; vgl. auch Leenen, Health Policy 1987, 205.

117 Gutachten v. 11.7.1986, Text in: Drucks. II 1985-86, 18 331 Nr. 43 C, S. 3-9.

de aufweise[118]. Zum zweiten Male[119] und nunmehr auch angesichts der bestehenden, erheblichen Meinungsverschiedenheiten zur Gesetzgebung riet der Staatsrat trotz detaillierter Auseinandersetzung mit den eingereichten Gesetzentwürfen von einer übereilten Gesetzesnovellierung, insbesondere der Festschreibung eines Strafausschließungsgrundes im Sinne des Art. 293 Abs. 2 beider Entwürfe, ab und empfahl, statt dessen weitere Gerichtsentscheidungen abzuwarten[120].

Welche weiteren Gerichtsentscheidungen der Staatsrat erwartete, ist unklar[121]. Mit der Einbettung des rechtfertigenden Notstands in wissenschaftlich zu verantwortende ärztliche Erkenntnisse und medizinisch-ethische Normen hatte der Hoge Raad in seinem ersten Sterbehilfeurteil zu außergerichtlicher Anleitung aufgerufen[122] und der Gerichtshof Den Haag[123] sein Urteil anschließend am seither unveränderten Standpunkt des Präsidiums der KNMG ausgerichtet. 1984 hatte der Staatsrat ebenfalls zum Abwarten der Empfehlungen der Staatskommission angehalten, um dann ohne Begründung in seinem Gutachten erheblich davon abzuweichen[124]. Eine mögliche Interpretation für das Zögern des Staatsrates ist, daß es ihm an empirischen Beweisen über die wahre Natur der Praxis zur aktiven ärztlichen Sterbehilfe auf Verlangen fehlte[125]. Zuverlässige Zahlen hierüber gab es erstmals im Oktober 1989[126]. Eine zweite Interpretation ist, daß die Frage nach einer gesetzlichen Regelung der aktiven ärztlichen Sterbehilfe auf Verlangen nicht mehr eine rechtliche oder womöglich medizinisch-ethische, sondern eine politische war[127]. 96 % der Sozialdemokraten, 92 % der Liberalen und gar 66 % der Christdemokraten befürworteten eine

---

118 Drucks. II, 1985-86, 18 331 Nr. 43 C, S. 4-5.

119 Vgl. S. 77.

120 Drucks. II, 1985-86, 18 331 Nr. 43 C, S. 5.

121 Gomez, Regulating Death, S. 47; vgl. Drucks. II, 1985-86, 18 331 Nr. 43 D, S. 21; KNMG, MC 1986, 1335.

122 S. 30ff.

123 S. 38ff.

124 Drucks. II, 1985-86, 18 331 Nr. 43 D, S. 20.

125 Gomez, a.a.O., S. 47.

126 Van Wijmen, Artsen en het zelfgekozen levenseinde, Maastricht 1989, zitiert nach: de Wachter, JAMA 1989, 3317.

127 Roose, zitiert nach: Gomez, a.a.O., S. 47.

gesetzliche Freigabe der aktiven ärztlichen Sterbehilfe auf Verlangen[128]. Das Erste Kabinett Lubbers bestand allerdings zu einem Drittel aus konservativen CDA-Mitgliedern, die zu jeder Zeit und unter allen Umständen eine Legalisierung bekämpften, zwar eine Minderheit, aber ausreichend, um die Koalition zu zerschlagen[129].

Der Staatsrat empfahl erneut[130], die materiellen und prozessualen Sorgfaltspflichten des Arztes, über die inzwischen weitgehende Übereinstimmung erzielt sei[131], in einem Gesetz außerhalb des Strafgesetzbuches aufzunehmen[132]. Zugunsten der Rechtssicherheit müsse im Strafgesetzbuch eine Negativdefinition der „euthanasie" sowie eine Verbindungsnorm zwischen ärztlichen Sorgfaltspflichten und Art. 40 nlStGB aufgenommen werden. Die Erfüllung der außerhalb des Strafgesetzbuchs zu regelnden Sorgfaltspflichten durch den Arzt sei danach weder Bedingung, noch mit einer erfolgreichen Berufung auf einen Strafausschließungsgrund im Sinne von Art. 40 nlStGB gleichzusetzen[133].

Der Gesetzentwurf Wessel-Tuinstra/Kohnstamm sollte infolge der Kritik des Staatsrates nicht erneut geändert werden. In den Augen des Abgeordneten Kohnstamm war der Rechtssicherheit mit der bloßen Möglichkeit einer Rechtfertigung aktiver ärztlicher Sterbehilfe auf Verlangen und einer negativen Deliktsumschreibung in Art. 293 nlStGB nicht gedient[134].

IV. Gesetzentwurf des Zweiten Kabinetts Lubbers vom Dezember 1987

Unter Berücksichtigung der Kritik des Staatsrates[135] legte die neu gewählte Regierung von CDA und VVD dem Parlament im Dezember 1987 einen eige-

---

[128]Admiraal, 20 Jahre Erfahrung, S. 18-9.

[129]Vgl. Roose, a.a.O., S. 47; Admiraal, a.a.O., S. 19.

[130]Vgl. S. 77.

[131]Drucks. II, 1985-86, 18 331 Nr. 43 C, S. 4. A.A. ist Kelk, NJB 1989, 449.

[132]Drucks. II, 1985-86, 18 331 Nr. 43 C, S. 6.

[133]Drucks. II, 1985-86, 18 331 Nr. 43 C, S. 6.

[134]Drucks. II, 1985-86, 18 331 Nr. 43 D, S. 20. Vgl. auch die Reaktion des KNMG-Präsidiums, MC 1986, 1334 f.

[135]S. 88ff.

nen Gesetzentwurf[136] zur aktiven ärztlichen Sterbehilfe auf Verlangen vor. Der im Vorjahr faktisch bereits abgehandelte Gesetzentwurf Wessel-Tuinstra/Kohnstamm rückte dadurch in den Hintergrund, seine weitere Beratung im Parlament wurde abermals[137] ausgesetzt[138].

Die Parlamentswahlen im Mai des Vorjahres hatten keine Mehrheitsverhältnisse gebracht, die eine eindeutige Entscheidung für oder gegen den Gesetzentwurf Wessel-Tuinstra/Kohnstamm ermöglicht hätten. Die CDA ging erneut aus den Wahlen als stärkste Partei hervor, so daß sie die Koalition mit der VVD, die ein Viertel ihrer Wähler an die CDA verloren hatte, weiterhin anführte[139]. Während der Zusammenstellung des Zweiten Kabinetts Lubbers[140] einigten sich die Regierungsparteien CDA und VVD in der Koalitionsvereinbarung darauf, die konfessionell-liberale Koalition nicht durch gesetzgeberische Tätigkeiten auf dem Gebiet der aktiven Sterbehilfe auf Verlangen zu gefährden, sondern mit Respekt vor den gegensätzlichen Auffassungen an erster Stelle eine Fortsetzung der Koalition anzustreben sowie das Gutachten des Staatsrates abzuwarten und dessen Rat zu folgen[141].

Die Regierung konnte sich dem Vorschlag des Staatsrates, weitere Klärung durch die Rechtsprechung abzuwarten[142], jedoch nicht anschließen, da der Gesetzentwurf Wessel-Tuinstra/Kohnstamm weiterhin im Parlament schwebend anhängig war und dort von einer drängenden Mehrheit befürwortet wurde[143]. Sie beschloß deshalb, innerhalb eines halben Jahres ihren eigenen Standpunkt

---

[136]Drucks. II, 1987-88, 20 383 Nr. 2. Der Gesetzentwurf ist abgedruckt im Anhang, Ziff. VII.

[137]S. 88.

[138]Vgl. Kelk, NJB 1989, 448; Feber, NJB 1989, 1441.

[139]Drucks. II, 1985-1986, 19 555 Nr. 4, S. 3. Aus dem beachtlichen Stimmenverlust der VVD schloß der Abgeordnete Leerling der RPF-Partei („Reformatorische Politieke Federatie"), viele Wähler lehnten eine Legalisierung der aktiven Sterbehilfe auf Verlangen im Sinne des Gesetzentwurfs Wessel-Tuinstra/Kohnstamm ab, den die VVD trotz politischer Eskapaden mit der CDA zunächst unterstützt hatte, ebd., S. 12. Zum öffentlichen Meinungsbild s. S. 101. Zur Haltung der VVD s. auch Feber, NJB 1989, 1441.

[140]Vgl. Drucks. II, 1985-86, 19 555 Nr. 3, S. 1-2; Kors, AA 1994, 596.

[141]Drucks. II, 1985-86, 19 555 Nr. 3, S. 71-2.

[142]S. 89.

[143]Vgl. S. 89ff.

bekanntzugeben[144]. Der Regierungsstandpunkt erreichte das Parlament im Januar 1987: Das Kabinett wollte der Möglichkeit nachgehen, auf der Grundlage der Empfehlungen des Staatsrates zu einer durch diesen angezeigten, beschränkten Gesetzgebung zu kommen[145]. Dadurch gelang es der Regierung ein weiteres Mal[146], die Verabschiedung des Gesetzentwurfs Wessel-Tuinstra/Kohnstamm zu verhindern[147].

1. Ergänzung des ärztlichen Disziplinarrechts

Der elf Monate nach dem Regierungsstandpunkt bekanntgemachte Gesetzentwurf beschränkt sich im wesentlichen auf eine Ergänzung des ärztlichen Disziplinarrechts im Gesetz über die Ausübung der Heilkunst („wet uitoefening de geneeskunst“)[148]. Entgegen der Empfehlung des Staatsrates[149] war eine negative Deliktsumschreibung in Art. 6a des Gesetzes über die Ausübung der Heilkunst geregelt[150] und sah die Regierung von der Einführung einer Verweisungsnorm gänzlich ab, da die Reichweite des Art. 40 nlStGB ansonsten für Fälle aktiver ärztlicher Sterbehilfe auf Verlangen systemwidrig eingeschränkt würde[151]. Dem Arzt wurden nach dem Regierungsentwurf vielmehr in Art. 6b unvermindert der Art. 293 und 40 nlStGB Sorgfaltspflichten aktiver Sterbehilfe auf Verlangen aufgetragen, die sich mit denen des Entwurfs Wessel-Tuinstra/Kohnstamm[152] und des Probeentwurfs[153] größtenteils deckten. Die Regierung hatte jedoch zum einen von einer Vorschrift abgesehen, wonach der Arzt zur unverzüglichen Aushändigung eines wahrheitsgemäß ausgefüllten Totenschei-

---

144 Drucks. II, 1985-86, 19 555 Nr. 3, S. 72; vgl. auch Leenen, Health Policy 1987, 205.

145 Drucks. II, 1986-87, 19 359 Nr. 4 (v. 16.1.1987), S. 1.

146 Vgl. S. 88.

147 Kelk, NJB 1989, 448; Feber, NJB 1989, 1441.

148 Das Gesetz über die Ausübung der Heilkunst, Stb. 1985, 60, ist mit Stb. 1997, 553, durch das Wet BIG ersetzt worden. Zum Kürzel „Wet BIG“ s. S. 63.

149 S. 90.

150 Im Anschluß an die Empfehlungen der VVPG wurde die Aufnahme einer Negativdefinition im Strafgesetzbuch aus systematischen Gesichtspunkten als Fiktion abgetan, da in diesen Fällen ohnehin die Strafverfolgung eingestellt würde, Drucks. II, 1987-88, 20 383 Nr. 3, S. 11.

151 Drucks. II, 1987-88, 20 383 Nr. 3, S. 13; vgl. ebd, S. 8-9.

152 S. 87ff.

153 S. 82ff.

nes unter Strafe verpflichtet würde[154], weil dergleichen Sorgfaltspflicht unvereinbar sei mit dem Verbot des Selbstbelastungszwangs[155]. Außerdem sahen die zwei früheren Entwürfe die Festschreibung der Sorgfaltspflichten im Strafgesetzbuch vor. Der Regierungsentwurf hingegen ließ die strafrechtliche Seite mit Ausnahme von rein sprachlichen Korrekturen sowie einer Reduzierung des Höchststrafmaßes[156] in Anpassung an die herrschende Strafzumessungspraxis außer acht[157].

Der Regierungsentwurf war das Manifest eines politischen Kompromisses[158] oder genauer, eines parteipolitischen Kompromisses. Die aktive ärztliche Sterbehilfe auf Verlangen fand die gewünschte gesetzliche Verankerung. Gleichwohl trug der Entwurf dem Willen der CDA[159] Rechnung, blieb die Strafbarkeit nach Art. 293 nlStGB unberührt. Die Aufnahme eines Strafausschließungsgrundes im Strafgesetzbuch, so die Regierung übereinstimmend mit dem Staatsrat[160], sei verfrüht, weil nach ihrer Ansicht über Zulässigkeit und Grenzen der aktiven Sterbehilfe auf Verlangen noch kein hinlänglicher gesellschaftlicher Konsens herrsche und liefe im übrigen der höchstrichterlichen Rechtsprechung[161] zuwider, die eine Rechtfertigung des Arztes vermittels der medizinischen Ausnahme abgelehnt habe[162].

Die „konkrete Todeserwartung“, die das Erste Kabinett Lubbers noch als Voraussetzung zulässiger aktiver ärztlicher Sterbehilfe auf Verlangen im Probeentwurf festschrieb[163], fand keine Aufnahme in den Regierungsentwurf. Der Schluß auf eine gegenüber dem Probeentwurf liberalere Regelung durch das

---

[154] Art. 293 Abs. 7, 294bis des Entwurfs Wessel-Tuinstra/Kohnstamm und Art. 293 Abs. 9, Art. 293ter des Probeentwurfs i.d.F. an den Staatsrat, s. oben, Fn. 113. Zu dem vom behandelnden Arzt auszufüllenden Totenschein s. S. 104ff.

[155] Drucks. II, 1987-88, 20 383 Nr. 3, S. 9.

[156] Vgl. Art. 293 des Regierungsentwurfs und Art. 293 nlStGB, S. 8ff.

[157] Drucks. II, 1987-88, 20 383 Nr. 3, S. 10.

[158] Kelk, NJB 1989, 449; de Wachter, Hastings Cent Rep 1992, 27; vgl. Feber, NJB 1989, 1443.

[159] S. 81ff.

[160] S. 89ff.

[161] S. 45ff. Zum Rechtfertigungsgrund der medizinischen Ausnahme s. auch S. 43ff und S. 45.

[162] Drucks. II, 1987-1988, 20 383 Nr. 3, S. 7, 2.

[163] S. 83, 84ff.

Zweite Kabinett Lubbers wäre indes gänzlich verfehlt. Die Verquickung der zwei ansonsten gegenläufigen politischen Ziele in Gestalt des Regierungsentwurfs führte zu einer Minimalregelung[164] mit dem Ergebnis, daß jeder Fall der aktiven ärztlichen Sterbehilfe auf Verlangen nach wie vor der strafrechtlichen Überprüfung bedurfte, die Erfüllung der in Art. 6b Abs. 2 des Entwurfs festgeschriebenen Pflichten also allenfalls den disziplinarrechtlichen Freispruch des Arztes garantierte, nicht aber eine erfolgreiche Berufung auf rechtfertigenden Notstand im Sinne von Art. 40 nlStGB vor dem Richter[165]. Unter politischem Druck, so folgerten zahlreiche Rechtsgelehrte, wurde schlechte gesetzgeberische Arbeit geleistet[166].

2. Erneute Anfrage beim Gesundheitsrat

Den Empfehlungen des Gesundheitsrates zur Formulierung der Sorgfaltspflichten und Negativdefinition[167], dessen Meinung ob der vergleichsweise umfangreichen Empfehlungen des Staatsrates[168] eingeholt wurde[169], hat die Regierung im Gesetzentwurf vom Dezember 1987, von geringfügigen sprachlichen Korrekturen abgesehen, kaum Berücksichtigung geschenkt. Vielmehr hat die Regierung den eigenen konzeptionellen Gesetzestext, den sie dem Gesundheitsrat hatte zukommen lassen[170], nahezu unverändert im Regierungsentwurf übernommen.

So hatte der Hauptkritikpunkt des Staatsrates an der Negativdefinition des Probeentwurfs[171] bereits Eingang in den konzeptionellen Gesetzestext und später

---

[164] Scholten, in: Eser/Koch, S. 467.

[165] Drucks. II, 1987-88, 20 383 Nr. 3, S. 2, 9. Art. 6b Abs. 2 sei als Richtschnur für den Richter gedacht, ebd., S. 9.

[166] So beispielsweise Feber, NJB 1989, 1442-3.

[167] Gezondheidsraad, Zorgvuldigheidseisen euthanasie, 1987.

[168] In immerhin 9 von 19 Punkten des Gutachtens hatte der Staatsrat konkrete Formulierungsvorschläge getroffen, Drucks. II, 1985-86, 18 331 Nr. 43 C, S. 6-9.

[169] Drucks. II, 1986-87, 19 359 Nr. 5, S. 2-3; Text der Anfrage auch in: Gezondheidsraad, a.a.O., S. 9-11.

[170] Drucks. II, 1986-87, 19 359 Nr. 5, S. 2-3; konzeptioneller Gesetzestext auch in: Gezondheidsraad, a.a.O., S. 9-11.

[171] Die in Art. 293quarter unter c. des Probeentwurfs i.d.F. an den Staatsrat kodifizierte Nichtbehandlung einer Nebenerkrankung eines unwiderruflich Bewußtlosen zähle zu den nach herrschender medizinischer Einsicht sinnlosen Behandlungen i.S.v. Art. 293quarter

unverändert in den Regierungsentwurf gefunden[172]. Andererseits hatte die Regierung beispielsweise die offenkundig begründete Kritik des Staatsrates am Probeentwurf ignoriert und der Nichteinleitung bzw. des Abbruchs einer Behandlung, nach der der Patient ausdrücklich und ernsthaft verlangt hat, den überflüssigen Zusatz[173], „nachdem der Arzt zu der Überzeugung gelangt, daß der Patient das Verlangen freiwillig und wohlerwogen getan und aufrechterhalten hat", beigefügt[174], um des Staatsrates Kritik sodann im Gesetzentwurf vom Dezember 1987 nachzukommen[175]. Die Reaktion des Gesundheitsrates auf den konzeptuellen Gesetzestext beschränkt sich auf eine Wiederholung der Kritik des Staatsrates sowie einen Verweis auf das in Auszügen als Anlage nachgedruckte, von ihm bereits 1982 veröffentlichte, umfangreiche Gutachten zur aktiven Sterbehilfe auf Verlangen[176], welches in ausführlicher Auseinandersetzung mit lebensbeendenden ärztlichen Maßnahmen, die nicht zur aktiven ärztlichen Sterbehilfe auf Verlangen zählen, zu eben diesem Schluß gekommen war[177].

Die Frage nach dem eigentlichen Sinn der erneuten Anfrage an den Gesundheitsrat stellt sich auch im Rahmen der Sorgfaltspflichten des Arztes. Die Sorgfaltspflichten im konzeptionellen Gesetzestext sind die des Probeentwurfs in geänderter Reihenfolge, wenn auch mit geringfügigen Korrekturen, wie beispielsweise einer detaillierteren Regelung zur Tagebuchführung[178], die der

---

unter b. des Probeentwurfs, Drucks. II, 1985-86, 18 331 Nr. 43 C, S. 3, 5, 6; vgl. ebd., S. 10.

172 Drucks. II, 1986-87, 19 359 Nr. 5, S. 2 (Punkt b zur Negativdefinition) und Art. 6a unter b. des Regierungsentwurfs.

173 Drucks. II, 1985-86, 18 331 Nr. 43 C, S. 5; vgl. Art. 294quater des Probeentwurfs sowie den Änderungsantrag des Abgeordneten Dees zur zweiten Fassung des Gesetzentwurfs Wessel-Tuinstra, der die Aufnahme einer Negativdefinition im Strafgesetzbuch einschließlich dieses Zusatzes vorsah, Drucks. II, 1985-86, 18 331 Nr. 25.

174 Drucks. II, 1986-87, 19 359 Nr. 5, S. 2 (Punkt a zur Negativdefinition).

175 Art. 6a unter a.

176 Gezondheidsraad, Zorgvuldigheidseisen euthanasie, S. 14-5; 25-31. Zum Gutachten von 1982 s. S. 73ff.

177 Gezondheidsraad, Advies inzake euthanasie 1982, S. 14-5; vgl. ebd., S. 10-4.

178 Drucks. II, 1986-87, 19 359 Nr. 5, S. 2-3 (Punkt f zu den Sorgfaltspflichten) und Art. 6b Abs. 2 unter f. des Regierungsentwurfs.

Staatsrat der Regierung empfohlen hatte[179]. Schwerwiegende Einwände des Gesundheitsrates gegen den konzeptionellen Gesetzestext überging die Regierung hingegen: Die im Konzept unter Punkt b vorgesehene Einbeziehung Angehöriger in die ärztliche Pflicht, sich von der Ernsthaftigkeit und Freiwilligkeit des Verlangens des Patienten um aktive ärztliche Sterbehilfe zu überzeugen, stünde im Spannungsverhältnis zum Selbstbestimmungsrecht des Patienten in Gestalt der Schutzwürdigkeit seiner Intimsphäre und gehöre gestrichen[180]. Gegen die Einbeziehung der gesetzlichen Vertreter minderjähriger Patienten, wie sie letztlich in Art. 6b Abs. 3 des Regierungsentwurfs einging, hatte der Gesundheitsrat eingewandt, daß die Minderjährigkeit des Patienten der Notsituation des Arztes keinen Abbruch tun könne[181]. Das Verlangen nach aktiver ärztlicher Sterbehilfe sei deshalb gänzlich von Altersgrenzen abzukoppeln und sei vielmehr darauf abzustellen, ob der minderjährige Patient nach Ansicht des Arztes imstande sei, eine wohlüberlegte Entscheidung zu treffen und deren Tragweite aufgrund geistiger und körperlicher Reife zu erfassen[182].

Durch die erneute Anfrage der Regierung an den Gesundheitsrat sah sich das Präsidium der KNMG genötigt, ebenfalls Stellung zu dem konzeptionellen Gesetzestext zu nehmen. Der Aufruf des Präsidiums[183] gegen eine Aufnahme

---

179 Drucks. II, 1985-1986, 18 331 Nr. 43 C, S. 7-8. Des weiteren hat sich die Regierung dem Vorschlag des Gesundheitsrates angeschlossen, das Wort „Tagebuch" mit dem neutraleren „Bericht" zu ersetzen und statt des Fehlens eines „Zusammenarbeitsverband[es]" mit dem beratenden Arzt aus Gründen der Klarheit schließlich in Art. 6 b Abs. 2 unter e. festgelegt, daß von jenem ein unabhängiges Urteil zu erwarten sei, Gezondheidsraad, Zorgvuldigheidseisen euthanansie, S. 21 und S. 19-20 respektive.

180 Gezondheidsraad, a.a.O., S. 16-17. Zur ärztlichen Geheimhaltungspflicht s. auch S. 66ff.

181 Gezondheidsraad, a.a.O., S. 23. Zu der ärztlichen Notsituation nach dem Hoge Raad s. S. 30ff.

182 Gezondheidsraad, a.a.O., S. 22-4. Der Gesundheitsrat ging damit im Anschluß an die Staatscommission Euthanasie, Rapport, Teil I, S. 94; vgl. ebd., S. 87-93, 95-8, einen Schritt weiter als der Staatsrat, dessen Kritik an Art. 293 Abs. 7 des Probeentwurfs und Art. 293 Abs. 5 des Gesetzentwurfs Wessel-Tuinstra/Kohnstamm allein der undifferenzierten Einbeziehung der gesetzlichen Vertreter galt, Drucks. II, 1985-86, 18 331 Nr. 43 C, S. 6-7. Das Zweite Kabinett Lubbers reagierte mit einer Minderjährigenregelung im konzeptionellen Gesetzestext, Drucks. II, 1986-87, 19 359 Nr. 5, S. 3 (nach Punkt f zu den Sorgfaltspflichten), wonach die gesetzlichen Vertreter eines bis zu 16 Jahre alten Patienten der aktiven ärztlichen Sterbehilfe auf Verlangen zustimmen müssen, die des minderjährigen Patienten ab 16 Jahre hingegen lediglich an der Entscheidung zu beteiligen sind.

183 KNMG, Schreiben an Regierung und Parlament v. 15.4.1987, MC 1987, 772.

der Negativdefinition in das Strafgesetzbuch wurde von der Regierung berücksichtigt[184]; zur Kritik an den konzeptionellen Sorgfaltspflichten verwies das Präsidium abermals[185] auf seinen Standpunkt von 1984[186]. Neu hingegen war seine Forderung, ärztliche Sorgfaltspflichten wie die Aufklärung des Patienten[187] von einer gesetzlichen Verankerung auszunehmen, da sie zum beruflichen Selbstverständnis eines jeden Arztes gehörten[188]. Die wahre Entrüstung des Präsidiums galt allerdings der Tatsache, daß die Regierung mit ihrer Anfrage nicht an die KNMG herangetreten war, was es um so mehr befremdete, als die Auffassung des Präsidiums der KNMG eine signifikante Rolle in der Rechtsprechung zur aktiven ärztlichen Sterbehilfe auf Verlangen gespielt und auch Justizminister Korthals Altes im Gespräch mit dem Präsidium zuvor zu erkennen gegeben habe, daß die Bedeutung der Einsichten des Präsidiums in diesem Punkte anerkannt würden[189]. Ungeachtet dessen sei schließlich völlig unklar, weshalb eine erneute Anfrage an den Gesundheitsrat herangetragen wurde, obwohl er seinen Rat zu einer Gesetzesnovellierung[190] bereits ausgesprochen habe, gefolgt von dem der Staatskommission[191] sowie des Staatsrates[192]. Weitere Beratungen würden vor allem zur Verschleppung des Gesetzgebungsverfahrens führen, was eine weiter andauernde Rechtsunsicherheit von Ärzten und Patienten zur Folge haben würde.

Diente die von der Regierung gestartete Anfrage beim Gesundheitsrat nach alledem lediglich der Zeitgewinnung? Sowohl die faktische Nichtberücksichtigung der Empfehlungen des Gesundheitsrates als auch die Stimmen offiziel-

[184] Art. 6a des Regierungsentwurfs; vgl. S. 92.

[185] Vgl. S. 85.

[186] KNMG, MC 1987, 773-5. Zum Positionspapier von 1984 s. S. 85.

[187] Vgl. Drucks. II, 1985-86, 19 359 Nr. 5, S. 2 (Punkt a zu den Sorgfaltspflichten).

[188] KNMG, a.a.O., 774. Bereits Ende 1986 hatte das Präsidium der KNMG mit einem Brief an die Minister für Justiz und Gesundheit, MC 1986, 1335, bezweifelt, ob eine Gesetzesänderung nach Maßgabe des Gutachtens des Staatsrates, wonach der Arzt an detaillierte, „schwere gesetzliche verpflichtende Voraussetzungen" gebunden sei, die Rechtssicherheit befördern würde und damit die Sterbehilfepraxis kontrollierbar mache.

[189] KNMG, a.a.O., 771. Das Gespräch fand am 11.2.1987 statt, ebd.

[190] S. 73ff.

[191] Vgl. S. 77ff.

[192] S. 88ff.

ler[193] und inoffizieller[194] Seite legen den Schluß auf das Desinteresse der CDA an dem raschen Zustandekommen von Gesetzgebung zur aktiven ärztlichen Sterbehilfe auf Verlangen nahe. Tatsächlich wollte die CDA keine Neuregelung vor den nächsten Parlamentswahlen verabschiedet sehen, weil sie annahm, bei der nächsten Kabinettsformation größeren Einfluß auf eine Neuregelung zu haben[195]. Auf Neuwahlen mußte die CDA nicht lange warten. Die Koalition von CDA und VVD scheiterte während der mündlichen Verhandlungen des Gesetzentwurfs des Zweiten Kabinetts Lubbers im Mai 1989 über die Reiskostenverwirkung[196]. Die aus den vorgezogenen Neuwahlen hervorgegangene neue Koalition von CDA und sozialdemokratischer PvdA, das Dritte Kabinett Lubbers, beschloß in seiner Koalitionsvereinbarung im Sommer 1989 eine erste umfangreiche Untersuchung der Praxis zur aktiven ärztlichen Sterbehilfe einzuleiten[197]. Die darin zum Ausgangspunkt genommene Feststellung, es bestünde keine wirkliche Einsicht in Umfang und Art der Praxis aktiver ärztlicher Sterbehilfe, hatte der Professor für Soziologie, van Heek, bereits 1975 in seiner Veröffentlichung „Aktive Sterbehilfe als soziologisches Problem" getroffen[198].

Der im folgenden eingesetzten Untersuchungskommission unter dem Vorsitz des damaligen Generalsstaatsanwalts beim Hoge Raad, Remmelink, gab das Dritte Kabinett Lubbers, das die „Remmelink-Kommission" finanzierte, für seine Studien allerdings nur 18 Monate Zeit[199]. Die Regierung wollte zu einer Entscheidung vor den für 1993 anberaumten Neuwahlen kommen.[200]

---

[193] Vgl. dazu auch den Abgeordneten Kohnstamm (D'66), Drucks. II, 1986-87, 19 359 Nr. 6, S. 3. A. A. sind der Abgeordnete Borgmann (CDA), ebd, und der damalige Justizminister Korthals-Altes, ebd., S. 10.

[194] Vgl. Feber, NJB 1989, 1441; Kelk, NJB 1989, 448.

[195] Van Maurik (S. 33, Fn. 101), schriftliche Auskunft v. 1.9.1997.

[196] Vgl. Verhandl. II, 1993-94, 3314-5; dazu auch Kors, AA 1994, 597.

[197] Drucks. II, 1989-90, 21 132 Nr. 8, S. 47.

[198] Van Heek, Actieve euthanasie als sociologisch probleem, 1975, zitiert nach: Kors, AA 1994, 597. Feber, a.a.O., S. 1441, nimmt an, daß die vom Dritten Kabinett Lubbers eingeleitete Untersuchung ebenfalls vornehmlich der Zeitgewinnung diente.

[199] Einsetzungsbeschluß v. 17.1.1990, van der Maas/van Delden/Pijnenborg, Health Policy 1992, 3. Zu den Ergebnissen der Remmelink-Studie s. S. 119ff, 154ff.

[200] Borst-Eilers, in: Misbin, S. 61.

B. Die bisherige Praxis

Für die derzeitige Rechtslage sind die Entwicklungen in der Verfolgungspraxis der Staatsanwaltschaft in Fällen aktiver ärztlicher Sterbehilfe auf Verlangen ebenso bedeutsam wie der Stand der Rechtsprechung und die Arbeit des Ärzteverbandes KNMG.

I. Verfolgungspraxis der Staatsanwaltschaft

1. Verfolgungsmonopol und allgemeine Geltung des Opportunitätsprinzips

Gem. Art. 167 und 242 nlStPO[201] gilt für die Staatsanwaltschaft allgemein und uneingeschränkt das Opportunitätsprinzip[202]. Die Staatsanwaltschaft ist demzufolge in Fällen aktiver ärztlicher Sterbehilfe auf Verlangen nicht durch eine Verfolgungspflicht eingeschränkt, sondern kann ihre Entscheidung über die Strafverfolgung außer von der Beweis- oder Strafbarkeit der angeblich vom Arzt begangenen Straftat auch von Zweckmäßigkeitserwägungen abhängig machen[203].

Den zweiten Grundpfeiler der Stellung der Staatsanwaltschaft im justiziellen Gefüge bildet das ebenfalls uneingeschränkt geltende Verfolgungsmonopol[204]. Im übrigen aber gibt die nlStPO lediglich den Rahmen für die Arbeit der Staatsanwaltschaft vor, regelt ihre Aufgaben nur pauschal und fragmentarisch und schweigt über den Inhalt der Aufgaben[205], so daß der durch Opportunitätsprinzip und Verfolgungsmonopol gewährte weite Handlungsspielraum der Staatsanwaltschaft die Gefahr in sich birgt, daß ähnlich gelagerte Sachverhalte einer (regional) unterschiedlichen Verfolgungspraxis unterliegen[206].

---

[201] *Art. 167 Abs. 1 nlStPO*: „Wenn die Staatsanwaltschaft aus Anlaß einer eingeleiteten Ermittlung zu dem Urteil gelangt, daß eine Strafverfolgung stattfinden muß, geht sie dazu so schnell wie möglich über." *Art. 167 Abs. 2 nlStPO*: „Von Strafverfolgung kann aus Gründen des allgemeinen Interesses abgesehen werden." Art. 242 nlStPO bestimmt die Geltung des Opportunitätsprinzips im Rahmen der richterlichen Voruntersuchung.

[202] Enschedé, Beginselen, S. 112; Schaffmeister, in: Jescheck/Leibinger, S. 86; vgl. dazu auch van Bemmelen, Strafprocesrecht, S. 97-103.

[203] Vgl. Schaffmeister, a.a.O., S. 86.

[204] Schaffmeister, a.a.O., S. 86; Minkenhof, Strafvordering, S. 40.

[205] Schaffmeister, a.a.O., S. 94-6.

[206] Schaffmeister, a.a.O., S. 94-6.

[206] Vgl. van Bemmelen, a.a.O., S. 100-1; Schaffmeister, a.a.O., S. 89.

Die Staatsanwaltschaft ist eine einheitliche, hierarchisch aufgebaute Justizbehörde, deren Mitglieder intern an Weisungen gebunden sind[207]. Soweit es um die Strafrechtspflege, also die Ermittlung und Verfolgung von Straftaten geht, ist die Staatsanwaltschaft gem. Art. 5 nlGVG der Exekutive unterstellt.[208] Die Ausfüllung des weiten Handlungsspielraums zum Zweck der Sicherstellung einer einheitlichen nationalen Verfolgungspolitik lenkt der Justizminister durch Anwendungsregeln in Gestalt von informellen Handlungs- und Entscheidungsmustern[209]. Wichtigste Koordinationsstelle zwischen Staatsanwaltschaft und Exekutive ist hierfür die vierzehntägige Versammlung der fünf Generalstaatsanwälte („Vergadering van Procureurs-Generaal" – VVPG) bei den Gerichtshöfen unter Vorsitz des Generalsekretärs im Justizministerium, die gemäß den Weisungen des Justizministers für einzelne Delikte oder Deliktsgruppen Verfolgungsrichtlinien für die landesweiten Staatsanwaltschaften festlegt[210]. Die Verfolgungsrichtlinien sind ein behördeninternes Instrument der Selbstbindung, beinhalten also keine für die Öffentlichkeit verbindlichen Normen.[211] Ausgangspunkt der jeweiligen Verfolgungsrichtlinie der VVPG bilden die Gesetzesvorschrift und deren Auslegung durch die höchstrichterliche Rechtsprechung[212]. Die dazu in der Verfolgungsrichtlinie enthaltenen Regeln über die Interpretation der Strafvorschrift, über Strafzumessungsaspekte und Verfolgungskriterien[213] binden das Ermessen der Staatsanwaltschaft und dienen gro-

[207] Gem. Art. 3 Abs. 1 nlGVG wird das Amt der Staatsanwaltschaft auf drei Ebenen selbständig wahrgenommen: von einem Generalstaatsanwalt beim Hoge Raad, vgl. S.22, Fn. 35, von jeweils einem Generalstaatsanwalt bei den fünf Gerichtshöfen und von Staatsanwälten („officieren van justitie") bei den Bezirksgerichten und den Kreisgerichten, vgl. S. 15, Fn. 1. Die Oberstaatsanwälte und Staatsanwälte sind gem. Art. 5a nlGVG in ihrem Dienstverhältnis dem Leiter der jeweiligen Behörde unterstellt, bei der sie auftreten. Gem. Art. 6 Abs. 2 nlGVG sind Behördenleiter beim Hoge Raad und den Gerichtshöfen zugeordneten Anklagebehörden die Generalstaatsanwälte, bei den Bezirksstaatsanwaltschaften ist jeweils ein Staatsanwalt zum Behördenleiter ernannt. Schließlich bestehen Weisungsbefugnisse der ranghöheren gegenüber der rangtieferen Stufe, vgl. Art. 5 nlGVG. Dazu auch Schaffmeister, a.a.O., S. 90-2; Enschedé, Beginselen, S. 49 f.

[208] Schaffmeister, a.a.O., S. 92.

[209] Schaffmeister, a.a.O., S. 93, 97; Enschedé, a.a.O., S. 16; vgl. ebd., S. 14 f.

[210] Schaffmeister, a.a.O., S. 93, 98-9; Minkenhoff, a.a.O. S. 39; Enschedé, a.a.O., S. 75; vgl. unten, Fn. 488.

[211] Hazewinkel-Suringa/Remmelink, Inleiding, S. 781.

[212] Drucks. II, 1994-95, 23 877 Nr. 2, S. 10; vgl. auch Leenen, MC 1995, 539.

[213] Schaffmeister, a.a.O., S. 99.

ßenteils der Harmonisierung der regionalen Einstellungspolitik. Einstellungsgrund hinsichtlich eines bestimmten Delikts, das nach Einschätzung der Staatsanwaltschaft im Einzelfall beweis- und strafbar wäre und dessen Verurteilung durch den Richter daher für möglich gehalten wird, kann im Anschluß an ein Ermittlungsverfahren gem. Art. 167 Abs. 2 nlStPO das Absehen von Strafverfolgung aus allgemeinem Interesse („beleidssepot") liefern[214].

Wie der Begriff „allgemeines Interesse" schon besagt, muß jede Verfolgungsrichtlinie zumindest eine Basis in der öffentlichen Meinung finden. Erhebungen zum öffentlichen Meinungsbild weisen eine steigende Befürwortung der aktiven ärztlichen Sterbehilfe auf Verlangen zwischen 1966-1991 in der niederländischen Erwachsenenbevölkerung auf. Auf die Frage, ob ein Arzt, dessen Patient ihn zur Beendigung seines Leidens um die Verabreichung einer tödlich wirkenden Spritze angeht, die Spritze geben, unter gewissen Umständen geben oder nicht geben soll[215], sprachen sich 1966 noch nahezu die Hälfte der Befragten gegen die Verabreichung der Spritze aus[216]. 1970 waren weniger als ein Viertel aller Befragten dieser Ansicht[217] und 1991 waren nur noch 9 % der Befragten gegen die tödliche Spritze des Arztes[218]. Dagegen stieg die Zahl derjenigen, die sich für aktive ärztliche Sterbehilfe auf Verlangen aussprachen, von 39 % in 1966 vornehmlich bis 1970 auf die Hälfte aller Befragten[219], um dann allmählich auf 57 % in 1991 anzusteigen[220]. Die Teilnehmer der Umfragen waren jeweils nicht älter als 70 Jahre[221].

2. Kenntnisnahme der unnatürlichen Todesursache vermittels ‚Artikel-10-Formular' des amtsärztlichen Leichenbeschauers

Dem Verfolgungsmonopol der Staatsanwaltschaft ist durch ihre Abhängigkeit von der vorherigen Ermittlungstätigkeit der Polizei, die in der Praxis sogar ei-

---

[214]Enschedé, a.a.O., S. 113; vgl. van Bemmelen, Strafprocesrecht, S. 98.

[215]Van der Maas/Pijnenborg/van Delden, JAMA 1995, 1411. Eine vierte mögliche Antwort lautete „unentschieden", ebd. Für eine Diskussion der Ergebnisse vgl. Pijnenborg, End-of-life decisions, S. 115-7.

[216]Van der Maas/Pijnenborg/van Delden, a.a.O., S. 1413 (Tabelle 1).

[217]Van der Maas/Pijnenborg/van Delden, a.a.O., S. 1412.

[218]Van der Maas/Pijnenborg/van Delden, a.a.O., S. 1413 (Tabelle 1).

[219]Van der Maas/Pijnenborg/van Delden, a.a.O., S. 1412.

[220]Van der Maas/Pijnenborg/van Delden, a.a.O., S. 1412, 1413 (Tabelle 1).

[221]Van der Maas/Pijnenborg/van Delden, a.a.O., S. 1411. Zum Meinungsbild der über 70-jährigen niederländischen Bevölkerung s. S. 124.

genmächtig einstellt[222], in der Regel eine faktische Schranke gesetzt[223]. Dagegen gelangen Fälle von aktiver ärztlicher Sterbehilfe auf Verlangen bei Einhaltung der Vorschriften des Gesetzes über das Bestattungswesen der Staatsanwaltschaft direkt zur Kenntnis.

Ziel der Leichenschau nach dem Gesetz über das Bestattungswesen („Wet op de lijkbezorging")[224] ist die Ausstellung eines Totenscheines („verklaring van overlijden"), der ausschließlich für Todesfälle infolge natürlicher Todesursachen gilt und für die Freigabe zum Begräbnis oder zur Verbrennung der Leiche erforderlich ist[225]. Dagegen darf eine Leiche nur nach Unbedenklichkeitserklärung („verklaring van geen bezwaar") der Staatsanwaltschaft überführt werden, wenn Anzeichen eines unnatürlichen Todes der Leiche vorliegen[226]. Gelangt der amtsärztliche Leichenbeschauer („gemeentelijke lijkschouwer"), ein auf amtsärztlicher Ebene für die Leichenschau zuständiger Arzt[227], zu der Überzeugung, daß die Todesursache der Leiche keine natürliche ist, so ist es ihm nach dem Gesetz über das Bestattungswesen untersagt, einen Totenschein auszufüllen[228]. In diesem Fall gilt Art. 10 des Gesetzes über das Bestattungs-

---

222 Eine gesetzliche Einstellungsbefugnis hat die Polizei nicht, vgl. Art. 152, 153 nlStPO; van Bemmelen, a.a.O., S. 101-2; Minkenhof, a.a.O., S. 41.

223 Vgl. Schaffmeister, a.a.O., S. 87.

224 Stb. 1869, 65. Gesetzesreformen fanden im Jahre 1955, Stb. 390, und 1968, Stb. 494, statt. Das System der Abgabe von Totenscheinen wurde durch das hier dargestellte Änderungsgesetz Stb. 1991, 133, wonach Art. 29t nunmehr in Art. 10 geregelt ist, nicht grundlegend geändert, Drucks. II, 1982-83, 11 256 Nr. 84 A, S. 3.

225 Vgl. *Art. 12 Gesetz über das Bestattungswesen*: „Erlaubnis zum Begräbnis oder zur Verbrennung wird nicht erteilt, solange nicht ein Totenschein vorgelegt ist durch den behandelnden Arzt oder einen amtsärztlichen Leichenbeschauer oder eine Erklärung des Staatsanwalts über die Unbedenklichkeit zum Begräbnis oder zur Verbrennung." Gem. Art. 11, S. 1 ist zur Freigabe zusätzlich die schriftliche Erlaubnis des Standesbeamten erforderlich.

226 Art. 76 Abs. 1 i.V.m. Art. 12 Gesetz über das Bestattungswesen. *Art. 76 Abs. 1*: „Wenn Anzeichen oder Andeutungen eines unnatürlichen Todes vorliegen oder wenn im Zusammenhang mit anderen Umständen ein unnatürlicher Tod nicht ausgeschlossen werden kann, darf die Leiche nicht ohne Erlaubnis der Staatsanwaltschaft oder einem ihrer Hilfsoffiziere überführt werden."

227 Art. 3 i.V.m. Art. 4 und Art. 5 Gesetz über das Bestattungswesen. Zum Wortlaut des Art. 3 s. unten, Fn. 239.

228 Das folgt aus dem Umkehrschluß von Art. 7 Abs. 1 Gesetz über das Bestattungswesen. *Art. 7 Abs. 1*: „Der die Leichenschau Verrichtende gibt einen Totenschein ab, wenn er der Überzeugung ist, daß der Tod infolge einer natürlichen Ursache eingetreten ist."

wesen, welcher seit der Gesetzesreform aus dem Jahre 1991 lautet: „Wenn der amtsärztliche Leichenbeschauer meint, nicht zur Abgabe eines Totenscheines übergehen zu können, erstattet er durch das Ausfüllen eines durch unseren Justizminister festgelegten Formulars unverzüglich Bericht an den Staatsanwalt und benachrichtigt zudem unverzüglich den Standesbeamten“[229]. Die vermittels ‚Artikel-10-Formular‘[230] von einer unnatürlichen Todesursache in Kenntnis gesetzte Staatsanwaltschaft leitet Ermittlungen zur Todesursache (Beschlagnahme der Leiche, Ermittlung durch die Polizei, gegebenenfalls Obduktion der Leiche[231]) ein, um sodann eine Unbedenklichkeitserklärung zur Überführung der Leiche zu erteilen.

a. Aktive Sterbehilfe auf Verlangen als unnatürliche Todesursache

Als eine „unnatürliche Todesursache“ („niet-natuurlijke doodsoorzaak“) im Sinne des Gesetzes über das Bestattungswesen galt schon für die Herren der Gesetzesreform von 1955 neben dem Tod aufgrund Selbstmord, Unfall oder höherer Gewalt jeder Tod infolge chemischer oder physischer Gewalt oder Absicht oder Schuld Dritter[232]. Dem fügte 1979 die Staatsaufsicht über die Volksgesundheit[233] hinzu, die Todesursache sei bereits dann als eine unnatürliche anzusehen, wenn Zweifel an einem natürlichen Tod bestünden[234].

Die Staatskommission Euthanasie gelangte daraufhin 1985 zu dem Schluß, aktive Sterbehilfe auf Verlangen sei eine unnatürliche Todesursache im Sinne des Gesetzes über das Bestattungswesen[235]. Auch der Gesetzgeber von 1991 subsumierte die aktive Sterbehilfe auf Verlangen unter den Begriff „unnatürli-

---

229= „Indien de gemeentlijke lijkschouwer meent niet tot afgifte van een verklaring van overlijden te kunnen overgaan, brengt hij onverwijld verslag uit aan de officier van justitie door invulling van een door Onze Minister van Justitie vastgesteld formulier en waarschuwt hij bovendien onverwijld de ambtenaar van de burgerlijke stand.“

230 Ministerialerlaß vom 15.5.1991, Stcrt. 1991, Nr. 96. Zum Begriff des ‚Artikel-10-Formulars‘ s. Landelijke Overleggroep O. M., Evaluatie van de meldingsprocedure 1992, S. 9.

231 Art. 56 nlStPO.

232 Drucks. II, 1955-56, 2410 Nr. 3, S. 10; vgl. auch Drucks. II, 1982-83, 11 256 Nr. 84 A, S. 3; Drucks. II, 1986-87, 19 448 Nr. 5, S. 2.

233 Zur Staatsaufsicht über die Volksgesundheit s. S. 150, Fn. 64.

234 Staatstoezicht op de Volksgezondheid, § 2 der Richtlinien für Ärzte in bezug auf die Leichenbestattung, 1979, zitiert nach: Staatscommissie Euthanasie, Rapport, Teil I, S. 79.

235 Staatscommissie Euthanasie, Rapport, Teil I, S. 81.

che Todesursache“[236]. Im Jahre 1985 entschied erstmals ein Strafgericht, daß in Fällen aktiver Sterbehilfe auf Verlangen der Tod nicht als Folge einer natürlichen Ursache im Sinne des Leichenbestattungsesetzes eingetreten ist[237]. Dem Hoge Raad zufolge gilt das auch für Fälle, in denen der Arzt die aktive Sterbehilfe auf Verlangen in einem rechtfertigenden Notstand vorgenommen habe[238].

b. Umfang der Mitwirkung des behandelnden Arztes bei der Leichenschau

Neben dem amtsärztlichen Leichenbeschauer ist auch der den Verstorbenen behandelnde Arzt („behandelende geneeskundige“) zur Leichenschau nach dem Gesetz über das Bestattungswesen verpflichtet[239].

aa. Pflichten nach dem Gesetz über das Bestattungswesen

Wie auch dem amtsärztlichen Leichenbeschauer obliegt dem behandelnden Arzt nach Art. 7 Abs. 1 des Gesetzes über das Bestattungswesen[240] die Pflicht, im Anschluß an die von ihm vorgenommene Leichenschau einen Totenschein auszustellen, falls er zu der Überzeugung gelangt, daß der Tod aufgrund einer natürlichen Ursache eingetreten ist. Der behandelnde Arzt ist im Gegensatz zum kommunalen Leichenbeschauer allerdings nur zur Leichenschau an eigenen Patienten befugt[241]. Die Pflicht des Arztes zur Ausstellung eines Toten-

---

[236] Drucks. I, 1982-83, 11 256 Nr. 84a, S. 3. Das Begriffsverständnis der „actieve euthanasie“ deckt sich mit dem der „euthanasie“, S. 5ff.

[237] Bezirksgericht Rotterdam, Urteil v. 20.3.1985, in: Gids jurisprudentie gezondheidsrecht 1990, S 85/1, S. 1.

[238] Hoge Raad, Urteil v. 15.12.1987, Nr. 82389, in: NJ 1988, (Nr. 811) 2714, im Anschluß an das Urteil des Gerichtshofs zu Den Haag v. 2.4.1987, in: NJ 1987, (Nr. 756) 2543, welches das Urteil des Bezirksgerichts Rotterdam, oben, Fn. 237, bestätigte.

[239] *Art. 3 Gesetz über das Bestattungswesen*: „Leichenschauung erfolgt durch den behandelnden Arzt oder durch einen amtsärztlichen Leichenbeschauer.“ Die Zuständigkeit des behandelnden Arztes ist durch Art. 6 Abs. 2 Gesetz über das Bestattungswesen eingeschränkt, wonach er eine Leichenschau nicht verrichten darf, wenn zwischen ihm und dem Verstorbenen oder der Mutter des Totgeborenen Bluts- oder Anverwandtschaft bis zum dritten Grad oder Ehe bestand oder besteht.

[240] Zum Wortlaut des Art. 7 Abs. 1 Gesetz über das Bestattungswesen s. oben, Fn. 228.

[241] Das folgt aus dem Umkehrschluß von Art. 6 Abs. 1 i.V.m. Abs. 2 Gesetz über das Bestattungswesen. Art. 6 Abs. 2 sieht anders als Abs. 1 eine Beschränkung der Tätigkeit des behandelnden Arztes als Leichenbeschauer nur im Falle der Verwandtschaft vor. Zu Art. 6 Abs. 2 vgl. oben, Fn. 239.

scheines beschränkt sich somit auf seine verstorbene Patienten. Sofern der behandelnde Arzt nicht zu der Überzeugung gelangt, sein Patient sei einer natürlichen Todesursache erlegen, hat er gem. Art. 7 Abs. 2 des Gesetzes über das Bestattungswesen[242] zur Wahrung des ärztlichen Berufsgeheimnisses sowie zur Sicherung einer objektiven Berichterstattung an die Staatsanwaltschaft[243] den amtsärztlichen Leichenbeschauer einzuschalten. In einem von ihm geleisteten Fall aktiver Sterbehilfe auf Verlangen des Patienten hat der behandelnde Arzt folglich den amtsärztlichen Leichenbeschauer zu benachrichtigen[244], der nach eigenhändiger Leichenschau im Wege des ,Artikel-10-Formulars' die Staatsanwaltschaft benachrichtigt[245]. Dadurch wird erreicht, daß die Staatsanwaltschaft per ,Artikel-10-Formular' auch in Fällen aktiver ärztlicher Sterbehilfe auf Verlangen somit lediglich die Information erhält, daß es sich nach dem Urteil des amtsärztlichen Leichenbeschauers nicht um eine natürliche Todesursache handelt.

bb. Fälschung des ,Totenscheines A' für natürliche Todesursachen als vorherrschende Praxis

Obwohl der behandelnde Arzt nach dem Gesetz über das Bestattungswesen nicht für die Ausstellung eines Totenscheines zuständig ist, wenn er den Tod eines Patienten auf dessen Verlangen durch aktive Sterbehilfe verursacht hat, gaben Ärzte in der Vergangenheit in diesem Fall die Leichenschau regelmäßig nicht vorschriftsgemäß an den amtsärztlichen Leichenbeschauer ab. Vielmehr stellten Ärzte in der Mehrzahl der Fälle, in denen sie auf Verlangen des Patienten aktive Sterbehilfe geleistet hatten, wahrheitswidrig den für natürliche Todesursachen geltenden Totenschein, in der Praxis auch ,Totenschein A' genannt[246], für den verstorbenen Patienten aus und unterbanden somit die Kennt-

---

[242] *Art. 7 Abs. 2 Gesetz über das Bestattungswesen*: „Wenn der behandelnde Arzt meint, nicht zur Abgabe eines Totenscheines übergehen zu können, teilt er dies unverzüglich dem amtsärztlichen Leichenbeschauer oder einem der amtsärztlichen Leichenbeschauer mit."

[243] Verhandl. II, 1951-52, 2410, Anhang („aanhangsel"); vgl. Drucks. II, 1981-82, 11 256 Nr. 17, S. 4.

[244] Vgl. S. 104.

[245] Vgl. S. 102ff.

[246] Staatscommissie Euthanasie, Rapport, Teil I, S. 81. Der vom Arzt gem. Art. 5 des Gesetzes zur Ausübung der Heilkunst neben dem ,Totenschein A' auszufüllende ,Totenschein B' dient statistischen Zwecken. Zum heute geltenden WetBIG s. S. 63ff.

nisnahme der Staatsanwaltschaft von dem unnatürlich verursachten Todesfall vermittels ‚Artikel-10-Formular'.

Die Erwartung, die der Gesetzgeber von 1991 an die Ärzte stellte, „Wir haben vollkommenes Vertrauen in das ethische Bewußtsein des Ärztestandes..."[247], um Ärzten die Entscheidung über die Abgabe eines ‚Totenscheines A' zu überlassen, hat sich nicht erfüllt: Die Zahl aller der Staatsanwaltschaft per ‚Artikel-10-Formular' durch den amtsärztlichen Leichenbeschauer gemeldeten Fälle aktiver ärztlicher Sterbehilfe auf Verlangen und ärztlicher Hilfe zur Selbsttötung in den Jahren 1984 bis einschließlich 1990 betrug nur 19, 31, 84, 126, 184, 338 bzw. 454[248]. Selbst bei Zugrundelegung der niedrigsten Schätzung von 2.000 Fällen von aktiver ärztlicher Sterbehilfe auf Verlangen und ärztlicher Hilfe zur Selbsttötung pro Jahr[249], wurden danach auch 1988 noch über 90 % der Fälle, 1989 über 80 % der Fälle und 1990 über 75 % aller Fälle nicht gemeldet. Von den insgesamt 1.236 Meldungen in sieben Jahren wurden 98,4 % sofort von der Staatsanwaltschaft eingestellt; nur 3 Fälle gelangten zur Anklage[250]. Schätzungen des Generalstaatsanwalts Feber zufolge wurden dagegen im Jahre 1989 nur 2 bis 5 % aller Fälle aktiver ärztlicher Sterbehilfe auf Verlangen und ärztlicher Hilfe zur Selbsttötung der Staatsanwaltschaft überhaupt vorschriftsgemäß per ‚Artikel-10-Formular' gemeldet[251].

Bereits 1984 hatte die KNMG in ihrem Positionspapier die Fälschung des ‚Totenscheines A' durch Ärzte als ein unlauteres Verhalten verurteilt, welches „eines Arztes unwürdig ... und außerdem nicht risikolos" und daher einzustellen sei[252]. Die Staatskommission Euthanasie forderte 1985 „Offenheit und Ehrlichkeit bezüglich der Todesursache" von Ärzten als „absolute Voraussetzung" für die Kontrollierbarkeit der aktiven ärztlichen Sterbehilfe auf Verlangen zur

---

[247]Drucks. II, 1975-76, 11 256, Nr. 6, S. 4.

[248]Landelijke Overleggroep O. M., a.a.O., S. 3. Nach van der Wal/Dillmann, BMJ 1994, 1348, wurden der Staatsanwaltschaft 1981 nur 4 und 1982 nur 7 Fälle aktiver ärztlicher Sterbehilfe auf Verlangen und ärztlicher Hilfe zur Selbsttötung gemeldet.

[249]Vgl. die Anzahl der Vorkommnisse 1986-1989 bei van der Wal u.a., MC 1991, 175 (Tabelle 4) und zu denen im Jahre 1990 s. die Ergebnisse der Remmelink-Studie, S. 120ff.

[250]Vgl. Landelijke Overleggroep O. M., a.a.O., S. 3.

[251]Feber, NJB 1989, 1443.

[252]KNMG, MC 1984, 996, „[w]ie verständlich dies unter den gegebenen Umständen auch sein mag", ebd.

Vorbeugung von Mißbrauch[253]. Im selben Jahr verurteilte das Bezirksgericht Rotterdam[254] einen Arzt, der aktive Sterbehilfe auf Verlangen an seiner Patientin geleistet und sodann einen ‚Totenschein A' ausgefüllt hatte, gem. Art. 228 nlStGB[255] wegen unrichtiger Angabe der Todesursache im Totenschein. Die aktive ärztliche Sterbehilfe auf Verlangen sei wegen Notstands gerechtfertigt. Eine Rechtfertigung der Tat nach Art. 228 nlStGB wegen Notstands hielt das Gericht hingegen für ausgeschlossen[256].

Ihr strafbares Verhalten erklärten Ärzte vor allem damit, den Angehörigen des verstorbenen Patienten eventuelle Strafermittlungen ersparen zu wollen. In einer Zeit der Trauer sähe sich die Familie des Verstorbenen indiskreten polizeilichen Untersuchungen ausgesetzt[257]. Allerdings ist überwiegend davon auszugehen, daß Ärzte nicht zuletzt einen ‚Totenschein A' für den verstorbenen Patienten ausstellten, um sich selbst einer strafrechtlichen Verfolgung zu entziehen[258].

3. Besondere Verfolgungsrichtlinien

Nach der Anfang der achtziger Jahre geltenden Rechtslage steckte Art. 293 nlStGB den Handlungsraum der Staatsanwaltschaft für die ihr vermittels Artikel-10-Formular gemeldeten Fälle aktiver ärztlicher Sterbehilfe auf Verlangen ab[259]. Der einzige Punkt, über den sich die Mitglieder der Kommission Medizinische Ethik des Gesundheitsrates 1982 hatten einigen können, nämlich eine Anpassung des Art. 293 nlStGB an die herrschenden Ansichten zur akti-

[253] Staatscommissie Euthanasie, Rapport, Teil I, S. 81.

[254] Bezirksgericht Rotterdam, Urteil v. 20.3.1985, in: Gids jurisprudentie gezondheidsrecht 1990, S 85/1, S. 2.

[255] *Art. 228 Abs. 1 nlStGB*: „Der Arzt, der vorsätzlich eine falsche schriftliche Erklärung über eine Todesursache oder darüber abgibt, daß Krankheiten, Schwächen oder Gebrechen bestehen oder nicht bestehen, bestanden haben oder nicht bestanden haben, wird mit Gefängnisstrafe bis zu drei Jahren oder Geldbuße der vierten Kategorie bestraft." (Zuletzt übersetzt von Schaffmeister, in: Jescheck/Kielwein, S. 136. Hiesige Übersetzung berücksichtigt die inzwischen eingetretenen Änderungen im Strafmaß).

[256] Bezirksgericht Rotterdam, a.a.O., S. 1. Der Gerichtshof Den Haag bestätigte das Urteil, minderte das Strafmaß jedoch von 500 auf 250 Gulden, Urteil v. 2.4.1987, in: NJ 1987, (Nr. 756) 2543. Die Kassation des Arztes vor dem Hoge Raad blieb ohne Erfolg, Urteil v. 15.12.1987, NJ 1988, (Nr. 811) 2710-5.

[257] Vgl. Bezirksgericht Rotterdam, a.a.O., S. 1; Borst-Eilers, in: Misbin, S. 59.

[258] Vgl. van der Maas/van Delden/Pijnenborg, Health Policy 1992, S. 99 (Tabelle 9.4).

[259] Vgl. S. 100ff.

ven Sterbehilfe auf Verlangen durch „...einiges Experimentieren..." mit Verfolgungsrichtlinien der Staatsanwaltschaft vorzunehmen[260], wurde damals zur Schaffung von Anwendungsregeln zu Art. 293 nlStGB in die Tat umgesetzt. Daß deren gesetzliche Verankerung über ein Jahrzehnt später dem Experimentieren kein Ende setzen sollte, dürfte allerdings kaum im Sinne der Kommissionsmitglieder gewesen sein.

a. Entscheidung durch die Versammlung der Generalstaatsanwälte seit 1982 anhand der bestehenden Rechtsprechung

Bereits 1981 beschloß die Versammlung der Generalstaatsanwälte, VVPG, auf die Weisung von Justizminister de Ruiter (CDA) hin, daß jeder der Bezirksstaatsanwaltschaft vermittels Artikel-10-Formular zu Kenntnis gebrachte Fall einer unnatürlichen Todesursache, den die Polizei als aktive Sterbehilfe auf Verlangen aufgespürt hatte, an ihr Gremium weiterzuleiten sei, um so auf nationaler Ebene zu entscheiden, ob im Einzelfall Anklage zu erheben sei[261]. Sofern die Sorgfaltspflichten der Bezirksgerichte Leeuwarden und Rotterdam nach Ansicht der VVPG im Einzelfall vom Arzt eingehalten wurden, die VVPG also die Annahme eines Rechtfertigungsgrundes von seiten des Gerichts antizipierte[262], war es regelmäßige Praxis der VVPG, eine Einstellung des Falles aus allgemeinem Interesse anzuordnen[263].

Soweit Einstellungsentscheidungen „im Lichte des Urteils des Bezirksgerichts Leeuwarden von 1973" getroffen wurden[264], scheint die VVPG der Fehlinterpretation erlegen zu sein, daß die vom Gericht formulierten Sorgfaltspflichten zulässiger ärztlicher Behandlungen, die auf Schmerzbekämpfung nebst unbeabsichtigter Lebensverkürzung abzielten[265], solche zulässiger aktiver ärztlicher Sterbehilfe auf Verlangen gewesen seien[266]. Die eigenen Unterstellungen auf ein Gerichtsurteil zu projizieren, verstößt offenkundig gegen dessen angezeigte objektive Auslegung. Die Tatsache, daß diese möglicherweise auf Definitions-

---

[260] S. 74.

[261] Jaaresverslag O.M. 1982, Drucks. II, 1983-84, 18100-VI Nr. 3, S. 70. Die Jahresberichte der Staatsanwaltschaft werden von den Generalstaatsanwälten bei den Gerichtshöfen verfaßt und sind jeweils als Anlage zum Justizhaushalt veröffentlicht.

[262] Vgl. S. 100ff.

[263] Drucks. II, 1983-84, 18 100-VI Nr. 3, 70.

[264] Drucks. II, 1983-84, 18 100-VI Nr. 3, 70.

[265] S. 18ff.

[266] Staatscommissie Euthanasie, Rapport, Teil I, S. 303 (Minderheitsvotum).

schwierigkeiten der „euthanasie"[267] zurückzuführende Fehlinterpretation nicht auf Widerspruch, sondern allenfalls auf Nachahmung gestoßen ist[268] und außerdem keinen Einzelfall darstellt[269], wirft die Frage auf, wie behutsam zeitgenössische Rechtsgelehrte die heikle und überaus kontroverse Problematik der aktiven Sterbehilfe behandeln bzw. welche Bedeutung sie den wirklichen Absichten der Strafrichter in Entscheidungen zumessen, auf die zur Beurteilung der Frage zulässiger aktiver ärztlicher Sterbehilfe auf Verlangen vorbehaltlos zurückgegriffen wird.

Das Bezirksgericht Rotterdam wiederum hatte in einem Fall der ärztlichen Hilfe zur Selbsttötung zu einer Zeit entschieden[270], in der die rechtliche Gleichbehandlung von aktiver Sterbehilfe auf Verlangen und Hilfe zur Selbsttötung noch alles andere als einhellig anerkannt war[271]. Die Tauglichkeit der Rotterdamer Richtlinien als allgemeingültiger Prüfungsmaßstab, um darauf eine vorhersehbare Strafverfolgungspolitik zu stützen, war auch im übrigen begrenzt. So ließ das Gericht nicht nur völlig offen, inwiefern ein zweiter Arzt bei der Entscheidung zur Sterbehilfe einzubeziehen sei bzw. mit der Entscheidung des behandelnden Arztes übereinstimmen müsse[272]. Auch die übrigen Sorgfaltspflichten waren keineswegs eindeutig[273]. Ob die VVPG in den Jahren 1982 bis 1985 auf der Grundlage der Rotterdamer Richtlinien im Einzelfall einzuschätzen vermochte, wie der Richter entscheiden würde[274], ist daher nachhaltig zu bezweifeln. Fraglich ist zugleich, ob die Anpassung einer Strafvorschrift vermittels einer rechtsfortbildenden Rechtsprechung je als Grundlage einer vorhersehbaren Strafverfolgung taugen kann[275]. In Abwesenheit einer gesetzlichen Regelung, an deren Wortlaut sich der Richter halten muß, wird zwangsläufig auf die Auslegung des geltenden Rechts durch den angerufenen Richter

---

267 S. 5ff.

268 Vgl. S. 19.

269 Vgl. auch S. 66.

270 Vgl. S. 19ff.

271 Vielmehr wurde die Ansicht, aufgrund deren ethischer Gleichwertigkeit sei auch eine rechtliche Gleichbehandlung angezeigt, erst nach Verkündung des Urteils des Bezirksgerichts Rotterdam vertreten, vgl. S. 8ff.

272 Vgl. S. 21ff.

273 Zu der Mehrdeutigkeit der Sorgfaltspflichten der Rechtsprechung nach den Erläuterungen des Präsidiums der KNMG s. S. 56ff.

274 Vgl. S. 100ff.

275 Stolwijk, DD 1996, 504.

gesetzt, der in seiner Entscheidung gleichwohl nur einer begrenzten Anzahl der anstehenden Fragen Rechnung tragen kann. Mit einer rigorosen Einstellungspolitik gemeldeter Fälle aktiver ärztlicher Sterbehilfe auf Verlangen geriert sich die Staatsanwaltschaft deshalb zwangsläufig für die Berufsgruppe der Ärzte zum „Pseudogesetzgeber" („pseudowetgever")[276], was angesichts der jede Opportunitätserwägung einschränkenden Voraussetzungen der Gleichheit, Kontinuität und Einheitlichkeit der Verfolgungspolitik[277] allemal fragwürdiger ist als eine rechtsfortbildende höchstrichterliche Rechtsprechung durch den unabhängigen Richter in Abwesenheit gesetzgeberischer Reformen[278].

Der maßvollen Steigerung vorschriftsgemäßer Meldungen aktiver ärztlicher Sterbehilfe auf Verlangen in den Jahren 1984 bis 1990[279] begegneten die Anklagebehörden mit einer Einstellungspraxis, nach der Entscheidungen zur Strafverfolgung von ca. 20 % in 1984 im Verlauf von fünf Jahren auf ca. 1 % aller gemeldeten Fälle pro Jahr absanken[280]. Mit zunehmender Anzahl aufsehenerregender Sterbehilfeprozesse, in denen Ärzte vor Gericht straflos

---

276 Die Bezeichnung „Pseudogesetzgeber" beinhaltet zweierlei: zum einen, daß die Staatsanwaltschaft zur Gesetzgebung bzw. Gesetzesänderung nicht befugt ist, zum anderen, daß es dabei ebenso wie bei einer echten Gesetzesvorschrift um von der Staatsanwaltschaft gesetzte allgemeine Verfahrensregeln geht. Strittig ist, ob Pseudogesetzgebung der Staatsanwaltschaft wegen des kategorischen Verbots des Art. 293 nlStGB bereits durch die rigorose Einstellungspolitik als solche, Feber, NJB 1989, 1442; vgl. Cuperus-Bosma/ van der Wal/van der Maas, Eur J Health Law 1997, 237, oder erst durch eine von der Rechtsprechung abweichende Verfolgungspolitik, Leenen, MC 1995, 539, anzunehmen ist. Obschon keine Seite Argumente für die jeweilige Auffassung anführt und beide Ansichten angesichts vereinzelter Entscheidungen der Justizminister zur Verfolgungspolitik in Sachen aktiver ärztlicher Sterbehilfe auf Verlangen, vgl. S. 145ff, 166ff, zu demselben Ergebnis kommen, so spricht dennoch gegen letztere Ansicht, daß sie die höchstrichterliche Rechtsprechung zur aktiven ärztlichen Sterbehilfe auf Verlangen, S. 30ff, verkennt, vgl. S.168, Fn. 173. Dagegen ist erstere Ansicht mit dem Konzept des Hoge Raad zum rechtfertigenden Notstand vereinbar, ihr ist daher beizupflichten.

277 Van Bemmelen, Strafprocesrecht, S. 100-1.

278 Feber, NJB 1989, 1442. Bereits 1984 hatte die Abgeordnete Wessel-Tuinstra mit ihrem Gesetzentwurf der in einer Demokratie „ungewünscht[en]" Vermengung der Kompetenzen ein Ende setzen wollen, Drucks. II, 1983-84, 18 331 Nr. 3, S. 6; vgl. S. 74. Eine strenge Gewaltenteilung sieht das nlGG allerdings nicht vor, vgl. z.B. die Zusammensetzung des Gesetzgebers, oben, Fn. 4; Akkermans/ Koekkoek, Grondwet, Art. 89, S. 783-4.

279 S. 106.

280 Vgl. Landelijke Overleggroep O.M., a.a.O., S. 3.

ausgingen, und der „Nachhilfe“ durch das Präsidium der KNMG[281] stieg die Gewißheit der Ärzte über die Konsequenzen einer wahrheitsgemäßen Meldung „ihres“ Falles[282]. Die parallele Entwicklung der Einstellungspraxis ist auf die Anpassung der Verfolgungsrichtlinie an die bestehende Rechtsprechung zur aktiven ärztlichen Sterbehilfe auf Verlangen in Abwesenheit gesetzgeberischer Reformen zurückzuführen.

b. Entscheidung durch die Bezirksstaatsanwaltschaften seit 1985 anhand der offiziellen Leitsätze der Rechtsprechung

Aufgrund der steigenden Anzahl ärztlicher Meldungen änderte Justizminister Korthals Altes (CDA) die Verfolgungsrichtlinie zur aktiven ärztlichen Sterbehilfe auf Verlangen 1985 dahingehend, daß statt der VVPG nunmehr die Bezirksstaatsanwaltschaften die Einstellungsentscheidung im Einzelfall zu treffen hatten.

1984 hatte der Hoge Raad in seinem ersten Sterbehilfeprozeß, auf dessen Auslegung des Art. 293 nlStGB der Justizminister seine Verfolgungspolitik in Fällen aktiver ärztlicher Sterbehilfe auf Verlangen eigentlich zu stützen hat[283], von der Formulierung ärztlicher Sorgfaltspflichten zum rechtfertigenden Notstand mit beredtem Schweigen abgesehen[284]. Das führte Justizminister Korthals Altes zu der zutreffenden, allerdings stark verkürzten Feststellung, der Hoge Raad habe die Möglichkeit einer Rechtfertigung aktiver ärztlicher Sterbehilfe auf Verlangen wegen Notstands offen gelassen[285]. Der Justizminister traf gleichwohl die politische Entscheidung, die von den Instanzgerichten geschöpften Sorgfaltspflichten zu funktionalisieren, um Mitte der achtziger Jahre die Einhaltung dieser offiziellen Leitsätze der Rechtsprechung[286] als Voraussetzung für das Absehen von Strafverfolgung durch die Bezirksstaatsanwälte zu erklären[287] – die antizipierte Annahme eines rechtfertigenden Notstands

---

281 Vgl. S. 51, 54ff; vgl. dazu auch Feber, NJB 1989, 1444.

282 Vgl. van der Wal/Dillmann, BMJ 1994, S. 1348; Feber, a.a.O., 1444-5.

283 S. 100ff.

284 Vgl. S. 32ff.

285 Drucks. II, 1985-86, 19 359 Nr. 2, S. 6.

286 S. 50.

287 Drucks. II, 1986-87, 19 700-VI Nr. 3, S. 69. Nach der Verfolgungsrichtlinie waren die Bezirksstaatsanwaltschaften verpflichtet, eine Kurzdarstellung des Falles und ihrer Entscheidung an die VVPG weiterzuleiten, welche von einer Besprechung des Falles absehen durfte, sofern sie die Meinung der Bezirksstaatsanwaltschaft teilte, ebd.

durch die Staatsanwaltschaft wurde folglich von der Einhaltung materieller und prozessualer Sorgfaltspflichten abhängig gemacht, obschon allein der Gesetzgeber befugt ist, den rechtfertigenden Notstand für Fälle aktiver ärztlicher Sterbehilfe auf Verlangen durch die Einführung von materiellen Voraussetzungen einzuschränken[288].

Infolge der Erklärung des Justizministers nahm zum einen das Bedürfnis an Musterprozessen in der Rechtsprechung zur Bestimmung der Verfolgungspolitik zur aktiven ärztlichen Sterbehilfe auf Verlangen ab[289]. Andererseits löste die Erklärung das Dilemma der Staatsanwaltschaft zwischen dem Ausbleiben von Meldungen in Fällen, die am ehesten der strafrechtlichen Kontrolle bedurften, und einer stringenten, unnachgiebigen Strafverfolgung zu Lasten letzterer[290]. In die Rolle eines „Pseudogesetzgebers" gezwungen, konnte die Staatsanwaltschaft ihrer Rolle nicht gerecht werden. Es wurden ausschließlich Fälle gemeldet, die die Bezirksstaatsanwälte für einstellungswürdig befanden, daher blieb die ärztliche Sterbehilfepraxis weitgehend unerfaßbar[291]. Das sich so einstellende Gleichgewicht war trügerisch, wurde doch der Hauptanlaß für Ärzte zur Fälschung des ‚Totenscheines A' keineswegs beseitigt. Aus politischen Gründen durfte die Erklärung des Justizministers nicht offiziell als solche hingestellt werden, daß Ärzte ihr eine Garantie gegen Strafverfolgung entlehnen konnten[292], mithin war sie eben nicht mehr als eine behördeninterne Richtlinie[293]. Die Abneigung der Ärzte gegen eine Meldung wurde nicht zuletzt dadurch geschürt, daß in jedem gemeldeten Fall eine polizeiliche Untersuchung eingeleitet wurde[294] und selbst bei minutiöser Einhaltung der offiziellen Leitsätze der Rechtsprechung jeder Einstellungsmitteilung durch die Bezirksstaatsanwaltschaft zeitaufwendige Untersuchungen von bis zu zehn Staats-

---

288Vgl. Klijn, MC 1995, 680.

289A.A. sind Feber, a.a.O., S. 1445 und van der Wal/Dillmann, a.a.O., S. 1348, die den schwindenden Bedarf an Musterprozessen an einer Mitte der achtziger Jahre abgeschlossene Entwicklung der Rechtsprechung zur aktiven ärztlichen Sterbehilfe auf Verlangen festmachen. Strenggenommen ist das ein Zirkelschluß, entscheidet über den Bedarf an Musterprozessen doch letztlich der Justizminister, vgl. S. 99ff. Dazu auch S. 171.

290Vgl. Feber, a.a.O., S. 1444-5; van der Wal/Dillmann, a.a.O., S. 1348.

291Feber, a.a.O., S. 1445.

292Feber, a.a.O., S. 1444.

293Vgl. S. 100ff.

294Vgl. Borst-Eilers, in: Misbin, S. 59.

anwälten vorausgingen[295]. Nicht zuletzt war es die Ansicht vieler Ärzte, ihre Handlungen in der Domäne der aktiven Sterbehilfe auf Verlangen fielen unter ihr ärztliches Berufsgeheimnis und seien demzufolge einer öffentlicher Untersuchung ohnehin nicht zugänglich[296].

Die herrschende Rechtsunsicherheit weckte „kreative“ Geister auf Bezirksebene. Vielerorts wurden zusätzliche informelle Verfahren zum Schutz von Ärzten vor Strafverfolgung vereinbart und erstmals auch den Ärzten offiziell bekanntgegeben. So erfuhren 1987 sämtliche Ärzte der Stadt Amsterdam von einem durch den Direktor des Gesundheitsamtes zusammen mit der Bezirksstaatsanwaltschaft und dem regionalen Inspektor für Volksgesundheit entwikkelten Verfahren, bei dessen Einhaltung dem jeweiligen Arzt eine Strafverfolgung erspart bleiben würde[297]. 1988 folgte die Stadt Rotterdam dem Vorbild Amsterdams[298]. Wachsende Unterschiede in der Verfolgungspraxis waren zwangsläufig. So der Arzt überhaupt meldete, wurde er in einem Bezirk von der Polizei beinahe verhaftet, in einem zweiten hingegen führten Vereinbarungen mit der Staatsanwaltschaft zu einer weitaus nachsichtigeren Behandlung der ortsansässigen Ärzte[299]. Justizminister Korthals Altes weigerte sich jedoch jahrelang, diese lokalen Konventionen offiziell zu genehmigen[300].

---

295 Feber, a.a.O., S. 1444; vgl. Gevers, in: Misbin, S. 74.

296 Admiraal, 20 Jahre Erfahrung, S. 19.

297 De Wachter, JAMA 1989, 3318-9. Auch Krankenhäuser wurden vereinzelt tätig. Bereits 1985 sagte z.B. das Universitätsklinikum Utrecht seinen Ärzten in einer Richtlinie volle Unterstützung zu, so sie die Krankenhausleitung und gegebenenfalls ein speziell eingerichtetes Beratungskommittee bei der Entscheidung, aktive Sterbehilfe auf Verlangen eines Patienten zu leisten, miteinbezögen, ebd. Vgl. dazu Drucks. II, 1991-92, 20 383 Nr. 14, S. 6; weitergehende Studie bei Haverkate/van der Wal, JAMA 1996, 435 ff.

298 Vgl. de Wachter, a.a.O., S. 3318.

299 Van Delden/Pijnenborg/van der Maas, Hastings Cent Rep 1993, 25.

300 Gevers, in: Misbin, S. 74. Vom seinerzeitigen Gesetzgeber war eine Gesetzesnovellierung, die endlich klare Verhältnisse und damit dem sich abzeichnenden Debakel ein Ende schaffen würde, übrigens nicht zu erwarten. Im Parlament stritten sich Abgeordnete von CDA und VVD um die zu erwartenden Auswirkungen des Gesetzentwurfs des Zweiten Kabinetts Lubbers, S. 92ff, auf die Strafverfolgungspolitik der Staatsanwaltschaft. Die CDA ging davon aus, daß der Regierungsentwurf regelmäßig zu einer Verfolgungsentscheidung der Staatsanwaltschaft führen würde, die VVD sah mit seiner Verabschiedung hingegen die Fortsetzung der bisherigen Einstellungspraxis gewährleistet, Drucks. II, 1986-87, 19 359 Nr. 6, S. 3 und 5 f respektive. Das Scheitern der Regierungskoalition im Mai 1989 enthob denn auch Justizminister Korthals Altes zumindest der

c. Das Meldeverfahren seit 1991

Anstatt im Hinblick auf die nach wie vor verbreitete Nichtbefolgung der Meldevorschriften nach dem Gesetz über das Bestattungswesen durch Ärzte die bestehende Verfolgungsrichtlinie zu verschärfen, wurde diese Ende 1990 auf Weisung des neu ernannten Justizministers Hirsch Ballin (CDA) gegen den Rat der Generalstaatsanwälte[301] aufgelockert.

Hatte die CDA durch die Neuwahlen den ohnehin ungeliebten Koalitionspartner VVD verloren[302], so wurde der neuerdings aus den Reihen der CDA stammende Justizminister[303] nunmehr von außerparlamentarischer Seite zur sofortigen Gestaltung der Strafverfolgungspolitik genötigt. Das Präsidium der KNMG hielt die eklatanten Unterschiede in der Verfolgungspraxis der Bezirksstaatsanwaltschaften für inakzeptabel und machte seine Unterstützung der Remmelink-Studie[304] deshalb von der Einführung eines einheitlichen, ihren Vorstellungen entsprechenden Verfahrens durch den Justizminister abhängig[305]. Da die im Rahmen der Studie geplante Befragung von Ärzten ohne die Befürwortung und Empfehlung der KNMG nahezu unmöglich gewesen wäre[306], stimmte Justizminister Hirsch Ballin im November 1990 einer einheitlichen Verfolgungsrichtlinie der Staatsanwaltschaft und Polizei über das Auftreten bei der Bearbeitung von Meldungen durch Ärzte in Fällen aktiver Sterbehilfe auf Verlangen[307] zu, die unverkennbar die Handschrift des KNMG-Präsidiums trägt[308]. Das gilt auch für die zwei zusammen mit der Staatsanwalt-

---

anstehenden Aufgabe, eine allseits befriedigende und dennoch am Gesetz ausgerichtete Verfolgungspolitik bestimmen zu müssen.

301 Vgl. Feber, NJB 1989, 1443-5. Die VVPG genehmigte die Verfolgungsrichtlinie, Drucks. II, 1990-91, 21 800-VI Nr. 23, S. 1.

302 Vgl. S. 98.

303 Vgl. S. 111.

304 Vgl. S. 98.

305 So Justizminister Hirsch Ballin über das Gespräch mit dem KNMG-Präsidium am 10.5.1990, Verhandl. II, 1991-92, 2979; vgl. dazu auch ebd., S. 2984 f.

306 Verhandl. II, 1991-92, 2979. Auf die 1989 vom Fachbereich Gesundheitsrecht der Universität Limburg abgeschlossene Studie hatten nur 44 % der befragten Ärzte geantwortet, obwohl ihnen strenge Geheimhaltung der Daten zugesichert wurde, de Wachter, JAMA 1989, 3316; vgl. Legemaate, Camb Q Healthc Ethics 1995, 115.

307 Drucks. II, 1990-91, 21 800-VI Nr. 23, S. 2-3.

308 Vgl. KNMG, MC 1987, 770 ff; dies., MC 1986, 1334 f; dies., MC 1986, 208 f.

schaft erarbeiteten[309], Mitte Dezember 1990 zur Ergänzung der Verfolgungsrichtlinie eingeführten Standardberichte für den behandelnden Arzt bei der Meldung an den amtsärztlichen Leichenbeschauer[310] und für den amtsärztlichen Leichenbeschauer an den Staatsanwalt[311], mit denen die bloß behördeninterne Richtlinie um einen öffentlichen, wenngleich informellen Teil erweitert wurde, die zusammen als das „Meldeverfahren“ („meldingsprocedure“) vom 1. November 1990 galten[312].

Nach dem Meldeverfahren hat der behandelnde Arzt zusätzlich zu seiner Pflicht nach Art. 7 Abs. 2 des Gesetzes über das Bestattungswesen[313] dem amtsärztlichen Leichenbeschauer einen an dem Standardbericht für den behandelnden Arzt ausgerichteten Bericht zu erstatten[314]. Die ca. 25 Fragen im Standardbericht betreffen zum einen die ärztliche Diagnose zum Krankheitsbild des Patienten sowie Form und Zeitpunkt des Verlangens nach aktiver Sterbehilfe, zu denen der Arzt Stellung zu nehmen hat. Das gilt auch für einen Teil der an den offiziellen Leitsätzen der Rechtsprechung[315] ausgerichteten Fragen, beispielsweise für Frage II. 5. zum Fehlen alternativer Behandlungsmöglichkeiten, die dem Patienten akzeptabel erscheinen, „Hat der Patient auch noch andere Alternativen als aktive ärztliche Sterbehilfe auf Verlangen erwogen? Wenn ja, welche, wenn nein, warum nicht?“, für Frage III. 1.-3. zu einer eventuellen Zweitdiagnose sowie für Frage IV. 1.-4. zur Sorgfältigkeit bei der Ausführung der aktiven Sterbehilfe. Dagegen ist den an den offiziellen Leitsätzen ausgerichteten Fragen zum Ausmaß des Leidens des Patienten

---

309 KNMG, MC 1991, 62. Offiziellen Erklärungen des Justizministers Hirsch Ballin zufolge entstanden die Listen aufgrund von Überlegungen des Justizministers mit der Staatsanwaltschaft, Staatsaufsicht über die Volksgesundheit und KNMG, Drucks. II, 1991-92, 20 383 Nr. 14, S. 18. Gleichlautendes hatte der Justizminister über das Zustandekommen der Verfolgungsrichtlinie erklärt, Drucks. II, 1990-91, 21 800-VI Nr. 23, S. 1.

310 KNMG, MC 1991, 62. Der Standardbericht für den behandelnden Arzt ist abgedruckt im Anhang, Ziff. VIII.

311 KNMG, a.a.O., S. 62-3. Der Standardbericht für den amtsärztlichen Leichenbeschauer ist abgedruckt im Anhang, Ziff. IX. Zu dem im Standardbericht genannten Art. 29t des Gesetzes über das Bestattungswesen s. oben, Fn. 224; zu den im Standardbericht genannten Richtlinien für Ärzte über die Vorschriften in bezug auf die Leichenbestattung s. oben, Fn. 234.

312 Vgl. beispielsweise Drucks. II, 1991-92, 20 383 Nr. 14, S. 17.

313 S. 105.

314 Vgl. Drucks. II, 1990-91, 21 800-VI Nr. 23, S. 2.

315 S. 50.

(Frage I. 5.) und zur Freiwilligkeit und Wohlerwogenheit seines Verlangens (Frage II. 1.) ein Suggestivcharakter kaum abzusprechen. Schließlich sind sämtliche Fragen, die wörtlich denen des Hoge Raad an den Gerichtshof Den Haag zum rechtfertigenden Notstand des Hausarztes entlehnten Fragen[316] entsprechen, derart formuliert, daß der Arzt sie lediglich mit „ja" oder „nein" beantworten muß. Das gilt beispielsweise für Frage I. 6a., „War die Situation, in der sich der Patient zuletzt befand, derart, daß nach ärztlicher Erkenntnis eine stets weitergehender unaufhaltbarer körperlicher und geistiger Verfall des Patienten und/oder eine noch weitergehende Verschlechterung eines bereits als unerträglich erfahrenen Leidens zu erwarten war?" sowie für Frage I. 6b., „War vorherzusehen, daß der Patient nicht mehr imstande sein würde, auf würdige Weise zu sterben?".

Daß sich diese offenkundig einzelfallspezifischen Fragen des Hoge Raad, der seit seiner ersten Entscheidung bemerkenswerterweise keine näheren, am Einzelfall ausgerichteten Anleitungen an das jeweils angewiesene Gericht gestellt hatte[317], überhaupt in dem Standardbericht wiederfinden, legt den Schluß nahe, daß deren Verfasser den leisen Hinweis des höchsten Gerichts noch Ende 1990 verkannten. Da schließlich nicht zu erwarten war, daß diese Fragen von Ärzten jemals mit „nein" beantwortet werden, ist davon auszugehen, daß die Ignoranz der höchstrichterlichen Rechtsprechung und ihrer Konsequenzen schlichtweg mutwillig erfolgte.

Der amtsärztliche Leichenbeschauer ist nach dem für ihn einschlägigen Standardbericht in Punkt 4c. über seine Pflicht nach Art. 10 des Gesetzes über das Bestattungswesen[318] hinaus zur Berichterstattung an den Staatsanwalt angehalten, wie er den vom Arzt verfaßten Bericht verifiziert hat. Das setzt zweierlei voraus: Zum einen hat der amtsärztliche Leichenbeschauer dazu Nachforschungen anzustellen[319]. Sofern ein zweiter Arzt nicht einbezogen wurde, ist aber bereits unklar, ob der amtsärztliche Leichenbeschauer die Subsumtion des Arztes zu Fragen I. 5., II. 1 und I. 6a. und 6b. überhaupt nachvollziehen konnte. Zweitens ist eine entsprechende Berichterstattung an den Staatsanwalt bedingt

---

316 S. 31.

317 Vgl. S. 45ff; 163ff.

318 S. 102ff.

319 In Frage 4c. werden die Einsicht in den medizinischen Status des Patienten, wahrscheinlich also der Krankenbericht sowie die Nachfrage bei konsultierten Ärzten beispielhaft als Untersuchungsmöglichkeiten angegeben.

durch eine Schlußfolgerung des amtsärztlichen Leichenbeschauers anhand seiner Nachforschung, die Angaben im Bericht des Arztes bestätigen bzw. nicht bestätigen zu können. Sind somit an eher versteckter Stelle dem amtsärztlichen Leichenbeschauer polizeiliche Tätigkeiten[320] zugewiesen, wodurch seine ihm von Gesetzes wegen zukommende Rolle als Mittelsmann zwischen behandelndem Arzt und Staatsanwaltschaft[321] bereits in fragwürdigem Maße[322] aufgestockt wird, zwingen die für den benachrichtigten Staatsanwalt konzipierten Pflichten zu dem Schluß, daß der Staatsanwalt nach dem Meldeverfahren geradezu angehalten wird, sich der Schlußfolgerung des amtsärztlichen Leichenbeschauers anzuschließen.

Die entsprechende Verfolgungsrichtlinie zur aktiven ärztlichen Sterbehilfe verpflichtet den Staatsanwalt, anhand des ärztlichen Berichts und Beratungen mit dem amtsärztlichen Leichenbeschauer über die Abgabe einer Unbedenklichkeitserklärung zur Leichenüberführung zu entscheiden[323]. Nur wenn der Staatsanwalt der „Überzeugung“ sei, daß der Arzt der Auslegung der Rechtsprechung zu Art. 293 nlStGB zuwider gehandelt habe[324], ist er nach der Verfolgungsrichtlinie überhaupt vor die Entscheidung gestellt, Ermittlungen zur Todesursache einzuleiten[325]. Etwaige Zweifel des Staatsanwaltes an der Sorgfältigkeit des Arztes konnte demzufolge allein der amtsärztliche Leichenbeschauer wecken. Daß nach Einführung des Meldeverfahrens die Forderung nach einem Zusatzhonorar für amtsärztliche Leichenbeschauer laut wurde[326], bekräftigt den Eindruck, daß der Prüfungsschwerpunkt durch das Meldeverfah-

---

320 Vgl. S. 102ff.

321 Vgl. S. 104ff.

322 Zu den der Systematik des Art. 7 Gesetz über das Bestattungswesen zugrundeliegenden Rechtsgrundsätzen s. S. 105.

323 Drucks. II, 1990-91, 21 800-VI Nr. 23, S. 2. Zur Unbedenklichkeitserklärung s. S. 102ff.

324 Drucks. II, 1990-91, 21 800-VI Nr. 23, S. 2. In der Auswertung des Meldeverfahrens sind als Prüfungsmaßstab einerseits die „vom Hoge Raad formulierten Kriterien“, andererseits die Kriterien der „Rechtsprechung“ angeführt, Landelijke Overleggroep O. M., Evalutie van de meldingsprocedure 1992, S. 1, 6.

325 Drucks. II, 1990-91, 21 800-VI Nr. 23, S. 2. Vor der Anordnung einer Obduktion hat der Staatsanwalt nicht nur den regionalen Inspektor der Staatsaufsicht über die Volksgesundheit zum Fall zu konsultieren, sondern wird zu äußerster Zurückhaltung angehalten. Das gilt auch für die daneben gegebenenfalls eingeschaltete Polizei, die die Intimsphäre der Familie des Verstorbenen und des Arztes maximal zu garantieren habe, ebd., S. 3, und KNMG, MC 1991, 62.

326 Vgl. Landelijke Overleggroep O. M., a.a.O., S. 8.

ren von der Staatsanwaltschaft auf den amtsärztlichen Leichenbeschauer verlagert, also die justizbehördliche Leitung des Ermittlungsverfahrens[327] in Frage gestellt wurde.

Das Präsidium der KNMG, das zur gleichen Zeit über ein Zusatzhonorar für etwaig konsultierte Ärzte beriet[328], hatte sein eigentliches Ziel der Legalisierung der aktiven ärztlichen Sterbehilfe auf Verlangen[329] angesichts der katastrophalen Irrwege, auf denen sich die hierfür Zuständigen befanden[330], notgedrungen vorerst zurückstellen müssen und erntete nunmehr die Früchte der Diplomatie. Hatte das Präsidium die Regierung noch 1986 vor zunehmender Falschmeldung durch Ärzte gewarnt[331], konnte sich Justizminister Hirsch Ballin mit Einführung des Meldeverfahrens der Kooperation des Präsidiums nunmehr sicher sein. Mit dem Hinweis, „selbstverständlich“ würden ärztliche Meldungen von der Justiz mit „äußerster Diskretion“ behandelt, appellierte das Präsidium an Ärzte, ihren Pflichten nach dem Meldeverfahren gewissenhaft nachzukommen[332]. Tatsächlich stieg die Anzahl vorschriftsgemäßer Meldungen durch Ärzte an. Waren 1990 nur 454 Fälle aktiver ärztlicher Sterbehilfe auf Verlangen und ärztlicher Hilfe zur Selbsttötung bei den Bezirksstaatsanwaltschaften eingegangen[333], betrug diese Zahl 1991 schon 591[334] und 1992 sowie 1993 immerhin 1.323 und 1.415 respektive[335].

Mit der Einführung des Meldeverfahrens ist die strafprozessuale Ermittlung gemeldeter Fälle aktiver ärztlicher Sterbehilfe auf Verlangen faktisch weggefallen[336]. 1991 erteilte die Staatsanwaltschaft in 590 von 591 Fällen aus-

---

327 S. 99ff..

328 Landelijke Overleggroep O. M., a.a.O., S. 9.

329 KNMG, Euthanasia in the Netherlands, S. 49: „Über die Jahre hat sich das Präsidium der KNMG einer gesetzlichen Regelung der aktiven Sterbehilfe auf Verlangen, möglichst außerhalb des Strafrechts, gewidmet.“

330 S. 81ff, 89ff, 93ff, 95ff.

331 S. 86ff.

332 KNMG, MC 1991, 82.

333 S. 106.

334 Landelijke Overleggroep O. M., a.a.O., S. 3.

335 Dillmann/Legemaate, Eur J Health Law 1994, 84, und Legemaate, Camb Q Healthc Ethics 1995, 116, respektive.

336 Landelijke Overleggroep O. M., a.a.O., S. 8.

schließlich auf der Grundlage des eingereichten ärztlichen Berichts und Gesprächs mit dem amtsärztlichen Leichenbeschauer eine Unbedenklichkeitserklärung[337]. Nicht nur, daß der ärztliche Bericht oftmals unvollständig und nicht dem Standardbericht entsprechend verfaßt war (wenn nicht die Staatsanwaltschaft ohnehin nur eine Mitteilung des amtsärztlichen Leichenbeschauers erhielt, die Begebenheit sei verifiziert und für richtig befunden worden), sondern deren Zugänglichkeit war vielfach auch noch durch den Gebrauch medizinisch-technischer Terminologie erschwert[338]. Die Verifikation der ärztlichen Angaben durch den amtsärztlichen Leichenbeschauer war einem Staatsanwalt zufolge „bloß ein Plausch unter Ärzten und kein bißchen Untersuchung“[339]. Staatsanwälte waren nach dem Meldeverfahren gezwungen, ihren professionellen Standard noch unter das absolute Minimum zu reduzieren[340].

II. Ergebnisse der Remmelink-Studie zur aktiven ärztlichen Sterbehilfe auf Verlangen

Mitte September, also nur vierzehn Monate nach ihrer Einsetzung durch das Dritte Kabinett Lubbers[341], legte die Remmelink-Kommission ihren Abschlußbericht zur Praxis ärztlicher Entscheidungen am Lebensende von Patienten vor[342]. Zur Bewerkstelligung ihrer Aufgabe hatte die Remmelink-Kommission das Institut für Öffentliche Gesundheitspflege der Erasmus Universität Rotterdam herangezogen[343]. In ihrer Gesamtheit werden die geführten Untersuchungen als die „Remmelink-Studie“ bezeichnet. Obschon übrigens die Mehrzahl der staatlichen Abhandlungen zur aktiven Sterbehilfe die Notwendigkeit der

---

337 Landelijke Overleggroep O. M., a.a.O., S. 3, 7.

338 Landelijke Overleggroep O. M., a.a.O., S. 5-6.

339 Anonyme Aussage eines Staatsanwaltes zitiert nach: Keown, Hastings Cent Rep 1992, 41.

340 Vgl. anonyme Aussage eines Staatsanwaltes, a.a.O., S. 41.

341 S. 98.

342 Der am 10.9.1991 veröffentlichte Abschlußbericht der Remmelink-Kommission, Medische beslissingen rond het levenseinde. Rapport van de Commissie onderzoek medische praktijk inzake euthanasie, Den Haag 1991, zitiert nach: Keown, in: Gormally, S. 220, ist abgesehen von einer kurzen Zusammenfassung des Justizministeriums, Ministry of Justice, Medical Practice with Regard to Euthanasia, S. 3-8, nicht ins Englische übersetzt worden.

343 Van der Maas/van Delden/Pijnenborg, Health Policy 1992, 1 ff. Nur ein Bruchteil der gesammelten Daten konnte aufgrund der extrem kurz veranschlagten Studienzeit in diese Untersuchung einfließen. Eine gründliche Auswertung aller Informationen gelangte erst 1997 zur Veröffentlichung durch Pijnenborg, End-of-life decisions.

optimalen Qualität der Palliativmedizin am Lebensende von Patienten seit jeher inbrünstig beschwören[344], liegt bis heute keine einzige Studie über die aktuelle Qualität der medikamentösen Schmerzbekämpfung im Umgang mit Sterbenden vor[345], die für die CDA noch 1993 als „Lücke" in der Gesundheitssorge galt[346]. Erstmals im Jahre 1996 hat Gesundheitsministerin Borst-Eilers eine Studie zum Stand der Palliativmedizin durch eine 1995 von ihr eingerichtete nationale Organisation („ZorgOnderzoek Nederland" – ZON)[347] eingeleitet sowie deren Verbesserung anhand von Vorschlägen der ZON angekündigt[348].

1. Anzahl der Vorkommnisse im Jahre 1990

Die Rechtsprechung[349] und das Präsidium der KNMG[350] haben betont, daß zulässige aktive ärztliche Sterbehilfe auf Verlangen auf seltene, stets außergewöhnliche Fälle beschränkt sei. Die Zahlen der Remmelink-Studie deuten hingegen für 1990 auf eine ärztliche Praxis, in der sich Arzt und Patient erstaunlich häufig „mit dem Rücken zur Wand"[351] befanden.

Die Remmelink-Studie ergab, daß Ärzte 1990 in 49.000 der insgesamt 130.000 Todesfälle eine Entscheidung am Lebensende ihrer Patienten trafen[352]. Die Häufigkeit aktiver ärztlicher Sterbehilfe auf Verlangen wurde in einer retrospektiven Untersuchung, einer Untersuchung aufgrund aller eingegangenen Totenscheine sowie einer prospektiven Untersuchung mit 1,9 %, 1,7 % bzw.

---

344 Vgl. beispielsweise Drucks. II, 1991-92, 20 383 Nr. 14, S. 5.

345 Pijnenborg, End-of-life decisions, S. 149; vgl. Smid, MC 1998, 887.

346 Verhandl. II, 1992-93, 3279. Die Schmerztherapie sei „noch nicht auf dem gewünschten Niveau", Stcrt. 1998 Nr. 101. Vgl. dazu auch die Anhörung Drucks. II, 1996-97, 23 877 Nr. 15, in der u.a. ein Stellvertreter der KNMG die Meinung vertrat, das Thema der palliativen Pflege müsse aus der Diskussion zur gesetzlichen Regelung der aktiven ärztlichen Sterbehilfe herausgehalten werden, ebd., S. 3.

347 Das Gesetz zur Einrichtung der ZON („Wet op de organisatie ZorgOnderzoek Nederland"), Stb. 1998, 124, ist dagegen erst am 1.7.1998 in Kraft getreten, vgl. dazu auch Stcrt. 1998, Nr. 122, S. 3; Smid, MC 1998, 886 f.

348 Drucks. II, 1995-96, 24 400-XVI Nr. 82.

349 Vgl. z.B. S. 20.

350 S. 52ff.

351 S. 38.

352 Van der Maas/van Delden/Pijnenborg, Health Policy 1992, 186-7.

2,6 % aller Todesfälle respektive beziffert[353]. Die Abweichung von 0,9 % schrieben die Untersuchungsexperten der Tatsache zu, daß Grenzfälle intensivierter Schmerzbekämpfung mit lebensverkürzender Wirkung „wahrscheinlich“ in der prospektiven Untersuchung zur aktiven ärztlichen Sterbehilfe auf Verlangen gezählt wurden[354]. Die Methodik der prospektiven Untersuchung, deren Teilnehmer sich bereits einer die Totenschein-Untersuchung begleitenden Befragung unterzogen hatten und den anschließend erneut in der prospektiven Studie verwendeten Fragebogen schon kannten[355], gibt hingegen Anlaß zur Annahme, daß es sich bei 2,6 % aller Totenscheine um die zuverlässigste der drei Schätzungen handelt[356]. Deren Befragte erhielten zusätzlich die Gelegenheit, seinerzeit jüngste Fälle eigens geleisteter aktiver Sterbehilfe auf Verlangen mit geschultem Personal zu besprechen. Daß nicht zuletzt auch die Untersuchungsexperten aus der großen Anzahl der befragten Ärzte, die ihre Ansichten zu ärztlichen Entscheidungen am Lebensende durch das Gespräch klarer zu kennen meinten, auf die Möglichkeit eines Lerneffekts schlossen[357], unterstützt diese Annahme[358]. Nichtsdestotrotz kamen die Experten infolge der drei Untersuchungen zu dem Ergebnis, aktive ärztliche Sterbehilfe auf Verlangen geschehe in 1,8 % aller Todesfälle, also in ca. 2.300 Fällen pro Jahr[359].

Die Diskrepanz zwischen Untersuchungsergebnissen und Folgerungen zur Häufigkeit aktiver ärztlicher Sterbehilfe auf Verlangen findet im Rahmen der lebensbeendenden ärztlichen Maßnahmen, die als normales ärztliches Handeln nicht zur „euthanasie“ zählend aufgefaßt[360] und deshalb von den Experten gesondert berücksichtigt wurden, ihre Fortsetzung. In 17,5 % aller Todesfälle, also in 22.500 Fällen pro Jahr wurden Medikamente mit dem Ziel der

---

353 Van der Maas/van Delden/Pijnenborg, a.a.O., S. 178; vgl. ebd., S. 105 (Tabelle 10.1); S. 140 (Tabelle 13.10); S. 260 (Tabelle F.10) respektive. Zum ‚Totenschein B‘ s. oben, Fn. 246. Zur Methodik der Untersuchung s. auch Pijnenborg, End-of-life decisions, S. 20-4.

354 Van der Maas/van Delden/Pijnenborg, a.a.O., S. 178.

355 Van der Maas/van Delden/Pijnenborg, a.a.O., S. 15; 162.

356 Vgl. Keown, in: Gormally, S. 222.

357 Van der Maas/van Delden/Pijnenborg, a.a.O., S. 162.

358 Vgl. Keown, a.a.O., S. 222.

359 Van der Maas/van Delden/Pijnenborg, a.a.O., S. 178. Die Anzahl der Fälle ärztlicher Hilfe zur Selbsttötung wurde auf 0,3 % aller Todesfälle, also ca. 400 Fälle pro Jahr beziffert, ebd., S. 179.

360 S. 6.

Schmerzbekämpfung in derart hoher Dosis verabreicht, daß „...nahezu sicher das Leben des Patienten verkürzt wurde“[361]. Die Absicht, das Leben des Patienten zu beenden, spielte den befragten Ärzten zufolge in 30 % dieser Todesfälle, also 6.750 dieser 22.500 Fälle eine Rolle, in denen Schmerzmittel „[t]eilweise zum Zweck der Lebensverkürzung“ verabreicht wurden, wobei die „Billigung möglicher Lebensverkürzung“ eine eigene Kategorie bildete[362]. In weiteren 6 % dieser Todesfälle, also 1.350 Fällen pro Jahr wurden Schmerzmittel „[z]um unverhüllten Zweck der Lebensverkürzung“ eingesetzt[363], wobei die Lebensverkürzung in 63 % aller 22.500 Fälle bis zu einer Woche und in 26 % der Fälle eine bis vier Wochen betrug[364]. In Tötungsabsicht handelten die befragten Ärzte darüber hinaus in 19 % von 25.000 Fällen der Nichteinleitung oder Beendigung einer Behandlung, in denen dergleichen Maßnahme ohne ein Verlangen des Patienten vom Arzt „[t]eilweise zum Zweck der Lebensverkürzung“ und in weiteren 16 % oder 4.000 Fällen pro Jahr ohne ein Verlangen des Patienten „[z]um unverhüllten Zweck der Lebensverkürzung“[365], wovon zur Zeit der Befragung bereits 90 % aller Patienten verstorben waren[366].

Den entsprechenden Fragebogen einleitend, war der Arzt darauf hingewiesen worden, daß die Entscheidung zur Nichteinleitung oder zur Beendigung einer ärztlichen Behandlung einschließlich der künstlichen Ernährung zum Alltag des Arztes gehöre, wobei in einem Großteil der Fälle die (weitere) Behandlung vom Arzt als medizinisch sinnlos eingeschätzt werde[367]. Allerdings gebe es auch Fälle, in denen ein beachtlicher („mehr als einen Monat“ währender) lebensverlängernder Effekt von einer (weiteren) Behandlung zu erwarten sei und ohne ein Verlangen des Patienten die Entscheidung zu deren Nichteinleitung oder Beendigung getroffen werden könne[368]. Während also die Remmelink-Kommission mit nur 2.300 Fällen aktiver ärztlicher Sterbehilfe auf Verlangen

---

361 Van der Maas/van Delden/Pijnenborg, a.a.O., S. 183.

362 Van der Maas/van Delden/Pijnenborg, a.a.O., S. 73 (Tabelle 7.2).

363 Van der Maas/van Delden/Pijnenborg, a.a.O., S. 73 (Tabelle 7.2).

364 Van der Maas/van Delden/Pijnenborg, a.a.O., S. 73 (Tabelle 7.3).

365 Van der Maas/van Delden/Pijnenborg, a.a.O., S. 90 (Tabelle 8.15); auch hier bildete die „Billigung möglicher Lebensverkürzung“ eine eigene Kategorie.

366 Van der Maas/van Delden/Pijnenborg, a.a.O., S. 90 (Tabelle 8.14).

367 Van der Maas/van Delden/Pijnenborg, a.a.O., S. 84.

368 Van der Maas/van Delden/Pijnenborg, a.a.O., S. 85. Vgl. die Negativdefinition der „euthanasie“, S. 6.

die Annahme, daß aktive ärztliche Sterbehilfe auf Verlangen in den Niederlanden in großem Ausmaße und zunehmend als Alternative zur Schmerztherapie stattfinde, als unberechtigt ablehnte[369], lag die Zahl der Fälle, die zur „euthanasie“[370] gerechnet werden müssen, für den Zeitraum 1990 wesentlich höher[371].

---

[369]Vgl. Ministry of Justice, Medical Practice with Regard to Euthanasia, S. 4.

[370]Obschon der Begriff „euthanasie“ den Untersuchungsexperten zufolge übereinstimmend mit der „...in den Niederlanden geltenden Definition...“, also entsprechend dem der Staatskommision Euthanasie verwendet wurde, van der Maas/van Delden/Pijnenborg, a.a.O., S. 23, definierten die Experten „euthanasie“ als „*purposeful* [Hervorh., d. Verf.] acting to terminate life by a person other than the person concerned upon request of the latter“, ebd., und verwendeten nicht etwa die für das Wort „opzettelijk“ (=„vorsätzliche“) regelmäßige englische Übersetzung „intentional“. Die Definition von Pijnenborg, End-of-life decisions, S. 12, für „euthanasie“ und Hilfe zur Selbsttötung lautet: „the prescription, supply or administration of drugs with the *explicit* [Hervorh., d. Verf.] intention to shortening life at the patient's explicit request“. Das Dritte Kabinett Lubbers hielt es später für nötig, klarzustellen, daß die Untersuchungsexperten die „euthanasie“-Definition der Staatskommission verwendet hätten, Drucks. II, 1991-92, 20 383 Nr. 14, S. 4.

[371]Keown, in: Gormally, S. 225; Welie, J Med Philos 1992, 427; Gunning, Lancet 1991, 1010; vgl. auch die Nachweise bei Pijnenborg, End-of-life decisions, S. 40. A.A. sind Borst-Eilers, in: Misbin, S. 61; Kuhse/Singer, Bioethics 1992, iv. Die von den Untersuchungsexperten verwendeten Kategorien verteidigt Pijnenborg, End-of-life decisions, S. 40, vgl. ebd., S. 41 f, wie folgt: die Kategorien seien auf zwei Annahmen der Experten zurückzuführen. Zum einen könnten die Absichten der Ärzte nicht allein ausschlaggebend sein für eine moralische Bewertung des Einzelfalls; zum anderen bedeute dieselbe Formulierung der Absichten nicht notwendig, daß es sich um dieselben Absichten handele (vgl. dazu das Beispiel von Pijnenborg, ebd., S. 42). Da die Unterscheidung der verschiedenen Kategorien ärztlicher Entscheidungen am Lebensende ihrer Patienten nicht immer eindeutig sei, hätten die Experten Grenzfälle beschrieben, vgl. dazu van der Maas/van Delden/Pijnenborg, a.a.O., S. 175-7. Die Argumentation von Pijnenborg bekräftigt obiges Ergebnis, geht es bei der empirischen Frage nach den Vorkommnissen aktiver ärztlicher Sterbehilfe auf Verlangen doch eigentlich nur darum, ob die erhobenen Fälle unter der „euthanasie“-Definition subsumiert werden können oder nicht, wobei der Tötungsvorsatz des Arztes eines der Tatbestandsmerkmale bildet, und nicht um deren Einordnung zu den verschiedenen Kategorien anhand einer – streitbaren – moralischen Bewertung. In diesem Lichte ist die Aussagekraft der Ergebnisse der Remmelink-Studie begrenzt. In wievielen Fällen die moralische Bewertung als Grenzfall getroffen wurde, geht aus den Ergebnissen nicht hervor. Wenngleich der Ansatz von Keown, Welie und Gunning deshalb richtig ist, nehmen sie die angezeigte Einordnung der Ergebnisse der Untersuchungsexperten nicht konsequent vor, indem sie Fälle der Nichtbehandlung oder Beendigung ärztlicher Behandlungen auf Verlangen des Patienten oder wegen medizinischer Sinnlosigkeit einer (weiteren) Behandlung als „euthanasie“ deklarieren, sofern sie vom Arzt teilweise bzw. zum unverhüllten Zweck der Lebensbeendigung vorgenommen

2. Ansichten der Ärzte zur eigenen Sterbehilfebereitschaft

Mehr als die Hälfte aller befragten Ärzte, die regelmäßig Patienten an deren Lebensende behandelten, erklärte im Jahre 1990, aktive Sterbehilfe auf Verlangen oder Hilfe zur Selbsttötung in der Vergangenheit geleistet zu haben[372]. 88 % der übrigen Ärzte hielten es für durchaus denkbar, einem Verlangen nach aktiver Sterbehilfe in der Zukunft nachzukommen[373].

Nur etwa die Hälfte der Bevölkerung bis 70 Jahren würde diesen Schritt gutheißen[374]. Dagegen ergab eine Umfrage aus 1988 unter Pflegeheimbewohnern, daß 93 % gegen aktive Sterbehilfe auf Verlangen und 95 % gegen deren Legalisierung waren[375]. 50-60 % der Pflegeheimbewohner hatten Angst vor aktiver ärztlicher Sterbehilfe ohne Verlangen und 75 % der Bewohner sowie nahezu die Hälfte der Alten, die allein wohnten, waren entschieden dagegen, daß Familienmitglieder oder der behandelnde Arzt Entscheidungen über die Beendigung ihres Lebens träfen, so sie nicht mehr in der Lage sein würden, eine eigene Entscheidung zu treffen[376].

C. Das Gesetzgebungsziel

Zwei Monate nach der Veröffentlichung der Remmelink-Studie[377] teilte das Dritte Kabinett Lubbers dem Parlament seinen Standpunkt zur zukünftigen Gesetzgebung der aktiven ärztlichen Sterbehilfe auf Verlangen mit und kündigte insbesondere einen neuen Gesetzentwurf an[378].

In seiner Mitteilung vom November 1991 schwieg das Kabinett zu der Frage, weshalb nach den vorgezogenen Neuwahlen im Mai 1989 die Behandlung des

---

wurden, vgl. Keown, ebd., S. 223 ff; Welie, ebd., S. 424 ff; Gunning, ebd., S. 1010. Diese Fälle sind vielmehr unter der Negativdefinition der „euthanasie" zu subsumieren, wenngleich ihnen ein Grenzcharakter nicht abzusprechen ist.

372 Van der Maas/van Delden/Pijnenborg, a.a.O., S. 39 (Tabelle 5.1). Für eine Diskussion der Ergebnisse s. Pijnenborg, End-of-life decisions, S. 103-5; vgl. auch Pijnenborg, a.a.O., S. 113-7.

373 Van der Maas/van Delden/Pijnenborg, a.a.O., S. 40 (Tabelle 5.3).

374 S. 101.

375 Segers, Issues Law Med 1988, 418 und 420 respektive; vgl. dagegen für das Jahr 1995 Tijmstra/Kempen/Ormel, Ned T Geneesk 1997, 2444 ff.

376 Segers, a.a.O., S. 422 und S. 424 respektive.

377 S. 119ff.

378 Drucks. II, 1991-92, 20 383, Nr. 14.

Gesetzentwurfs des Zweiten Kabinetts Lubbers[379] durch das Dritte Kabinett Lubbers nicht wieder aufgenommen, sondern der Entwurf vielmehr eingezogen und durch einen neuen Gesetzentwurf ersetzt werden sollte. Tatsächlich hielt die CDA die geplante Neuregelung im Gesetz über die Ausübung der Heilkunde, an deren Entstehen sie mitgewirkt hatte, für zu weitgehend. In der gesetzlichen Verankerung von Sorgfaltspflichten sah die CDA eine faktische Legalisierung der aktiven ärztlichen Sterbehilfe auf Verlangen[380].

Offiziell aber hielt es das Kabinett bei dem Hinweis, der Gesetzgeber könne das weitere Vorgehen des Arztes gegenüber einem Patienten, für den sämtliche medizinischen Heilungsmöglichkeiten erschöpft sind und der daher „medizinisch als aufgegeben angesehen“ werde, im Einzelfall nicht bestimmen[381]. Die Besonderheit einer Berufung des Arztes auf rechtfertigenden Notstand liege in seiner Frage an den Richter, die in der außergewöhnlichen Situation getroffene, gegen die einschlägige Strafbestimmung verstoßende Abwägung anzunehmen[382]. Aus diesem Grunde müsse der Gesetzgeber von dem Versuch absehen, im Gesetz in allgemeinen Worten zu beschreiben, unter welchen Voraussetzungen bei der aktiven ärztlichen Sterbehilfe auf Verlangen ein rechtfertigender Notstand vorliege. Mit dieser Erklärung distanzierte sich das Dritte Kabinett Lubbers nicht nur vom Gesetzentwurf des Zweiten Kabinetts Lubbers, sondern gleichermaßen von dem Gesetzentwurf Wessel-Tuinstra/Kohnstamm, dessen „Versuch“ unmittelbar in Art. 293 nlStGB angelegt war[383].

Der Remmelink-Studie zufolge, so das Kabinett, ließen Ärzte die größtmögliche Sorgfalt walten, ehe sie sich auf einen rechtfertigenden Notstand beriefen[384]. Von den meisten Ärzten werde außerdem eine nachträgliche Überprüfung ihrer Sorgfalt für unabkömmlich gehalten. Um die Überprüfbarkeit aktiver ärztlicher Sterbehilfe auf Verlangen ungeschmälert aufrechtzuerhalten, sei das Meldeverfahren vom 1. November 1990[385] auf eine normative Grundlage

---

379 S. 92ff.

380 Van Maurik (S. 33, Fn. 101), schriftliche Auskunft v. 1.9.1997; vgl. dazu insbesondere S. 81ff.

381 Drucks. II, 1991-92, 20 383 Nr. 14, S. 4.

382 Drucks. II, 1991-92, 20 383 Nr. 14, S. 6.

383 Vgl. S. 75ff, 77ff, 87ff.

384 Drucks. II, 1991-92, 20 383 Nr. 14, S. 6.

385 S. 114ff.

außerhalb der Strafgesetze zu stellen[386]. Die geplante Verschärfung des bestehenden Meldeverfahrens biete eine „Verantwortungsstruktur“ für ärztliches Handeln am Lebensende von Patienten, die der Staatsanwaltschaft hinreichende Einsicht zur Erfüllung ihrer Prüfungsverantwortlichkeit gewähre[387]. Da in den meisten Fällen kein Anlaß zur Einleitung eines Ermittlungsverfahrens bestünde, sei das Meldeverfahren von Ende 1990, dem diese Erkenntnis zugrundeliege, gesetzlich zu verankern, um so allen Beteiligten die größtmögliche Rechtssicherheit zu bieten.

Die Ergebnisse der Remmelink-Studie, derer sich das Kabinett zur Begründung seines Gesetzgebungsziels bediente, tragen zu dessen Plausibilität nicht bei. Die vom Kabinett gerühmte Sorgfältigkeit der Ärzte ist vielmehr nachhaltig zu bezweifeln, zum Beispiel in bezug auf die Beschränkung der aktiven ärztlichen Sterbehilfe auf Verlangen von unerträglich leidenden Patienten[388]. Auf die Frage nach den häufigsten Gründen für ein Verlangen des Patienten um aktive Sterbehilfe gaben 57 % der an der Remmelink-Studie beteiligten Ärzte den „Verlust der Würde“, 46 % „unwürdiges Sterben“, 33 % „Abhängigkeit“, 23 % „Lebensmüdigkeit“, aber nur 46 % „Schmerzen“ an[389]. Die „ungeschmälerte“ Überprüfbarkeit der gerade mal 415 gemeldeten Fälle aktiver ärztlicher Sterbehilfe auf Verlangen bei wenigstens 1.350 (1.8 %) tatsächlichen Vorkommnissen[390] in den ersten sieben Monaten des Jahres 1991[391] kann ebensowenig Anlaß zur gesetzlichen Verankerung des Meldeverfahrens gegeben haben. Damit aber reduziert sich das Ziel der Neuregelung auf eine die widerstreitenden Interessen der Ärzteschaft und Pflichten der Staatsanwaltschaft gleichermaßen befriedigende Lösung.

Daß es eine Lösung zu finden galt, stand angesichts des immer lauter werdenden Rufs nach einer Gesetzesreform[392] schließlich nicht mehr in Frage. Allerdings hatte die CDA alle erdenklichen Mittel zur Zeitgewinnung längst ausge-

[386]Drucks. II, 1991-92, 20 383, Nr. 14, S. 6.

[387]Drucks. II, 1991-92, 20 383 Nr. 14, S. 7-8.

[388]S. 57ff.

[389]Van der Maas/van Delden/Pijnenborg, Health Policy 1992, 45 (Tabelle 5.8). Eine Mehrfachbeantwortung war möglich.

[390]Vgl. S. 120ff.

[391]Keown, Hastings Cent Rep 1992, 41.

[392]Kelk, NJB 1989, 448: „Jetzt oder nie“; vgl. auch Verhand. I, 1992-93, 383.

schöpft[393]. Der ein Jahrzehnt andauernden rechtspolitischen Debatte über eine gesetzliche Regelung zur aktiven ärztlichen Sterbehilfe auf Verlangen hat es an politischem Opportunismus nicht gemangelt[394]. Die Bemühungen um eine Gesetzesreform haben eine ganze Reihe von Gesetzentwürfen hervorgebracht, die sämtlich durch die politische Macht der CDA als seinerzeit stärkster Regierungspartei entweder zerschlagen oder unter Vorwänden aufgehalten und zuletzt fallengelassen worden sind. Ansonsten hätte eine strafrechtliche Freigabe der aktiven ärztlichen Sterbehilfe auf Verlangen in Gestalt des Gesetzentwurfs Wessel-Tuinstra vermutlich unlängst stattgefunden.

D. Die Neuregelung seit 1. Juni 1994

Am 1. Juni 1994 ist gemäß Königlichem Erlaß vom 29. April 1994[395] das Gesetz zur Änderung des Art. 10 des Gesetzes über das Bestattungswesen („Wet tot wijziging van de Wet op de lijkbezorging“) vom 2. Dezember 1993[396] einschließlich der dazu mit Königlichem Erlaß vom 17. Dezember 1993[397] ergangenen allgemeinen Regierungsverordnung in Kraft getreten.

I. Gesetz zur Änderung des Gesetzes über das Bestattungswesen

Das seit 1. Juni 1994 geltende Gesetz ersetzt in Art. 10 des Gesetzes über das Bestattungswesen die Wörter „von unserem Justizminister“ durch die Wörter „durch allgemeine Regierungsverordnung“ („algemene maatregel van bestuur“)[398]. Ein neu hinzugefügter Satz 2 lautet: „Die allgemeine Regierungsverordnung im Sinne von Satz 1 wird auf Vortrag von unserem Justizminister im Einvernehmen mit unserem Minister für Gemeinwohl, Volksgesundheit und Kultur erlassen.“[399] Hinzugefügt wurde schließlich ein zweiter Absatz, der das

---

[393] Vgl. z.B. S. 77, 92, 97ff.

[394] Vgl. z.B. S. 81ff, 86, 88, 91ff, 97ff.

[395] Stb. 321.

[396] Stb. 643; vgl. Drucks. II, 1991-92, 22 572 Nr. 1. Zugleich wurde der Gesetzentwurf Wessel-Tuinstra/ Kohnstamm verworfen, Kors, AA 1994, S. 598.

[397] Stb. 688. Der Königliche Erlaß v. 17. Dezember 1993 ist abgedruckt im Anhang, Ziff. X. Das mit Ministerialerlaß, Stcrt. 1991, Nr. 96, festgestellte ‚Artikel-10-Formular‘, oben, Fn. 230, wurde mit Inkrafttreten des Erlasses eingezogen, Stb. 1993, 688, S. 7-8.

[398] Stb. 1993, 643, S. 1. Zum bisherigen Wortlaut des Art. 10 Gesetz über das Bestattungswesen s. S. 102ff.

[399] Stb. 1993, 643, S. 1.

Inkrafttreten der allgemeinen Regierungsverordnung im Sinne von Abs. 1 regelt[400].

II. Allgemeine Regierungsverordnung aufgrund Art. 10 Abs. 1 des Gesetzes über das Bestattungswesen

Die aufgrund der Ermächtigungsgrundlage in Art. 10 Abs. 1 S. 2 Gesetz über das Bestattungswesen ergangene allgemeine Regierungsverordnung enthält drei Artikel, wobei einer das Inkrafttreten regelt[401], während die beiden anderen den Wortlaut zweier ‚Artikel-10-Formulare' des amtsärztlichen Leichenbeschauers an die Staatsanwaltschaft festlegen, von denen das in Art. 2 geregelte Formular in den Fällen zu verwenden ist, in denen der amtsärztliche Leichenbeschauer überzeugt ist, daß der Tod nicht infolge einer natürlichen Ursache eingetreten sei und das des Art. 1, so er zu der Überzeugung gelangt ist, der Tod sei infolge einer „Lebensbeendigung" („levensbeëindiging") eingetreten. Anzugeben ist in diesem Fall vom amtsärztlichen Leichenbeschauer, ob die Lebensbeendigung auf Verlangen des Verstorbenen oder ohne dessen Verlangen erfolgt ist, oder ob es sich um einen Fall handelt, in dem Hilfe zur Selbsttötung geleistet wurde. Darüber hinaus erklärt der amtsärztliche Leichenbeschauer, den Bericht des behandelnden Arztes über die geleistete Lebensbeendigung verifiziert zu haben[402].

Zusätzlich zu seiner Meldung nach Art. 7 Abs. 2 des Gesetzes über das Bestattungswesen[403] soll der Arzt nach der Neuregelung einen an den Leichenbeschauer auszuhändigenden Bericht nach Maßgabe eines Art. 1 der allgemeinen Regierungsverordnung beigefügten Standardberichts für den behandelnden Arzt[404] verfassen. Einleitend ergeht darin der Hinweis an den Arzt, daß die Vorschriften nach dem Strafgesetzbuch unbeschadet seiner Meldung gelten.

---

400 Abs. 2 ordnet das Vorhangverfahren an: die allgemeine Regierungsverordnung i. S. von Abs. 1 des Art. 10 Gesetz über das Bestattungswesen tritt drei Monate nach deren Veröffentlichung im Staatsblatt in Kraft, um Parlament und Provinzvertretung Gelegenheit zur Besprechung des Erlasses zu geben, Stb. 1993, 688, S. 10.

401 Art. 3.

402 Vgl. Art. 1. Zur Verlagerung des Prüfungsschwerpunktes von der Staatsanwaltschaft auf den amtsärztlichen Leichenbeschauer durch dessen Verpflichtung, die Angaben des behandelnden Arztes im Bericht zu bestätigen, s. S. 116ff.

403 S. 105.

404 Stb. 1993, 688, S. 4-6. Der Standardbericht für den behandelnden Arzt ist abgedruckt im Anhang, Ziff. XI.

Der Musterbericht umfaßt insgesamt 50 Fragen, also doppelt so viele wie der Standardbericht des Ende 1990 eingeführten Meldeverfahrens[405], was teilweise auf die Erweiterung des ‚Artikel-10-Formulars' auf Fälle aktiver ärztlicher Sterbehilfe ohne Verlangen sowie auf Fälle ärztlicher Hilfe bei der Selbsttötung von psychiatrischen Patienten und dementsprechende Zusatzfragen an den Arzt zurückzuführen ist. Darauf wird in Teil 4 der Arbeit zurückzukommen sein.

Die Neuregelung bewerkstellige, so die Erläuterung zur allgemeinen Regierungsverordnung, daß jeder vorschriftsgemäß gemeldete Fall von der Staatsanwaltschaft anhand der geltenden Strafgesetze und deren Auslegung durch die Rechtsprechung geprüft werde[406]. So der Arzt meine, sich auf einen rechtfertigenden Notstand berufen zu können, könne er vermittels des von ihm verfaßten Berichts an den amtsärztlichen Leichenbeschauer die Staatsanwaltschaft zu einer Prüfung der ärztlichen Sorgfaltspflichten veranlassen, ohne daß diese Prüfung den Arzt sogleich in einen strafrechtlichen Rahmen stelle. Aufgrund von Kritik aus dem Parlament sei der Standardbericht der Neuregelung für Fälle aktiver ärztlicher Sterbehilfe auf Verlangen gegenüber dem Standardbericht des Meldeverfahrens vom 1. November 1990[407] um einige Fragen ergänzt und prägnanter formuliert worden[408].

Die Übernahme der vom Präsidium der KNMG befürworteten zwingenden Konsultation durch einen unabhängigen Arzt[409] führte dazu, daß die Frage, „Ist ein Kollege konsultiert worden?"[410], mit der Frage, „Welche(r) Ärzte wurde(n) konsultiert?" ersetzt[411] und um die Frage nach dem Verhältnis des konsultierten zum behandelnden Arzt (Frage IV. 1f) ergänzt wurde. Die Frage zum Ausmaß des Leidens des Patienten (Frage I. 5a.-5c.) bedurfte nunmehr[412]

---

[405] S. 115.

[406] Stb. 1993, 668, S. 7.

[407] S. 114ff.

[408] Stb. 1993, 668, S. 8-9.

[409] Vgl. KNMG, MC 1987, 774; dies., Euthanasia in the Netherlands, S. 46-8. Vgl. dagegen S. 68.

[410] Frage III. 1.

[411] Frage IV. 1a. Auf die vom KNMG-Präsidium betonte Bedeutung einer Konsultation ist offensichtlich auch die neu eingeführte Frage V. 4 zurückzuführen.

[412] Vgl. S. 115ff.

einer Begründung des Arztes, die zur Freiwilligkeit und Wohlerwogenheit des Verlangens (Frage II. 1.) blieb hingegen unvermindert suggestiv. Schließlich wurden die wörtlich den Fragen des Hoge Raad zum rechtfertigenden Notstand des Hausarztes entlehnten Fragen[413] nunmehr unterstellt in der Frage, „Aus welchen Gründen wurde angenommen, *daß* [Hervorh., d. Verf.] die Situation, in der sich der Patient letztlich befand, nach ärztlicher Erkenntnis zu einer weitergehenden Verschlechterung des bereits als unerträglich erfahrenen Leidens führen und dadurch ein unaufhaltbarer körperlicher und geistiger Verfall eintreten würde, so daß der Patient nicht mehr auf menschenwürdige Weise sterben können würde?“[414]

Daß mit der Neuregelung eine Empfehlung der Staatskommission Euthanasie in Ergänzung zu ihrem Gesetzesvorschlag[415] zur verstärkten Kontrolle der aktiven ärztlichen Sterbehilfe aufgegriffen wurde, verschwieg das Dritte Kabinett Lubbers, wie es auch den meisten Kommentatoren der Neuregelung entgangen ist[416]. Allerdings hatte die Staatskommission 1985 empfohlen, die Verpflichtung des Arztes zur Berichterstattung anhand eines Standardberichts direkt in Art. 7 des Gesetzes über das Bestattungswesen zu verankern und darin zugleich den Arzt verpflichtet, seinen Bericht direkt an den Staatsanwalt auszuhändigen[417].

Nach der Neuregelung soll der Arzt den von ihm verfaßten Bericht dagegen an den amtsärztlichen Leichenbeschauer aushändigen. Im übrigen ist das Dritte Kabinett Lubbers der Empfehlung der Staatskommission nur an versteckter Stelle der Neuregelung nachgekommen: In Art. 1 der aufgrund Art. 10 Abs. 1 S. 2 des Gesetzes über das Bestattungswesen ergangenen allgemeinen Regierungsverordnung ist in einem Nebensatz angemerkt, daß die Anlage, die den Standardbericht für den behandelnden Arzt enthält, einen „Unterteil dieses Erlasses“ bildet. Daraus soll die Rechtsnatur des Standardberichts als allgemeine

---

[413] Vgl. S. 116.

[414] Frage I. 5. d.

[415] Vgl. S. 77ff.

[416] Dagegen weist Reis, ZfL 1994, 43, auf den Zusammenhang hin.

[417] Staatscommissie Euthanasie, Rapport, Teil I, S. 84; vgl. ebd., S. 82-3 und Art. 293ter, Anhang, Ziff. III. Vgl. dagegen Art. 293 Abs. 5 des Probeentwurfs (Anhang, Ziff. V) und Art. 293 Abs. 6 des Entwurfs Wessel-Tuinstra/Kohnstamm (Anhang, Ziff. VI).

Regierungsverordnung folgen[418], wenngleich nach dem Wortlaut des Art. 10 Abs. 1 S. 2 des Gesetzes über das Bestattungswesen zweifelhaft ist, ob der Standardbericht überhaupt von der Ermächtigungsgrundlage gedeckt sein kann[419]. Der den Standardbericht einleitende Satz, „Sie haben im Falle einer Lebensbeendigung auf Verlangen ... anhand folgender Fragen dem amtsärztlichen Leichenbeschauer einen begründeten und vollständigen schriftlichen Bericht auf der Grundlage des Krankenberichts vorzulegen", soll die gesetzliche Verpflichtung des Arztes zur Berichterstattung anhand des Standardberichts und Aushändigung an den amtsärztlichen Leichenbeschauer beinhalten[420].

Von KNMG sowie der Staatsanwaltschaft verfaßt[421], war das Ende 1990 vereinbarte Meldeverfahren jedenfalls eine mögliche Lösung der widerstreitenden Interessen der Ärzteschaft und Pflichten der Staatsanwaltschaft, die der CDA nicht zuletzt dadurch entgegenkam, als sie mit der Flucht ins rein Prozessuale ihr vornehmliches rechtspolitisches Ziel endlich durchzusetzen vermochte[422]. *So* gesehen, ist die Neuregelung nicht mehr und nicht weniger als eine Mischung aus Prinzip und Pragmatismus[423].

E. Die abgeänderte Neuregelung seit 1. November 1998

Am 1. November 1998 ist gemäß Königlichem Erlaß vom 11. Mai 1998[424] die mit Königlichem Erlaß vom 19. November 1997[425] ergangene allgemeine Regierungsverordnung aufgrund Art. 10 des Gesetzes über das Bestattungswesen zur Änderung der seit 1. Juni 1994 geltenden Neuregelung in Kraft getreten. Am selben Tag ist die ministerielle Regelung („ministeriële regeling") zur Ein-

---

418 Van Maurik (S. 33, Fn. 101), fernmündliche Auskunft v. 17.12.1997. Der Schluß auf die rechtliche Natur des Standardberichts liegt keineswegs auf der Hand, vgl. Drucks. II, 1991-92, 22 572 Nr. 5 S. 7, wonach die VVD-Fraktion davon ausging, daß der Standardbericht nicht als allgemeine Regierungsverordnung erlassen wurde.

419 Vgl. zum Wortlaut von Art. 10 Abs. 1 des Gesetzes über das Bestattungswesen S. 102ff.

420 Van Maurik, a.a.O.; vgl. Drucks. II, 1991-92, 22 572 Nr. 6, S. 3.

421 S. 114ff.

422 Vgl. Verhandl. II, 1993-94, Nr. 44, S. 3281.

423 Vgl. Pijnenborg, End-of-life decisions, S. 128.

424 Stb. 280.

425 Stb. 550. Der Königliche Erlaß v. 19.11.1997 ist abgedruckt im Anhang, Ziff. XII.

richtung regionaler Prüfungskommissionen vom 27. Mai 1998[426] in Kraft getreten[427].

Das aus den Koalitionsparteien von PvdA, VVD und D'66 zusammengesetzte Kabinett Kok hatte sich aufgrund der Ergebnisse und Empfehlungen einer im November 1995 von Justizministerin Sorgdrager (D'66) und Gesundheitsministerin Borst-Eilers (D'66) eingesetzten Untersuchungskommission zur Praxis des geltenden gesetzlichen Meldeverfahrens für eine präzisere Abstimmung der Neuregelung auf die ärztliche Praxis noch vor Ende der laufenden Legislaturperiode entschieden[428]. In der Koalitionsvereinbarung von August 1994 hatte die Regierung ferner die Absicht verlautbaren lassen, während der gemeinsamen Regierungszeit keinen Gesetzentwurf zur Streichung des Art. 293 nlStGB einzubringen, auch nicht infolge der Ergebnisse der von ihr geplanten Untersuchung[429].

Im Parlament kämpfte unterdessen die nunmehr[430] oppositionelle CDA gegen die ihrer Ansicht nach noch verfrühte Untersuchung der Neuregelung[431]. Glaubwürdigkeit und Objektivität der Untersuchung würden außerdem durch die Auflockerung der Strafverfolgungspolitik seit Anfang 1995 belastet. Eine auf die Untersuchungsergebnisse gestützte Änderung der Neuregelung sei schließlich unverantwortlich, nachdem die für die Strafrechtspflege zuständige Justizministerin Sorgdrager kurz nach Beginn der Untersuchung angab, unter Umständen sei die aktive ärztliche Sterbehilfe auf Verlangen „straflos“[432], und damit die medizinische Ausnahme[433] als Strafverfolgungsmaßstab faktisch einführte[434]. Zweifel an einer „wissenschaftlich sauberen“ Untersuchung gründeten nicht zuletzt in der Doppelfunktion des Professor für Sozialmedizin, van

---

426 Stcrt. 1998, Nr. 101.

427 Art. 18 der ministeriellen Regelung.

428 Drucks. II, 1996-97, 23 877 Nr. 13, S. 2.

429 Drucks. II, 1993-94, 23 715 Nr. 11, S. 32.

430 Vgl. S. 81, 91, 98.

431 Van der Burg, Standardbrief der CDA v. 12/1996, S. 1.

432 Vgl. Sorgdrager/Borst-Eilers, MC 1995, 382.

433 Vgl. S. 43ff.

434 Van der Burg, a.a.O., S. 3, demzufolge die Fraktionsvorsitzenden von PvdA, VVD und sogar D'66 Justizministerin Sorgdrager im Januar 1996 um Erläuterung ihrer Aussage baten. Zur politischen Verantwortlichkeit der Justizministerin für die Strafrechtspflege s. S. 99ff.

der Wal, der nach Leitung der Untersuchung im Auftrag der KNMG einen untersuchungsbegleitenden Bericht mit dem Ziel einer Gesetzesänderung verfaßt hatte[435].

Den Untersuchungsergebnissen zufolge handelten Ärzte am Lebensende von Patienten 1995 zwar sorgfältiger als fünf Jahre zuvor[436]. Gleichwohl wurden im Jahre 1995 noch immer etwa 60 % aller Fälle aktiver ärztlicher Sterbehilfe auf Verlangen und ärztlicher Hilfe zur Selbsttötung nicht vorschriftsgemäß gemeldet[437]. Die Häufigkeit aktiver Sterbehilfe auf Verlangen wurde in einer retrospektiven Untersuchung sowie einer Untersuchung aufgrund aller eingegangenen Totenscheine für 1995 mit 2,3 % bzw. 2,4 % aller Todesfälle respektive[438] bzw. ca. 3.200 Fälle[439] bei nur 1.466 Meldungen[440] beziffert. Die Zunahme der Fälle aktiver Sterbehilfe auf Verlangen im Jahre 1995 gegenüber 1990 (1,9 % oder 2.300 Fälle pro Jahr[441]) um beinahe 30 % wurde u.a. dem Anstieg aller Todesfälle von 128.800 auf 135.700[442] sowie dem Verdacht eines Meinungswandels zur aktiven ärztlichen Sterbehilfe auf Verlangen in den jüngeren Generationen und bei Ärzten[443] zugeschrieben.

Obschon die Untersuchungsergebnisse im Gegensatz zu denen der fünf Jahre älteren Remmelink-Studie wesentlich übersichtlicher dargestellt sind, wecken die Untersuchungsmethoden der Experten erhebliche Zweifel daran, ob sich die Anzahl der Fälle aktiver ärztlicher Sterbehilfe auf Verlangen im Jahre 1995 tatsächlich auf 3.200 Fälle beschränkte[444]. Zum einen ließen die Experten 1995 sämtliche Kategorien der Remmelink-Studie, in denen Fälle lebensbeendender

---

435 Van der Burg, a.a.O., S. 3-4; vgl. unten, Fn. 436 und Fn. 483.

436 Van der Wal/van der Maas, Euthanasie en andere medische beslissingen, S. 59; vgl. ebd., S. 60 (Tabelle 5.10).

437 Van der Wal/van der Maas, a.a.O., S. 110 (Tabelle 11.1).

438 Van der Wal/van der Maas, a.a.O., S. 52 (Tabelle 5.3), S. 90 (Tabelle 9.1). Zur Methode der Untersuchung s. ebd., S. 30 ff.

439 Van der Wal/van der Maas, a.a.O., S. 53, 92. Zur Häufigkeit ärztlicher Hilfe zur Selbsttötung s. ebd.

440 Van der Wal/van der Maas, a.a.O., S. 137 (Tabelle 13.1).

441 Vgl. S. 120ff.

442 Van der Wal/van der Maas, a.a.O., S. 53; vgl. ebd. S. 93.

443 Van der Wal/van der Maas, a.a.O., S. 233; vgl. ebd., S. 93.

444 Der Untersuchung lag im Gegensatz zur Remmelink-Studie, S. 121ff, wörtlich die „euthanasie"-Definition zugrunde, van der Wal/van der Maas, a.a.O., S. 44.

ärztlicher Maßnahmen aus 1990 als normales ärztliches Handeln nicht zur „euthanasie“-Definition zählend[445] ausgewiesen wurden, zumindest teilweise aber Fälle aktiver ärztlicher Sterbehilfe auf Verlangen darstellten[446], bei der Auswertung der Fälle lebensbeendender ärztlicher Maßnahmen weg. Danach spielte der Totenschein-Untersuchung zufolge 1995 in 2,9 % aller Todesfälle, also in etwa 2.600 Fällen pro Jahr die Absicht, das Leben des Patienten zu verkürzen, eine Rolle, in denen schmerzbekämpfende Medikamente „[t]eilweise zum Zweck, das Lebensende zu beschleunigen“ verabreicht wurden, wobei die „Billigung der Beschleunigung des Lebensendes“ die andere Kategorie bildete[447]. Es fehlte die zusätzliche Kategorie der Remmelink-Studie[448], „[z]um unverhüllten Zweck der Lebensverkürzung“ bzw. der Beschleunigung des Lebensendes. Zum zweiten stand den Ärzten der retrospektiven Untersuchung zur Frage nach ihren Absichten bei der Verabreichung von Schmerzmitteln ausschließlich die Antwort „Billigung der Beschleunigung des Lebensendes“ zur Auswahl[449]. Die Anzahl der Ärzte, welche diese von drei Antworten in der retrospektiven Untersuchung der Remmelink-Studie zu dem Thema „Absicht des Arztes bei der Verabreichung von Morphin in solchen Dosen, daß nahezu sicher das Leben des Patienten verkürzt wurde“ gaben[450], zitierten die Experten 1995 als solche im Jahre 1990 zu dem Thema „Anzahl der Fälle der Intensivierung von einer die Beschleunigung des Lebensendes zumindest berücksichtigenden Schmerz- oder Symptombekämpfung“[451]. Schließlich wurde der Totenschein-Untersuchung zufolge in weiteren 13,3 % aller Todesfälle, also etwa 18.000 Fällen die ärztliche Behandlung „[z]um unverhüllten Zweck, das Lebensende zu beschleunigen“ entweder nicht aufgenommen oder eingestellt[452]. In nur 21 % dieser Fälle hatte der Patient ausdrücklich danach verlangt[453]. Da zur Ermittlung der Häufigkeit von ärztlicher Nichtbehandlung

---

445 Vgl. S. 6.

446 Vgl. S. 121ff.

447 Van der Wal/van der Maas, a.a.O., S. 77 (Tabelle 7.2).

448 S. 122.

449 Van der Wal/van der Maas, a.a.O., S. 77 (Tabelle 7.2).

450 Van der Maas/van Delden/Pijnenborg, Health Policy 1992, S. 183; vgl. S. 122.

451 Van der Wal/van der Maas, a.a.O., S. 77 (Tabelle 7.2).

452 Van der Wal/van der Maas, a.a.O., S. 84 (Tabelle 8.1).

453 Van der Wal/van der Maas, a.a.O., S. 87 (Tabelle 8.3). Wieviele dieser Patienten zur Zeit ihres Verlangens nicht bzw. nur beschränkt einwilligungsfähig (10 % aller Fälle, ebd.) waren, geht aus der Studie nicht hervor.

oder des Behandlungsabbruchs im Gegensatz zur Remmelink-Studie[454] lediglich die Totenscheine aus 1995 herangezogen, nicht aber Ärzte befragt wurden, fehlt jegliche Angabe über die Anzahl der Fälle, in denen von einer (weiteren) Behandlung wegen deren medizinischer Sinnlosigkeit abgesehen wurde sowie über die tatsächlich eingetretene Lebensverkürzung.

Wie schon die Untersuchungsexperten selbst[455], schloß das Kabinett Kok aus den Untersuchungsergebnissen, daß das Problem der Neuregelung zur aktiven ärztlichen Sterbehilfe auf Verlangen in der geringen Meldebereitschaft von Ärzten liege[456]. Mit dem Ziel, das „Vertrauen" von Ärzten in das Meldeverfahren und dadurch die Meldebereitschaft zu vergrößern[457], wurde mit dem Änderungsgesetz zur Neuregelung eine Prüfung für Fälle aktiver ärztlicher Sterbehilfe auf Verlangen eingeführt, deren Schwerpunkt vom amtsärztlichen Leichenbeschauer[458] auf eine von der Staatsanwaltschaft unabhängige Prüfungskommission verlagert wurde.

I. Allgemeine Regierungsverordnung aufgrund Art. 10 Abs. 1 des Gesetzes über das Bestattungswesen

1. ‚Artikel-10-Formulare'

Die aufgrund der Ermächtigungsgrundlage in Art. 10 Abs. 1 des Gesetzes über das Bestattungswesen erlassene allgemeine Regierungsverordnung enthält vier Artikel, wobei Art. 3 die Einziehung der mit der Neuregelung ergangenen allgemeinen Regierungsverordnung[459] und Art. 4 das Inkrafttreten regelt, während die beiden anderen den Wortlaut zweier ‚Artikel-10-Formulare' des amtsärztlichen Leichenbeschauers an die Staatsanwaltschaft festlegen.
Im Gegensatz zu der umfassenden Prüfung der ärztlichen Sorgfalt im Einzelfall, zu welcher der amtsärztliche Leichenbeschauer nach dem ‚Artikel-10-Formular' für Lebensbeendigung nach der Neuregelung verpflichtet war[460], erklärt er sich nach dem Text des in Art. 2 der allgemeinen Regierungsverordnung festgelegten ‚Artikel-10-Formulars' in Fällen von Lebensbeendigung auf

[454] Vgl. S. 122ff.
[455] Van der Wal/van der Maas, a.a.O., S. 236.
[456] Drucks. II, 1996-97, 23 877 Nr. 13, S. 2.
[457] Drucks. II, 1996-97, 23 877 Nr. 13, S. 5; vgl. Stb. 1997, 550, S. 8.
[458] S. 116ff.
[459] S. 128ff.
[460] S. 128ff.

Verlangen nur noch über die Leichenschau, seine darauf beruhende Überzeugung von einer unnatürlichen Todesursache und der vom behandelnden Arzt zur Lebensbeendigung verabreichten Mittel. Außerdem erklärt der amtsärztliche Leichenbeschauer, einen Bericht des behandelnden Arztes, eine etwaige schriftliche Willenserklärung des Verstorbenen, eine etwaige Erklärung des konsultierten Arztes und eine Kopie des ‚Artikel-10-Formulars' an die zuständige Prüfungskommission gesandt zu haben. Im übrigen stimmen das in Art. 2 sowie das in Art. 1 geregelte ‚Artikel-10-Formular' für Todesfälle infolge einer unnatürlichen Todesursache, die nicht Lebensbeendigung ist, mit denen in Art. 1 und Art. 2 der eingezogenen allgemeinen Regierungsverordnung[461] mit Ausnahme von einigen sprachlichen Korrekturen[462] überein.

2. Musterbericht für den behandelnden Arzt

Art. 2 der allgemeinen Regierungsverordnung ist ein den eingezogenen Standardbericht[463] ablösender Musterbericht für den behandelnden Arzt[464] beigefügt. Im Gegensatz zum Standardbericht[465] wird vom Arzt im Musterbericht nur noch die Beantwortung von 35 Fragen verlangt, was auf die erstmalige Trennung der Meldungen in Fällen aktiver ärztlicher Sterbehilfe auf Verlangen und denen ohne Verlangen des Patienten zurückzuführen ist[466]. Die Fragen sind zwar abermals[467] an den offiziellen Leitsätzen der Rechtsprechung ausgerichtet[468]. Der Musterbericht enthält jedoch erstmals keine Suggestivfragen bzw. Fragen, die wörtlich den vom Hoge Raad an den Gerichtshof Den Haag gerichteten Fragen zum rechtfertigenden Notstand des Hausarztes entlehnt sind. Auch fehlt der Hinweis, daß die Vorschriften der Strafgesetze unvermindert der ärztlichen Meldung gelten.

---

461 Anhang, Ziff. X; vgl. S. 128ff.

462 Die sprachlichen Korrekturen sind auf die Anpassung des Gesetzes über das Bestattungswesen an das Wet BIG zurückzuführen, Stb. 1997, 550, S. 10.

463 Vgl. S. 129.

464 Stb. 1997, 550, S. 5-7. Der Musterbericht ist abgedruckt im Anhang, Ziff. XIII.

465 Anhang, Ziff. XI; vgl. S. 129ff.

466 Darauf wird in Teil 4 eingegangen.

467 Vgl. S. 129ff.

468 Vgl. Stb. 1997, 550, S. 11.

Dagegen soll die Rechtsnatur des Musterberichts als allgemeine Regierungsverordnung wie schon für die des Standardberichts der Neuregelung[469] aus dem Nebensatz folgen[470], daß die Anlage, die den Musterbericht für den behandelnden Arzt enthält, einen „Unterteil dieses Erlasses" bildet (Art. 2 der allgemeinen Regierungsverordnung). Angesichts des unveränderten Wortlauts des Art. 10 Abs. 1 Gesetz über das Bestattungswesen besteht weiterhin[471] der Zweifel, ob der Musterbericht überhaupt von der Ermächtigungsgrundlage gedeckt sein kann. Der den Musterbericht einleitende Satz, „Mit der Meldung eines unnatürlichen Todesfalles infolge Lebensbeendigung auf Verlangen ... erteilt der behandelnde Arzt dem amtsärztlichen Leichenbeschauer einen Bericht, der wie folgendes Muster verfaßt ist", soll die gesetzliche Verpflichtung des Arztes zur Berichterstattung anhand des Musterberichts und Aushändigung an den amtsärztlichen Leichenbeschauer beinhalten[472].

II. Ministerielle Regelung zur Einrichtung regionaler Prüfungskommissionen

Zusammen mit der durch Königlichen Erlaß ergangenen allgemeinen Regierungsverordnung[473] ist eine ministerielle Regelung zur Einrichtung von fünf[474] regionalen Prüfungskommissionen zur Prüfung gemeldeter Fälle aktiver ärztlicher Sterbehilfe auf Verlangen („Regeling regionale toetsingscommissies euthanasie"[475]) in Kraft getreten, welche aufgrund des vom amtsärztlichen Leichenbeschauer überreichten Berichts des behandelnden Arztes die Sorgfalt der aktiven ärztlichen Sterbehilfe auf Verlangen überprüfen.

Die jeweils aus einem Arzt, Ethiker und vorsitzenden Juristen zusammengesetzte Kommission[476] erteilt gemäß Art. 9 der Regelung mit Stimmenmehr-

---

469 S. 131.

470 Van Maurik (S. 33, Fn. 101), fernmündliche Auskunft v. 17.12.1997; s. dazu schon oben, Fn. 418.

471 S. 131.

472 Van Maurik, a.a.O; s. dazu schon oben, Fn. 420.

473 S. 135ff.

474 Art. 2 Abs. 1 der ministeriellen Regelung.

475 Art. 19 der Regelung.

476 Art. 4 Abs. 1 der Regelung. Gem. Art. 14 der Regelung kann ein in seiner Unabhängigkeit gefährdetes Kommissionsmitglied im Einzelfall von seiner Tätigkeit befreit werden. Zu den stellvertretenden Kommissionsmitgliedern s. Art. 4 Abs. 1 S. 2 der Regelung.

heit[477] ein Urteil sorgfältigen ärztlichen Handelns, sofern sie anhand des Musterberichts des behandelnden Arztes und der übrigen vom amtsärztlichen Leichenbeschauer übersandten Dokumente[478] im Einzelfall feststellt, daß

> „a. ein freiwilliges, wohlerwogenes und dauerhaftes Verlangen vorlag;
>
> a. der Patient nach herrschender ärztlicher Erkenntnis aussichtslos und unerträglich litt;
>
> b. der Arzt mindestens einen unabhängigen Arzt konsultiert hat und
>
> d. die Lebensbeendigung medizinisch sorgfältig ausgeführt wurde".

Nach der Regelung kann die Kommission zur Urteilsfindung notwendige Informationen vom amtsärztlichen Leichenbeschauer, vom konsultierten sowie vom behandelnden Arzt einholen[479]. Die Kommission gibt ihr Urteil sechs bzw. spätestens zwölf Wochen nach Erhalt des ärztlichen Berichts dem Bezirksstaatsanwalt und dem regionalen Inspektor für die Gesundheitspflege bekannt[480]. Die Bekanntmachung beinhaltet ein Ersuchen um nähere Betrachtung des Falles, falls der Arzt nach dem Urteil die Sorgfaltspflichten im Sinne von Art. 9 der Regelung nicht eingehalten hat[481]. Gleichzeitig übersendet die Kommission eine Abschrift ihres Urteils an den behandelnden Arzt mit dem Zusatz, daß die Entscheidung über eine etwaige Strafverfolgung des Arztes der Staatsanwaltschaft vorbehalten ist.

Die Einführung einer so gearteten ersten Prüfungsinstanz, verbunden mit einer Reduzierung der Aufgaben des amtsärztlichen Leichenbeschauers, entspricht

---

477 Art. 12 Abs. 1 der Regelung.

478 S. 135ff.

479 Art. 8 Abs. 2, 3 i.V.m. Art. 1 der Regelung.

480 Art. 10 Abs. 1 S. 2, Abs. 2 S. 1 der Regelung. Zur Überwachung der Qualität der Gesundheitspflege durch die Staatsaufsicht für die Gesundheitspflege s. S. 150, Fn. 64.

481 Art. 10 Abs. 1 S. 2, Abs. 3 der Regelung. Gem. Art. 10 Abs. 2 S. 2 der Regelung ergeht eine Mitteilung an den Arzt auch in dem Fall, daß sich die Kommission eine einmalige Verlängerung der Beurteilungszeit im Sinne von S. 1 eingeräumt hat.

den Empfehlungen der Untersuchungsexperten im Anschluß an ihre Ergebnisse aus 1995[482], die sodann in einem von der KNMG geführten untersuchungsbegleitenden Bericht zum Zwecke der Gesetzesänderung als eines von drei Modellen in obiger Gestalt näher ausgearbeitet wurden[483]. Eine eingeschränkte Bedeutung des amtsärztlichen Leichenbeschauers bei der Meldung von Sterbehilfefällen hatte ein Jahrzehnt zuvor die Staatskommission Euthanasie propagiert. Allerdings hatte die Staatskommission vorgeschlagen, den Leichenbeschauer in Fällen aktiver ärztlicher Sterbehilfe auf Verlangen gänzlich von seinen Pflichten nach dem Gesetz über das Bestattungswesen zu entbinden[484].

Auf die Idee von unabhängigen Kommissionen, die nachträglich eine formelle und objektive, vor allem aber fachkundige Prüfung des Einzelfalls gewährleisteten, war 1984 schon das Präsidium der KNMG gekommen[485], übrigens mit auffallend ähnlichem Wortlaut wie später die Untersuchungsexperten[486]. Dem damaligen Wunsch des Präsidiums, durch jährlichen Bericht der Prüfungskommissionen an die KNMG Einblick in die Entwicklung der Sterbehilfepraxis zu gewinnen[487], ist in der abgeänderten Neuregelung allerdings nicht entsprochen worden. Statt dessen werden die Kommissionen nach der Regelung angehalten, neben den halbjährlichen Arbeitstreffen der Kommissionsvorsitzenden in Anwesenheit von Vertretern des Kollegiums der Generalstaatsanwälte und der Beratungsversammlung[488] einen detaillierten Jahresbericht ihrer Arbeit zu verfas-

[482] Vgl. van der Wal/van der Maas, a.a.O., S. 236-9.

[483] Vgl. Bosma/van der Wal, Kwaliteitsborging en toetsing achteraf, S. 31-5 (zu Modell C1).

[484] Staatscommissie Euthanasie, Rapport, Teil 1, S. 82; vgl. S. 102ff und 128ff. In dem Vorschlag zur Änderung des Gesetzes über das Bestattungswesen war darüber hinaus die Verpflichtung des behandelnden Arztes vorgesehen, seinem Bericht eine Erklärung des konsultierten Arztes beizufügen, die eine detaillierte Diagnose wiedergab, ebd.; vgl. dazu Frage 17 des Musterberichts (Anhang, Ziff. XIII).

[485] KNMG, MC 1984, 995-6, 1001.

[486] Vgl. van der Wal/van der Maas, a.a.O., S. 238-9.

[487] KNMG, MC 1984, 996.

[488] Art. 13 der Regelung. Seit 1.1.1995 ist die VVPG aufgeteilt in ein Kollegium der Generalstaatsanwälte („College van procureurs-generaal"), bestehend aus den Generalstaatsanwälten, und einer Beratungsversammlung von Justizminister und Kollegium, van der Wal/van der Maas, a.a.O., S. 136.

sen[489], anhand dessen Justiz- und Gesundheitsminister wiederum Parlament und Provinzvertretung Bericht zu erstatten haben[490].

489 Art. 16 der Regelung.

490 Art. 17 i.V.m. Art. 1 der Regelung.

Teil 4: Zur aktiven ärztlichen Sterbehilfe ohne Verlangen

Die Begrenzung der „euthanasie"-Definition auf lebensbeendende Maßnahmen auf Verlangen des Betroffenen[1] hat dazu geführt, daß Fragen vorsätzlicher lebensbeendender Maßnahmen ohne Vorliegen eines ausdrücklichen oder freiverantwortlichen Verlangens des Betroffenen, also der aktiven Sterbehilfe ohne Verlangen[2], lange Zeit von der rechtspolitischen Diskussion um eine gesetzliche Regelung der aktiven ärztlichen Sterbehilfe ausgenommen waren[3]. Auf die Ausgrenzung der aktiven Sterbehilfe ohne Verlangen aus der „euthanasie"-Definition hatte man sich nicht zuletzt in der Erwartung geeinigt, daß über die rechtliche Behandlung der aktiven Sterbehilfe auf Verlangen am ehesten ein Konsens erreicht werden könnte[4]. Die durch die 1991 veröffentlichten Ergebnisse der Remmelink-Studie unvermeidliche Thematisierung der aktiven ärztlichen Sterbehilfe ohne Verlangen habe die Sterbehilfediskussion in einem späten Stadium „erheblich kompliziert"[5].

A. Hintergründe

Fälle aktiver ärztlicher Sterbehilfe ohne Verlangen werden regelmäßig unter dem Schlagwort „aktive Lebensbeendigung ohne ausdrückliches Verlangen" („aktieve levensbeëindiging zonder uitdrukkelijk verzoek"[6]) behandelt; seit 1997 ist der Zusatz „aktiv[]" weggefallen[7]. Die davon Betroffenen werden als „einwilligungsunfähige Patienten" („wilsonbekwame patiënten"[8]) bezeichnet. Die KNMG hat die einwilligungsunfähigen Patienten zusätzlich in „schwerdefekte Neugeborene", „Patienten in vegetativem Zustand" und „Patienten mit fortgeschrittener Demenz" unterschieden[9].

---

1 S. 5ff.

2 Vgl. S. 5ff. I.

3 Vgl. Pijnenborg, End-of-life decisions, S. 81, 128; van Delden/Pijnenborg/van der Maas, Hastings Cent Rep 1993, 26; Borst-Eilers, in: Misbin, S. 63-4; Aartsen u.a., Hastings Cent Rep 1989, 48.

4 Van Delden/Pijnenborg/van der Maas, a.a.O., S. 26. Zu den offiziellen Gründen für die gewählte Beschränkung s. S. 5ff.

5 Vgl. Pijnenborg, a.a.O., S. 85.

6 Stb. 1993, 688, S. 1, 5; vgl. Drucks. II, 1991-92, 20 383 Nr. 14, S. 7.

7 Drucks. II, 1996-97, 23 877 Nr. 13, S. 5; Stb. 1997, 550, S. 9.

8 Stb. 1997, 550, S. 9.

9 KNMG, Medisch handelen, S. 42; vgl. ebd, S. 123-4.

Die Bezeichnung dieser Patientengruppen als einwilligungsunfähig ist terminologisch ungenau[10], geht es doch nicht um deren Unfähigkeit zu einer bürgerlich-rechtlichen Willenserklärung oder die strafrechtliche Schuldzurechnung des Arztes, sondern vielmehr um die Unfähigkeit dieser Patienten zu einer Willensäußerung, die sich in der Gestattung einer tatsächlichen Handlung – die Einwirkung des Arztes auf das höchstpersönliche Rechtsgut Leben – erschöpft[11]. Bei Patienten im Anfangsstadium einer Demenz, minderjährigen Patienten sowie psychisch Erkrankten stellt sich hingegen regelmäßig die Frage nach einer Einschränkung ihrer Einwilligungsfähigkeit[12], der im folgenden am Beispiel letzterer Patientengruppe nachgegangen wird. Das rein geistige Leiden als die anormale psychologische Reaktion des sog. psychiatrischen Patienten auf andere Umstände als körperliches Leiden ist dabei nicht zu verwechseln mit dem geistigen Leiden sog. somatischer Patienten als normale geistige Reaktion auf körperliches Leiden.

Die aktive ärztliche Sterbehilfe des einwilligungsunfähigen Patienten zählt zu den unnatürlichen Todesursachen im Sinne des Gesetzes über das Bestattungswesen[13] und ist in Art. 287 nlStGB (Totschlag) und Art. 289 nlStGB (Mord) zum Schutz des Lebens[14] uneingeschränkt unter Strafe gestellt. Art. 287 nlStGB lautet: „Wer vorsätzlich einem anderen das Leben nimmt, wird wegen Totschlags mit Gefängnisstrafe bis zu fünfzehn Jahren oder Geldstrafe der fünften Kategorie [bis zu 100.000 Gulden, d. Verf.] bestraft.“[15] Art. 289

---

10 Darüber hinaus weist von Lutterotti, MedR 1992, 9, in anderem Zusammenhang darauf hin, daß „Einwilligung“ ein Befragen voraussetzt, welches bei Schwerkranken bzw. Sterbenden ein „recht brutales Vorgehen“ sei. Allerdings ist die Bezeichnung dieser Patienten als „entscheidungsfähig“ zumindest in rechtstechnischer Hinsicht zu eng, weil dadurch weitere denkbare Voraussetzungen wirksamer Willensbildung wie die Entscheidungsmöglichkeit und -freiheit des Patienten unberücksichtigt bleiben.

11 Vgl. Ministerie van Justitie, Handreiking bij de beoordeling van wilsbekwaamheid, S. 2; van der Wal/van der Maas, Euthanasie en andere medische beslissingen, S. 44. Der Gesetzgeber bezeichnet diese Patienten daher auch als „sogenannte einwilligungsunfähige Patienten“, Stb. 1997, 550, S. 8.

12 Vgl. Stb. 1997, 550, S. 12-3; Ministerie von Justitie, a.a.O., S. 2, 11 ff.

13 Drucks. II, 1991-92, 22 572 Nr. 6, S. 2; vgl. S. 103ff.

14 Mulder, Anm. z. Hoge Raad, Urteil v. 21.10.1986, in: NJ 1987, (Nr. 607) 2129.

15 = „Hij die opzettelijk een ander van het leven berooft, wordt, als schuldig aan doodslag, gestraft met gevangenisstraf van ten hoogste vijftien jaren of geldboete van de vijfde categorie.“ (Zuletzt übersetzt von Schaffmeister, in: Jescheck/Kielwein, S. 150. Hiesige Übersetzung berücksichtigt die inzwischen eingetretenen Änderungen im Strafmaß).

nlStGB lautet: „Wer vorsätzlich und mit Vorbedacht einem anderen das Leben nimmt, wird wegen Mordes mit lebenslanger Gefängnisstrafe oder zeitiger bis zu zwanzig Jahren oder Geldstrafe der fünften Kategorie bestraft.“[16] Die erfolgreiche Hilfeleistung von Ärzten bei der Selbsttötung psychiatrischer Patienten zählt ebenfalls zu den unnatürlichen Todesursachen im Sinne des Gesetzes über das Bestattungswesen[17] und ist in Art. 287, 289 nlStGB oder aber Art. 294 nlStGB unter Strafe gestellt, sofern der psychiatrische Patient im Einzelfall einwilligungsfähig war[18].

I. Psychiatrische Patienten

Mitte der achtziger Jahre bestand einem Befürworter der Legalisierung aktiver ärztlicher Sterbehilfe auf Verlangen[19] zufolge unter Juristen und Medizinern überwiegend die Auffassung, daß ärztliche Hilfe zur Selbsttötung psychiatrischer Patienten unzulässig sei.

1. Zentrales Ärztliches Disziplinargericht – Spruch vom 29.3.1990

Als sich das Zentrale Ärztliche Disziplinargericht („Centraal Medisch Tuchtcollege“)[20] im Jahre 1990 mit dem ersten Fall ärztlicher Hilfe zur Selbsttötung auf Verlangen eines psychiatrischen Patienten vor einem Disziplinargericht[21] befaßte, gab es zu seinem dringenden Anliegen, wie bei einem psychiatrischen Patienten eine freiverantwortliche Willensbildung beim Verlangen nach Hilfe zur Selbsttötung nachträglich festzustellen sei, noch keine strafgerichtliche oder sonstige Anleitung, so daß sich das Disziplinargericht mit einer Antwort entsprechend schwertat.

---

16 = „Hij die opzettelijk en met voorbedachten rade een ander van het leven berooft, wordt, als schuldig aan moord, gestraft met levenslange gevangenisstraf of tijdelijke van ten hoogste twintig jaren of geldboete van de vijfde categorie.“ (Zuletzt übersetzt von Schaffmeister, a.a.O., S. 151. Hiesige Übersetzung berücksichtigt die inzwischen eingetretenen Änderungen im Strafmaß).

17 Vgl. S. 103ff..

18 Vgl. Klijn, MC 1995, 681.

19 Feber, in: van der Wal u.a., S. 67. Zur Ansicht Febers in bezug auf eine Gesetzesreform s. ebd., S. 80-1.

20 Zentrales Ärztliches Disziplinargericht, Spruch v. 29.3.1990, in: MC 1990, 1313-4. Die Klage war am 23.12.1987 in erster Instanz abgewiesen worden, ebd., S. 1313. Eine Übersetzung der wesentlichen Entscheidungsgründe liefert Scholten, in: Eser/Koch, S. 492-3.

21 Zentrales Ärztliches Disziplinargericht, a.a.O., S. 1314.

Der 65-jährige Patient litt dem Tatbestand zufolge seit seiner Scheidung im Jahre 1975 an schweren Depressionen und hatte nach dem 1978 begangenen Suizid seiner geschiedenen Frau einen Selbstmordversuch unternommen[22]. Nach wiederholter ambulanter und stationärer Behandlung ließ sich der Patient Ende 1983 freiwillig in eine psychiatrische Klinik einweisen, wo er vom angeklagten Psychiater behandelt wurde. Kurz darauf wurde seine Unterbringung wegen Selbstmordgefahr gerichtlich angeordnet. Der Patient war chronisch depressiv mit psychotischen Momenten, zusätzlich war er an einem Lungenemphysem erkrankt. In der Folgezeit bat der Patient den Angeklagten mehrmals um Hilfe bei der Selbsttötung. Dessen Entschluß waren Gespräche mit zwei Kollegen sowie zwei Familienangehörigen vorangegangen. Da die Krankenhausverwaltung und das Pflegepersonal sich gegen eine Selbsttötung innerhalb der Einrichtung aussprachen, veranlaßte der angeklagte Psychiater Mitte 1984 die Aufhebung der gerichtlichen Unterbringungsanordnung. Der Patient verstarb infolge der Einnahme eines vom Angeklagten zubereiteten tödlichen Trunks.

Das Zentrale Ärztliche Disziplinargericht sah sich nicht imstande, nachträglich die uneingeschränkt freiverantwortliche Willensbildung des Patienten festzustellen. Ob der Patient einen nicht durch Medikamente oder Depression beeinflußten, freien Willen besaß und ob dasselbe auch für die Schwere des Leidens des Patienten gelte, sei „kaum definitiv zu beantworten“[23]. Auf das Todesverlangen psychiatrischer Patienten sei aus diesem Grunde, und weil erfolgreiche Therapiemöglichkeiten bereits bestünden bzw. weitere sich in der Entwicklung befänden, nur mit größter Zurückhaltung einzugehen. Der angeklagte Psychiater habe das Pflegepersonal, das sich u.a. aufgrund des Zustands des Patienten gegen die ärztliche Sterbehilfe aussprach, zu spät über seine Entscheidung informiert. Des weiteren hätte er die Beweggründe für die beantragte Aufhebung der gerichtlichen Unterbringungsanordnung angeben müssen und sich mit einem außerhalb der Einrichtung tätigen Psychiater, der seine Meinung schriftlich niederzulegen habe, beraten müssen. Trotz der Feststellung zahlreicher Verstöße gegen die ärztliche Berufspflicht entschied das Disziplinargericht gleichwohl, der Arzt habe insbesondere wegen der Einbeziehung von Kollegen und Angehörigen des Patienten nicht „derart“ gegen Art. 1 des Ärztlichen Disziplinargesetzes[24] verstoßen, daß die Auferlegung einer Maßregel geboten

22 Zentrales Ärztliches Disziplinargericht, a.a.O., S. 1314.

23 Zentrales Ärztliches Disziplinargericht, a.a.O., S. 1314.

24 Vgl. dazu S. 64, Fn. 300.

sei[25]. Auch der Kläger, ein regionaler Inspektor der Staatsaufsicht über die Volksgesundheit[26], hatte gegen eine Maßregelung des Arztes plädiert, jedoch aufgrund der zu erwartenden Präzedenzwirkung des Falles die Feststellung des Disziplinargerichts für geboten erachtet, daß die Handlungs*weise* (Hervorh., d. Verf.) des Psychiaters unerlaubt sei[27].

2. Stellungnahme der Niederländische Vereinigung für Psychiatrie, 1992

Das Präsidium der Niederländischen Vereinigung für Psychiatrie („Nederlandse Vereniging voor Psychiatrie" - NVvP) erklärte Anfang 1992 die Problematik der ärztlichen Hilfe zur Selbsttötung psychiatrischer Patienten für prinzipiell nicht anders geartet als die der aktiven ärztlichen Sterbehilfe auf Verlangen somatischer Patienten[28]. Diese Einsicht führte allerdings nicht dazu, die vielfache Fiktion souveräner Willensbildung somatischer Patienten[29] zu hinterfragen. Vielmehr war es die Ansicht des Präsidiums der NVvP, aus ebendiesem Grund die für die aktive ärztliche Sterbehilfe auf Verlangen somatischer Patienten geltenden Sorgfaltspflichten auf die ärztlich assistierte Hilfe zur Selbsttötung auf Verlangen psychiatrischer Patienten für anwendbar zu befinden, wobei letztere nur unzulässig sei, sofern eine Therapie noch Erfolg verspreche[30]. Zusätzlich müsse ein auf die Besonderheiten psychiatrischer Patienten zugeschnittenes Protokoll für die ärztliche Hilfe zur Selbsttötung psychiatrischer Patienten entwickelt werden, das insbesondere Definitionen zur Fähigkeit eigenständiger Urteilsbildung und zum unerträglichen Leiden liefere[31].

3. Strafverfolgungsentscheidung des Justizministers zur Ausweitung des Meldeverfahrens auf psychiatrische Patienten

Ende März 1992 erklärte Justizminister Hirsch Ballin, daß das für die aktive

25 Zentrales Ärztliches Disziplinargericht, a.a.O., S. 1314.

26 Vgl. S. 150.

27 Zentrales Ärztliches Disziplinargericht, a.a.O., S. 1314.

28 NVvP, Nieuws en Mededelingen 1992, S. 2.

29 S. 57.

30 NVvP, a.a.O., S. 2.

31 NVvP, a.a.O., S. 3. Ein Konzept dieses Protokolls liegt inzwischen vor: dies., Hulp bij zelfdoding door patiënten met een psychiatrische stoornis, 1996.

ärztliche Sterbehilfe auf Verlangen somatischer Patienten[32] entwickelte Meldeverfahren von Ende 1990 auf Fälle ärztlicher Hilfe bei der Selbsttötung psychiatrischer Patienten anwendbar sei[33]. Die Strafverfolgungsentscheidung des Justizministers beruht aller Wahrscheinlichkeit nach auf der Stellungnahme des Präsidiums der NVvP[34]. Zwar hatte die Staatsanwaltschaft bereits Ende 1991 auf Weisung des Justizministers[35] in einem Fall ärztlicher Hilfe zur Selbsttötung einer an Magersucht leidenden Patientin Anklage erhoben, deren von ihrer Krankheit unbeeinflußtes Todesverlangen für das angerufene Bezirksgericht Almelo keineswegs feststand[36]. Das Gericht wies die vor Gericht zitierten Sachverständigen gleichwohl an, die für die aktive ärztliche Sterbehilfe auf Verlangen geltenden offiziellen Leitsätze der Rechtsprechung zur Annahme eines rechtfertigenden Notstands auf den Fall der magersüchtigen Patientin anzuwenden[37].

Der Justizminister, der sich von diesem Musterprozeß offensichtlich eine strafrichterliche Vorgabe über die Zulässigkeit ärztlicher Hilfe zur Selbsttötung psychiatrischer Patienten und gegebenenfalls speziell vom Arzt einzuhaltender Sorgfaltspflichten zum Verlangen dieser Patienten nach ärztlichen Beistand erhofft hatte, konnte sich zumindest insofern nicht auf entsprechende Richtlinien der Rechtsprechung stützen, als ihn kurz darauf Parlamentsabgeordnete zu einer Erklärung über die Strafverfolgungspolitik in bezug auf Ärzte nötigten, die psychiatrischen Patienten Hilfe zur Selbsttötung leisteten. Dem Justizminister zufolge war die ärztliche Hilfe zur Selbsttötung psychiatrischer Patienten nicht prinzipiell ausgeschlossen[38]. Allerdings müsse die Rechtsprechung auf diesem Gebiet Sorgfaltspflichten entwickeln, anhand derer vom Arzt objektiv

---

32 Die Rechtsprechung hat eine Rechtfertigung wegen Notstands in Fällen aktiver ärztlicher Sterbehilfe auf Verlangen somatischer Patienten, die primär unerträglich geistiges Leiden aufgrund körperlich schmerzfreien Verfalls erfahren, angenommen, S. 41. Das Meldeverfahren war folglich von vornherein in diesen Fällen anwendbar.

33 Verhandl. II, 1991-92, Anhang, 1007-8.

34 S. 145.

35 Vgl. Spreeuwenberg/Kastelein, MC 1992, 541.

36 Urteil des Bezirksgerichts Almelo v. 12.12.1991, in: MC 1992, S. 542-3. Der Staatsanwalt erklärte am Ende der mündlichen Verhandlung, der Arzt habe sich nach seiner Ansicht nicht strafbar gemacht, ebd., S. 543.

37 Bezirksgericht Almelo, a.a.O., S. 541-2. Die Sachverständigen befanden das Verlangen der Patientin für freiwillig und wohlerwogen, ebd., S. 542.

38 Verhandl. II, 1991-92, Anhang, 1005-6.

beurteilt werden könne, inwiefern das Todesverlangen im Einzelfall freiverantwortlich zustandegekommen oder von der psychischen Störung beeinflußt sei[39]. Dafür sei unerläßlich, daß Ärzte diese Fälle nach dem Meldeverfahren von 1990 dem amtsärztlichen Leichenbeschauer eröffneten[40].

4. Diskussionsschrift des Präsidiums der Königlich Niederländischen Gesellschaft zur Förderung der Heilkunde, 1993

Während sich das Präsidium der KNMG 1986 vor dem Gerichtshof Den Haag noch ausdrücklich gegen die Ausweitung der Sorgfaltspflicht „unerträgliches Leiden" auf ausschließlich psychiatrisch Erkrankte ausgesprochen hatte[41], erntete die Strafverfolgungsentscheidung des Justizministers[42] in der Ende 1993 veröffentlichten „Diskussionsschrift Hilfe bei der Selbsttötung von psychiatrischen Patienten" vollen Zuspruch des KNMG-Präsidiums, demzufolge das Ende 1990 von Justizminister und Präsidium festgelegte Meldeverfahren mangels Unterscheidung nach besonderen Patientengruppen ohnehin für Fälle ärztlicher Hilfe bei der Selbsttötung von psychiatrischen Patienten gelte[43]. Die offiziellen Leitsätze der Rechtsprechung böten hinreichende Absicherung gegen ärztliche Suizidhilfe auf ein eventuell unzureichend erwogenes Verlangen eines psychiatrischen Patienten[44].

In der Diskussionsschrift wird erläutert, daß der sorgfältige Arzt bei der Entscheidung für die erbetene Hilfeleistung besondere Aufmerksamkeit auf jegliche Form direkter oder indirekter Manipulation oder Druck von außen zu

---

39 Drucks. II, 1991-92, 20 383 Nr. 16, S. 9.

40 Verhandl. II, 1991-92, Anhang, 1007-8.

41 Feber, in: van der Wal u.a., S. 66-7. Zur Beteiligung der KNMG durch die Staatsanwaltschaft im Falle des Hausarztes einer altersschwachen Patientin vor dem Gerichtshof Den Haag in 1986 s. S. 38ff.

42 S. 145ff.

43 Vgl. KNMG, Discussienota hulp bij zelfdoding bij psychiatrische patiënten, S. 27. Die Diskussionsschrift wurde von einer 1985 vom Präsidium eingesetzten Arbeitsgruppe verfaßt. Da das 1997 unter Verantwortlichkeit des Präsidiums erschienene, endgültige Positionspapier zur ärztlichen Hilfe bei der Selbsttötung psychiatrischer Patienten fast wörtlich mit der Diskussionsschrift aus 1993 übereinstimmt, vgl. KNMG, Medisch handelen, S. 150-63, ist davon auszugehen, daß das Präsidium die Ansichten der Arbeitsgruppe bereits 1993 teilte.

44 Vgl. KNMG, Discussienota Hulp bij zelfdoding bij psychiatrische patiënten, S. 27, 32-43, 47.

richten habe, da psychiatrische Patienten oftmals leichter zu beeinflussen seien als somatische und ein fremdgesteuertes Verlangen nach aktiver ärztlicher Sterbehilfe kein freiwilliges sei[45]. Die entschiedene Ablehnung der Einbeziehung Angehöriger durch den psychiatrischen Patienten, die oftmals ihre Ursache in „aggressiven Impulsen des Patienten" habe, wurde vom Präsidium allerdings nur in Zusammenhang mit der prinzipiellen Informationspflicht des Arztes gegenüber den Angehörigen gebracht[46].

Von der Ansicht, daß bereits die psychische Erkrankung als solche eine Störung der Psyche herbeiführen könne und deshalb eine freiverantwortliche Willensbildung bei psychiatrischen Patienten regelmäßig ausgeschlossen sei, distanzierte sich das Präsidium mit der Begründung, zentraler Bedeutung komme nicht einer so begriffenen Freiwilligkeit des Verlangens, sondern vielmehr der Meinung des Arztes zu, inwieweit der Patient zu einer wohlerwogenen Entscheidung fähig sei[47]. Den Ausgangspunkt des ärztlichen Urteils nach der „Wohlerwogenheit" des Verlangens bilde die Unterstellung der Einwilligungsfähigkeit eines jeden psychiatrischen Patienten[48], gleich, ob seine Erkrankung dauerhaft sei oder lediglich fluktuierende Symptome aufweise[49]. Mangels eines abschließenden Katalogs psychiatrischer Erkrankungen sowie einer präzisen Definition des einzelnen psychiatrischen Krankheitsbilds habe sich der sorgfältige Arzt vor allem von den Symptomen des Patienten leiten zu lassen, um die jeweils aktuelle Einwilligungsfähigkeit des Patienten zu bestimmen[50]. Die Anforderungen an eine entsprechend wirksame Willensbildung, wie etwa die der Fähigkeit des Patienten, die Tragweite des Eingriffs aufgrund aller entscheidungserheblichen Faktoren zu erkennen sowie die, eine Entscheidung zu treffen, die nicht von einer inneren Zwangssituationen wie einer Depression beherrscht ist[51], seien dabei abhängig von einer Reihe anderer Faktoren[52]: sofern keine Behandlungsperspektive mehr bestünde, der Patient schwer und unabwendbar leide und nachhaltig seinen Tod wünsche, wäre eine hohe Schwelle

45 KNMG, a.a.O., S. 33.

46 KNMG, a.a.O., S. 41.

47 KNMG, a.a.O., S. 33.

48 KNMG, a.a.O., S. 34.

49 KNMG, a.a.O., S. 13-4.

50 KNMG, a.a.O., S. 13, vgl. ebd., S. 5.

51 Vgl. KNMG, a.a.O., S. 17-8.

52 KNMG, a.a.O., S. 34.

für die Annahme der Einwilligungsfähigkeit „unbarmherzig“[53]. Nicht nur sei irrelevant, daß das Leiden psychischen Ursprungs sei[54]. Ein weiterer Grund, dem Arzt „ein offenes Ohr“ für ein Verlangen um Hilfe zur Selbsttötung zu ermöglichen, bilde die „volle[] Überzeugung“, mit der vornehmlich psychiatrische Patienten den Tod suchten und sich daher gegebenenfalls ihr Leben auf gewalttätige Weise nähmen, „...die bei Dritten, die damit konfrontiert werden, zu einer traumatischen Erfahrung führen kann“[55]. „Diese Folgen...“ erachtet das Präsidium als “...äußerst unerwünscht...“[56].

An anderer Stelle der Diskussionsschrift bemerkt das Präsidium, um dem Selbstbestimmungsrecht volle Geltung zu verschaffen, seien Entscheidungen zwar möglichst jedem Patienten selbst zu überlassen, sofern Patienten jedoch nicht mehr zu einer Entscheidung imstande seien oder Entscheidungen träfen, wodurch sie schweren Schaden nehmen würden, „müssen wir prinzipiell Entscheidungen für sie treffen“[57]. In diesem Falle überwiege das Motiv, etwaigem Schaden zuvorzukommen, um dadurch das „Wohlseins“ des Patienten zu fördern[58]. Die Bezeichnung der ärztlich assistierten Selbsttötung einwilligungsunfähiger psychiatrischer Patienten als Förderung des „Wohlsein“ des Patienten ist ein Euphemismus, jedoch kein Einzelfall in der Diskussion um die aktive ärztliche Sterbehilfe einwilligungsunfähiger Patienten.

Für die standesethische Zulässigkeit der ärztlichen Hilfeleistung zur Selbsttötung psychiatrischer Patienten wird abermals[59] auf den gesellschaftlichen Streit zur Zulässigkeit aktiver Sterbehilfe auf Verlangen verwiesen[60]. Im übrigen ergebe sich aus der moralischen Annehmbarkeit des Selbstmords, daß auch die Hilfe zum Selbstmord moralisch akzeptabel sei[61]. Der Besonderheit der

---

53 KNMG, a.a.O., S. 14; vgl. ebd., S. 34.

54 KNMG, a.a.O., S. 15.

55 KNMG, a.a.O., S. 15.

56 KNMG, a.a.O., S. 15.

57 KNMG, a.a.O., S. 19.

58 Vgl. dazu schon S. 54, Fn. 234.

59 S. 60.

60 KNMG, a.a.O., S. 23.

61 KNMG, a.a.O., S. 23. Im endgültigen Positionspapier von 1997 enthält sich das Präsidium ausdrücklich eines Urteils über die moralische Annehmbarkeit des Selbstmords als solchem und betont vielmehr die Notwendigkeit eines langjährigen Behandlungsverhältnisses, KNMG, Medisch handelen, S. 149. Ärztliche Hilfe zur Selbsttötung eines psy-

Hilfe zur Selbsttötung auf Verlangen psychiatrischer Patienten trug das Präsidium dadurch Rechnung, daß einzig der Psychiater zur Hilfeleistung geeignet sei. Unterbliebe dessen Hinzuziehung, so sei die Entscheidung zur Hilfe bei der Selbsttötung psychiatrischer Patienten „falsch“[62]. An anderer Stelle der im übrigen umfangreichen Diskussionsschrift stellt das Präsidium einsilbig fest, die moralische Annehmbarkeit der Hilfe zur Selbsttötung psychiatrischer Patienten hänge nicht ausschließlich von moralischen Erwägung des Helfers, sondern „auch“ von der vornehmlich empirischen Frage ab, ob der Patient eine wohlerwogene Entscheidung zu treffen vermochte[63].

5. Standpunkt der Medizinischen Landesaufsichtsbehörden der Volksgesundheit und für Geistige Volksgesundheit, 1993

Noch im April 1991 hatte die Landesinspektoren der Medizinischen Landesaufsichtsbehörde für Volksgesundheit („Geneeskundige Hoofdinspectie van de Volksgezondheid“) und der Medizinischen Landesaufsichtsbehörde für geistige Volksgesundheit („Geneeskundige Hoofdinspectie voor de Geestelijke Volksgezondheid“ – GHIGV)[64] in einem Rundschreiben über das Meldeverfahren vom 1. November 1990 zur aktiven ärztlichen Sterbehilfe auf Verlangen gegenüber den Ärzten des Landes das „entstandene Mißverständnis“, daß das Verfahren auf psychiatrische Patienten und geistig Behinderte anwendbar sei, aufklären wollen[65]. Den Anwendungsbereich des Meldeverfahrens hatte die Staatsaufsicht über die Volksgesundheit („Staatstoezicht op de Volksgezondheid“) aus dem Fehlen einer strafgerichtlichen Entscheidung, ob die für Patienten mit primär somatischen Leiden entwickelten Sorgfaltspflichten auf psychia-

---

chiatrischen Patienten sei moralisch annehmbar, wenn der Arzt aufgrund einer langen Krankheits- und Behandlungsgeschichte unter medizinischen Gesichtspunkten davon ausgehen muß, daß er dem Patienten „keine Genesung (der Todeswünsche) zu bieten hat“, ebd., S. 150.

62 KNMG, a.a.O., S. 23.

63 KNMG, a.a.O., S. 16.

64 Seit 1.1.1995 bilden u.a. die Medizinischen Landesaufsichtsbehörden für Volksgesundheit und geistige Volksgesundheit zusammen die Aufsicht für die Gesundheitspflege („Inspectie voor de Gezondheidszorg“) als Teil der Staatsaufsicht über die Volksgesundheit, das dem Gesundheitsministerium zugeordnet ist, vgl. Ministery of Health, Welfare and Sport, Factsheet, S. 1-2. Die Aufgaben der Staatsaufsicht über die Volksgesundheit bestehen gem. Art. 36 des Gesundheitsgesetzes („Gezondheidswet“), Stb. 1956, 51, in der Gesundheitsrechtspflege sowie in der Beratung des Gesundheitsministeriums.

65 Lamping-Goos/van Gestel, Melding euthanasie of hulp bij zelfdoding, GHIGV/HI, Rijswijk April 1991.

trische Patienten auszuweiten seien, gefolgert[66]. Tatsächlich hatten sich die politischen Strafverfolgungsrichtlinien der jeweiligen Justizminister bis dahin an der bestehenden Rechtsprechung zumindest orientiert[67].

Zwei Jahre darauf ließen die Landesinspektoren der Medizinischen Landesaufsichtsbehörden für Volksgesundheit und geistige Volksgesundheit in einem zweiten Rundschreiben die Ärzteschaft wissen, daß die Regierung die Anwendbarkeit des Meldeverfahrens auf psychiatrische Patienten angeordnet habe und ärztliche Hilfe bei deren Selbsttötung nach einem entsprechenden Gutachten einer regionalen Medizinischen Aufsichtsbehörde für geistige Volksgesundheit („Geneeskundige Inspectie voor de Geestelijke Volksgezondheid" – GIGV)[68] prinzipiell nicht mehr ausgeschlossen sei[69]. Von dem restlichen Inhalt des Gutachtens der GIGV Rijswijk wurde die Ärzteschaft übrigens nicht unterrichtet: danach seien die Verfasser des Meldeverfahrens und des zugehörigen Standardberichts für den behandelnden Arzt unverkennbar von deren Anwendung auf Patienten mit primär somatischen Erkrankungen ausgegangen[70].

Anders als das Präsidium der KNMG[71] hielt die GIGV die Fragen im Standardbericht[72] für völlig ungeeignet, um Staatsanwalt und Richter hinreichende Informationen zur Beurteilung von Fällen ärztlicher Hilfe bei der Selbsttötung von psychiatrischen Patienten zu bieten[73]. Bei strikter Einhaltung der primär für somatische Patienten geltenden offiziellen Leitsätze der Rechtsprechung sei der Arzt gezwungen, jedes Verlangen eines psychiatrischen Patienten um Hilfe beim Selbstmord abzulehnen[74]. Obwohl die GIGV die Wahrscheinlichkeit einer erfolgreichen Berufung eines wegen Hilfe zur Selbsttötung eines psychiatrischen Patienten angeklagten Arztes auf rechtfertigenden Notstand des-

---

66 GIGV, De meldingsprocedure en psychiatrische patienten, S. 5. Zum Kürzel „GIGV" s. unten.

67 S. 108ff, 111ff, 114ff.

68 Vgl. GIGV, a.a.O., S. 6-7.

69 Lamping-Goos/Siemons, Melding euthanasie en hulp bij zelfdoding, GHIGV/BER 93196, Rijswijk 27. Januar 1993.

70 GIGV, a.a.O., S. 6.

71 S. 147.

72 Vgl. Anhang, Ziff. XI.

73 GIGV, a.a.O., S. 25; vgl. ebd., S. 13-24.

74 GIGV, a.a.O., S. 25.

halb für sehr gering erachtete, wurde die Strafverfolgungsentscheidung des Justizministers[75] vier Monate darauf vom Gerichtshof Den Haag[76] in einem „aus prinzipiellen oder politischen Gründen"[77] als Musterprozeß zur Anklage gebrachten Fall ärztlicher Hilfe zum Selbstmord einer psychiatrischen Patientin bestätigt[78].

II. Einwilligungsunfähige Patienten

1. Der Gesetzesvorschlag der Staatskommission Euthanasie

Bereits im Jahre 1985 sah der Gesetzesvorschlag[79] der dreizehn von fünfzehn Mitglieder der Staatskommission Euthanasie in Art. 292bis Abs. 1 einen speziellen Straftatbestand zu Art. 287 und 289 nlStGB vor, welcher für die absichtliche Lebensbeendigung eines nicht zu einer Willensäußerung Fähigen[80] wegen schwerer körperlicher oder geistiger Krankheit eine maximale Freiheitsstrafe von sechs statt fünfzehn bzw. zwanzig Jahren androht. Gem. Art. 292bis

---

75 S. 145ff.

76 Urteil des Gerichtshofs Den Haag v. 25.5.1993, in: MC 1993, 1377-81. Der Gerichtshof verwarf das auf Entlassung aus der Rechtsverfolgung zweier angeklagter Ärzte lautende Urteil des Bezirksgerichts Rotterdam v. 23.6.1992, in: MC 1992, 1429-31, in bezug auf einen Arzt. Zur Entlassung aus der Rechtsverfolgung s. S. 37.

77 Gerichtshof Den Haag, a.a.O., S. 1378.

78 Der Gerichtshof Den Haag schloß sich dem Vorbringen der Verteidigung an, daß nach der Rechtsprechung und dem von der KNMG eingenommenen Standpunkt kein Unterschied zwischen somatischen und psychiatrischen Leiden gemacht werden dürfe, MC 1993, S. 1378, 1380. Psychiatrische Patienten seien nicht allgemein außerstande, ihren Willen zu bilden und zu äußern, ebd., S. 1380. Bei der Beurteilung des Verlangens eines psychiatrischen Patienten müsse der Arzt äußerst behutsam und zurückhaltend vorgehen. Die drei vor das Bezirksgericht zitierten Sachverständigen hatten der chronisch depressiven Patientin, die „keinen Funken Lebenslust" besaß, trotz einer ihre Wahlfreiheit beschränkenden Persönlichkeitsstörung, einstimmig die Freiwilligkeit und Wohlerwogenheit ihres Todesverlangens sowie die Unerträglichkeit und Aussichtslosigkeit ihres Leidens bescheinigt, MC 1992, 1430-1. Obwohl der Angeklagte keinen unabhängigen Arzt zu Rate gezogen hatte, MC 1993, 1381, betonte der Gerichtshof die Gefahr weiterer „Selbstmord(versuche) auf eine ernsthaft selbstverwundende oder selbstverstümmelnde, für Dritte schockierende Weise", ebd., S. 1380, und sprach den Arzt im Anschluß an die Sachverständigenaussagen wegen rechtfertigenden Notstands frei, ebd., S. 1381.

79 Anhang, Ziff. III. Art. 292bis widerspricht der eingangs von allen Mitgliedern der Staatskommission getroffenen Entscheidung, ausschließlich Empfehlungen zur aktiven Sterbehilfe auf Verlangen abzugeben, ebd., S. 12. Zum Gesetzesvorschlag der Staatskommission s. auch S. 77ff; zu Art. 287, 289 nlStGB s. S. 142ff.

80 Als Beispiel nennt die Staatskommission Frühgeborene oder demente Alte, Rapport, Teil I, S. 44.

Abs. 2 galt für Ärzte ein besonderer Rechtfertigungsgrund für die Tat nach Abs. 1, sofern das Leben eines nach herrschender medizinischer Erkenntnis unwiderruflich bewußtlosen, aber eigenständig atmenden Patienten[81], der vorab kein schriftliches Verlangen nach aktiver Sterbehilfe abgegeben hatte[82], sorgfältig beendet[83] und die Behandlung zuvor als medizinisch sinnlos eingestellt wurde. Erstmals wurde dadurch offiziell das Prinzip, daß das Urteil über den Sinn des Lebens des Patienten ein anderer als der Patient, nämlich ein Arzt fällt, in einem Gesetzesvorschlag als Rechtfertigungsgrund aktiver ärztlicher Sterbehilfe ohne Verlangen eingeführt[84].

Der zu rechtfertigende ärztliche Eingriff in das Recht des einzelnen auf Leben bzw. dessen Kehrseite, die Ausweitung der ärztlichen Entscheidungsbefugnis über die einer medizinisch sinnlosen Behandlung hinaus, entbehren jeder rechtlichen Begründung von seiten der Urheber. Mit keinem Wort wird die medizinische Ethik einer Rechtfertigungslage erläutert, in der nicht der Patient „mit dem Rücken zur Wand" steht[85], sondern allenfalls andere seinen Zustand als menschenunwürdig erfahren[86]. Die Kommissionsmehrheit meinte vielmehr, der in Art. 292bis Abs. 2 vorausgesetzte Behandlungsabbruch „führt zu einem fortschreitenden unaufhaltbaren körperlichen und geistigen Verfall des Patienten, der auch für seine nächste Umgebung (Familie und Pfleger) eine unhaltbare und unerträgliche Situation bedeuten kann"[87]. In diesem Fall müsse „der Arzt das Leben straflos beenden können"[88].

---

81 Der Anwendungsbereich des Art. 292bis Abs. 2 beschränkt sich in Abgrenzung zu Art. 293quater b auf eigenständig atmende Patienten, Staatscommissie Euthanasie, a.a.O., S. 46, vgl. ebd, S. 75-6.

82 Der Anwendungsbereich des Art. 292bis Abs. 2 beschränkt sich in Abgrenzung zu Art. 293 Abs. 5 auf Patienten, die vorab kein schriftliches Verlangen nach aktiver Sterbehilfe abgegeben haben, Staatscommissie Euthanasie, a.a.O., S. 45, vgl. ebd., S. 69-71.

83 Gem. Art. 292bis Abs. 3 des Gesetzesvorschlags muß der behandelnde Arzt vorab zumindest einen zweiten Arzt zu Rate gezogen haben.

84 Staatscommissie Euthanasie, a.a.O., S. 282 (Minderheitsvotum); Josephus Jitta, NJB 1986, 44; Bergkamp u.a., NJB 1986, 47. Zum Minderheitsvotum s. auch S. 80ff.

85 Vgl. S. 38.

86 Staatscommissie Euthanasie, a.a.O., S. 282 (Minderheitsvotum).

87 Staatscommissie Euthanasie, a.a.O., S. 46.

88 Staatscommissie Euthanasie, a.a.O., S. 47. der Arzt sei der allein Geeignete, den unwiderruflichen Bewußtseinsverlust des Patienten festzustellen, a.a.O., S. 47.

Für die zwei Gegenstimmen unter den Kommissionsmitgliedern stand damit fest, „[d]as ‚Nicht-Mitansehen-Können' ... beginnt eine Rolle zu spielen"[89]. Die Professorin für Kriminologie Dessaur warnte vor der Festschreibung einer ihrer Ansicht nach von einem Teil der Ärzteschaft schon längst routinemäßig praktizierten aktiven Sterbehilfe ohne Verlangen, deren Parallelen zu den Verbrechen der Nationalsozialisten kaum von der Hand zu weisen seien[90]. Andere hielten die den Ärzten in Aussicht gestellte Macht für „zuviel"[91]. Daß die in der Folgezeit diskutierten Gesetzentwürfe zur aktiven Sterbehilfe allesamt keine dem Art. 292bis vergleichbare Regelung vorsahen[92], gründete allerdings nicht in der fraktionsübergreifenden Überzeugung, eine Aufweichung der Art. 287 und Art. 289 nlStGB für Fälle aktiver ärztlicher Sterbehilfe ohne Verlangen sei prinzipiell ausgeschlossen, sondern vielmehr im rechtspolitischen Einvernehmen[93] mit dem Staatsrat, demzufolge es für ein Gesetz, das sich nicht auf die aktive ärztliche Sterbehilfe auf Verlangen beschränke, noch zu früh sei[94].

2. Die „1.000 Fälle" der Remmelink-Studie

Die Idee „sinnlosen Lebens" taucht erneut im Rahmen der Remmelink-Studie[95] auf. Die Remmelink-Studie belegte erstmals für den Untersuchungszeitraum 1990, daß Ärzte nach der Totenschein-Untersuchung in 0,8 % der insgesamt 130.000 Todesfälle bzw. 1.040 Fällen direkt und gezielt den Tod ihrer Patienten ohne deren Verlangen bzw. ohne ausdrückliches Verlangen des Patienten verursacht hatten, indem sie das tödliche Medikament „zum unverhüllten Zweck, das Lebensende zu beschleunigen" verschrieben, zur Verfü-

---

89 Staatscommissie Euthanasie, a.a.O., S. 282 (Minderheitsvotum).

90 Dessaur, DD 1985, 914-5, 917; vgl. auch Dessaur/Rutenfrans, Mag de dokter doden?, 1986. Die Beiträge von Dessaur und Rutenfrans haben Hazewinkel-Suringa/Remmelink, Inleiding, S. 347, zufolge großen Eindruck auf die niederländische Öffentlichkeit gemacht. Dessaur wird denn auch in den Erläuterungen zum Probeentwurf vom Ersten Kabinett Lubbers zitiert, vgl. Drucks. II, 1987-88, 20 383 Nr. 3, S. 4.

91 Bergkamp u.a., NJB 1986, 48.

92 Vgl. S. 77ff, 82ff, 87ff, 92ff.

93 Drucks. II, 1983-84, 18 331 Nr. 3, S. 8; Drucks. II, 1985-86, 19 359 Nr. 2, S. 12-3; Drucks. II, 1987-88, 20 383 Nr. 3, S. 6.

94 Drucks. II, 1985-86, 18 331 Nr. 43 C, S. 4.

95 Dazu schon S. 119ff. Am 14.6.1990 lehnte das Parlament den Antrag ab, die Remmelink-Studie auf die Praxis der aktiven Sterbehilfe auf Verlangen zu beschränken, Drucks. II, 1989-1990, 21 300 VI Nr. 25.

gung gestellt oder verabreicht hatten[96], zumal 36 % der 1.040 Patienten (oder 375 Fälle) uneingeschränkt entscheidungsfähig waren[97], also zu den Fällen aktiver ärztlicher Sterbehilfe ohne Verlangen einwilligungsfähiger Patienten zählen[98]. Die Abweichung von 0,8 % in der prospektiven Untersuchung (1,6 % aller Todesfälle in 1990)[99] reflektiere „wahrscheinlich" abermals[100] Grenzfälle intensivierter Schmerzbekämpfung mit lebensverkürzender Wirkung ohne ein (ausdrückliches) Verlangen des Patienten[101].

Während die Remmelink-Kommission dadurch die Annahme für widerlegt hielt, daß aktive ärztliche Sterbehilfe an einwilligungsunfähigen Patienten häufiger praktiziert werde als die auf Verlangen einwilligungsfähiger Patienten[102], hielten andere[103] durch die Untersuchungsergebnisse das Gegenteil für bewiesen. Die fünf Jahre später durchgeführte Untersuchung sollte dagegen für 1995 nur noch ca. 900 Fälle aktiver ärztlicher Sterbehilfe ohne Verlangen feststellen[104], wobei bereits eine genaue Unterscheidung zwischen Fällen aktiver

---

96 Van der Maas/van Delden/Pijnenborg, a.a.O., S. 181, vgl. ebd., S. 186 (Tabelle 17.1). Der Arzt hatte hierfür die Frage, „Wurde der Tod durch Gebrauch eines Medikaments verursacht, welches Sie oder ein Kollege zum ausdrücklichen Zweck der Lebensbeendigung verschrieben, zur Verfügung gestellt oder verabreicht haben?", mit „ja" und die Frage, „Wurde die Entscheidung zur dieser Handlung infolge eines ausdrücklichen Verlangens des Patienten genommen?" mit „nein" zu beantworten, Pijnenborg, End-of-life decisions, S. 82.

97 Pijnenborg, End-of-life-decisions, S. 83 (Tabelle 2).

98 Vgl. dazu S. 122.

99 Van der Maas/van Delden/Pijnenborg, a.a.O., S. 181, vgl. ebd., S. 186 (Tabelle 17.1). Vgl. auch S. 122.

100 S. 122.

101 Van der Maas/van Delden/Pijnenborg, a.a.O., S. 182, 178.

102 Vgl. Ministry of Justice, Medical Practice with Regard to Euthanasia, S. 3; dazu auch Borst-Eilers, in: Misbin, S. 62-3; Kuhse/Singer, Bioethics 1992, iii-vi.

103 Potts, Lancet 1991, 953; Keown, in Gormally, S. 232; Welie, J Med Philos 1992, S. 426-7; vgl. die Nachweise bei Pijnenborg, End-of-life decisions, S. 42, hier wird allerdings nicht durchgängig zwischen Fällen aktiver ärztlicher Sterbehilfe ohne Verlangen einwilligungsfähiger und einwilligungsunfähiger Patienten unterschieden, was nicht zuletzt darauf zurückzuführen ist, daß eine klare Trennung sich mangels einer solchen in den Untersuchungsergebnissen verbietet.

104 Van der Wal/van der Maas, Euthanasie en andere medische beslissingen, S. 66, 92; vgl. ebd, S. 50 (Tabelle 5.15), wonach 1990 in der fachärztlichen Praxis in 9 % der 2.300 Fälle aktiver ärztlicher Sterbehilfe auf Verlangen der Patient nicht ausdrücklich danach ver-

ärztlicher Sterbehilfe ohne Verlangen einwilligungsfähiger und einwilligungsunfähiger Patienten mangels deren Trennung in den Untersuchungsergebnissen unmöglich ist[105].

1990 stellten die 665 Fälle zweifelsohne nur einen Bruchteil der Fälle aktiver ärztlicher Sterbehilfe an einwilligungsunfähigen Patienten im Jahre 1990 dar: von den 22.500 Fällen pro Jahr, in denen Medikamente mit dem Ziel der Schmerzbekämpfung in derart hoher Dosis verabreicht wurden, daß „...nahezu sicher das Leben des Patienten verkürzt wurde“, wovon in 6.750 Fällen Schmerzmittel „[t]eilweise zum Zweck der Lebensverkürzung“ und in weiteren 1.350 Fällen pro Jahr „[z]um unverhüllten Zweck der Lebensverkürzung“ verabreicht wurden[106], waren insgesamt 23 % der Patienten einwilligungsunfähig[107] und hatten nur 15 % aller Patienten zu einem früheren Zeitpunkt ausdrücklich nach aktiver ärztlicher Sterbehilfe verlangt[108]; von den 25.000 Fällen der Nichteinleitung oder Beendigung einer Behandlung, in denen die Maßnahme in 19 % der Fälle ohne ein Verlangen des Patienten vom Arzt „[t]eilweise zum Zweck der Lebensverkürzung“ und in weiteren 16 % oder 4.000 Fällen pro Jahr ohne ein Verlangen des Patienten „[z]um unverhüllten Zweck der Lebensverkürzung“, nicht aber notwendig wegen medizinischer Sinnlosigkeit einer (weiteren) Behandlung vorgenommen waren[109], waren insgesamt 58 % der Patienten einwilligungsunfähig[110] und hatten nur 13 % aller Patienten zu

langt hat; in 3 % aller Fälle das Verlangen nicht ausschließlich vom Patienten ausging; in 6% der Fälle ein wiederholtes Verlangen und in 1 % der Fälle ein gutes Verständnis des Patienten von Krankheit und Prognose fehlte. Zur Untersuchung s. S. 132ff.

[105] Vgl. van der Wal/van der Maas, a.a.O., S. 70 (Tabelle 6.5). Zu den zweifelhaften Methoden der Untersuchung aus 1995 s. auch S. 133ff.

[106] Vgl. S. 122ff.

[107] Van der Maas/van Delden/Pijnenborg, a.a.O., S. 76 (Tabelle 7.8). Davon waren in Pflegeheimen ganze 64 % der Patienten einwilligungsunfähig. Insgesamt 13 % der Patienten waren beschränkt einwilligungsfähig.

[108] Van der Maas/van Delden/Pijnenborg, a.a.O., S. 76 (Tabelle 7.9 = „Previous wishes of patients with respect to terminating life.“

[109] Vgl. S. 122ff.

[110] Van der Maas/van Delden/Pijnenborg, a.a.O., S. 90 (Tabelle 8.12). Davon waren in Pflegeheimen ganze 81 % einwilligungsunfähig. Insgesamt 21 % der Patienten waren beschränkt einwilligungsfähig.

einem früheren Zeitpunkt die Nichteinleitung oder Beendigung der Behandlung überhaupt mit dem Arzt besprochen[111].

In den als aktive ärztliche Sterbehilfe ohne Verlangen deklarierten 1.040 Fällen handelte es sich den Untersuchungsexperten zufolge in nahezu allen Fällen um „ernsthaft erkrankte und unheilbare Patienten ... ‚die offensichtlich schwer litten und ihre Wünsche nicht mehr äußern konnten"[112]. In einer „kleinen Anzahl" der 1.040 Fälle bestand den Experten zufolge eine voraussichtliche Lebensdauer von über einem halben Jahr[113]. In einer weiteren „kleinen Anzahl" der 1.040 Fälle hätte die Entscheidung mit dem Patienten zuvor besprochen werden können[114].

Zu ihrem letzten Fall der Verschreibung, zur Überlassung bzw. Verabreichung von Medikamenten im Rahmen der Totenschein-Untersuchung befragt, gaben 26 % der Ärzte als Grund, ihre Entscheidung nicht mit dem Patienten zu „diskutieren" an, daß es „eindeutig das Beste für den Patienten" und in weiteren 3 % der Patient „emotional zu labil" gewesen sei[115]. 8 % der Ärzte gaben einen oder beide dieser Gründe und/ oder als Grund an, eine Diskussion mit dem Patienten, dessen Entscheidungsfähigkeit dem Arzt nicht bekannt gewesen sei, hätte „[m]ehr Schaden als Gutes bewirkt"[116].

Die Remmelink-Kommission bemerkte, daß die („einigen Dutzend") Fälle, in denen Ärzte einwilligungsfähige Patienten ohne Verlangen getötet hatten, „in Zukunft verhindert werden müßten", zum Beispiel durch strikte Einhaltung der ärztlichen Sorgfaltspflichten zur aktiven Sterbehilfe auf Verlangen[117]. Die Kommission verteidigte die übrigen Fälle ungefragter Tötung: Ein „aktiver

---

111 Van der Maas/van Delden/Pijnenborg, a.a.O., S. 90 (Tabelle 8.11). In einem weiteren Prozent lag eine diesbezügliche schriftliche Erklärung des Patienten vor. In weiteren 18 % hatte der Patient „etwas über Lebensbeendigung" angedeutet.

112 Van der Maas/van Delden/Pijnenborg, a.a.O., S. 182.

113 Van der Maas/van Delden/Pijnenborg, a.a.O., S. 183. Zu ihrem letzten Fall der Verschreibung, zur Überlassung bzw. Verabreichung von Medikamenten befragt, gaben 11 % der Ärzte eine voraussichtliche Lebensdauer von bis zu 6 Monaten, weitere 3 % von über einem halben Jahr an, ebd., S. 130 (Tabelle 31.2).

114 Van der Maas/van Delden/Pijnenborg, a.a.O., S. 182.

115 Van der Maas/van Delden/Pijnenborg, a.a.O., S. 135 (Tabelle 13.6).

116 Van der Maas/van Delden/Pijnenborg, a.a.O., S. 135 (Tabelle 13.6).

117 Vgl. Ministry of Justice, Medical Practice with Regard to Euthanasia, S. 5

Eingriff" aufgrund der „Qual des Patienten" sei regelmäßig „unvermeidbar", weshalb diese Fälle als „Sterbebegleitung" verstanden werden müßten[118]. Die Remmelink-Kommission meinte, das Fehlen eines Verlangen des Patienten „macht lediglich die Entscheidungsfindung schwerer", als wenn ein Verlangen des Patienten vorliege[119] und fügte dem hinzu:

> „Die eigentliche Rechtfertigung des Eingriffs ist in beiden Fällen das unerträgliche Leiden des Patienten. Medizinisch betrachtet besteht daher kaum ein Unterschied zwischen diesen Situationen und aktiver Sterbehilfe auf Verlangen, weil in beiden Fällen die Patienten unerträglich leiden. Das Fehlen eines besonderen [sic] Verlangens nach Lebensbeendigung folgt teilweise aus dem Umstand, daß der Betroffene seinen Willen nicht (mehr) äußern kann, weil er bereits unheilbar ist und teilweise, weil sein Verlangen nicht unbeeinflußt ist, wenn die Behandlung von Schmerz und Symptomen intensiviert wird. Der erniedrigende Zustand des Patienten versetzt den Arzt in eine Notstandssituation. Daher ist die Kommission der Ansicht, daß der ärztliche Eingriff ebenso wie die aktive Sterbehilfe auf Verlangen ohne weiteres als eine wegen Notstands gerechtfertigte Handlung angesehen werden kann."[120]

Daß die Remmelink-Kommission behauptete, ein Verlangen des Patienten sei zur moralischen Rechtfertigung der aktiven ärztlichen Sterbehilfe ohne Verlan-

---

[118]Vgl. Ministry of Justice, a.a.O., S. 5; dazu auch Borst-Eilers, in: Misbin, S. 63.

[119]Vgl. Ministry of Justice, a.a.O., S. 5.

[120]Vgl. Ministry of Justice, a.a.O., S. 5. In einem englischsprachigen Rückblick erklärten die Untersuchungsexperten van Delden/Pijnenborg/van der Maas, Hastings Cent Rep 1993, 26: „Für das Verständnis der holländischen Praxis der aktiven Sterbehilfe auf Verlangen ist es wesentlich zu wissen, daß das Verlangen des Patienten nicht die einzige Basis der ärztlichen Entscheidung darstellt. (...) Unabhängig von dem Verlangen muß der Arzt stets zu der Überzeugung gelangen, daß aktive Sterbehilfe auf Verlangen der einzig akzeptable Weg aus dem Leiden ist. (...) Obwohl wir meinen, daß der autonome Wunsch und das Leiden notwendige Bedingungen für aktive Sterbehilfe auf Verlangen sind, können wir uns Situationen vorstellen, die keiner durchleben möchte. In solchen Fällen extremen Leidens könnte das Leben berechtigt ohne das ausdrückliche Verlangen des Patienten beendet werden. (...) Die Erlösung von Leiden durch aktive Sterbehilfe auf Verlangen kann Teil einer guten Medizin sein."

gen überflüssig, ist allenfalls angesichts des Umstandes erstaunlich, daß das Verlangen des Patienten nach aktiver Sterbehilfe seit jeher als Kardinalpflicht zulässiger aktiver ärztlicher Sterbehilfe gehandelt wurde[121] und strenggenommen der „euthanasie"-Definition widerspricht[122]. Daß aktive ärztliche Sterbehilfe ohne Verlangen des Patienten standesethisch unzulässig sei, hatte das Präsidium der KNMG bereits 1984 keineswegs ausgeschlossen[123]. Auch die von ihm erläuterten offiziellen Leitsätze der Rechtsprechung hatte es nicht als standesethisch unabdingbare Voraussetzungen zulässiger aktiver ärztlicher Sterbehilfe auf Verlangen aufgestellt.

Die Gründe der nachträglichen Billigung der „1.000 Fälle" durch die Remmelink-Kommission sind hingegen um so erstaunlicher. Die Kommission behauptete ganz einfach, „daß unerträgliche Leiden des Patienten" sei die eigentliche Rechtfertigung zu dessen Tötung. Eine Erklärung für diese Annahme liefert die Remmelink-Kommission ebensowenig wie die, daß ein Verlangen des Patienten nunmehr völlig überflüssig sei.

Eine Arbeitsgruppe im Auftrag des KNMG-Präsidiums, die bis Ende 1993 in einer jeweiligen Diskussionsschrift aktive ärztliche Sterbehilfe an schwerkranken Neugeborenen[124], an Patienten mit fortgeschrittener Demenz[125] und nicht zuletzt an langfristig Komatösen[126] bei Einhaltung bestimmter Sorgfaltspflichten für moralisch akzeptabel erklärte, zeigte sich in ihren moralischen Überle-

---

[121] Vgl. beispielsweise Drucks. II, 1983-84, 18 331 Nr. 3, S. 10; auch nach van Bemmelen, Strafrecht bijzondere delicten, S. 29, ist neben der Ausschaltung all derer, die ein finanzielles Interesse am Tod des Betroffenen haben könnten, „der Wille des Betroffenen... essentiell". Vgl. dazu auch S. 236ff, 238ff.

[122] Noch Ende 1990 bemerkte der emeritierte Professor für Gesundheitsrecht an der Universität Amsterdam und Wortführer einer Legalisierung aktiver ärztlicher Sterbehilfe auf Verlangen, Leenen, während einer Konferenz des Instituts für Bioethik in Maastricht, die Aufnahme der Voraussetzung „auf Verlangen des Betroffenen" in die „euthanasie"-Definition erlaube, die aktive Sterbehilfe auf Verlangen von Mord zu unterscheiden, de Wachter, Hastings Cent Rep 1992, 28, 26; vgl. Leenen, Rechten van mensen, S. 213. Vgl. auch S. 5, Fn. 29 und S.6, Fn. 38.

[123] S. 54ff, 70.

[124] Vgl. dazu S. 173ff.

[125] KNMG, Discussienota ernstig demente patiënten, April 1993, S. 49, wonach mangels ausdrücklichen bzw. mutmaßlichen Verlangens des Patienten, aktive ärztliche Sterbehilfe wegen der Schwere und Dauer des Leidens gerechtfertigt sei.

[126] KNMG, a.a.O., S. 34.

gungen in bezug auf letztere Patientengruppe konsequenter als die Remmelink-Kommission:

> „Wenn deutlich wird, daß ein komatöser Patient nur noch eine geringe Chance hat, das Bewußtsein wiederzuerlangen, und wenn, dann nur so, daß er schwer behindert und dauerhaft abhängig sein würde, dann wird die Frage nach dem Sinn einer Behandlung maßgebend. Es ist sodann eine Abwägung zwischen einer Weiterbehandlung und dem Abbruch der Behandlung vorzunehmen. Welche Entscheidung der Arzt auch trifft, er ist in beiden Fällen für die Folgen seiner Entscheidung für den Zustand des Patienten verantwortlich. Wird entschieden, die ärztliche Behandlung zu stoppen, dann kann da für einige daraus auch folgen, daß die Bewerkstelligung des Ablebens des Patienten durch lebensbeendendes Handeln im engeren Sinne legitimiert ist. Dadurch hat man das Ableben als tatsächliche Konsequenz bereits akzeptiert. Für andere dagegen, ist das explizite Beabsichtigen des Tods eines langfristig komatösen oder vegetierenden Patienten inakzeptabel... . (...) Die Kommission erkennt an, daß genau in diesem Punkt die Pluriformität unseres Zusammenlebens sichtbar wird, doch wird sich nicht jeder dieser zusätzlichen Bewertung anschließen können."[127]

---

[127] KNMG, Discussienota langdurig comateuze patiënten, 1991, S. 34. Als Sorgfaltspflichten zählte die Kommission die Eigenschaft als Arzt und die Ausführung der aktiven Sterbehilfe auf medizinisch-pharmakologische Weise auf, welche in der Praxis bislang nur ungenügend Beachtung gefunden habe, ebd., S. 42. Im endgültigen Positionspapier von 1997 werden im Hinblick auf die Schmerzfreiheit dieser Patientengruppe Bedenken erhoben, die aktive ärztliche Sterbehilfe jedoch keineswegs ausgeschlossen, KNMG, Medisch handelen, S. 102: „...fehlt darin ein wesentliches Element, nämlich die Unerträglichkeit des Leidens, welche die aktive Lebensbeendigung des Arztes rechtfertige. (...) Wohl kann eine Rechtfertigung in dem Argument gesucht werden, daß es um die Beendigung eines Zustands geht, der mit der menschlichen Würde unvereinbar ist. Diese Argumentation erachtet die Kommission zwar als relevant, jedoch wegen des allgemeinen Charakters kaum brauchbar. (...) Im Lichte [dieser] Herangehensweise – worin ein großes Stück Wahrheit steckt – ist die Kommission der Ansicht, daß aktive Lebensbeendigung, nachdem alle ärztlichen Behandlungen beendet wurden und wodurch der Patient sodann auch sterben soll, nicht notwendig, aber ebensowenig kategorisch verworfen werden darf." In der Zusammenfassung, ebd., S. 104, wird erklärt: „Mag die Verabreichung

Die in der Remmelink-Studie befragten Ärzte gaben hingegen als ausschlaggebenden Grund für die aktive ärztliche Sterbehilfe ohne Verlangen an, daß für den Patienten keine Aussicht auf Besserung bestand (60 %), (weitere) medizinische Behandlung sinnlos (39 %) und „kein unnötiges Herauszögern" des Todes gewollt war (33 %), „Angehörige nicht mehr damit fertig wurden" (32 %) sowie die niedrige Lebensqualität des Patienten (31 %)[128]. Nur 30 % der Ärzte hatten die aktive Sterbehilfe wegen „Schmerz/Leiden des Patienten" vorgenommen[129]. Danach fußt die Rechtfertigung der „1.000 Fälle" wegen unerträglichen Leidens der Patienten auf unsicherem Boden. Der Versuch einer moralischen Begründung erscheint in diesem Licht nicht mehr als die bloße Behauptung, aktive ärztliche Sterbehilfe ohne Verlangen sei moralisch annehmbar.[130]

Auf der Basis dieser Annahme empfahl die Remmelink-Kommission schließlich, daß Ärzte dergleichen Fälle melden sollten, wie dies in Fällen aktiver ärztlicher Sterbehilfe auf Verlangen bereits geschehe[131].

B. Die Neuregelung seit 1. Juni 1994

I. Psychiatrische Patienten und minderjährige Patienten

Der im April 1992 vom Dritten Kabinett Lubbers zur Lesung ins Parlament eingebrachte Gesetzentwurf ordnete die ärztliche Hilfe bei der Selbsttötung psychiatrischer Patienten ebenso wie die Patientengruppe der Minderjährigen wider Erwarten systematisch dem Verfahren für Fälle aktiver ärztlicher Sterbehilfe *ohne* Verlangen zu[132]. Erzürnt über die plötzliche, nach seiner Ansicht unnötig restriktive Zuordnung, forderte das Präsidium der KNMG von der Regierung eine Rückbesinnung auf den zuvor von Justizminister Hirsch Ballin

---

dieser [Euthanatika] unter dem Gesichtspunkt adäquater Sterbenshilfe doch für notwendig gehalten werden (und die Diskussionen gehen darüber auseinander), ist eine Weiterverweisung oder Abgabe der Behandlung zu empfehlen."

128 Van der Maas/van Delden/Pijnenborg, Health Policy 1992, 64 (Tabelle 6.7). Eine Mehrfachbeantwortung war möglich.

129 Van der Maas/van Delden/Pijnenborg, a.a.O., S. 64 (Tabelle 6.7).

130 Keown, in: Gormally, S. 230.

131 Vgl. Ministry of Justice, Medical Practice with Regard to Euthanasia, S. 7.

132 Drucks. II, 1991-92, 22 572 Nr. 8, S. 2, 7. Der Fall der chronisch depressiven Patientin vor dem Gerichtshof Den Haag, s. oben, Fn. 76, wurde trotz ihres vom Gerichtshof festgestellten freiwilligen und wohlerwogenen Todesverlangens ausdrücklich der aktiven Sterbehilfe ohne Verlangen zugeordnet, ebd.

eingenommenen Standpunkt[133]. Wie schon die NVvP[134] hielt es das Präsidium für erforderlich, den im Rahmen des gesetzlich zu verankernden Meldeverfahrens entwickelten Standardbericht lediglich um eine Frage zur Einwilligungsfähigkeit des psychiatrischen Patienten und eine zu verbleibenden Behandlungsperspektiven zu ergänzen[135].

Der Ruf der Ärzteverbände wurde erhört. Die Fragen des Standardberichts der seit 1. Juni 1994 geltenden Neuregelung in der Rubrik „Verlangen nach Lebensbeendigung" sind uneingeschränkt auf minderjährige Patienten anwendbar[136], den psychiatrischen Patienten gelten unter derselben Rubrik eine Reihe von Zusatzfragen[137]. Zwar sind nach den Erläuterungen zu Art. 1 der allgemeinen Regierungsverordnung Fragen II. B. 4 bis einschließlich 7 speziell auf die Besonderheiten psychiatrischer Patienten zugeschnitten[138]. Tatsächlich aber weichen lediglich Frage II. B. 4 und 6, also die Frage zur Einwilligungsfähigkeit des psychiatrischen Patienten sowie nach verbleibenden Behandlungsperspektiven, von den Fragen zur aktiven ärztlichen Sterbehilfe auf Verlangen eines Patienten mit primär körperlichen Leiden ab.

II. Einwilligungsunfähige Patienten

Das Dritte Kabinett Lubbers befolgte die Empfehlung der Remmelink-Kommission[139], das Meldeverfahren auf Fälle aktiver ärztlicher Sterbehilfe ohne Verlangen auszuweiten. Der Regierung zufolge muß die Überprüfbarkeit aktiver ärztlicher Sterbehilfe ohne Verlangen gewährleistet sein. Die am 1. Juni 1994 in Kraft getretene Neuregelung gelte deshalb als „Verantwortungsstruktur" für Ärzte in allen Fällen aktiver Sterbehilfe ohne Verlangen[140]. Dagegen finde die Ansicht der Kommission[141], die aktive ärztliche Sterbehilfe an Pa-

---

133 KNMG, Discussienota Hulp bij zelfdoding bij psychiatrische patiënten, S. 27; vgl. ebd., S. 46-7. Zur Strafverfolgungsentscheidung des Justizministers s. S. 145ff.

134 S. 145.

135 KNMG, a.a.O., S. 43.

136 Das folgt nicht zuletzt aus der „Nota bene" nach Frage 11 des Musterberichts der abgeänderten Neuregelung, Anhang, Ziff. XIII.

137 Vgl. Anhang, Ziff. XI.

138 Stb. 1993, 688, S. 9.

139 S. 161.

140 Drucks. II, 1991-92, 20 383 Nr. 14, S. 8; vgl. Drucks. II, 1991-92, 20 383 Nr. 16, S. 2; Ministry of Justice, a.a.O., S. 10.

141 Vgl. Ministry of Justice, Medical Practice with Regard to Euthanasia, S. 5.

tienten, bei denen der Ausfall vitaler Organfunktionen bereits eingesetzt habe, zähle zum „normalen ärztlichen Handeln", keine Stütze in der Rechtsprechung[142]. Die Rechtsprechung habe aktive ärztliche Sterbehilfe in diesen Fällen bislang nicht allgemein bejaht, den Gerichten müsse vielmehr Gelegenheit zur weiteren Stellungnahme gegeben werden.

„[I]n bezug auf Gesetzgebung" – jenem Anlaß also, für den die Remmelink-Studie eingerichtet worden war[143] – bemerkten die Untersuchungsexperten der Remmelink-Studie rückblickend, sei die Akzeptanz eines einheitlichen Meldeverfahrens die wahrscheinlich wichtigste Veränderung, die die Remmelink-Studie bewirkt habe[144].

Die Entscheidung der Regierung hatte zur Folge, daß sich der Anwendungsbereich des in Art. 1 der allgemeinen Regierungsverordnung[145] bestimmten ‚Artikel-10-Formulars' für den amtsärztlichen Leichenbeschauer auf Todesfälle infolge „aktive[r] Lebensbeendigung ohne Verlangen" erstreckte. Im Standardbericht für den behandelnden Arzt[146] sind in einer gleichlautenden Rubrik vier Fragen aufgenommen, wonach der Arzt zu etwaigen früheren Willenserklärungen des Patienten (III. 2.) bzw. Äußerungen der Angehörigen (III. 4.), der Ursache der Einwilligungsunfähigkeit zum Zeitpunkt der aktiven ärztlichen Sterbehilfe (III. 1.) sowie zur eigenen Entscheidungsfindung (III. 3.) Stellung zu nehmen hat.

C. Die Rechtswirklichkeit am Beispiel des Urteils des Hoge Raad vom 21.6.1994 im Fall Chabot

Das nur wenige Tage nach Inkrafttreten der Neuregelung ergangene Urteil des Hoge Raad im Fall des Psychiaters Chabot[147] wird als der bislang „unübertroffene Meilenstein" in der Rechtsentwicklung zur aktiven ärztlichen Sterbehilfe gehandelt[148]. Vor dem Hintergrund der Rechtsentwicklungen zur Neure-

---

142 Drucks. II, 1991-92, 20 383 Nr. 14, S. 7; vgl. Ministry of Justice, a.a.O., S. 9.

143 S. 98.

144 Van Delden/Pijnenborg/van der Maas, Hastings Cent Rep 1993, 25.

145 Anhang, Ziff. X.

146 Anhang, Ziff. XI.

147 Urteil v. 21.6.1994, Nr. 96 972, in: NJ 1994, (Nr. 656) 3142-56.

148 Vgl. beispielsweise Spaemann/Fuchs, Töten oder Sterbenlassen?, S. 82-3.

gelung[149] sind dagegen weder Tatumstände noch Urteilsgründe überraschend. Gleichwohl taugt der Fall Chabot für einige Schlüsse auf die Rechtswirklichkeit unter der Neuregelung.

Der angeklagte Psychiater Chabot hatte dem Tatbestand zufolge nach mehrfacher Beratung mit Kollegen seiner 50-jährigen Patientin einen tödlichen Trunk verschafft, nach dessen Einnahme sie Ende September 1991 verstarb[150]. Die Patientin, die sich entschieden jeder Form der Therapie durch den Angeklagten widersetzt hatte, trauerte über eine gescheiterte Ehe und den Verlust ihres Vaters im Jahre 1988 sowie ihrer zwei Söhne, wovon der eine 1986 Selbstmord begangen, der zweite im Mai 1991 einer tödlichen Krankheit erlegen war. Ihr einzig verbliebener Wunsch war, sich im Tod mit den Söhnen zu vereinen.

Im Hinblick auf deren Auswirkungen auf die Strafverfolgungspolitik unter der Neuregelung zur aktiven ärztlichen Sterbehilfe auf Verlangen[151] faßte Justizministerin Sorgdrager die Urteilsgründe im Fall Chabot zu folgenden offiziellen Leitsätzen zusammen:

„a. eine Rechtfertigung wegen Notstands ist nicht deshalb ausgeschlossen, weil das unerträgliche und aussichtslose Leiden eines Patienten psychischer und nicht somatischer Natur ist und er sich nicht in der Sterbensphase befindet. Nicht die Ursache, sondern das Maß des Leidens ist ausschlaggebend;

b. dem Verlangen nach Hilfe zur Selbsttötung eines psychisch leidenden Patienten kann eine freie Willensbestimmung zugrunde liegen. Deshalb kann nicht von vornherein die Einwilligungsunfähigkeit des Patienten angenommen werden;

c. da in Fällen psychiatrischer Patienten die objektive Feststellung der Ernsthaftig- und Aussichtslosigkeit des Leidens schwieriger ist als bei somatischen Pa-

---

[149] Vgl. S. 49ff, 70 und insbesondere S. 143ff, 145ff, 147ff, 150ff.

[150] Hoge Raad, a.a.O., S. 3143.

[151] Drucks. II, 1993-94, 23 877 Nr. 1, S. 1.

tienten, hat der Richter bei der Prüfung, ob ein rechtfertigender Notstand vorliegt, mit außerordentlich großer Zurückhaltung vorzugehen;

d. aus diesem Grund hat der zu Rate gezogene Arzt den Patienten selbst zu untersuchen und muß insbesondere vom handelnden Arzt unabhängig sein. Die Untersuchung hat sich auf die Ernsthaftigkeit und Aussichtslosigkeit des Leidens, Alternativen der Leidenserleichterung zu erstrecken, sowie die Frage, ob der Patient freiwillig und wohlerwogen zur Entscheidungsbildung gelangte, ohne daß seine Urteilsfähigkeit durch Krankheit beeinflußt war;

e. das Leiden ist nicht aussichtslos, sofern eine echte Alternative zur Leidenserleichterung durch den Patienten in voller Freiheit abgelehnt wird[152]".

Der Hoge Raad hat in Punkt e. entschieden, daß die Patientin durch die Ablehnung alternativer Behandlungsmöglichkeiten kombiniert mit dem Verlangen nach ärztlicher Hilfe zu ihrer Selbsttötung den Arzt nicht in eine Notstandssituation versetzen kann. In Anbetracht der Tatsache, daß der Hoge Raad keine allgemeinen (materiellen oder prozessualen) Voraussetzungen zur Annahme eines rechtfertigenden Notstands formuliert hat[153], ist weniger davon auszugehen, daß für den Hoge Raad bei der aktiven ärztlichen Sterbehilfe ein eingeschränktes Selbstbestimmungsrecht des Patienten gilt, sondern das Verlangen eines – psychiatrischen oder somatischen[154] – Patienten um aktive Sterbehilfe lediglich den Verzicht auf ein bislang aufrechterhaltenes Abwehrrecht beinhaltet[155].

---

[152]Drucks. II, 1993-94, 23 877 Nr. 1, S. 2-3.

[153]S. 32.

[154]Klijn, MC 1995, 681; Sorgdrager/Borst-Eilers, MC 1995, 383. Dagegen halten Leenen, MC 1995, 539-40, und Griffiths, MLR 1995, 896, die Erwägung des Hoge Raad unter e. nur auf psychiatrische Patienten anwendbar.

[155]Klijn, a.a.O., S. 681; vgl. Leenen, Rechten van mensen, S. 40, 153 und allgemein zum Selbstbestimmungsrecht des Patienten in der Gesundheitspflege, ebd., S. 24 ff.

Vorliegend kam die höchstrichterliche Erwägung zu e. jedoch nicht zum Tragen, mußte sich der Hoge Raad doch auf die Tatsache stützen[156], daß eine Erleichterung des Leidens der Patientin durch Behandlung mit Antidepressiva unwahrscheinlich gewesen wäre. Zu dieser Feststellung war vorab das Berufungsgericht aufgrund der gleichlautenden Aussage psychiatrisch und psychotherapeutisch geschulter Sachverständiger gekommen[157]. Anders dagegen die Meinung der im Jahr darauf das Ärztliche Disziplinargericht Amsterdam ebenfalls im Fall Chabot beratenden Sachverständigen, die eine erfolgreiche Behandlung des Krankheitsbildes der Patientin für durchaus möglich hielten[158]. Das Disziplinargericht übernahm übrigens nicht etwa die 1990 vom Zentralen Ärztlichen Disziplinargericht eingeführte ärztliche Berufspflicht zur Hinzuziehung eines außerhalb der Einrichtung tätigen Psychiaters[159], sondern vielmehr die vom Hoge Raad angestellte Erwägung zu d.[160], auf welche dieser die Verurteilung Chabots gestützt hatte[161].

Justizministerin Sorgdrager stellte fest, daß die im Standardbericht formulierten Fragen der just in Kraft getretenen Neuregelung[162] zuließen, daß die Leitsätze der Urteilsgründe des Hoge Raad im Fall Chabot im Einzelfall von der Staatsanwaltschaft berücksichtigt werden könnten und sich deshalb eine Anpassung des gesetzlichen Meldeverfahrens an die jüngste Rechtsprechung vorerst erübrige[163]. Hatte Justizminister Korthals Altes die Sorgfaltspflichten der Instanzgerichte in der Bemühung um eine Kasuistik zum rechtfertigenden Notstand für die Strafverfolgungspolitik noch in Abwesenheit gesetzgeberischer

---

[156] Der Hoge Raad ist ausschließlich für Rechtsfragen zuständig, S. 28, Fn. 70.

[157] Vgl. Hoge Raad, a.a.O., S. 3145.

[158] Disziplinargericht Amsterdam, Spruch vom 6.2.1995, MC 1995, 670-2. Das Disziplinargericht entschied, Chabot habe das Vertrauen in den Ärztestand untergraben und maßregelte ihn, ebd., S. 674.

[159] S. 144.

[160] Vgl. Disziplinargericht Amsterdam, a.a.O., S. 673. Zur Kongruenz zwischen Straf- und Disziplinarrechtsprechung zur aktiven ärztlichen Sterbehilfe s. S. 64ff.

[161] Hoge Raad, a.a.O., S. 3155. Der Hoge Raad hob das Urteil des Gerichtshofes Leeuwarden v. 30.9.1993 auf die Kassation der Staatsanwaltschaft hin auf und befand Chabot der vorsätzlichen Hilfe zur erfolgreichen Selbsttötung seiner Patientin gem. Art. 294 nlStGB für schuldig, sah jedoch gem. Art. 9a nlStGB von der Auferlegung einer Strafe ab. Zu Art. 9a nlStGB s. S. 12ff.

[162] Vgl. S. 49ff und Anhang, Ziff. XI, Fragen IV. 2-3.

[163] Drucks. II, 1993-94, 23 877 Nr. 1, S. 6-7.

Reformen zu offiziellen Leitsätzen der Rechtsprechung zur Straflosigkeit aktiver ärztlicher Sterbehilfe auf Verlangen erkoren[164], so hat die Neuregelung dem kein Ende gesetzt. Ob ein Fall aktiver ärztlicher Sterbehilfe auf Verlangen – oder ohne Verlangen des Patienten – wegen Notstands gerechtfertigt ist, ist unter der Neuregelung völlig offen[165]. Die Neuregelung ist keine Minimalregelung[166], sie läßt unter dem Deckmantel gesetzgeberischer Tätigkeit vielmehr einen noch so geringen Eingriff in die der Rechtsprechung zufolge geltende Rechtslage[167] vermissen.

Die politische Entscheidung des jeweiligen Justizministers zur Anpassung der Strafverfolgungspolitik an die Rechtsprechung ist weiterhin erforderlich[168] mit dem Ergebnis, daß die Staatsanwaltschaft unter der Neuregelung weiterhin gezwungen ist, die Rolle des „Pseudogesetzgebers" einzunehmen[169]: Die Justizministerin stellte fest, daß die Neuregelung[170] zur ärztlichen Sorgfaltspflicht der Konsultation zwar weiter gehe als der Hoge Raad, da nämlich das Urteil von nicht einem, sondern zwei unabhängigen Ärzten eingeholt werden müsse, wovon mindestens einer Psychiater sei[171]. Während die Justizministerin hierdurch vortrefflich die Möglichkeit der politischen Manipulation des Strafrechts durch die Zentralisation der Verfolgungsentscheidung in ihrer Amtsperson[172] demonstriert, (welche in der Entscheidung zum Musterprozeß ihren Anfang nimmt und in der zur Entbindung von der selbstauferlegten Pflicht zur Orientierung der Strafverfolgungspolitik an einer – zumindest nach dem 27.11.1984 – vermeintlich rechtsschöpfenden Jurisprudenz gegebenenfalls ihr gewünschtes

---

164 S. 50, 115ff.

165 Vgl. Sorgdrager/Borst-Eilers, MC 1995, 383. Laut KNMG-Präsidium kann aus der Neuregelung gleichwohl die Rechtmäßigkeit sorgfältiger aktiver ärztlicher Sterbehilfe auf Verlangen abgeleitet werden, vgl. dazu Drucks. II, 1991-92, 22 572 Nr. 5, S. 16; KNMG, Euthanasia in the Netherlands, S. 50. Aus diesem Grund sprach sich das KNMG-Präsidium gegen eine Ausweitung des gesetzlichen Meldeverfahrens auf Fälle aktiver ärztlicher Sterbehilfe ohne Verlangen aus.

166 So aber Dillmann, Camb Q Healthc Ethics 1996, 103.

167 S. 49ff.

168 Vgl. Drucks. II, 1993-94, 23 877 Nr. 1, S. 3; Drucks. II, 1994-95, 23 877 Nr. 2, S. 10.

169 Vgl. dazu S. 109ff.

170 Fragen IV. 1. und 2.

171 Drucks. II, 1993-94, 23 877 Nr. 1, S. 6-7.

172 Griffiths, NJB 1997, 621; Cuperus-Bosma/van der Wal/van der Maas, Eur J Health Law 1997, 237.

rechtspolitisches Ende findet[173]), beruht es wohl eher auf einem redaktionellen Versehen, wenn sie des weiteren behauptet, dem *Gesetzgeber* stehe frei, in diesem Punkt in Ergänzung zur höchstrichterlichen Rechtsprechung eine zusätzliche Sorgfaltspflicht für den Arzt aufzustellen[174].

Der vom Gesetzgeber bestimmte Wortlaut des Standardberichts ist nicht zu verwechseln mit den vom jeweiligen Justizminister anhand der Rechtsprechung bestimmten Leitsätze zur Annahme eines rechtfertigenden Notstands, an dem der nach Maßgabe des Standardberichts verfaßte ärztliche Bericht von der Staatsanwaltschaft geprüft wird. Zu Recht wurde von offizieller Seite im Hinblick auf die unbestimmte Rechtsnatur des rechtfertigenden Notstands[175] deshalb wiederholt beteuert, der Standardbericht biete dem Arzt lediglich eine „Verantwortungsstruktur"[176], beinhalte also keine einzige materielle Voraussetzung[177] zur Annahme eines rechtfertigenden Notstands, wiewohl in der Praxis der Prüfungsmaßstab der Staatsanwaltschaft „wie materielle Voraussetzungen" bei der Einstellung des Einzelfalls angewandt werde[178].

Eine letzte Anmerkung sei der Einwilligungsfähigkeit der psychiatrischen Patientin im Fall Chabot gewidmet, der im Prozeß nach dem Klassifikationssy-

---

[173]Vgl. dazu S. 145ff; sowie den Streit um die Sorgfaltspflicht der „Sterbensphase", welche Justizminister Hirsch Ballin 1993 in vermeintlicher Abkehr von der Rechtsprechung zur Anschärfung der Strafverfolgungspolitik in den Kreis der Sorgfaltspflichten einstellungswürdiger aktiver ärztlicher Sterbehilfe aufnahm, vgl. Verhandl. II, 1092-93, Anhang, 1357, und von Rechtsgelehrten wie Leenen/Legemaate, NJB 1993, 755 f kritisiert wurde, weil die Sterbensphase in der Rechtsprechung nicht zur Annahme wegen Notstands gerechtfertigter aktiver ärztlicher Sterbehilfe zähle, vgl. auch Griffiths, MLR 1995, 896-7; ders., NJB 1997, 620. Richtig dagegen van de Beek, NJB 1993, 1079, demzufolge der Hoge Raad eine einzelfallbezogene Lösung in Fällen aktiver ärztlicher Sterbehilfe wählt. Nach Legemaate, Tge 1998, 15, hat der damalige Justizminister durch den – vermeintlichen – Bruch mit der Rechtsprechung die Wirksamkeit des gesetzlichen Meldeverfahrens v. 1. Juni 1994 noch vor dessen Inkrafttreten untergraben.

[174]Drucks. II, 1993-94, 23 877 Nr. 1, S. 7.

[175]Ein weiterer Grund wird die Unvereinbarkeit einer strafbewährten gesetzlichen Pflicht des Arztes zur wahrheitsgemäßen Meldung mit dem Verbot des Selbstbelastungszwangs sein. Vgl. dazu schon S. 93.

[176]Vgl. Drucks. II, 19991-92, 22 572 Nr. 3, S. 1; Hoge Raad im Fall Chabot, in: NJ 1994, (Nr. 656) 3154.

[177]Sorgdrager/Borst-Eilers, MC 1995, 382; Hoge Raad im Fall Chabot, a.a.O.; vgl. Drucks. II, 1994-95, 23 877 Nr. 2, S. 18.

[178]Vgl. S. 32.

stem der „American Psychiatric Association“ die depressive Störung im engeren Sinne ohne psychotische Momente D.S.M.-III-R im Rahmen eines komplizierten Trauerprozesses bescheinigt wurde[179]. Daß Hoffnungslosigkeit und Selbstmordgedanken, verbunden mit der vornehmlichen Beschäftigung mit dem Tod, Hauptmerkmale depressiver Störungen sind[180], hatte das Berufungsgericht nicht an der Annahme gehindert, die Patientin habe freiwillig und wohlerwogen um ärztliche Hilfe bei ihrer Selbsttötung verlangt[181]. Der Remmelink-Studie zufolge gingen im Untersuchungszeitraum 1990 insgesamt 560 oder 14 % aller von Ärzten abgelehnten Ersuche um aktive Sterbehilfe von psychiatrischen Patienten aus[182]. Den Daten ist nicht zu entnehmen, wie die psychische Störung des Patienten diagnostiziert wurde. Da allerdings Psychiater an der Untersuchung nicht nachweislich beteiligt waren[183], ist davon auszugehen, daß die Diagnose vornehmlich von den zu fast 40 % beteiligten Allgemeinärzten gestellt wurde[184].

Es ist unumstritten, daß psychische Störungen oftmals bei somatischen Patienten auftreten und von Allgemeinärzten sowie in Krankenhäusern regelmäßig unerkannt bleiben[185]. Folglich ist durchaus denkbar, daß zumindest einige der Ersuchen um aktive Sterbehilfe, denen Ärzte im Jahre 1990 nachgekommen waren, eher in Symptomen behandelbarer, aber unerkannter psychischer Erkrankungen gründeten, als rationale Reaktionen auf ernsthafte körperliche Krankheit waren. Spätestens im Lichte der Ergebnisse einer Studie, derzufolge die Behandlung aufgedeckter psychischer Störungen in einigen Fällen zum Widerruf des Verlangens nach aktiver ärztlicher Sterbehilfe führte[186], ist die Möglichkeit der Rechtfertigung ärztlicher Hilfe zur Selbsttötung psychiatrischer Patienten alarmierend.

Das Präsidium der KNMG kritisierte denn auch die Zuordnung psychischer Leiden zu einer Kategorie des D.S.M. und forderte statt dessen ausnahmslos

---

179 Vgl. Hoge Raad, a.a.O., S. 3154.

180 Vgl. KNMG, Medisch handelen, S. 145.

181 Vgl. Hoge Raad, a.a.O., S. 3144.

182 Van der Maas/van Delden/Pijnenborg, Health Policy 1992, 52, 53 (Tabelle 5.17).

183 Van der Maas/van Delden/Pijnenborg, a.a.O., S. 27.

184 Vgl. van der Maas/van Delden/Pijnenborg, a.a.O, S. 53 (Tabelle 5.18).

185 Nachweise bei: Potts, Lancet 1991, 953; vgl. KNMG, Medisch handelen, S. 145-6.

186 Bajle u.a., Cancer 1993, 2786 ff.

die langjährige Diagnose der psychischen Erkrankung durch einen Psychiater[187]. In diesem Zusammenhang distanzierte sich das Präsidium von dem Vorschlag des Professors und Altmitglieds des Hoge Raad, Drion, Ärzte sollten älteren Menschen, die „mit dem Leben fertig" seien, eine tödliche Dosis Pharmaka zur Verfügung zu stellen, deren Einnahmezeitpunkt den Älteren selbst zu überlassen sei[188]. Für diese Älteren fehlt laut KNMG-Präsidium regelmäßig ein langfristig diagnostiziertes Krankenbild, so daß der Ärztestand für sie nicht zuständig sei[189].

D. Die Rechtsentwicklung am Beispiel schwerdefekt neugeborener Patienten

Zwanzig Jahre vor Inkrafttreten der Neuregelung war eine öffentliche Diskussion über die Veröffentlichung Professor van den Bergs „Medizinische Macht und Medizinische Ethik" entflammt, wonach eine Ethik des unbedingten Respekts für menschliches Leben im Zeitalter der medizinischen Macht als veraltet abgelehnt wurde[190]. Widerstand der Familie gegen den seiner Pflicht zur aktiven Sterbehilfe nachgehenden Arzt, bedeutungsloses Leben wie das eines „defekten" Kindes zu beenden[191], war danach durch ein Komitee von Ärzten und Laien zu brechen[192]. Die in der Folgezeit von Staatssekretär Kruisinga beauftragte Kommission Medizinische Ethik des Gesundheitsrates erklärte die aktive Sterbehilfe an „schwerdefekten" Neugeborenen unter engen Voraussetzungen für zulässig[193]. Die Kommission sprach sich in dem Gutachten gleichwohl gegen eine gesetzliche Auflockerung der Strafgesetze für Ärzte aus, weil die Umschreibung dieser Voraussetzung überaus schwierig und Mißbrauch nicht auszuschließen sei[194]. Die Regierung entschied sich aufgrund des Gutachtens damals nicht zu einer Gesetzesinitiative.[195] Jüngste Ereignisse auf dem

---

[187]Vgl. dazu oben, Fn. 61.

[188]KNMG, a.a.O., S. 154-5.

[189]KNMG, a.a.O., S. 155. Dagegen hielt die NVVE, Voorontwerp Euthanasiewet, S. 21-2, ärztliches Handeln in dieser Form für gerechtfertigt. Zum Kürzel „NVVE" s. S. 20.

[190]Van den Berg, Medische macht en medische ethiek, S. 47; vgl. dazu S. 71.

[191]Van den Berg, a.a.O., S. 22-8, 37.

[192]Van den Berg, a.a.O., S. 38, 47.

[193]Gezondheidsraad, Advies inzake euthanasie bij pasgeborenen, 1975, S. 27-8; vgl. dazu schon S. 71ff.

[194]Gezondheidsraad, a.a.O., S. 27.

[195]Van Maurik (S. 33, Fn. 101), schriftliche Auskunft v. 1.9.1997.

Gebiet der aktiven ärztlichen Sterbehilfe schwerdefekter Neugeborener, die in detaillierten Empfehlungen der Justiz- und Gesundheitsministerinnen für eine auf diese Patientengruppe zugeschnittene gesetzliche Regelung gipfelten, lassen auf eine nach niederländischem Maßstab inzwischen abgeschlossene Rechtsentwicklung schließen, die eine entsprechende Strafverfolgungspolitik des Justizministers zeitigen müßte.

I. Gerichtshof Amsterdam - Urteil vom 7.11.1995

Ein Jahr nach Inkrafttreten der Neuregelung stellten sachverständige Ärzte vor dem Gerichtshof Amsterdam[196] – in einem von Justizministerin Sorgdrager und Gesundheitsministerin Borst-Eilers vorab als Musterprozeß angekündigten Verfahren, das weniger der Frage, ob dergleichen ärztliches Handeln „tadelnswert" sei, als der „Rechtsentwicklung" in Sachen schwerdefekter Neugeborener dienen sollte[197] – drei Voraussetzungen zur Beurteilung der Frage auf, ob der wegen Mordes an einem schwerdefekten Neugeborenen angeklagte Arzt nach wissenschaftlich zu verantwortender ärztlicher Erkenntnis und den in der medizinischen Ethik geltenden Normen in einem rechtfertigenden Notstand gehandelt habe:

1. Bestand die Möglichkeit einer (weiteren) medizinisch sinnvollen Behandlung?

---

[196]Gerichtshof Amsterdam, Urteil v. 7.11.1995, in: NJ 1996, (Nr. 113) 554-5. Der Gerichtshof entschied, der angeklagten Arzt sei wegen Notstands gerechtfertigt und entließ ihn aus der Rechtsverfolgung, ebd., S. 555.

[197]Sordrager/Borst-Eilers, MC 1995, 383. Eine Weisung der Justizministerin („Ich bin der Meinung, daß die Frage, ob aktive Beendigung des Lebens eines schwerdefekten Neugeborenen durch einen Arzt in diesem Fall straflos bleiben kann, dem Richter vorgelegt werden muß", TvGR 1996, (Nr. 5) 285, erging in einem weiteren Fall, in dem der Gerichtshof Leeuwarden, Urteil v. 4.4.1996, in: TvGR 1996, (Nr. 5) 284-91, zu demselben Ergebnis gelangte wie der Gerichtshof Amsterdam, oben, Fn.196, weil der angeklagte Arzt insbesondere mit Zustimmung der Eltern des Neugeborenen gehandelt hatte, ebd., S. 289-90. Ein Minderheit der ärztlichen Sachverständigen hatte vor Gericht ausgesagt, daß der Angeklagte zwar übereinstimmend mit der medizinisch-ethischen Meinung des KNMG-Präsidiums gehandelt habe, nach ihrer Meinung allerdings jedes vorsätzlich das Leben beendende ärztliche Handeln außerhalb des ärztlichen Auftrags und der ärztlichen Kompetenzen falle, ebd., S. 290. Das Gericht schloß sich ohne jede Begründung der Meinung des KNMG-Präsidiums an, ebd., S. 289-90, wonach in einer Situation „unnötiger Verlängerung und/*oder* [Hervorh., d. Verf.] Zunahme des Leidens" aktive ärztliche Sterbehilfe moralisch akzeptabel sei, Discussienota zwaar-defecte pasgeborenen, S. 11, also mit Verneinung der Frage 1 bereits die Entscheidung für den Tod getroffen ist.

2. Wenn nein, bestand die Möglichkeit einer angemessenen Schmerz- oder Symptombekämpfung?

3. Wenn nein, bestanden Umstände wie beispielsweise das andauernde Leiden des Neugeborenen, welche die aktive Sterbehilfe rechtfertigen können?[198]

Der Gerichtshof Amsterdam gelangte aufgrund der Sachverständigenaussagen zu der Überzeugung, daß Frage 1, insbesondere aber Frage 2 vom angeklagten Arzt verneint werden durfte und hielt die aktive ärztliche Sterbehilfe des schwerstkranken Neugeborenen wegen Notstands vor allem deswegen für gerechtfertigt, weil das Neugeborene ohnehin in kurzer Zeit („...bis zu ungefähr einem halben Jahr...") gestorben wäre[199] und effektive Schmerzbekämpfung zwar möglich, aber nicht ohne Komplikationen, welche nicht zuletzt „...für die Eltern des Kindes, das Pflegepersonal und für die behandelnden Ärzte äußerst belastend..." gewesen wäre[200].

Der Gerichtshof führte aus, der Arzt dürfe bei Entscheidungen am Lebensende keinen Maßstab anlegen, der „auf subjektiven, persönlichen Werturteilen über die Qualität des zukünftigen Lebens eines Patienten" gründe, der über die Qualität seines Lebens noch nie ein Urteil aussprechen konnte[201]. Dabei wird allerdings verkannt, daß schon der Schritt von der Verneinung (weiterer) medizinisch sinnvoller Behandlungen zur aktiven ärztlichen Sterbehilfe kein zwangsläufiger ist, ganz gleich, ob das Neugeborene kurz vor dem Tod steht, sondern allemal ein Urteil des Arztes und gegebenenfalls der Eltern über den in ihren Augen verbleibenden Wert des neugeborenen Lebens voraussetzt.

---

[198] Gerichtshof Amsterdam, a.a.O., S. 554-5.

[199] So der Sachverständige Peters vor dem Gerichtshof Amsterdam, a.a.O., S. 554. Der Sachverständige Versluys dagegen schätzte die verbleibende Lebensdauer auf einige Wochen bis Monate, ebd.

[200] So der Sachverständige Versluys vor dem Gerichtshof Amsterdam, a.a.O., S. 555, demzufolge die Schmerz- und Symptombekämpfung nicht nur dazu geführt hätte, daß das Neugeborene „zwischen Himmel und Erde schweben" würde, a.a.O., S. 555, sondern abgesehen davon hätte eine langfristige Schmerztherapie erneut die Frage der Notwendigkeit einer Operation aufgeworfen und damit zu einer andauernden Situation von „Unsicherheit und Undeutlichkeit" geführt, ebd.

[201] Gerichtshof Amsterdam, a.a.O., S. 554.

II. Standpunkt des Präsidiums der Königlich Niederländischen Gesellschaft zur Förderung der Heilkunde, 1997

Während die Diskussionsschrift von 1990 ein regelrechtes Plädoyer für (straflose[202]) aktive ärztliche Sterbehilfe an „schwerdefekten" Neugeborenen darstellte, denen trotz schwerer Erkrankungen Lebenschancen einzuräumen sind[203], handelte das endgültige Positionspapier des KNMG-Präsidiums von 1997 infolge heftiger Reaktionen auf die Bezeichnung Neugeborener als „schwerdefekt" in der Diskussionsschrift[204] neben den übrigen besonderen Patientengruppen von neugeborenen Patienten „mit ernsthaften Abweichungen"[205] und wurde eine Legalisierung sorgfältiger aktiver ärztlicher Sterbehilfe angesichts „internationaler und rechtspolitischer Überlegungen" nicht für möglich erachtet[206]. Beizupflichten sei dagegen dem Vorschlag des Professor für Strafrecht und Strafprozeßrecht, Kelk[207], eine Bestimmung in Art. 287, 289 nlStGB aufzunehmen, in der das Merkmal „Widerrechtlichkeit" Anknüpfungspunkt für die Beurteilung gerechtfertigter aktiver ärztlicher Sterbehilfe ohne Verlangen bilde.

Obwohl dem KNMG-Präsidium zufolge in der Neonatologie ausschließlich die bis vier Wochen Alten als Neugeborene bezeichnet werden, betreffe das Positionspapier aus 1997 Frühgeborene bis hin zum Alter von ca. sechs Monaten, die mit angeborenen oder während bzw. nach der Geburt auftretenden Abweichungen keine Überlebenschance oder eine schlechte Prognose in bezug auf ihren zukünftigen Gesundheitszustand haben, da eine Entscheidung zum Behandlungsabbruch oder zur aktiven Sterbehilfe oftmals nicht in einem derart kurzen Zeitraum getroffen werden könne[208]. Wurde eine (weitere) Behandlung

[202] KNMG, Discussienota zwaar-defecte pasgeborenen, S. 43.

[203] Vgl. KNMG, a.a.O., S. 6-16.

[204] Vgl. KNMG, a.a.O., S. 48.

[205] KNMG, Medisch handelen, S. 59. Der Einsetzungsauftrag der Arbeitsgruppe durch das Präsidium erfolgte am 3.9.1985, ebd., S. 3, also kurz nach der Veröffentlichung des Abschlußberichts der Staatskommission Euthanasie, vgl. S. 74, Fn. 26. Für eine Diskussion des endgültigen Positionspapiers von 1997 s. Griffiths, Med Law Int 1995, 350 ff.

[206] KNMG, a.a.O., S. 189.

[207] Vgl. Kelk, NJB 1997, 105-6, demzufolge die Frage nach der Willensäußerung im Prinzip losgelöst von der Frage nach der Einhaltung der von ihm vorgeschlagenen Sorgfaltspflichten zu sehen ist. Zur Rechtswidrigkeit im Gesetzeswortlaut der Vorschriften des nlStGB s. S. 27, Fn. 62.

[208] KNMG, Medisch handelen, S. 59-60, 62.

eingestellt bzw. nicht aufgenommen und bleibt das Kind dennoch am Leben, kann dem Präsidium zufolge „der Gedanke aufkommen, daß die Vitalität des Kindes eine solche sei, daß sich hieraus eine günstigere Prognose ergebe“[209].

Um festzustellen, ob eine (weitere) Behandlung angebracht sei bzw. nunmehr aktive Sterbehilfe als „angemessene Sterbebegleitung“[210] in Betracht komme, müsse der Arzt eine zweite Beurteilung des Patienten vornehmen[211]. Die in einem 1988 erschienen Zwischenbericht vorgestellte Punktetabelle zur vereinfachten Entscheidungsfindung habe lediglich eine Scheinobjektivität suggeriert und sei daher aufgegeben worden[212]. Es sei vielmehr ein Werturteil über die zukünftige subjektive Lebensqualität („Wohlbefinden“) des Kindes aufgrund des zu erwartenden Gesundheitszustandes („Wohlsein“) zu treffen[213]. Der Lebenswert eines anderen Lebens sei durch eine intersubjektive, also allgemein geteilte Einschätzung zu bestimmen: Ausgehend von der Feststellung, daß in ein und derselben kulturellen Gemeinschaft Menschen mit ähnlichen Beschränkungen ihres Gesundheitszustandes vergleichbare Einschränkungen ihrer Lebensqualität erfahren, sei ein Werturteil verläßlich zu treffen, sofern man Kommunikationsmöglichkeiten, zukünftiges Leiden, das Maß an Eigenständigkeit, Entfaltungsmöglichkeiten sowie die Lebensdauer des Kindes zugrundelege[214].

Nach einem einstimmig verabschiedeten Positionspapier der Niederländischen Vereinigung für Kinderheilkunde („Nederlandse Vereniging voor Kindergeneeskunde“ – NVK) herrschte bereits Ende 1992 Einvernehmen unter Kinder-

---

[209]KNMG, a.a.O., S. 62. Es sei „moralisch gesehen falsch“, immer von der günstigsten Prognose auszugehen, ebd., S. 70.

[210]KNMG, a.a.O., S. 67.

[211]KNMG, a.a.O., S. 62. Auf S. 67 wird aktive ärztliche Sterbehilfe dagegen ohne vorherigen Abbruch der (weiteren) Behandlung als Möglichkeit angeführt, wenn effektive Schmerzbekämpfung vom Arzt verneint wurde, z.B. bei „schweren Formen“ der Spina Bifida. Bei Neugeborenen mit „bestimmten“ Chromosomabweichungen käme aktive ärztliche Sterbehilfe mangels geeigneter Behandlung „sehr schnell“ nach der Geburt in Betracht, ebd., S. 66-7.

[212]KNMG, a.a.O., S. 59.

[213]KNMG, a.a.O., S. 70-1. Eingangs wird zusätzlich die fehlende Möglichkeit effektiver Schmerzbekämpfung als Voraussetzung angeführt, aktive Sterbehilfe in Betracht zu ziehen, ebd., S. 62. Im Positionspapier von 1984, MC 1984, 992, hatte das Präsidium bemerkt, daß es in der Praxis oftmals schwierig sei, „die medizinische Zielsetzung von dem Urteil über den Sinn des Lebens des Patienten zu unterscheiden“.

[214]KNMG, a.a.O., S. 72.

ärzten über ihre Verantwortung, Entscheidungen über Leben und Tod des Neugeborenen zu treffen sowie über die Notwendigkeit, die zukünftige Lebensqualität des schwerdefekten Neugeborenen bei Entscheidungen über die (weitere) Behandlung zu berücksichtigen[215], bis 1997 auch als die „Unlebbares-Leben-Prognose“ bezeichnet[216]. Während ein Teil der Ärzte aktive Sterbehilfe an Neugeborenen in Ausnahmefällen nicht nur für ethisch zulässig erachtete, sondern sich aus Mitleid dazu verpflichtet fühlte, hielten andere dergleichen ärztliche Maßnahme für ethisch nicht zu rechtfertigen[217]. Im Falle von Meinungsverschiedenheiten unter den Ärzten müßten deshalb die Eltern informiert und gegebenenfalls an einen Arzt weitergeleitet werden, der deren ethische Ansichten teile[218].

In der Anlage zur Diskussionsschrift von 1993 begegnete das Präsidium der Ansicht, daß die Möglichkeit der Schmerzbekämpfung mit lebensverkürzender Wirkung ausreichend, die Einstellung bzw. Nichtaufnahme (weiterer) Behandlungen im Zweifelsfall medizinisch-ethisch geboten und darüber hinaus aktive ärztliche Sterbehilfe ohne Verlangen moralisch prinzipiell unannehmbar sei[219], mit der Begründung, daß der moralische Gehalt ärztlichen Handelns weniger durch dessen Form, als durch die dem Handeln zugrundeliegende Absicht, das Leiden zu beenden, bestimmt sei[220]. Deshalb bestünde nur ein praktischer Unterschied zur Verabreichung einer Überdosis schmerzbekämpfender Medikamente, bei der von vornherein eine mögliche lebensverkürzende Wirkung akzeptiert wurde, die aktive Sterbehilfe wirke schneller und effektiver[221]. Schließlich sei der Gebrauch moderner medizinischer Technologien bei zweifelhafter Prognose zwar gegenüber dem Sterbenlassen wegen der insgesamt besseren Resultate geboten, moralisch jedoch nur zu rechtfertigen, wenn man bereit sei, etwaige Schadensfolgen wieder ungeschehen zu machen, indem den „deutlichen Opfern“ – lebenslang schwerdefekten, die ansonsten eines natürlichen Todes gestorben wären – nachträglich „ein menschenwürdiger Tod ge-

[215]NVK, To do or not to do? Summary, 1992, S. 11.

[216]„[O]nleefbaar leven prognose“, KNMG, Medisch handelen, S. 68.

[217]NVK, a.a.O., S. 13-4.

[218]NVK, a.a.O., S. 14.

[219]KNMG, Discussienota zwar-defecte pasgeborenen, S. 48-51.

[220]KNMG, a.a.O., S. 49.

[221]KNMG, a.a.O., S. 50.

gönnt“ werde[222]. Der Ansicht, daß Ärzte dergleichen Entscheidung aufgrund infauster Prognose nicht fällen dürften, sei schließlich entgegenzuhalten, daß keine klinische Entscheidung ohne Wertung zustande komme und deren Begrenzung die Gefahr in sich berge, daß bereits das Bestehen einer Behandlungsmöglichkeit diese Behandlung ungeachtet etwaiger Folgen legitimiere[223].

III. Empfehlungen der Justiz- und Gesundheitsministerinnen, 1997

Im Herbst 1997 gab eine Arbeitsgruppe um die Justiz- und Gesundheitsministerinnen Sorgdrager und Borst-Eilers Empfehlungen für ein gesetzliches Melde- und Prüfverfahren für Fälle aktiver ärztlicher Sterbehilfe an schwerdefekten Neugeborenen ab[224]. Obwohl bei Neugeborenen der Grad der Krankheit oder Behinderung oftmals nicht zu diagnostizieren bzw. prognostizieren sei, meinten Ärzte vielfach, bei unheilbaren Neugeborenen keine andere „humane“ Wahl als aktive Sterbehilfe zu haben[225]. Daß dieser Entscheidung zum Beispiel eine Entscheidung zur Sinnlosigkeit (weiterer) Behandlung vorausgeht, wird nicht vorgeschrieben, zumal letztere gegebenenfalls anhand von Kriterien[226] zu treffen wäre, die mit denen der KNMG übereinstimmen[227]. „[G]utes ärztliches Handeln“ bei der aktiven Sterbehilfe beinhalte vielmehr:

> „1. Bevor der Arzt entscheidet, das Leben des Neugeborenen absichtlich zu beenden, muß er feststellen,
>
> a. daß das Neugeborene unerträglich leidet oder ihm ein erniedrigender Tod bevorsteht;
>
> b. daß keine Alternative der Behandlung und/oder Bekämpfung unnötigen Leidens indiziert oder vorhanden ist;
>
> c. daß die Eltern, nachdem sie vollständig informiert wurden und genügend Zeit zur Entschei-

---

222KNMG, a.a.O., S. 51-2.

223KNMG, Medisch handelen, S. 71, 69.

224Ministry of Health, Welfare and Sports, Requirements concerning the deliberate ending of a new born patient's life, 1997.

225Ministery of Health, Welfare and Sports, a.a.O., S. 2.

226Ministery of Health, Welfare and Sports, a.a.O., S. 4-5.

227Vgl. S. 174.

dung hatten, ausdrücklich der absichtlichen Lebensbeendigung zustimmen.

2. Der Arzt soll den Rat eines unabhängigen und hinreichend qualifizierten Kollegen in einem anderen Krankenhaus einholen. Dieser zweite Arzt soll sich genau mit den Umständen des Falls befassen, soll den Patienten untersuchen und soll eine schriftliche Empfehlung abgeben.

3. Der Arzt soll jeden Vorschlag absichtlicher Beendigung des Lebens des Patienten mit den Krankenpflegern, die für den Patienten sorgen, besprechen. Der Arzt soll deren Ansichten in seine Entscheidungsfindung miteinbeziehen.

4. Der Arzt soll den Wunsch eines Krankenpflegers oder Arztes, der bei der absichtlichen Lebensbeendigung oder deren Vorbereitung nicht teilnehmen will, respektieren.

5. Der für die Entscheidung zur absichtlichen Lebensbeendigung verantwortliche Arzt soll die Entscheidung in einer medizinisch und pharmakologisch verantwortlichen Weise ausführen."[228]

Aktive ärztliche Sterbehilfe an Neugeborenen zähle nicht zum normalen ärztlichen Handeln und sei daher in einem gesetzlich festgelegten Verfahren nachträglich zu überprüfen, wobei einem multidisziplinären Prüfungskommittee eine zentrale Rolle zukommen müsse[229]. Aufgrund des schmalen Grats zwischen einem natürlichen und unnatürlichen Tod solle der Arzt die aktive Sterbehilfe melden, auch wenn er sie nicht für eine solche hält. Für derartige

[228]Ministry of Health, Welfare and Sports, a.a.O., S. 5-6. Daneben werden spezielle Voraussetzungen guten ärztlichen Handelns in bezug auf Schmerzbekämpfung, die Nichteinleitung oder den Abbruch (weiterer) Behandlungen, Voraussetzungen in bezug auf das Arzt-Eltern-Verhältnis sowie den Krankenbericht aufgezählt, ebd, S. 4-5, 6-7.

[229]Ministery of Health, Welfare and Sports, a.a.O., S. 2-3. Zum normalen ärztlichen Handeln s. S. 6.

Fälle sei ein verkürztes Prüfungsverfahren einzuführen. Art. 287 und 289 nlStGB müßten „weitgehend" unverändert bleiben, um nicht zuletzt „Konflikte mit internationalem Recht zu vermeiden"[230]. Allerdings sei die Möglichkeit zu erwägen, im Strafgesetzbuch eine gesetzliche Definition der kriminellen Handlungen einzuführen, die sich auf absichtliche und ungefragte Lebensbeendigung erstrecke.

E. Die voraussichtliche Fassung der abgeänderten Neuregelung

Das Erste Kabinett Kok[231] hatte für Ende 1998 eine Abänderung der Neuregelung in Aussicht gestellt, nach der für aktive ärztliche Sterbehilfe ohne Verlangen ein von der aktiven ärztlichen Sterbehilfe auf Verlangen gesondertes Verfahren gelten werde[232].

Daß die Verabschiedung der zwei getrennten Abänderungsgesetze zur Neuregelung nicht zeitgleich erfolgt ist, ist auf die Tatsache zurückzuführen, daß die Regierung zur Ausgestaltung des gesetzlichen Verfahrens für Fälle aktiver ärztlicher Sterbehilfe ohne Verlangen die Empfehlungen der Justiz- und Gesundheitsministerinnen sowie das endgültige Positionspapier des KNMG-Präsidiums zu den einwilligungsunfähigen Patientengruppen aus 1997[233] abgewartet hat[234]. Aufgrund der Neuwahlen am 6. Mai 1998 sowie einer "politischen Entscheidung" des Zweiten Kabinetts Kok[235] wird das Änderungsgesetz nunmehr voraussichtlich erst im Herbst 2000 als Gesetzentwurf in das Parlament eingebracht[236].

---

230 Ministery of Health, Welfare and Sports, a.a.O., S. 3.

231 S. 132.

232 Drucks. II, 1996-97, 23 877 Nr. 13, S. 5; Stcrt. 1997, Nr. 58, S. 6.

233 KNMG, Medisch handelen, 1997, worin die Ansichten der Diskussionschriften, S. 147ff, 159ff, 173ff, im wesentlichen übernommen werden.

234 Drucks. II, 1996-97, 23 877 Nr. 13, S. 4.

235 Van Maurik, schriftliche Auskunft v. 14.6.2000. Der Grund für diese von Justiz- und Gesundheitsministerinnen getroffene Entscheidung wird in den Erläuterungen zum Gesetzentwurf des Zweiten Kabinetts Kok zur aktiven ärztlichen Sterbehilfe auf Verlangen, dazu S. 216ff, nachzulesen sein. VVD, PvdA und D'66 bilden aufgrund der Parlamentswahlen v. 6.5.1998 die abermals von Premierminister Kok geleitete Regierung. D'66 ist trotz erheblichen Stimmenverlusts als Bindeglied zwischen VVD und PvdA erneuter Koalitionspartner in der Regierung. Die CDA hat gegenüber den Wahlen von 1994 weitere Sitze im Parlament verloren.

236 Van Maurik, schriftliche Auskunft v. 7.7.2000. Bis dahin gilt für Fälle aktiver ärztlicher Sterbehilfe ohne Verlangen weiterhin die am 1.6.1994 in Kraft getretene Neuregelung,

Anhand der bisherigen Ankündigungen des Ersten Kabinetts Kok können gleichwohl einige Aussagen über die voraussichtliche Fassung der abgeänderten Neuregelung getroffen werden.

I. Allgemeine Regierungsverordnung aufgrund Art. 10 Abs. 1 des Gesetzes über das Bestattungswesen

Der Königliche Erlaß[237] wird eine aufgrund Art. 10 Abs. 1 des Gesetzes über das Bestattungswesen erlassene allgemeine Regierungsverordnung enthalten, der mehrere Musterberichte an den behandelnden Arzt beigefügt sind.

1. ‚Artikel-10-Formular'

Die allgemeine Regierungsverordnung wird den Inhalt eines ‚Artikel-10-Formulars' für den amtsärztlichen Leichenbeschauer[238] in Fällen aktiver ärztlicher Sterbehilfe ohne Verlangen des Patienten bestimmen. Es ist davon auszugehen, daß dem amtsärztlichen Leichenbeschauer danach lediglich eine Vermittlerfunktion zwischen behandelndem Arzt und Staatsanwaltschaft zukommt[239].

2. Musterberichte für den behandelnden Arzt

Im Gegensatz zu der abgeänderten Neuregelung für aktive ärztliche Sterbehilfe auf Verlangen werden in Anlage zur allgemeinen Regierungsverordnung nach Ansicht der Verfasserin gleich vier Musterberichte für den behandelnden Arzt[240] ergehen.

a. Psychiatrische Patienten

Mit der abgeänderten Neuregelung werden Fälle ärztlicher Hilfe zur Selbsttötung psychiatrischer Patienten anders als in der Neuregelung vom 1. Juni 1994[241] systematisch zur aktiven ärztlichen Sterbehilfe ohne Verlangen zuge-

---

Stb. 1997, 550, S. 10; vgl. Art. 4 des Königlichen Erlasses v. 17.12.1993, Stb. 688 (Anhang, Ziff. X).

237 Vgl. Stb. 1997, 550, S. 9, wo von „ein gesonderter Erlaß" die Rede ist.

238 Vgl. Stb. 1997, 550, S. 9.

239 Vgl. S. 135ff.

240 Vgl. Stb. 1997, 550, wo von „ein oder mehrere Musterberichte" die Rede ist, ebd., S. 9. Zum Musterbericht der abgeänderten Neuregelung für aktive ärztliche Sterbehilfe auf Verlangen s. S. 136ff.

241 S. 161ff.

ordnet[242]. Die neuerliche Zuordnung impliziert, daß psychiatrischen Patienten nunmehr zunächst die Einwilligungsunfähigkeit unterstellt wird[243]. Nach Ansicht der Verfasserin wird dieser Patientengruppe ein eigener Musterbericht gewidmet sein. Aufgrund der Ansicht von Justizministerin Sorgdrager, wonach die Entscheidung des Hoge Raad im Fall Chabot die geltende Strafverfolgungspolitik unter der Neuregelung größtenteils bestätigte[244], ist gleichwohl davon auszugehen, daß die für psychiatrische Patienten geltenden Fragen der Neuregelung[245] im wesentlichen übernommen werden.

b. Minderjährige Patienten

Zusammen mit der Hilfe zur Selbsttötung psychiatrischer Patienten wird die aktive ärztliche Sterbehilfe an minderjährigen Patienten mit der abgeänderten Neuregelung erstmals systematisch der aktiven Sterbehilfe ohne Verlangen zugeordnet[246]. Eine Altersbegrenzung für Minderjährige ist nicht vorgesehen[247]. Angesichts der zu vermutenden Hemmschwelle, Fragen zu psychiatrischen mit denen zu minderjährigen Patienten in einem Musterbericht zu verquicken, ist von einem gesonderten Musterbericht für Minderjährige auszugehen, der neben Fragen zur Einwilligungsfähigkeit solche zur etwaigen Stellungnahme des gesetzlichen Vertreters beinhaltet.

c. Schwerdefekt neugeborene Patienten

Ein weiterer Musterbericht wird nach Ansicht der Verfasserin erstmals auf die Besonderheiten der aktive ärztliche Sterbehilfe schwerdefekter Neugeborener zugeschnitten sein. Es ist davon auszugehen, daß der Fragenkatalog an den detaillierten Empfehlungen der Justiz- und Gesundheitsministerinnen[248] ausgerichtet sein wird.

---

[242] Ministerinnen Sorgdrager und Borst-Eilers, Schreiben Nr. 650789/97/6 v. 13.11.1997 an die Königin, S. 4; Stb. 1997, 550, S. 13; vgl. auch Anhang, Ziff. X, „NB" nach Frage 11. Es ist anzunehmen, daß Fälle ärztlicher Hilfe zur Selbsttötung bis zum Inkrafttreten der abgeänderten Neuregelung weiterhin nach dem Verfahren der Neuregelung in Fällen aktiver ärztlicher Sterbehilfe auf Verlangen zu melden sind, vgl. oben, Fn. 236.

[243] Vgl. dazu S. 145ff, 147ff.

[244] S. 166.

[245] Vgl. S. 162.

[246] Stb. 1997, 550, S. 13; vgl. dazu auch Anhang, Ziff. X, „NB" nach Frage 11.

[247] Vgl. Stb. 1997, 550, S. 13.

[248] Vgl. S. 176ff.

d. Patienten mit fortgeschrittener Demenz

Im Gegensatz zur aktiven ärztlichen Sterbehilfe an schwerdefekten Neugeborenen[249] ist die Rechtsentwicklung für Patienten mit fortgeschrittener Demenz noch nicht abgeschlossen. Es ist davon auszugehen, daß für diese Patientengruppen auf Weisung des seit August 1998 amtierenden Justizministers Korthals (VVD) alsbald Musterprozesse die Lücke gerichtlicher Entscheidungen[250] schließen werden. Bis dahin wird nach Ansicht der Verfasserin für diese Patientengruppe ein gesonderter Musterbericht ergehen, dessen Fragenkatalog sich mit dem des Standardberichts der Neuregelung zur aktiven ärztlichen Sterbehilfe ohne Verlangen (Fragen III. 1.-4.[251]) decken wird.

e. Patienten in dauerhaft vegetativem Zustand

Der – vermutlichen – Schmerzlosigkeit von Patienten in dauerhaft vegetativem Zustand, zu denen das KNMG-Präsidium auch langfristig komatöse Patienten zählt[252], wird nach Ansicht der Verfasserin durch einen gesonderten Musterbericht Rechnung getragen, wonach der Arzt lediglich zu einer etwaigen infausten Prognose in bezug auf den vegetativen Zustand des Patienten Stellung zu nehmen hat. Im übrigen gilt das zu Patienten mit fortgeschrittener Demenz Gesagte[253].

II. Ministerielle Regelung zur Einrichtung einer zentralen Prüfungskommission

Das gesetzliche Verfahren für alle der aktiven ärztlichen Sterbehilfe ohne Verlangen systematisch zugeordneten Fälle[254] wird vermittels ministerieller Regelung um eine landesweit zuständige Zentralkommission[255] bereichert, die je nach der im Fall einschlägigen Patientengruppe, Fachleute anhören kann. Auf

---

[249] S. 170ff.

[250] Vgl. Drucks. II, 1994-95, 23 877 Nr. 2, S. 7. Bislang wurde von der Rechtsprechung insgesamt nur ein Fall entschieden, van Maurik (S. 33, Fn. 101), fernmündliche Auskunft v. 17.12.1997. Es handelt sich um das Urteil des Gerichtshofs Arnhem v. 31.10.1989, in TvGR 1990, (Nr. 18) 79-85, im Anschluß an das Urteil des Bezirksgerichts Almelo v. 1.7.1987, über die Strafbarkeit einer ärztlichen Maßnahme, die unter die Negativdefinition der „euthanasie“ fällt.

[251] Anhang, Ziff. XI.

[252] KNMG, Medisch handelen, S. 81-2.

[253] S. oben.

[254] S. 179ff.

[255] Stb. 1997, 550, S. 9; vgl. Stcrt. 1997, Nr. 58.

den für die jeweilige Patientengruppe[256] geltenden Sorgfaltsmaßstab, anhand dessen die Kommission ihr Sorgfaltsurteil zur aktiven ärztlichen Sterbehilfe abzugeben hat, wird in Teil 5 zurückzukommen sein[257]. Es ist davon auszugehen, daß die Zentralkommission im übrigen nach der ministeriellen Regelung mit denselben Rechten und Pflichten ausgestattet sein wird wie die fünf regionalen Prüfungskommissionen des gesetzlichen Verfahrens zur aktiven ärztlichen Sterbehilfe auf Verlangen[258]. Die Ausgestaltung des verkürzten Verfahrens für verstorbene schwerdefekte Neugeborene, deren unnatürlicher Todesursache sich der Arzt nicht gewiß ist[259], ist nicht vorhersehbar.

---

[256] S. 179ff.

[257] S. 202.

[258] Vgl. S. 137ff.

[259] S. 177ff.

Teil 5: Analyse der gesetzlichen Regelung der aktiven ärztlichen Sterbehilfe

Die seit dem 1. Juni 1994 geltende gesetzliche Regelung zur aktiven Sterbehilfe auf Verlangen in der seit dem 1. November 1998 geltenden Fassung der abgeänderten Neuregelung trägt den Makel eines Politikums. Das Interesse an einer parlamentarischen Behandlung der nicht zuletzt in rechtlicher Hinsicht heiklen Frage, ob, und unter welchen Voraussetzungen ein Arzt einen Menschen auf dessen Verlangen töten darf, wurde in jahrelanger rechtspolitische Debatte nur allzuoft politischen Erwägungen untergeordnet, die nicht freizusprechen sind von einigem Opportunismus. In geradezu atemberaubender Geschwindigkeit entschied sich das Dritte Kabinett Lubbers zu einer ebenfalls seit 1. Juni 1994 geltenden Ausweitung des gesetzlich zu verankernden Meldeverfahrens auf die zukünftigen „1.000 Fälle" aktiver ärztlicher Sterbehilfe ohne Verlangen, deren abgeänderte, voraussichtlich im Herbst 2000 zu veröffentlichende Fassung ein vom gesetzlichen Verfahren für aktive ärztliche Sterbehilfe auf Verlangen getrenntes, freilich sehr ähnliches Verfahren zu regeln verspricht.

Die veränderte Rechtslage hat mitunter Rechtsschutzversicherungen für Ärzte ins Leben gerufen, die sich gegen aufgebrachte Angehörige der von ihrer Hand zum sanften Tode Geführten absichern wollen[1]. Durch sie ist die „CredoCard", deren Träger in Lebensgefahr um priesterlichen Beistand statt aktiver Sterbehilfe bittet[2], für so manchen zum Alltagsgegenstand geworden. Ein Pilotprojekt der KNMG ermöglicht Amsterdamer Ärzten seit Mitte 1997 rund um die Uhr den telefonischen Rat eines „erfahrenen", speziell geschulten Kollegen zur geplanten aktiven ärztlichen Sterbehilfe auf Verlangen einzuholen[3]. Phänomene wie diese tauchen in der Regel nicht grundlos auf. Sie können Hinweis sein für Auswüchse einer legislativen Entwicklung, die nachzuahmen es tunlichst zu vermeiden gilt. Allerdings fehlt ihnen die Schlagkraft fundierter Argumente.

---

1 Kirchliche Nachrichtenagentur, in: Kirchliche Nachrichtenagentur Ausland 137 v. 19.7.1996, S. 3.

2 Brandmaier, Lebensforum 1994, 22.

3 Dillmann u.a., KNMG 1997, 743 ff. Den Vorschlag, die Rolle des konsultierten Arztes von der eines Beraters zur aktiven Sterbehilfe auf Verlangen in die eines Beraters zur Palliativpflege abzuändern, wurde von den Autoren mit der Begründung abgelehnt, es sei nicht logisch, Kenntnisse zur Palliativmedizin erst einzubringen, wenn aktive Sterbehilfe auf Verlangen bereits auf der Tagesordnung stehe, ebd., S. 745.

Der folgende Teil dieser Arbeit gilt deshalb der rechtlichen Durchleuchtung der geltenden gesetzlichen Regelung zur aktiven ärztlichen Sterbehilfe auf Verlangen einschließlich der zu erwartenden Gesetzesnovellierung im Bereich der aktiven ärztlichen Sterbehilfe ohne Verlangen.

A. Die Modalitäten des Verfahrens

Art. 287, 289, 293 (und 294) nlStGB[4] haben durch die geltende gesetzliche Regelung zur aktiven ärztlichen Sterbehilfe eine verfahrensrechtliche Ausgestaltung erfahren, die in eine zweigliedrige Meldungsmodalität und eine zweigliedrige Prüfungsmodalität unterteilt ist.

I. Meldung

Unter der abgeänderten Neuregelung zur aktiven ärztlichen Sterbehilfe auf Verlangen macht sich der Arzt durch die gezielte, direkte Tötung eines Patienten auf dessen Verlangen weiterhin gem. Art. 293 nlStGB strafbar. Der behandelnde Arzt ist als erstes, die Prüfung seiner Strafbarkeit auslösendes Verfahrensglied gesetzlich verpflichtet[5], dem zuständigen amtsärztlichen Leichenbeschauer unverzüglich Meldung darüber zu erstatten, daß der Tod seines Patienten durch eine unnatürliche Todesursache erfolgt ist. Diese Verpflichtung ist durch den seit der abgeänderten Neuregelung geltenden Musterbericht für den behandelnden Arzt näher ausgestaltet worden. Nach dem Musterbericht soll der Arzt zusätzlich zu seiner Meldepflicht verpflichtet sein[6], anhand der im Musterbericht aufgeführten Fragen ausführlichen Bericht zu erstatten über die Umstände, aufgrund derer er sich für die lebensbeendende Maßnahme entschieden hat sowie die Umstände, unter denen er die Maßnahme ausgeführt hat. Der behandelnde Arzt hat seinen Bericht nebst den fakultativen Erklärungen des verstorbenen Patienten zu seinem Verlangen nach aktiver Sterbehilfe sowie des konsultierten Arztes zum Leiden und Sterbehilfeverlangen des Patienten dem Leichenbeschauer einzureichen.

Gelangt der amtsärztliche Leichenbeschauer infolge persönlicher Schau der Leiche zu der Überzeugung einer unnatürlichen Todesursache, die er infolge des ärztlichen Berichts als eine durch den behandelnden Arzt vorgenommene aktive Sterbehilfe auf Verlangen näher eingrenzt, hat er das seit der abgeänder-

---

4 Zu Art. 40 nlStGB s. S. 213ff.

5 S. 104ff.

6 S. 137.

ten Neuregelung geltende ‚Artikel-10-Formular'[7] für aktive ärztliche Sterbehilfe auf Verlangen ausgefüllt und unterschrieben in Kopie an die regional zuständige Prüfungskommission nebst der übrigen vom behandelnden Arzt eingereichten Dokumente weiterzuleiten. Über seine seit jeher geltende gesetzliche Verpflichtung zur Leichenschau und Benachrichtigung der Staatsanwaltschaft durch ‚Artikel-10-Formular'[8] hinaus beschränkt sich die Rolle des amtsärztlichen Leichenbeschauers als zweites Glied des gesetzlichen Verfahrens folglich auf die Vermittlung des gemeldeten Falles an die zuständige Prüfungskommission.

Es ist davon auszugehen, daß die angekündigte Gesetzesnovellierung zur aktiven ärztlichen Sterbehilfe ohne Verlangen dieselben Meldungsmodalitäten vorsehen wird, wenngleich der nach Art. 287, 289 nlStGB (bzw. im Falle nicht notwendig einwilligungsfähiger Patienten gegebenenfalls nach Art. 293, 294 nlStGB) strafbare Arzt je nach der einschlägigen Patientengruppe einen Bericht anhand des entsprechenden Musterberichts zu verfassen[9] und der amtsärztliche Leichenbeschauer das für aktive ärztliche Sterbehilfe ohne Verlangen bestimmte ‚Artikel-10-Formular' auszufüllen hat[10].

II. Prüfung

Seit der abgeänderten Neuregelung sind für Fälle aktiver ärztlicher Sterbehilfe auf Verlangen der Staatsanwaltschaft regionale Prüfungskommissionen vorgeschaltet, so daß nach dem neuen gesetzlichen Verfahren in Verbindung mit den einschlägigen gesetzlichen Vorschriften zur Tätigkeit der Staatsanwaltschaft[11] eine zweigliedrige Prüfung dieser Fälle vorgesehen ist. Anhand der vom amtsärztlichen Leichenbeschauer überreichten Dokumente überprüft die zuständige Kommission[12] als erste Prüfungsinstanz, ob die nach ihrem Prüfungsmaßstab geltenden Voraussetzungen sorgfältigen Handelns vom behandelnden Arzt bei der aktiven Sterbehilfe auf Verlangen des Patienten eingehalten wurden. Die Staatsanwaltschaft als letztes Glied des Verfahrens erhält spätestens nach sechs bzw. zwölf Wochen Bescheid vom Ausgang der Prüfung.

---

7 S. 135ff.

8 S. 102ff.

9 S. 179ff.

10 S. 179.

11 Vgl. S. 99ff, 101ff.

12 S. 137ff.

Es ist davon auszugehen, daß die angekündigte Gesetzesnovellierung zur aktiven ärztlichen Sterbehilfe ohne Verlangen dieselben Prüfungsmodalitäten vorsehen wird, wenngleich die erstinstanzliche Prüfung von einer Zentralkommission vorgenommen wird, welche Fachleute zu der Urteilsbildung hinzuziehen kann, ob die Voraussetzungen sorgfältigen Handelns vom behandelnden Arzt eingehalten wurden.

B. Die Ziele der Prüfung

Durch die geltende gesetzliche Regelung zur aktiven ärztlichen Sterbehilfe einschließlich der zu erwartenden Gesetzesnovellierung zur aktiven ärztlichen Sterbehilfe ohne Verlangen ist ein landesweit einheitliches Prüfungsverfahren für alle gemeldeten Fälle aktiver ärztlicher Sterbehilfe eingerichtet.

I. Kontrolle des Einzelfalls und der gesamten Praxis aktiver ärztlicher Sterbehilfe

Hauptziel der einheitlichen Prüfung ist es, durch eine wirksame Kontrolle des Einzelfalls Kontrolle über die gesamte Praxis aktiver ärztlicher Sterbehilfe zu gewinnen[13].

II. Konkretisierung der Strafverfolgungspolitik zur aktiven ärztlichen Sterbehilfe ohne Verlangen

Der Prüfung liegt in Fällen aktiver ärztlicher Sterbehilfe ohne Verlangen ferner das Ziel zugrunde, Musterprozesse einleiten zu können, um dadurch die Strafverfolgungspolitik auf die Rechtsprechung abzustimmen[14].

III. Garantie bzw. Förderung der Sorgfalt aktiver ärztlicher Sterbehilfe auf Verlangen

Da in Fällen aktiver ärztlicher Sterbehilfe auf Verlangen nach Ansicht des Gesetzgebers bereits ausreichend Musterprozesse geführt wurden[15], liegt der Prüfung nunmehr das Ziel zugrunde, die Sorgfalt ärztlicher Entscheidungen und

---

13 Kors, Doelstelling(en) van de meldingsprocedure euthanasie. Interne notitie Stafafdeling Wetgeving Publiekrecht, Ministerie van Justitie v. 9.2.1995, zitiert nach: van der Wal/ van der Maas, Euthanasie en andere medische beslissingen, S. 25; Stolwijk, DD 1997, 312; vgl. S. 124ff, 135 und S. 145ff, 162ff.

14 Vgl. S. 145ff, 162ff..

15 Vgl. Stb. 1997, 550, S. 8.

Handlungen zu gewährleisten und gegebenenfalls Maßnahmen zur Förderung der ärztlichen Sorgfalt zu ergreifen[16].

C. Zur Gefahr von Mißbrauch unter dem geltenden Kontrollregime

Die Diskussion um den Mißbrauch einer wie auch immer gearteten gesetzlichen Freigabe der aktiven ärztlichen Sterbehilfe auf Verlangen war ständiger Begleiter der jahrzehntelangen Debatte um das rechtspolitisch gewünschte Maß der Freigabe und deren gesetzliche Umsetzung. Geführt unter dem Stichwort „Dammbruch des Lebensschutzes" stand im Blickfeld der Diskussion um den befürchteten oder aber ausgemachten Dammbrucheffekt zumeist die Frage, ob eine gesetzliche Freigabe der für sich genommen ethisch akzeptablen aktiven Sterbehilfe auf ein (insbesondere freiwilliges und wohlerwogenes) Verlangen des Betroffenen hin eine praktische Ausweitung der tödlichen Eingriffe auf ethisch inakzeptable Fälle aktiver Sterbehilfe nach sich ziehen könnte, denen ein vorheriges ausdrückliches oder freiverantwortliches Verlangen aus welchem Grund auch immer abgeht[17].

Vor den Gesetzesreformen ist in den Niederlanden ein praktischer Dammbruch in bezug auf einwilligungsfähige[18] sowie einwilligungsunfähige Patienten[19] auszumachen. Die geltende gesetzliche Regelung zur aktiven ärztlichen Sterbehilfe mag der – daher offenkundig begründeten – Diskussion strenggenommen die Grundlage entzogen haben: nicht nur bleibt Art. 293 nlStG weiterhin unberührt; obendrein gilt ein gesetzlich verankertes Verfahren für Fälle aktiver ärztlicher Sterbehilfe an nicht bzw. nur beschränkt einwilligungsfähigen Patienten. Das eigentliche Anliegen der Dammbruchgegner, nämlich die Verfügbarkeit des Lebens all derer, die nicht ausdrücklich oder freiverantwortlich um aktive Sterbehilfe bitten, vor dem Gutdünken des Arztes zu schützen, bleibt hingegen unvermindert aktuell, wird doch ein etwaiger Dammbrucheffekt unmittelbar abgelöst durch die Frage nach der Gefahr des Mißbrauchs unter der geltenden Regelung.

Die „euthanasie"-Definition, welche vor über einem Jahrzehnt den Ausgangspunkt der Diskussion über eine gesetzliche Regelung der aktiven ärztlichen

---

16 Kors, a.a.O., S. 25; vgl. S. 135. Zur Benachrichtigung des regionalen Inspektors für die Gesundheitspflege durch die Kommission s. S. 138.

17 Pijnenborg, End-of-life decisions, S. 144; Keown, Law Q Rev 1992, 61.

18 S. 56ff, 120ff.

19 Vgl. S. 154ff.

Sterbehilfe auf Verlangen einwilligungsfähiger Patienten bildete[20], erweist sich vor diesem Hintergrund als überholt, weil sie im Zusammenspiel mit ihrem Gegenstück, der aktiven Sterbehilfe ohne Verlangen, die Unterscheidung zwischen aktiver ärztlicher Sterbehilfe ohne Verlangen an einem einwilligungsfähigen Patienten und der an einem einwilligungsunfähigen Patienten nivelliert[21]. Zur Erfassung dieses Unterschieds wird daher in Abkehr vom niederländischen Sprachgebrauch[22] im folgenden die Bezeichnung unfreiwillige bzw. nichtfreiwillige aktive ärztliche Sterbehilfe verwendet.

Der angelegte Mißbrauchsmaßstab ist an der Tatsache ausgerichtet, daß kein Strafgesetz Mißbrauch vollständig auszuschließen vermag. Angesichts der Zielsetzung der Arbeit, die nach dem Modellcharakter der Regelung für das deutsche Straf(verfahrens)recht fragt[23], ist die abgeänderte Neuregelung gleichwohl an dem Verständnis der Natur des Strafrechts als „‚mißtrauisches' Recht" zu messen, welches auch den minder gewissenhaften Arzt im Auge hat[24].

I. Unfreiwillige aktive ärztliche Sterbehilfe

Unter der abgeänderten Neuregelung ist der Unrechtsgehalt der nach Art. 293 nlStGB strafbaren aktiven ärztlichen Sterbehilfe auf Verlangen im Einzelfall aufgehoben, wenn der Arzt die nach dem gesetzlichen Verfahren geltenden Sorgfaltspflichten eingehalten hat. Gegen Sorgfaltspflichtverstöße des Arztes ist daher ein dem gesetzlichen Prüfungsverfahren immanentes, wirksames strafrechtliches Kontrollinstrumentarium erforderlich.

1. Zur Rechtsklarheit der gesetzlichen Regelung aktiver ärztlicher Sterbehilfe auf Verlangen

Jedes nur denkbare Kontrollinstrumentarium der aktiven ärztlichen Sterbehilfe auf Verlangen ist unabhängig von den Vorzügen bzw. Nachteilen seiner näheren Ausgestaltung wiederum primär durch einen Faktor bestimmt. Das Verfahren, in den das Kontrollinstrumentarium eingebettet ist, muß im Hinblick

---

20 S. 141; vgl. S. 5ff.

21 Dieser Aspekt der „euthanasie"-Definition trat bereits in den Untersuchungsergebnissen der Remmelink-Studie zutage, vgl. S. 120ff und S. 154ff.

22 Vgl. S. 5ff, S. 141.

23 S. 4.

24 Eser, in: Jens/Küng, S. 151.

auf seine Zielsetzung, Voraussetzungen, möglichen Konsequenzen sowie seinen Zeitrahmen für den beteiligten Arzt transparent sein.

Für die Verbreitung der gegenüber der Neuregelung abgeänderten Verfahrensmodalitäten[25] unter sämtlichen praktizierenden Ärzten werden zweifelsohne das Präsidium der KNMG sowie die Staatsaufsicht über die Volksgesundheit sorgen[26]. Dagegen ist zwar der Prüfungsmaßstab der Kommissionen[27] – im Gegensatz zu dem der Staatsanwaltschaft – gesetzlich verankert und darüber hinaus deckungsgleich mit den offiziellen Leitsätzen der Rechtsprechung aus 1986[28], deren Kenntnis durch Ärzte seit geraumer Zeit feststeht[29]. Im Gegensatz zu den noch suggestiv gestellten Fragen im Standardbericht der Neuregelung[30] können Ärzte aus den Fragen im Musterbericht[31] den für ihre Straffreiheit ausschlaggebenden Sorgfaltsmaßstab jedoch allenfalls indirekt ableiten[32].

Daß der Gesetzgeber aufgrund einer sich vollständig herauskristallisierten Rechtsprechung in der abgeänderten Neuregelung „vollkommen klare" Sorgfaltspflichten des Arztes formuliert habe[33], kann gleichwohl den Zweifel nicht ausräumen, daß unter der abgeänderten Neuregelung nicht sichergestellt ist, daß sämtliche Ärzte – wenn überhaupt – die Voraussetzungen ihrer Straffreiheit im Sinne des Gesetzgebers verstehen. Obschon bzw. vermutlich weil im Parlament jahrelang vergeblich um den Wortlaut einzelner Sorgfaltspflichten gerungen wurde[34], hat sich der Gesetzgeber der abgeänderten Neuregelung für den vom Arzt zu erschließenden geltenden Prüfungsmaßstab mit einem Ver-

---

25 Vgl. S. 184ff und insbesondere S. 128ff mit S. 135ff, 137ff.

26 Zur bisherigen Information der Ärzte durch KNMG und Staatsaufsicht vgl. beispielsweise S. 114, 118 und 150ff respektive.

27 S. 185ff.

28 S. 50.

29 Van der Wal/van der Maas, Euthanasie en andere medische beslissingen, S. 157; vgl ebd, S. 158 (Tabelle 15.1); 231.

30 Vgl. S. 129ff.

31 Vgl. S. 136ff.

32 Vgl. Leenen, MC 1997, 46. Cuperus-Bosma/van der Wal/van der Maas, Eur J Health Law 1997, 237, schlagen vor, die Voraussetzungen, an die die Straffreiheit des Arztes geknüpft wird, zu veröffentlichen.

33 Stb. 1997, 550, S. 8.

34 Vgl. S. 79ff, 84ff.

weis auf die Rechtsprechung begnügt, deren bisherige Erläuterung durch das Präsidium der KNMG zur Präzisierung der offiziellen Leitsätze nicht beigetragen, sondern vielmehr die vielfältigen Interpretationsmöglichkeiten offengelegt hat[35]. Die der abgeänderten Neuregelung vorausgehende Untersuchung von 1995 zeugt gar von erheblich voneinander abweichenden Interpretationen der Sorgfaltspflichten unter den bisher am Verfahren beteiligten Staatsanwälten[36], während die verschiedenen Disziplinen angehörigen Kommissionsmitglieder eine eher noch größere Diskrepanz zwischen ihren Interpretationen erwarten lassen.

Ungeachtet der jedweder Gesetzgebung inhärenten Schwierigkeit, einen allgemeinen und doch präzisen Gesetzeswortlaut zu formulieren, legt die Vorgehensweise des Gesetzgebers nahe, daß strikte bzw. für die Ärzteschaft unmißverständliche Sorgfaltspflichten zu formulieren unter der abgeänderten Neuregelung eine lediglich untergeordnete Rolle spielt.

2. Zur Wirksamkeit des strafrechtlichen Kontrollmechanismus

Ob die abgeänderte Neuregelung zur aktiven ärztlichen Sterbehilfe auf Verlangen Regelverstöße abzuwehren vermag, hängt zum zweiten von der Tauglichkeit ihres strafrechtlichen Kontrollinstrumentariums ab, die zur Rechtfertigung des Arztes führenden Sorgfaltspflichten durchzusetzen.

a. Aktivierung durch vorschriftsgemäße Meldung des behandelnden Arztes

Die Aktivierung des eigentlichen Kontrollinstrumentariums ist auf Fälle beschränkt, die vom jeweiligen behandelnden Arzt dem amtsärztlichen Leichenbeschauer als solche eröffnet werden. Gewöhnlich findet Sterbehilfe im Rahmen des privaten und vertraulichen Arzt-Patienten-Verhältnisses statt. Gibt der behandelnde Arzt, gleich aus welchen Motiven, die aktive Sterbehilfe darüber hinaus nicht preis, ist es schlichtweg unmöglich, die Todesursache nachträglich als aktive ärztliche Sterbehilfe auf Verlangen aufzudecken, von der Sorgfalt, mit der sie begangen wurde, ganz zu schweigen[37]. In nicht gemeldeten Fällen, so die 1997 amtierende Gesundheitsministerin Borst-Eilers, besteht keine Garantie der Sorgfältigkeit[38] oder, um mit dem Präsidium der KNMG zu spre-

---

[35] S. 56ff.

[36] Vgl. van der Wal/van der Maas, a.a.O., S. 140-6.

[37] Vgl. die gleichlautende Bemerkung des Staatsrates im Gutachten aus 1984, S. 76ff.

[38] Borst-Eilers, Interview v. 1.8.1989, zitiert nach: Keown, Law Q Rev 1992, 67.

chen, sei die Rechtmäßigkeit der aktiven ärztlichen Sterbehilfe auf Verlangen „absolut" nicht zu verifizieren[39].

aa. Bisherige Meldebereitschaft

Vor Inkrafttreten der abgeänderten Neuregelung zur aktiven ärztlichen Sterbehilfe auf Verlangen wurde trotz eines seinerzeit schon langjährig bekannten Meldeverfahrens noch immer über die Hälfte aller meldungspflichtigen Fälle nicht vorschriftsgemäß gemeldet[40], wodurch jegliche gesetzliche Sorgfaltskontrolle von vornherein ausgeschlossen war. In 30 % dieser Fälle hatten Ärzte mindestens eine Sorgfaltspflicht nicht eingehalten, wobei in 5 % der nicht gemeldeten Fälle der Patient nicht ausdrücklich nach aktiver ärztlicher Sterbehilfe verlangt hatte[41].

bb. Zukünftige Meldebereitschaft

Etwaige Sorgfaltspflichtverstöße in nicht vorschriftsgemäß gemeldeten Fällen werden sich auch zukünftig der Kenntnis der nach der abgeänderten Neuregelung zuständigen Prüfungsinstanzen entziehen.

Der Mißbrauch der gesetzlichen Regelung liegt bereits in der Natur der Sache. In einer heiklen und kontroversen Materie wie der aktiven ärztlichen Sterbehilfe auf Verlangen bleibt kaum aus, daß nicht jeder Arzt mit deren gesetzlicher Regelung oder einer gesetzlichen Regelung an sich einverstanden ist und das Gesetz brechen, wenn nicht ignorieren wird, solange er unbestraft bleibt, wovon in Anbetracht der Unkenntlichkeit dieser Sterbehilfefälle für Außenstehende[42] auszugehen ist. Hauptmotiv einer Falschmeldung ist für Ärzte seit jeher der strafrechtliche Kontext, in dem die gesetzliche Prüfung vorschriftsgemäß gemeldeter Sterbehilfefälle stattfindet[43]. Die Wahrscheinlichkeit vermehrter Meldung von Ärzten, die bisher aus Angst vor Strafverfolgung von einer vorschriftsgemäßen Meldung abgesehen haben, ist gleichwohl gering[44]: Ärzte

---

39 KNMG, MC 1984, 996.

40 S. 133; vgl. S. 104ff.

41 Van der Wal/van der Maas, a.a.O., S. 119 (Tabelle 11.8).

42 Vgl. S. 190ff.

43 Vgl. S. 105ff. 1995 gaben noch immer 36 % aller Ärzte die Furcht vor Strafverfolgung als Grund für eine Falschmeldung an, van der Maas/van der Wal, a.a.O., S. 119.

44 Vgl. Leenen, MC 1997, 46; KNMG, MC 1997, 421; Stolwijk, DD 1997, 314.

stehen unter dem Eindruck medienträchtiger Musterprozesse[45] und einer unterschiedlich streng gehandhabten Verfolgungspolitik durch die Justizminister Hirsch Ballin und Sorgdrager[46]. Verfechter einer „Sterbehilfelösung“ via der medizinischen Ausnahme[47] bestreiten, daß es sich bei einer nach allen Regeln der Heilkunst ausgeführten aktiven ärztlichen Sterbehilfe überhaupt um eine unnatürliche Todesursache im Sinne des Gesetzes über das Bestattungswesen handele[48]. Das KNMG-Präsidium betont die verbleibende Rechtsunsicherheit der Ärzte unter der abgeänderten Neuregelung[49]. Nicht zuletzt steht Art. 293 unverändert im Strafgesetzbuch.

Schließlich legen die Prüfungskommissionen erstmals Ende 2000 dem Justizminister einen Rechenschaftsbericht über die Anwendung der abgeänderten Neuregelung vor[50] und ist zum selben Zeitpunkt erstmals mit einem Jahresbericht der Staatsanwaltschaft zur neuerlichen Strafverfolgungspraxis zu rechnen, so daß Ärzte jedenfalls bis zu deren Veröffentlichung die Konsequenzen einer vorschriftsgemäßen Meldung nach dem neuen Verfahren zu Art. 293 nlStGB nicht genau einzuschätzen vermögen. Unter Berücksichtigung der allgemeinen Rechtsunsicherheit, welche jedwede Gesetzesänderung unter den Betroffenen vorübergehend auslöst, ist deshalb davon auszugehen, daß die ärztliche Bereitschaft, vorschriftsgemäß zu melden, im ersten Jahr nach Inkrafttreten der abgeänderten Neuregelung noch unter 40 % fallen wird.

Zwar verleihen die extern der Staatsanwaltschaft vorgeschalteten, noch dazu mit gleich zwei Nichtjuristen besetzten Prüfungskommissionen der Prüfung zu-

---

45 Vgl. dazu Klijn, MC 1995, 682; Feber, MC 1987, 201.

46 Leenen, MC 1997, 46; vgl. S. 114ff und S. 132ff respektive.

47 S. 46, Fn. 181.

48 Enschedé, De arts en de dood, S. 116: „Ärzte, die in Ausübung ihres Berufs aktive Sterbehilfe auf Verlangen oder andere Sterbehilfehandlungen vornehmen, die nach ihrer Überzeugung innerhalb des medizinisch-ethischen, nach den Maßstäben des zwingenden Rechts offenkundigen Ordnung und guten Sitten anzunehmenden ärztlichen Standards liegen, dürfen nach geltendem Recht eine Erklärung einer natürlichen Todesursache abgeben.“ Dagegen Remmelink, Schlußvortrag z. Hoge Raad, Urteil v. 15.12.1987, in: NJ 1988, (Nr. 811) 2711.

49 KNMG, MC 1997, 421; so auch der Vorsitzende der KNMG Minderhoud, ders./de Jong, MC 1997, 1118.

50 Vgl. S. 139ff.

gegebenermaßen einen eher berufsgruppeninternen Charakter und verschleiern mitunter, daß die Möglichkeit der Strafverfolgung selbst bei gleichbleibend großzügiger Nichtverfolgungspraxis keineswegs vollständig auszuschließen ist. Informationsträger wie das Präsidium der KNMG werden sich gleichwohl weiterhin hüten, Ärzten das verbleibende, wenngleich minimale Risiko einer vorschriftsgemäßen Meldung vorzuenthalten[51], da es mit gleichbleibend niedrigen Meldezahlen nicht zuletzt die Glaubhaftmachung seine eigenen Ziels fördert, Art. 293 nlStGB für Ärzte endlich aus dem Strafgesetzbuch zu streichen[52].

Damit aber ist der ausschlaggebende Grund zur Falschmeldung langfristig nicht beseitigt[53] und sind ärztliche Sorgfaltspflichtverstöße in diesen Fällen weiterhin unkontrollierbar. Schließlich läßt die Tatsache, daß Fälle aktiver ärztlicher Sterbehilfe auf Verlangen in der Vergangenheit rechtswidrig als natürliche Todesfälle verschleiert wurden, Ärzte also mit einiger krimineller Energie gegen eine mit Strafe bedrohte Vorschrift[54] aufbegehrt und sich dadurch einer gesetzlichen Kontrolle entzogen haben, Zweifel an der Rechtmäßigkeit hegen, mit der ein Großteil der auch in Zukunft erwartungsgemäß falsch gemeldeten Fälle aktiver ärztlicher Sterbehilfe auf Verlangen ausgeführt werden. Untersuchungsergebnisse von 1995 bestätigen den Verdacht massiver Sorgfaltspflichtverstöße in nicht vorschriftsgemäß gemeldeten Fällen[55]. Es gibt keinen Grund zur Annahme, daß Ärzte, die ihre wider besseren Wissens waltende Unsorgfalt zum Anlaß einer Falschmeldung nahmen, sich künftig auf die Seite des Rechts schlagen werden.

cc. Ergebnis

Die abgeänderte Neuregelung bietet keinen Anreiz zu einem veränderten Meldeverhalten unter Ärzten. Unvermindert hoher Mißbrauch der abgeänderten Neuregelung durch Falschmeldung und infolgedessen massive, vom Gesetz un-

---

51 Vgl. beispielsweise den Leitfaden für Ärzte von Minderhoud/de Jong, a.a.O., S. 1118.

52 Vgl. S. 118.

53 Das gilt auch für weitere Gründe der Ärzte zur Falschmeldung, wie etwa dem, sich den „Papierkram" einer justiziellen Untersuchung ersparen zu wollen, van der Wal/van der Maas, Euthanasie en andere medische beslissingen, S. 119 (Tabelle 11.8), angesichts der nach der abgeänderten Neuregelung weiterhin mit einer Meldung erforderlichen Berichterstattung durch den Arzt, S. 184.

54 Zu Art. 228 nlStGB s. S. 107.

55 Vgl. S. 191.

behelligte Verstöße gegen Sorgfaltspflichten wie die eines Verlangens bleiben auch in Zukunft unvermeidliche Rechtswirklichkeit.

b. Das eigentliche Kontrollinstrumentarium

Das strafrechtliche Kontrollinstrumentarium, das durch die vorschriftsgemäße Meldung des Arztes ausgelöst wird, besteht seit der abgeänderten Neuregelung aus Staatsanwaltschaft und einer von ihr unabhängigen Prüfungsinstanz in Gestalt von multidisziplinären Prüfungskommissionen. Im Zusammenhang mit dem Gesetzesganzen verleiht die ministerielle Regelung den Prüfungskommissionen lediglich den Status von Gremien zur Beratung der Staatsanwaltschaft als einziger Kontrollinstanz der zweigliedrigen Prüfung[56].

Die Verleihung jeglicher strafverfahrensrechtlicher Kompetenzen an die Kommissionen verstieße gegen Art. 113 Abs. 1 nlGG, wonach die Beurteilung von Straftaten der „rechtsprechenden Gewalt" („rechterlijke macht") vorbehalten ist[57]. Solange Art. 293 nlStGB noch nicht aufgehoben ist, liegt die Entscheidung, ob der Arzt strafrechtlich verfolgt wird, ihrem Verfolgungsmonopol entsprechend in den Händen der Staatsanwaltschaft, um so den Weg zum Strafrichter zu ebnen[58]. Die Kommissionen können danach allenfalls der Arbeitsentlastung der Staatsanwaltschaft bei der Prüfung von gemeldeten Fälle dienen[59]. Zu denken ist etwa an Rückfragen der Kommission an den Arzt in bezug auf dessen Sterbehilfebericht[60]. Eine eigene Kontrollfunktion nehmen die Kommissionen danach nicht wahr, zumal sie einer wirksamen Kontrolle durch die zweite Prüfungsinstanz durchaus hinderlich sind. Gem. Art. 16 des Gesetzes über das Bestattungswesen hat das Begräbnis von Leichen spätestens fünf Tage nach dem Todesfall zu erfolgen. Die vermittels ‚Artikel-10-Formular' von einem unnatürlichen Todesfall durch aktive ärztliche Sterbehilfe auf Verlangen in Kenntnis gesetzte Staatsanwaltschaft hat demnach die zur Be-

56 Vgl. Leenen, MC 1997, 47.

57 Akkermans/Koekkoek, Grondwet, Art. 113, S. 998-1000. Aus Art. 116 Abs. 4, 117 Abs. 1 nlStGB folgt, daß die rechtsprechende Gewalt i.S.d. Art. 113 Abs. 1 nlGG aus Richtern und Staatsanwaltschaft besteht, vgl. dazu Belinfante/de Reede, Beginselen, S. 146; Akkermans/Koekkoek, ebd., Art. 116, S. 1018-9, Art. 117, S. 1028-9.

58 Leenen, a.a.O., S. 47.

59 So im Ergebnis auch der Staatsrat, Raad van State, Gutachten No. WO3.93.0166. v. 7.10.1997, S. 2, infolge Kabinettsorder Nr. 97.001473 v. 28.3.1997.

60 Vgl. S. 138.

stattung der Leiche erforderliche Unbedenklichkeitserklärung[61] innerhalb einer gesetzlichen Frist auszusprechen, in der sie angesichts eines 6- bzw. 12-wöchigen Prüfungszeitraums der Kommissionen aller Wahrscheinlichkeit nach mit dem Fall noch nicht befaßt sein wird. Die Möglichkeit der Leichenobduktion[62] zur Ermittlung des Einzelfalls ist durch die Eingliederung der Kommissionen in das Prüfungsverfahren somit von vornherein abgeschnitten[63].

Schließlich bieten die jährlichen Arbeitsberichte der Kommissionsvorsitzenden in konsequenter Auslegung der ministeriellen Regelung allenfalls einen nachträglichen Überblick der ärztlichen Praxis, der sich als vollkommen überflüssig erweist, so man davon ausgeht, daß das Kollegium der Generalstaatsanwälte seine bisherige Praxis aufrechterhält, die ihr zur Entscheidung vorgelegten Fälle genauestens zu dokumentieren[64]. Angesichts der Rechenschaft, die sie dem Justizminister über ihre Arbeit weiterhin schuldet[65], liegt das nahe.

aa. Faktische Kontrollkompetenz der Prüfungskommission

Den aufkommenden Verdacht, die Kommissionen seien nicht mit dem Ziel eingerichtet worden, den bürokratischen Aufwand rundum die Überprüfung aktiver ärztlicher Sterbehilfe auf Verlangen auszuweiten[66] oder gar die Tätigkeit der Staatsanwaltschaft zu erschweren, bestätigen sowohl die Erläuterungen zur ministeriellen Regelung als auch die den Geschäftsgang innerhalb der Staatsanwaltschaft regelnde Verfolgungsrichtlinie zur aktiven ärztlichen Sterbehilfe auf Verlangen. Sie beschreiben einen Prüfungsablauf zwischen Kommissionen und Staatsanwaltschaft, demzufolge den Kommissionen zumindest faktisch sehr wohl eine Kontrollfunktion zukommt. Laut den Erläuterungen zur ministeriellen Regelung fällt die multidisziplinäre Kommission im Einzelfall anhand

---

61 S. 102ff.

62 S. 103.

63 Vgl. Josephus Jitta, MC 1997, 253. A.A. ist Leenen, a.a.O., S. 47, demzufolge Prüfungskommissionen, die innerhalb von fünf Tagen kein Urteil aussprechen, deshalb keine Veränderung zum bisherigen Verfahren in Fällen aktiver ärztlicher Sterbehilfe auf Verlangen bringen.

64 Die Untersuchung aus 1995, van der Wal/van der Maas, a.a.O., S. 138-50, belegt die Erfassung jedes Falles seit 1991 durch die VVPG bzw. seit 1.1.1995 durch das Kollegium der Generalstaatsanwälte in einem Umfang, der über den der Jahresberichte der Generalstaatsanwälte bei den Gerichtshöfen hinausgeht, Stolwijk, DD 1997, 312.

65 Vgl. S. 99ff.

66 So aber Leenen, MC 1997, 48; vgl. dazu auch Griffiths, NJB 1997, 624.

sämtlicher dokumentierter Umstände in einem mehrwöchigen Prüfungszeitraum ein nach medizinischen, ethischen und juristischen Aspekten ausgewogenes Urteil über die Einhaltung der Sorgfaltspflichten, welches für sich in Anspruch nehmen kann, zuverlässige Auskunft über den Erfolg einer Berufung des Arztes auf einen rechtfertigenden Notstand vor dem Richter zu geben[67]. Nur das Urteil erreicht die Staatsanwaltschaft[68], Rechenschaft über ihre Entscheidungsgründe hat die Kommission dagegen nicht abzulegen.

Daß sich die Staatsanwaltschaft, deren Mitglieder ausschließlich juristisch geschult sind, in zweiter Instanz einem mit dergleichen „Garantien" ausgestattetem positiven Urteil der Kommission nicht anschließen sollte, sondern eine zweite, möglicherweise abermals mehrwöchige Prüfung des Falles zur eigenen Urteilsbildung unternimmt, ist nicht nur unrealistisch, sondern unmöglich. Es ist völlig unklar, woran dergleichen Zweitprüfung[69] vorzunehmen wäre, ist die Kommission nach der ministeriellen Regelung doch nicht verpflichtet, die vom amtsärztlichen Leichenbeschauer erhaltenen Dokumente an die Staatsanwaltschaft nach abgeschlossener Prüfung weiterzuleiten. Das Original des der Staatsanwaltschaft vom amtsärztlichen Leichenbeschauer eingereichten ‚Artikel-10-Formulars' für aktive ärztliche Sterbehilfe auf Verlangen enthält keine zur Annahme der Sorgfaltspflichten relevanten Angaben[70].

Damit aber verlagert sich im Falle eines positiven Urteils die eigentliche Entscheidung zur Nichtverfolgung zwangsläufig auf die Kommission[71]. Sie wird in diesem Fall zur alleinigen Kontrollinstanz des geltenden gesetzlichen Prüfungsverfahrens, der Staatsanwaltschaft bleibt die bloße Ausführung des Kommissionsurteils. Ihre Entsprechung findet die kraft Erläuterung zur ministeriel-

---

67 Stcrt. 1998, Nr. 101.

68 Vgl. S. 138.

69 Nach der Verfolgungsrichtlinie, vgl. Stcrt. 1998, Nr. 101, veranlaßt ein negatives Urteil der Kommission die Bezirksstaatsanwaltschaft zu einer zweiten Sorgfaltsprüfung anhand desselben Prüfungsmaßstabs wie dem der Kommission. Sodann trifft sie eine Einstellungsentscheidung, anderenfalls legt sie den Fall dem Kollegium der Generalstaatsanwälte zur näheren Besprechung vor. Besteht nach Ansicht des Kollegiums begründeter Anlaß zur näheren Ermittlung des Falls, weist es die zuständige Bezirksstaatsanwaltschaft an, zur Strafverfolgung des Arztes überzugehen, die sodann von der Polizei auf diskrete Weise ausgeführt wird. Der Justizminister wird in jedem Stadium der Verfolgung durch das Kollegium auf dem laufenden gehalten.

70 Vgl. S. 184ff.

71 Vgl. Stolwijk, a.a.O., S. 314.

len Regelung begründete Kompetenzverteilung in der einschlägigen Verfolgungsrichtlinie der Staatsanwaltschaft, wonach der für die Strafverfolgungsentscheidung zuständige Staatsanwalt denselben Prüfungsmaßstab zur Beurteilung der voraussichtlichen Strafbarkeit des Arztes anzulegen hat wie die Kommissionen und insbesondere im Falle eines positiven Urteils der Kommission zur Nichtverfolgung und zugleich zur raschen Bearbeitung im Einzelfall angehalten wird[72]. In diesem Licht ermöglichen die jährlichen Arbeitsberichte der Kommissionen an den Justizminister[73], Rechenschaft über ihre Arbeit abzulegen, wodurch zugleich die Überwachung einer landesweit einheitlichen Nichtverfolgungspolitik der regionalen Kommissionen gesichert ist.

bb. Rechtspolitische Hintergründe

Über die Verteilung der faktischen Kontrollkompetenzen im Falle eines negativen Urteils der Kommission zu sinnieren, erscheint müßig angesichts einer bereits seit Jahren auf Null zusteuernden Verfolgungspolitik der Staatsanwaltschaft verbunden mit der rechtspolitischen Prognose, daß der Trend zur Bagatellisierung der aktiven ärztlichen Sterbehilfe auf Verlangen eher noch zu- als abnehmen wird.

Der Prognose liegt die Unvereinbarkeit der zwei Ziele des Prüfungsverfahrens zugrunde[74]. Um eine wirksame Kontrolle des Einzelfalls zu gewährleisten, sind die Möglichkeit der Prüfungskommissionen, ein negatives Urteil abzugeben, und entsprechend rigorose strafrechtliche Schritte seitens der Staatsanwaltschaft erforderlich. Drohende strafrechtliche Konsequenzen aber halten Ärzte seit jeher davon ab, vorschriftsgemäße Meldung zu erstatten[75]. Ohne die Meldung von Ärzten ist kein Einblick in die Qualität der ärztlichen Sterbehilfepraxis zu gewinnen und damit dem zweiten Prüfungsziel nicht gedient.

Diametral zu ersterem Prüfungsziel hatte der Justizminister bereits Ende 1990 die Staatsanwaltschaft zu äußerster Zurückhaltung bei der Ermittlungsentscheidung angewiesen[76]. Mit dem Meldeverfahren vom 1. November 1990 wurde zugleich der erste Versuch gestartet, durch Überantwortung der polizeilichen

---

72 Vgl. Stcrt. 1998, Nr. 101.

73 Vgl. S. 139ff.

74 Zu den zwei Zielen der Prüfung s. S. 186 (Teil 5, B, I; III).

75 S. 107.

76 S. 114ff.

Ermittlungen an den amtsärztlichen Leichenbeschauer[77] die Überprüfung aktiver ärztlicher Sterbehilfe auf Verlangen aus dem strafrechtlichen und in einen eher kollegial wirkenden Kontext zu verlagern[78]. In der Folgezeit wurde – mit Ausnahme einzelner Musterprozesse zur Verdeutlichung der Rechtsprechung[79] – ungeachtet der gesetzlichen Verankerung des Verfahrens proportional zu den eingereichten Meldungen in immer weniger Fällen überhaupt strafrechtlich ermittelt[80]. Die Einführung externer, den amtsärztlichen Leichenbeschauer ablösender[81], multidisziplinärer Prüfungskommissionen mit dem Ziel, das Vertrauen von Ärzten in das gesetzliche Verfahren und damit ihre Meldebereitschaft zu vergrößern[82], kennzeichnet geradezu bildlich den Höhepunkt einer Flucht in die Straflosigkeit, in deren Verlauf ersteres Prüfungsziel zugunsten des letzteren aufgegeben wurde. Die Rolle, die den Prüfungskommissionen dabei zugeschrieben wird, manifestiert sich nicht zuletzt in der Aufgabe der Leichenobduktion als strafverfahrensrechtliches Zwangsmittel zur Ermittlung gegen den behandelnden Arzt[83].

Leichtfertigkeit im Umgang mit potentiellen Straftätern ist schon vor Einführung der Kommissionen auszumachen. Untersuchungsergebnissen aus dem Jahre 1995 zufolge hatte die VVPG im Zeitraum von 1991 bis 1995 in vorschriftsgemäß gemeldeten Fällen von strafrechtlichen Ermittlungen abgesehen, obschon sie Zweifel an der Erfüllung der Sorgfaltspflichten im Einzelfall hegte. Trotz Zweifeln daran, ob das Leiden des Patienten aussichtlos bzw. unerträglich war (23 % aller mit Zweifeln behafteten Fälle), vor allem aber trotz Zweifeln am Vorliegen eines durch den einwilligungsfähigen Patienten geäußerten Sterbehilfeverlangens (9 %) oder eines freiwilligen, dauerhaften und

---

77 S. 116ff.

78 Neben der offenkundigen Überlastung der amts*ärzt*lichen Leichenbeschauer, vgl. S. 116ff, die sich nicht zuletzt in der Forderung nach einem Zusatzhonorar manifestierte, S. 117, hätte eine gesetzliche Verankerung seiner mit dem (informellen) Meldeverfahren vom 1. November 1990 eingeführten Zusatzpflichten nicht zuletzt wegen deren Unvereinbarkeit mit Art. 7 des Gesetzes über das Bestattungswesen, vgl. S. 104ff, aa, eine völlige Neuordnung des Gesetzes über das Bestattungswesen bedingt.

79 Vgl. S. 145ff und 151ff.

80 Vgl. S. 110ff, 118ff und S. 135.

81 Vgl. S. 136.

82 Teil S. 135.

83 Teil S. 194ff.

wohlüberlegten Verlangens (7 %)[84] sah die VVPG zumeist von vornherein von Ermittlungen im Einzelfall ab oder stellte den Fall regelmäßig nach Ermittlungen ein[85]. Eine wesentliche Rolle in der Entscheidungsfindung der Staatsanwaltschaft spielte die sachfremde Erwägung der vermutlichen Auswirkung einer Strafverfolgung auf die ärztliche Meldebereitschaft[86]. Von den Prüfungskommissionen ist angesichts gleichlautender Marschroute[87] nichts anderes zu erwarten.

cc. Das Maß an Kontrolle durch die Prüfungskommission

Ohne die hartnäckige und strenge Bereitschaft, dem Mißbrauch nachzustellen, werden Regelverstöße gewöhnlich toleriert. Die voraussichtliche Ausschließlichkeit von positiven Sorgfaltsurteilen der Prüfungskommissionen und das konsequente Absehen von Strafverfolgung bedeuten somit keinesfalls, daß in jedem vorschriftsgemäß gemeldeten Fall aktiver Sterbehilfe auf Verlangen die offiziellen Leitsätze der Rechtsprechung vom Arzt tatsächlich eingehalten werden. In ihrem Urteil ist die Kommission faktisch immun, hat sie ihre Entscheidungsgründe doch nicht offenzulegen. Unbehelligte Sorgfaltspflichtverstöße sind folglich unvermeidlich. Ungeachtet dessen ist nicht zuletzt fraglich, ob die Sorgfaltspflichten im Einzelfall zumindest theoretisch durchsetzbar sind.

Fraglich ist bereits das Maß an Einsicht, welches eine nachträgliche Kontrolle der Sorgfaltspflichten bieten kann, deren primäre Informationsquelle der vom behandelnden Arzt verfaßte Bericht ist. Vertuscht der Arzt darin seine mangelnde Sorgfalt, können allenfalls Widersprüche zu der – wohl bemerkt fakultativen – Erklärung des konsultierten Arztes den Verdacht mangelnder Sorgfalt im Hinblick auf das Verlangen des Patienten und dessen aussichtsloses und unerträgliches Leiden aufkommen lassen. Die Aufrichtigkeit, mit der der konsultierte Arzt Bericht erstattet, ist im Hinblick darauf, daß er seine Erklärung nicht etwa direkt an die Prüfungskommission, sondern vielmehr an den behandelnden Arzt aushändigt, im übrigen zu bezweifeln. Zwar bleibt es der Kommission unbenommen, Widersprüche in Rücksprache mit dem behandelnden oder konsultierten Arzt aufzuklären. Gleichwohl ist sie auf das Wohlwollen ihrer Informanten angewiesen, fehlen ihr doch die Zwangsmittel des Strafpro-

84 Van der Wal/van der Maas, a.a.O., S. 139 (Tabelle 13.2).

85 Van der Wal/van der Maas, a.a.O., S. 137 (Tabelle 13.1); vgl. dazu auch Cuperus-Bosma/van der Wal/van der Maas, Eur J Health Law 1997.

86 Van der Wal/van der Maas, a.a.O., S. 149 (Tabelle 13.4).

87 S. 135.

zeßrechts, um etwaigen Widerstand zu brechen. Mangels Unterstützung vor Ort durch die lokal ansässige Polizei muß die Kommission reisen oder auf einen persönlichen Eindruck verzichten. So der konsultierte den behandelnden Arzt deckt oder der behandelnde Arzt ein nie stattgefundenes Beratungsgespräch fingiert, ist die Kontrolle von Verstößen gegen die übrigen Sorgfaltspflichten unmöglich. Nicht zuletzt ist der behandelnde Arzt laut Erläuterung zur ministeriellen Regelung nicht verpflichtet, sich einem Gespräch mit der Kommission zu stellen[88].

Die Folgerung des Präsidenten der Weltföderation der „Right-to-die"-Gesellschaften, wegen der „weitreichenden Beratung" sei das Risiko schweren Mißbrauchs bei einer Legalisierung der aktiven ärztlichen Sterbehilfe auf Verlangen unerheblich[89], erscheint leichtfertig angesichts der Schlupflöcher, die die gesetzliche Prüfung selbst dem vorschriftsgemäß meldenden Arzt noch bietet. Ob die übrigen Sorgfaltspflichten und insbesondere die zum Vorliegen eines Verlangens des Patienten nach aktiver ärztlicher Sterbehilfe tatsächlich eingehalten wurden, ist unkontrollierbar.

Nicht zuletzt ist bedenklich, daß die Sorgfaltspflichten einem breiten Spektrum an Interpretationen zugänglich sind[90], so daß selbst im Falle eines gewissenhaft agierenden Arztes eine erhebliche, wenngleich unerkannte Diskrepanz zwischen seiner Interpretation der Sorgfaltspflichten und der Version der Kommission nicht auszuschließen ist. Der amtierenden Gesundheitsministerin Borst-Eilers zufolge bereitet Ärzten, die im Krankenhaus von moderner Technologie umgeben sind, die Unterscheidung zwischen aktiver Sterbehilfe und ärztlichen Behandlungen, die eine mögliche lebensverkürzende Wirkung haben, ohnehin große Schwierigkeiten[91]. In diesem Licht ist auch die Ansicht, Ärzte berichteten anhand des Standardberichts der Neuregelung „wie Schafe"[92], möglicherweise einem groben Mißverständnis erlegen. Umfassende Abhilfe gegen nur vermeintlich erfüllte Sorgfaltspflichten vermag schließlich auch die Abschaffung der mit „ja" bzw. „nein" zu beantwortenden einzelfallspezifischen Fragen des Hoge Raad sowie der Suggestivfragen im Musterbe-

---

88 Stcrt. 1998, Nr. 101.

89 Nowell-Smith, Geriatr Nur Home Care 1987, 24.

90 Vgl. S. 190ff.

91 Borst-Eilers, in: Misbin, S. 63.

92 Anonymes Interview v. 13.12.1997.

richt[93] nicht bieten, deren achtjährige Existenz bis zur abgeänderten Neuregelung allenfalls peinlich genau dokumentiert, daß es ihren Verfassern eben nicht um eine Sorgfältigkeitskontrolle der Ärzte geht. Das ärztliche Sterbehilfeverhalten bleibt ungreifbar. Schließlich zeugt die Ausgestaltung des eigentlichen Kontrollinstrumentariums der abgeänderten Neuregelung, wonach Verstöße gegen die Sorgfaltspflichten nahezu unkontrollierbar sind, davon, daß das kunstgerechte ärztliche Handeln gerade nicht gefragt ist. Vor diesem Hintergrund ist die Formulierung der Sorgfaltspflichten tatsächlich sekundär[94] und auch der Ernst, mit dem die Überwachung der Qualität der gesamten ärztlichen Praxis betrieben wird[95], fraglich. So gesehen reduziert sich das Ziel der Überprüfung aktiver ärztlicher Sterbehilfe auf Verlangen auf deren statistische Erfassung.

dd. Ergebnis

Das strafrechtliche Kontrollinstrumentarium der abgeänderten Neuregelung ist auf die nachträgliche Prüfung der Sorgfaltspflichten durch die Prüfungskommissionen beschränkt. Verstöße gegen die Sorgfaltspflichten werden von den Kommissionen voraussichtlich nicht nur regelmäßig toleriert, sondern sind im Einzelfall schlichtweg nicht feststellbar. Eine wirksame Kontrolle ist nicht gewährleistet.

c. Ergebnis

Dem Mißbrauch der abgeänderten Neuregelung durch Falschmeldung bei der Eröffnung des Falles sowie bei der Berichterstattung in vorschriftsgemäß gemeldeten Fällen sind Tür und Tor geöffnet. Massiver Verstoß gegen die Sorgfaltspflichten ist daher unvermeidlich.

3. Ergebnis

Das strafrechtliche Kontrollinstrumentarium der abgeänderten Neuregelung ist wegen der formulierten Sorgfaltspflichten, vor allem aber deren geringer Durchsetzbarkeit und Durchsetzung unwirksam. Die von Dammbruchgegnern befürchtete unfreiwillige aktive ärztliche Sterbehilfe ist unkontrollierbar und dadurch letztlich unvermeidlich.

---

93 Vgl. S. 136ff.

94 Vgl. S. 190ff.

95 Vgl. S. 186ff.

II. Nichtfreiwillige aktive ärztliche Sterbehilfe

Obschon nur die abgeänderte Neuregelung zur aktiven ärztlichen Sterbehilfe auf Verlangen Ausgeburt einer jahrelangen Rechtsentwicklung ist, weist das voraussichtliche gesetzliche Verfahren zur aktiven ärztlichen Sterbehilfe ohne Verlangen dieselbe Struktur und Gewichtung des Kommissionsurteils auf[96], was zuletzt den Staatsrat zu der Frage veranlaßte, inwieweit sich die Prüfung der zwei Verfahren tatsächlich unterscheide[97].

1. Übertragbarkeit der Ergebnisse zur gesetzlichen Regelung aktiver ärztlicher Sterbehilfe auf Verlangen

Oberstes Prüfungsziel beider Verfahren ist, eine wirksame Kontrolle des Einzelfalls zu gewährleisten[98]. Trotz einer ärztlichen Praxis von über 1.000 Fällen aktiver Sterbehilfe auf Verlangen im Jahre 1990[99] und einer immerhin seit 1. Juni 1994 gesetzlich verankerten Meldepflicht wurden 1995 nur 3 Fälle aktiver ärztlicher Sterbehilfe auf Verlangen vorschriftsgemäß gemeldet[100]. Anders als in Fällen aktiver ärztlicher Sterbehilfe auf Verlangen, ist für das Verfahren zur aktiven ärztlichen Sterbehilfe ohne Verlangen die Strafverfolgungspolitik und damit auch der Prüfungsmaßstab der Zentralkommission noch insoweit offen, als sich die Rechtsprechung über den Unrechtsgehalt der nach Art. 287, 289 nlStGB (bzw. im Falle nicht notwendig einwilligungsfähiger Patienten gegebenenfalls nach Art. 293, 294 nlStGB) strafbaren Tat des Arztes bislang nur vereinzelt ausgesprochen hat[101]. Es ist davon auszugehen, daß sich der Gesetzgeber zur Bestimmung der für die jeweilige Patientengruppe vom Arzt einzuhaltenden materiellen und prozessualen Voraussetzungen zur Annahme sorgfältigen ärztlichen Handelns durch die Zentralkommission am Positionspapier des KNMG-Präsidium zu einwilligungsunfähigen Patienten[102] und im Falle

---

96 S. 185ff.

97 Raad van State, Gutachten Nr. W03.97.0166 v. 7.10.1997, S. 7.

98 S. 186.

99 S. 154ff.

100 Vgl. van der Wal/van der Maas, a.a.O., S. 110 (Tabelle 11.1) und S. 137 (Tabelle 13.1). Nicht enthalten in dieser Rechnung sind die Fälle aktiver ärztlicher Sterbehilfe an nicht notwendig einwilligungsfähigen Patienten, deren psychische Störung vom Arzt unerkannt blieb, vgl. S. 169, sowie Fälle, in denen Ärzte von einem „natürlichen" Tod ausgingen, vgl. S. 199ff.

101 Vgl. S. 145ff, 151ff, 163ff, 171ff.

102 Das KNMG-Präsidium hat die aktive ärztliche Sterbehilfe an sämtlichen der von ihm behandelten Patientengruppen, vgl. S. 141, 179ff, unter bestimmten Voraussetzungen für

schwerstkranker Neugeborener an den Empfehlungen der Ministerinnen[103] orientieren wird. Wie schon in Fällen aktiver ärztlicher Sterbehilfe auf Verlangen können Ärzte danach die von ihnen einzuhaltenden Voraussetzungen zur Gewährung eines rechtfertigenden Notstands allenfalls indirekt ableiten[104]. Daß Ärzte diese Fälle bereits unter der Neuregelung nur noch „in ihrer juristischen Naivität" meldeten, diesen Schritt aus Prinzip taten und nachträglich oftmals bereut haben[105], läßt unter der abgeänderten Neuregelung für aktive ärztliche Sterbehilfe ohne Verlangen aufgrund von deren zu erwartender mangelnder Transparenz auf ein völliges Ausbleiben vorschriftsgemäßer Meldungen durch Ärzte schließen.

Ohne vorschriftsgemäße Meldung der Ärzteschaft aber ist das zweite Ziel, die vom Arzt einzuhaltenden Sorgfaltspflichten zur Annahme eines rechtfertigenden Notstands durch gerichtliche Aussprachen herauszukristallisieren bzw. dem Strafrichter die Gelegenheit zu geben, sich für andere Patientengruppen überhaupt zur Möglichkeit eines rechtfertigenden Notstands auszusprechen[106], nicht zu realisieren. Um den Anreiz zu vorschriftsgemäßer Meldung zu erhöhen, wird Justizminister Korthals, wie schon Justizminister Hirsch Ballin für psychiatrische Patienten der Rechtsprechung vorgreifend[107], durch Änderung des in der ministeriellen Regelung festgeschriebenen Prüfungsmaßstabs der Zentralkommission aller Wahrscheinlichkeit nach auch hier diametral zum gesetzgeberisch propagierten Ziel der Kontrolle zusehends in die Straflosigkeit flüchten, auf deren *Absegnung* durch die Rechtsprechung[108] er weiterhin zählen kann.

Das Konzept des Hoge Raad zum rechtfertigenden Notstand steht dessen Ausweitung in Musterprozessen auf Patienten in vegetativem Zustand und solche

---

zulässig erklärt. Vgl. zu psychiatrischen Patienten, S. 147, Fn. 43; zu schwerdefekten Neugeborenen, Teil 4, D, II; zu langfristig komatösen Patienten, S. 160ff, Fn. 127; zu Patienten mit fortgeschrittener Demenz, KNMG, Medisch handelen, S. 129-40 und S. 131, wonach aktive ärztliche Sterbehilfe an Patienten im Anfangsstadium einer Demenz unter denselben Voraussetzungen wie bei psychiatrischen Patienten zulässig sei.

[103] S. 176ff.

[104] S. 189.

[105] Griffiths, NJB 1997, 625; vgl. S. 151ff, 163ff, 171ff und S. 171, Fn. 197.

[106] S. 186.

[107] S. 145ff.

[108] Vgl. S. 151ff, 163ff.

mit fortgeschrittener Demenz nicht entgegen[109], führt es doch logisch zum Dammbruch, nachdem das Präsidium der KNMG 1997 aktive ärztliche Sterbehilfe nicht zuletzt an diesen einwilligungsunfähigen Patienten unter bestimmten Voraussetzungen ausdrücklich für zulässig erklärt hat[110]. Eine Abkehr des Hoge Raad vom rechtfertigenden Notstand in Fällen aktiver ärztlicher Sterbehilfe an einwilligungsunfähigen Patienten ist schließlich nicht zu befürchten, würde dadurch seine ohnehin in vielerlei Hinsicht nicht zu begründende Notstandskonstruktion[111] doch vollständig gesprengt[112].

Kurzum, es steht eine beschleunigte Rechtsentwicklung parallel zur aktiven ärztlichen Sterbehilfe auf Verlangen an. Daß damit langfristig auch Fälle von Mord und Totschlag durch die Zentralkommission zu Bagatellsachen erklärt werden, erlaubt, sämtliche für das gesetzliche Verfahren zur aktiven ärztlichen Sterbehilfe auf Verlangen festgestellten Mißbrauchsgefahren auf das voraussichtliche gesetzliche Verfahren für aktive ärztliche Sterbehilfe ohne Verlangen zu übertragen.

In diesem Lichte verliert auch die neuerliche Zuordnung von psychiatrischen und minderjährigen Patienten zum Verfahren in Fällen aktiver ärztlicher Sterbehilfe ohne Verlangen an Bedeutung[113]. Vorerst soll sich der feststellbare Mißbrauch auf unbehelligte Falschmeldungen (ca. 100 %) beschränken. Da Art. 287 und 289 nlStGB nach der voraussichtlichen Fassung der abgeänderten Neuregelung weiterhin unberührt bleiben[114], ist nicht davon auszugehen, daß ein Großteil der Ärzte in naher Zukunft ihr Meldeverhalten ändern wird. Auf dem Gebiet der aktiven ärztlichen Sterbehilfe an schwerdefekten Neugeborenen zeugt voraussichtlich ein abschreckend umfangreicher Musterbericht von der neuerlichen Regelungswut des Gesetzgebers in Abwesenheit einer

109 S. 49ff. Dazu auch S. 234ff.

110 S. oben, Fn. 102.

111 S. 34ff.

112 Vgl. Klijn, MC 1995, 681.

113 Vgl. S. 179ff.

114 Das soll auch in Zukunft so bleiben, da ein gesetzlich verankerter Rechtfertigungsgrund sorgfältiger aktiver ärztlicher Sterbehilfe nicht zuletzt angesichts Art. 2 EMRK „nicht gut möglich" sei, Leenen, MC 1997, 45; vgl. dazu auch Griffiths, NJB 1997, 196; Staatscommissie Euthanasie, Rapport, Teil I, S. 264-81 (Minderheitsvotum). Zu Art. 2 EMRK s. S. 76. Vgl. den Vorschlag der KNMG in Anschluß an Kelk, S. 173.

richtlinienproduzierenden Rechtsprechung[115]. Der Mißbrauch des voraussichtlichen Verfahrens durch Falschmeldung von Ärzten, die ihre Strafverfolgung fürchten oder ein aufwendiges strafrechtliches Verfahren scheuen, scheint geradezu vorprogrammiert. Dadurch unvermeidliche Sorgfaltspflichtverstöße gehören in Fällen nichtfreiwilliger aktiver ärztlicher Sterbehilfe daher zur Rechtswirklichkeit.

2. Ergebnis

Die voraussichtliche abgeänderte Neuregelung zur aktiven ärztlichen Sterbehilfe ohne Verlangen ist aus denselben Gründen wie die abgeänderte Neuregelung zur aktiven ärztlichen Sterbehilfe auf Verlangen massivem Mißbrauch zugänglich. Nichtfreiwillige aktive Sterbehilfe, bei der die vom Arzt einzuhaltenden Sorgfaltspflichten verletzt werden, ist danach unvermeidlich.

D. Gesetzestechnische Aspekte der Regelung der aktiven ärztlichen Sterbehilfe auf Verlangen

Die Verankerung der gesetzlichen Regelung der aktiven ärztlichen Sterbehilfe auf Verlangen in dem dem Verwaltungsrecht zuzuordnenden Gesetz über das Bestattungswesen ist zweifelsohne kurios. Andere gesetzestechnische Aspekte der Regelung begründen hingegen schwerwiegende rechtliche Bedenken, so daß ihre Darstellung unverzichtbar erscheint, wenngleich die Arbeit nicht zum Ziel hat, eine rechtsvergleichende Analyse zu liefern[116]. Bemerkenswerterweise hat sich das niederländische Schrifttum mit diesen Fragen bis heute kaum auseinandergesetzt[117].

I. Zum rechtmäßigen Zustandekommen der ministeriellen Regelung

Die ministerielle Regelung zur Einrichtung regionaler Prüfungskommissionen verstößt gegen den aus dem Rechtsstaatsprinzip abgeleiteten Grundsatz der Gesetzmäßigkeit der Verwaltung (als Ausfluß des „legaliteitsbeginsel"), demzufolge mit Ausnahme der Leistungsverwaltung alle Maßnahmen der Krone, bestehend aus Königin und Ministern, die die Rechtsposition von Privaten betreffen, einer gesetzlichen Grundlage bedürfen[118].

---

115 S. 180.

116 S. 4.

117 Zur Reaktion des Schrifttums auf die abgeänderte Neuregelung s. S. 216.

118 Akkermans/Koekkoek, Grondwet, Art. 89, S. 783-4; Belinfante/de Reede, Beginselen, S. 114. Der über die Eingriffsverwaltung hinaus geltende Grundsatz der Gesetzmäßigkeit

Der Gesetzgeber kann einzelne seiner Normsetzungsbefugnisse an die Krone zum Erlaß von Gesetzgebung im materiellen Sinn durch allgemeine Regierungsverordnung sowie an einzelne Minister zum Erlaß einer ministeriellen Regelung übertragen[119]. Im Gegensatz zur allgemeinen Regierungsverordnung, die durch die bei ihrem Zustandekommen einzuhaltende Form bestimmt wird, ist das Zustandekommen der ministeriellen Regelung an keinerlei Form gebunden[120]. Sofern das formelle Gesetz keine Ermächtigungsgrundlage zur ministeriellen Regelung vorsieht, kann durch sog. Subdelegation in der allgemeinen Regierungsverordnung zum Erlaß einer ministeriellen Regelung ermächtigt werden[121]. Zur Gesetzmäßigkeit der Verwaltung muß die Möglichkeit der Subdelegation allerdings im formellen Gesetz festgelegt sein[122].

Art. 10 Abs. 1 des Gesetzes über das Bestattungswesen, der zur allgemeinen Regierungsverordnung vom 17.12.1997 ermächtigt[123], schweigt über die Möglichkeit der Subdelegation, eine dementsprechende Ermächtigungsgrundlage in der allgemeinen Regierungsverordnung fehlt gleichermaßen. In diese Richtung gehende Bedenken des Staatsrates[124] hielt die vormalige Justizministerin Sorgdrager[125] entgegen, die ministerielle Regelung würde Parlament und Provinzvertretung vorgelegt, sei also zusammen mit der Vorlage beim Staatsrat von Garantien umringt vergleichbar mit dem Verfahren beim Zustandekommen eines formellen Gesetzes. Daß mit der Wahl einer ministeriellen Regelung ein schnelles Zustandekommen und die nötige Flexibilität gewährleistet seien, ist zur raschen Anpassung des Prüfungsmaßstabs der fünf Prüfungskommissionen

---

der Verwaltung folgt aus dem Verständnis der Niederlande als Versorgungsstaat, van der Burg, Beginselen en bestuur, S. 107-8.

119 Belinfante/de Reede, a.a.O., S. 115; Akkermans/Koekkoek, a.a.O., Art. 89, S. 803-5.

120 Die ministerielle Regelung tritt gem. Art. 89 Abs. 4, Art. XX nlGG i.V.m. Art. 4 Ziff. a des „Bekendmakingswet", Stb. 1993, Stb. 671, erst nach Veröffentlichung in der „Nederlandse Staatscourant", dem offiziellen Veröffentlichungsblatt des Königreichs, in Kraft; vgl. Belinfante/de Reede, Beginselen, S. 115-6. Zu den Formvorschriften der allgemeinen Regierungsverordnung vgl. Belinfante/de Reede, ebd., S. 113-4; Akkermans/Koekkoek, a.a.O., Art. 89 nlGG, S. 794-6.

121 Van der Burg, a.a.O., S. 161-2; Belinfante/deReede, a.a.O., S. 116.

122 Van der Burg, a.a.O, S. 161-2; Belinfante/deReede, a.a.O., S. 116.

123 S. 135ff.

124 Raad van State, Gutachten Nr. W03.97.0166 v. 7.10.1997, S. 3.

125 Sorgdrager/Borst-Eilers, Schreiben Nr. 650789/97/6 v. 13.11.1997 an die Königin, S. 2.

an eine veränderte Rechtsprechung nötig[126] und wird wohl auch hinlänglicher Grund sein, den Gesetzesvorbehalt nicht einzuhalten.

II. Auswirkungen der Meldungsmodalitäten

1. Zur Vereinbarkeit der ärztlichen Meldepflicht mit dem Verbot des Selbstbelastungszwangs

Gegen die Vereinbarkeit der gesetzlichen Verpflichtung des Arztes zur wahrheitsgemäßen Berichterstattung mit dem strafverfahrensrechtlichen Verbot des Selbstbelastungszwangs („nemo-tenetur-beginsel“)[127], wonach niemand verpflichtet werden darf, an seiner Verurteilung mitzuwirken, bestehen erhebliche Bedenken[128]. Der Beweisrechtsgrundsatz ist in Art. 14 Abs. 3 g des Internationalen Pakts über bürgerliche und politische Rechte[129] ausdrücklich gewährleistet und gilt im niederländischen Recht als ungeschriebener Rechtsgrund-

---

[126] Das wird vor allem im Hinblick auf die ministerielle Regelung zur Einrichtung einer Zentralprüfungskommission in Fällen aktiver ärztlicher Sterbehilfe auf Verlangen von Bedeutung sein, für die im Gegensatz zu Fällen aktiver ärztlicher Sterbehilfe auf Verlangen, S. 186ff, eine ständige Rechtsprechung fehlt, vgl. insbesondere S. 181.

[127] „Nemo tenetur se ipsum accusare“, vgl. Minkenhof, Strafvordering, S. 45.

[128] Der Staatsrat hatte 1986 in bezug auf die sowohl im abgeänderten Gesetzentwurf Wessel-Tuinstra/Kohnstamm (Art. 293 Abs. 7, Anhang, Ziff. VI) als auch im Probeentwurf in der an den Staatsrat vorgelegten Fassung (Art. 293 Abs. 9, Drucks. II, 1985-86, 18 331 Nr. 43 C, S. 10) enthaltene Verpflichtung zur wahrheitsgemäßen Abgabe des ‚Totenscheines A‘ keine Verletzung des Verbots feststellen können, weil überhaupt fraglich sei, „ob ein Arzt, der aktive Sterbehilfe auf Verlangen geleistet hat, und sich auf einen rechtfertigenden Notstand beruft, Angaben zu einer Straftat macht“, Drucks. II, 1987-88, 20 383 B, S. 9. Dagegen stand für die VVPG eine Verletzung des Verbots wegen der Strafandrohung außer Frage: Nicht ohne Grund habe der Arzt bei der Meldung einer unnatürlichen Todesursache nach Art. 7 Abs. 2 Gesetz über das Bestattungswesen die Todesursache nicht anzugeben, zitiert nach: Drucks. II, 1987-88, 20 383 B, S. 9; vgl. dazu auch S. 104ff. Das Zweite Kabinett Lubbers hatte von der Aufnahme dergleichen Vorschrift in seinen Gesetzentwurf abgesehen. Der Gerichtshof Leeuwarden, Urteil v. 4.4.1996, von seiten der Verteidigung mit der Frage nach der Vereinbarkeit der Meldepflicht mit dem Verbot befaßt, sah von deren Klärung ab, weil der angeklagte Arzt von Anfang an angegeben habe, daß er für sein Handeln Verantwortung tragen wolle, TvGR 1996, (Nr. 35) 285. Vgl. auch S. 92ff.

[129] Internationaler Pakt über bürgerliche und politische Rechte v. 16.12.1966, BGBl. 1973 II 1553. *Art. 14 Abs. 3 Buchst. g*: „Jeder wegen einer strafbaren Handlung Angeklagte hat in gleicher Weise im Verfahren Anspruch auf folgende Mindestgarantien: (...) er darf nicht gezwungen werden, gegen sich selbst als Zeuge auszusagen oder sich schuldig zu bekennen.“

satz, der in Art. 29 nlStPO[130] zum Ausdruck kommt[131]. Dem Hoge Raad zufolge ist das Verbot der Veranlassung zur Selbstbelastung allerdings der gesetzlichen Einschränkung zugänglich[132].

Sofern dem Musterbericht überhaupt Regierungsverordnungscharakter zukommt und eine gesetzliche Verpflichtung des Arztes zur Berichterstattung anhand des Musterberichts besteht[133], ist der Arzt in dem von ihm verfaßten Bericht gehalten, Angaben zu einer von ihm begangenen Straftat (Art. 293 nlStGB) zu machen. Infolge seiner gesetzlichen Verpflichtung zur Berichterstattung, macht sich der Arzt trotz vorschriftsgemäßer Meldung der unnatürlichen Todesursache[134] gem. Art. 225 Abs. 1 nlStGB[135] strafbar, wenn er im Bericht inhaltlich falsche Angaben trifft[136]. Der Arzt ist daher zur wahrheitsgemäßen Angabe, eine Straftat begangen zu haben, unter Strafe gesetzlich verpflichtet.

Nach Ansicht des ehemaligen Justizministers Hirsch Ballin schränkt die strafbewehrte Verpflichtung des Arztes zur wahrheitsgemäßen Berichterstattung das Verbot des Selbstbelastungszwangs zulässig ein, weil diese Verpflichtung

---

130 *Art. 29 Abs. 1 nlStPO*: „In alle gevallen waarin iemand als verdachte wordt gehoord, onthoud de verhoorende rechter of ambtenaar zich van alles wat de strekking heeft een verklaring te verkrijgen, waarvan niet gezegd kan worden dat zij in vrijheid is afgelegd. De verdachte is niet tot antwoorden verplicht."

131 Vgl. Minkenhof, Strafvordering, S. 45-6.

132 Urteil v. 15.2.1977, Nr. 68586, in: NJ 1977, (Nr. 557) 1800; Urteil v. 5.1.1982, Nr. 73384, in: NJ 1982, (Nr. 308), 1139; Urteil v. 9.10.1984, Nr. 77328, in: NJ 1985, (Nr. 176) 688.

133 Vgl. S. 137. Laut Knigge, RM Themis 1997, 81, spricht gegen die Annahme einer gesetzlichen Verpflichtung des Arztes die Nichteinhaltung des Gesetzesvorbehalts, vgl. dazu S. 205ff.

134 Zur Strafbarkeit des Arztes gem. Art. 228 Abs. 1 nlStGB wegen unrichtiger Angabe der Todesursache im ‚Totenschein A' s. S. 107.

135 *Art. 225 nlStGB*: „Wer ein Schriftstück, das zum Beweis einer Tatsache zu dienen bestimmt ist, in der Absicht fälschlich anfertigt oder verfälscht, es als echt und unverfälscht zu gebrauchen oder von anderen gebrauchen zu lassen, wird wegen Fälschung eines Schriftstücks entweder mit Gefängnisstrafe bis zu sechs Jahren und Geldstrafe der fünften Kategorie oder einer von diesen Strafen bestraft." (Zuletzt übersetzt von Schaffmeister, in: Jescheck/Kieswein, S. 135. Hiesige Übersetzung berücksichtigt die inzwischen eingetretenen Änderungen in Tatbestand und Rechtsfolge).

136 Vgl. Drucks. II, 1991-92, 22 572 Nr. 5, S. 2.

vergleichbar sei mit denen in anderen Verwaltungsgesetzen, wahrheitsgemäß bestimmte Formulare auszufüllen oder Erklärungen abzugeben, woraus sich durch den Erklärenden begangene Straftaten ergeben könnten[137]. Mit der Verpflichtung bringe der Gesetzgeber zum Ausdruck, daß das Interesse an einer Überprüfbarkeit ärztlichen Handelns und das Interesse an dessen effektiver Ermittlung das Interesse überwögen, das dem Verbot der Veranlassung zur Selbstbezichtigung zugrundeliege[138]. Die gesetzliche Meldepflicht des Arztes sei vergleichbar mit der vom Hoge Raad für vereinbar befundenen Pflicht nach Art. 26 Abs. 2 des Straßenverkehrsgesetzes („Wegenverkeerswet" – WVW) zur mit Strafe bedrohten[139] Duldung einer Untersuchung des Blutalkoholpromillegehaltes. Der Blutalkoholpromillegehalt konstituiert ein Tatbestandsmerkmal des Straftatbestands der Trunkenheit im Verkehr (Art. 26 Abs. 1 WVW)[140]. Der Vergleich hinkt, ist die Berichterstattung doch kein Tatbestandsmerkmal des Art. 293 nlStGB und belegt daher allenfalls ein anderes Verständnis des Verbots der Veranlassung zur Selbstbelastung, als das in der deutschen Strafprozeßordnung in § 81a gewählte, wonach dem Promillegehalt lediglich eine Beweisfunktion zur Fahruntüchtigkeit im Rahmen von § 316 StGB zukommt[141].

Das Argument überwiegenden Ermittlungsinteresses widerlegt der ehemalige Justizminister schließlich mit seinem letzten Argument, das überwiegende Interesse des Arztes an der Vermeidung einer Strafverfolgung legitimiere eine Einschränkung des Verbots[142] oder, um es mit Leenen zu sagen, sei überhaupt fraglich, ob ein Arzt, der aktive Sterbehilfe auf Verlangen geleistet hat, und

---

137 Drucks. II, 1991-92, 22 572 Nr. 5, S. 1-2, 25. Die Aussage des Justizministers bezieht sich auf den Standardbericht der Neuregelung, kann angesichts derselben Problemstellung, vgl. 136ff, auf den Musterbericht der abgeänderten Neuregelung übertragen werden.

138 Drucks. II, 1991-92, 22 572 Nr. 5, S. 3.

139 Die Verweigerung der Blutuntersuchung ist in Art. 33 WVW unter Strafe gestellt.

140 Drucks. II, 1991-92, 22 572 Nr. 5, S. 2. Vgl. Hoge Raad, Urteil v. 15.2.1977, NJ 1977, (Nr. 557) 1799.

141 Schönke/Schröder/Cramer, StGB, § 316 Rn. 7. Zugunsten des Täters – etwa wenn es um die Schuldunfähigkeit geht – darf dem BGH zufolge dagegen die errechnete Alkoholisierung wie eine erwiesene Tatsache behandelt werden, sofern keine anderen Beweiszeichen vorliegen, BGHSt 35, 308 (316 f).

142 Drucks. II, 1991-92, 22 572 Nr. 5, S. 3.

sich auf rechtfertigenden Notstand beruft, Angaben zu einer Straftat macht[143]. Nach der bisherigen Verfolgungspolitik der Staatsanwaltschaft wurde tatsächlich aufgrund der Tatsachen und Umstände im ärztlichen Bericht regelmäßig antizipiert, daß der Arzt wegen Notstands gerechtfertigt sei[144].

Nach den Grundsätzen des Strafprozesses obliegt es nichtsdestotrotz dem Richter zu entscheiden, ob der Arzt wegen Notstands gerechtfertigt ist und beruht sein Urteil nicht nur hierfür, sondern auch für den dem Arzt zur Last gelegten Verstoß gegen Art. 293 nlStGB auf Informationen, die der Arzt selbst zu verschaffen hat[145]. Daß die ärztliche Berichterstattung gleichwohl zur Einstellung führe, sei eine „typisch holländische Lösung“, vergleichbar mit der Strafverfolgungspolitik zum Konsum leichter Drogen[146]. Das typisch holländische Rechtsverständnis zum Verbot des Selbstbelastungszwangs läßt sich denn womöglich treffender am Beispiel einer Meinungsumfrage unter Staatsanwälten erklären, wonach die möglichen Antworten auf die Frage zu dessen Vereinbarkeit mit dem Meldeverfahren lauteten: „[v]ollkommen übereinstimmend“, „[m]ehr eins, als uneins“, „[e]her eins, als uneins“, „[m]ehr uneins, als eins“, „[v]ollkommen uneins“[147].

2. Zur Vereinbarkeit der ärztlichen Meldepflicht mit der ärztlichen Geheimhaltungspflicht

Eine ärztliche Pflicht zur Angabe von Umständen im Bericht, die den verstorbenen Patienten betreffen, ist des weiteren unvereinbar mit der Geheimhaltungspflicht des Arztes im Sinne von Art. 88 Wet BIG[148], die Art. 7 Abs. 1

143Vgl. Leenen, MC 1997, 46; dazu auch gleichlautende Aussage des Staatsrates, oben, Fn. 128.

144S. 107ff.

145Drucks. II, 1987-88, 20 383 B, S. 10.

146Van Maurik (S. 33, Fn. 101), fernmündliche Auskunft v. 17.12.1997.

147Van der Wal/van der Maas, Euthanasie en andere medische beslissingen, S. 150 (Tabelle 13.5).

148*Art. 88 Wet BIG*: „Ein jeder ist zur Geheimhaltung in bezug auf dasjenige verpflichtet, was ihm bei der Ausübung seines Berufes auf dem Gebiet der persönlichen Gesundheitspflege als Geheimnis anvertraut ist oder was ihm dabei als Geheimnis zur Kenntnis gelangt ist oder was dabei zu seiner Kenntnis gelangt ist und dessen vertraulichen Charakter er begreifen muß.“ Vgl. zum Wet BIG S. 63ff; zur Geheimhaltungspflicht S. 66ff und S. 96.

und Abs. 2 des Gesetzes über das Bestattungswesen zugrundeliegt[149] und deren Verletzung unabhängig vom Ableben des Patienten in Art. 272 nlStGB[150] unter Strafe gestellt ist[151]. Eine Vorschrift, derzufolge dem Arzt eine Aufgabe bei der Feststellung der unnatürlichen Todesursache zugewiesen wird, ist unvereinbar mit seiner Geheimhaltungspflicht.[152] Eine darüber hinausgehende Verpflichtung des Arztes zur Berichterstattung über die natürliche Todesursache verstößt erst recht gegen seine Geheimhaltungspflicht[153]. Der Verstoß des Arztes ist weder durch das ärztliche Interesse an der Vermeidung seiner Strafverfolgung[154] noch der Entbindung von seiner Geheimhaltungspflicht durch die gegenüber dem Staatsanwalt, nicht aber der Prüfungskommission anzunehmende mutmaßliche Einwilligung des verstorbenen Patienten bei der Berufung auf einen rechtfertigenden Notstand[155], zu legitimieren.

III. Auswirkungen der Prüfungsmodalitäten

1. Zur Wahrung des Verfolgungsmonopols der Staatsanwaltschaft

Im Falle eines positiven Urteils der Prüfungskommissionen wird das Verfol-

---

149 S. 104ff.

150 *Art. 272 Abs. 1 nlStGB*: „Wer ein Geheimnis, von dem er weiß oder vernünftigerweise annehmen muß, daß es aufgrund des Amtes, Berufs, gesetzlicher Vorschrift oder früheren Amtes oder Berufs zu bewahren verpflichtet ist, vorsätzlich verletzt, wird mit Gefängnisstrafe bis zu einem Jahre oder Geldstrafe der vierten Kategorie [25.000 Gulden, d. Verf.] bestraft.“ (Zuletzt übersetzt von Schaffmeister, in: Jescheck/Leibinger, S. 147. Hiesige Übersetzung berücksichtigt die Änderung im Strafmaß). Allgemein zur ärztlichen Geheimhaltungspflicht s. Leenen, Rechten van mensen, S. 171 ff.

151 Leenen, NJB 1998, 399.

152 Drucks. II, 1975-76, 11 256 Nr. 6, S. 5.

153 Vgl. Gerichtshof Den Haag, Urteil v. 2.4.*1987*, in: NJ 1987 (Nr. 756), 2543: „Das Gesetz sieht auch die Möglichkeit für den Arzt vor, sich von der Angabe von Informationen zu enthalten, die seine Geheimhaltungspflicht verletzen könnten, indem von ihm im Falle der Versagung der Abgabe einer Natürlicher-Tod-Erklärung keinerlei schriftliche Erklärung oder Erläuterung verlangt wird.“

154 Knigge, RM Themis 1997, 81-2; vgl. Leenen, Rechten van mensen, S. 185, wonach der Arzt seine Schweigepflicht allgemein zur Abwendung schwerer Folgen für den Patienten, Dritte oder das allgemeine Interesse brechen dürfe.

155 Leenen, NJB 1998, 399-400, begründet den je nach Adressat des ärztlichen Berichts entsprechenden mutmaßlichen Patientenwillen damit, daß der Arzt sich vor der Prüfungskommission nicht, vor dem Staatsanwalt aber sehr wohl auf einen rechtfertigenden Notstand berufe.

gungsmonopol der Staatsanwaltschaft durchbrochen[156] und damit Art. 113 Abs. 1 nlGG verletzt[157]. Die Kommissionsmitglieder sind keine Hilfsbeamten der Staatsanwaltschaft, Zusammenstellung und Aufgaben der Prüfungskommissionen sind gesetzlich nicht verankert. Gleichwohl wird die faktisch von der Kommission zu treffenden Entscheidung zur Nichtverfolgung[158] der gem. Art. 293 nlStGB strafbaren aktiven ärztlichen Sterbehilfe auf Verlangen von seiten der Staatsanwaltschaft lediglich ausgeführt. Durch gleichlautende Bedenken des Staatsrates, demzufolge das Urteil der Prüfungskommissionen einzig unter medizinisch-ethischen Gesichtspunkten getroffen werden könne[159], sah sich die vormalige Justizministerin Sorgdrager zu keiner Änderung der ministeriellen Regelung veranlaßt[160]. Daß das Urteil der Prüfungskommssionen angesichts deren „sorgfältiger Zusammenstellung ... im Prinzip ausreichendes Gewicht für die Staatsanwaltschaft haben kann", um eine Nichtverfolgungsentscheidung zu treffen[161], verkürzt den rechtsstaatlichen Gehalt des Verfolgungsmonopols.

2. Zur Einheitlichkeit der „Pseudogesetzgebung" durch die Prüfungskommissionen

Es bestehen erhebliche Zweifel an der Einheitlichkeit der faktisch von den Prüfungskommissionen zu treffenden Nichtverfolgungsentscheidungen[162] und damit an der Gleichbehandlung von Ärzten, die aktive ärztliche Sterbehilfe auf Verlangen geleistet und gemeldet haben. Die ministerielle Regelung zur Einrichtung regionaler Prüfungskommissionen[163] setzt den Rahmen für die politische Entscheidung des Justizministers, den Prüfungsmaßstab der Prüfungskommissionen an die Rechtsprechung anzupassen (und eine entsprechende Strafverfolgungsrichtlinie zu erlassen), welche sich – die Staatsanwaltschaft

---

[156] Stolwijk, DD 1997, 315.

[157] Vgl. S. 194.

[158] S. 195ff.

[159] Raad van State, Gutachten Nr. W03.97.0166 v. 7.10.1997, S. 2.

[160] Sorgdrager/Borst-Eilers, Schreiben Nr. 657098/97/6 v. 13.11.1997 an die Königin, S. 1-2.

[161] Sorgdrager/Borst-Eilers, a.a.O., S. 1-2.

[162] Vgl. Stolwijk, DD 1996, 504. Zur faktischen Kontrollkompetenz der Kommissionen s. S. 195ff.

[163] S. 137ff.

ablösend[164] – sozusagen zum Pseudo-„Pseudogesetzgeber“[165] gerieren. Zeugen Aufzeichnungen der VVPG bzw. des Kollegiums der Generalstaatsanwälte aus den Jahren 1991-1995 bereits von einer „ziemlich willkürlichen Entscheidungsfindung“[166] der jeweiligen Versammlung, so sind Abweichungen bei der Einschätzung durch die *fünf* Prüfungskommissionen, wie der Richter im Einzelfall entscheiden würde, geradezu vorprogrammiert[167]. Mangels Weisungsbefugnis des Justizministers gegenüber den Kommissionen im Einzelfall und in Abwesenheit einer Pflicht der Kommissionen zur Rechenschaftsablegung über ihre Entscheidungsgründe[168] sind uneinheitliche Nichtverfolgungsentscheidungen unausweichlich.

IV. Prüfungsinhalt

1. Denaturierung des rechtfertigenden Notstands zur medizinischen Ausnahme

Die chronische Unterstellung der Rechtmäßigkeit aktiver ärztlicher Sterbehilfe auf Verlangen wegen Notstands durch die Staatsanwaltschaft, der die Eingliederung der Prüfungskommissionen in das Prüfungsverfahren keinen Abbruch tun wird[169], ist unvereinbar mit dem Ausnahmecharakter des rechtfertigenden Notstands.

Der rechtfertigende Notstand kommt ausnahmsweise in Betracht, wenn der Angeklagte mit einem unvorhergesehenen und unvorhersehbaren Interessenkonflikt plötzlich konfrontiert wird und sich gegenüber dem Richter auf Berücksichtigung dieser Umstände beruft[170]. In der Praxis zur aktiven ärztlichen Sterbehilfe auf Verlangen wird der rechtfertigende Notstand dagegen denaturiert[171]. Der aktive Sterbehilfe auf Verlangen erwägende Arzt befindet sich in

---

[164] Vgl. S. 110, 167ff.

[165] Zum Begriff „Pseudogesetzgeber“ s. S. 110, Fn. 276.

[166] Griffiths, NJB 1997, 621; vgl. S. 197ff.

[167] Die Verpflichtung der Vorsitzenden der Prüfungskommissionen nach Art. 13 der ministeriellen Regelung, in Anwesenheit eines Vertreters des Kollegiums der Generalstaatsanwälte und der Staatsaufsicht für die Gesundheitspflege pro Jahr mindestens zwei Beratungen über die Arbeit(sweise) der Kommissionen zu führen, unterstützt diese Annahme. Zur ministeriellen Regelung s. S. 137ff.

[168] S. 139ff.

[169] Vgl. S. 199.

[170] Feber, MC 1996, 1617; Kelk, NJB 1997, 103.

[171] Kelk, a.a.O., S. 103; Feber, a.a.O., S. 1617; vgl. ders., NJB 1989, 1442.

einer Lage, in der Tausende von Ärzten vor ihm gestanden haben. Gewöhnlich bleibt dem Arzt geraume Zeit, um einzuschätzen, ob daß das Leiden des Patienten aussichtslos und unerträglich für den Patienten ist, und sodann eine Entscheidung zu treffen, die aus identischen Gründen von vielen Ärzten vor ihm gewählt wurde[172]. Schließlich beruft sich nicht der Arzt auf rechtfertigenden Notstand vor dem Richter, sondern wird ihm dieser Rechtfertigungsgrund ein ums andere Mal von der Staatsanwaltschaft angeboten[173]. Der rechtfertigende Notstand eignet sich nicht als Standardinstrument der Verfolgungspolitik oder, um es mit Generalstaatsanwalt Feber zu sagen, „im Euthanasieland kann nicht der allgemeine Notstand ausgerufen werden“[174].

Daß das Rechtsverständnis politischen Zielen untergeordnet wird, belegt nicht zuletzt die in der abgeänderten Neuregelung manifestierte Ignoranz gegenüber dem Konzept des Hoge Raad zum rechtfertigenden Notstand. Die zu antizipierende Feststellung, der Musterbericht beinhalte keine einzige materielle Voraussetzung[175], wirkt nur noch wie ein Ablenkungsmanöver von dem in Art. 9 der ministeriellen Regelung normierten[176], auf den ärztlichen Bericht anzuwendenden Prüfungsmaßstab der Kommissionen zur Annahme eines rechtfertigenden Notstands[177]. Um so bedenklicher ist der maßgebliche Einfluß politischer Kräfte bei der Bewältigung der schwierigen Aufgabe der Auswahl und Formulierung der geltenden Sorgfaltspflichten[178]. Durch die ausschließliche Privilegierung von Ärzten lebt schließlich die vom Hoge Raad verworfene medizinischen Ausnahme auf[179]. Daß die Gesetzesgeschichte zu Art. 293 nlStGB eine Differenzierung nach den Motiven des Täters verbietet[180], wird mit beredtem Schweigen übergangen.

---

172 Daß dem Arzt Zeit für Überlegung bleibt, wird für die Sorgfaltspflicht der Konsultation eines zweiten Arztes, S. 138, vorausgesetzt.

173 Feber, a.a.O., S. 1442.

174 Feber, a.a.O., S. 1442.

175 Vgl. S. 168.

176 Teil S. 138ff.

177 Teil S. 195ff.

178 Vgl. vor allem den Einfluß des KNMG-Präsidiums, S. 85 und S. 86ff; S. 96ff und S. 114ff.

179 Feber, MC 1996, 1617; ders., NJB 1989, 1442; vgl. dazu auch Welie, J Med Philos 1992, 434.

180 S. 46; vgl. S. 36ff.

2. Zur Geltung des Art. 293 nlStGB

Die gesetzliche Regelung der aktiven ärztlichen Sterbehilfe auf Verlangen ist ein Produkt des unbedingten politischen Willens, zugunsten konfessioneller Kreise Art. 293 nlStGB nicht anzutasten. Dadurch soll Feber zufolge auch im Hinblick auf kritische Nachbarländer[181] zum Ausdruck gelangen, daß die vorsätzliche aktive Sterbehilfe eines Arztes auf Verlangen des Patienten nach wie vor strafbar sei.

Bei der aktiven Sterbehilfe auf Verlangen geht es um Leben und Tod und ist es Aufgabe des Strafrechts, das menschliche Leben gegen Fremdtötung zu schützen[182]. Das Strafrecht ist unter generalpräventiven Gesichtspunkten ein Steuerungsinstrument[183], um die Zahl der Fälle aktiver Sterbehilfe auf Verlangen begrenzt zu halten. Zugleich ist es Kontrollinstrument im Einzelfall und vergilt den Regelverstoß mit Strafe, deren Vollzug nicht zuletzt der Spezialprävention dient. In ihrer Abstraktion durchaus vorteilhaft, wurden die Vorzüge der Aufrechterhaltung des Art. 293 nlStGB durch die praktisch zugelassene Straflosigkeit bereits unter der Neuregelung vollständig ausgeschaltet. Der Gesetzgeber hat es vermieden, eine klare Position zu beziehen. Die Symbolwirkung des Art. 293 nlStGB, derzufolge Ärzte zur Zurückhaltung geneigt sein könnten, ist durch die Rechtswirklichkeit unglaubwürdig geworden. Durch das Verfahren nach der abgeänderten Neuregelung ist die Strafbarkeit nach Art. 293 nlStGB ausgehebelt. Von der Auferlegung einer Strafe ist selbst in Musterprozessen, die zur Anklage gelangten, gewöhnlich abgesehen worden[184]. Die Doppelzüngigkeit des Gesetzgebers hat in der abgeänderten Neuregelung ihren Höhepunkt erreicht. Ausgestaltung und praktische Handhabung von deren Kontrollinstrumentarium suggerieren Ärzten die übereinstimmende Ansicht von Gesetzgeber und Justizminister, die Entscheidung zur aktiven ärztlichen Sterbehilfe auf Verlangen sei dem Gutdünken des handelnden Arztes überlassen[185]. Die gesetzliche Regelung ist an dieser Prämisse ausgerichtet und zuletzt mit abgeänderter Neuregelung optimiert worden, mit dem Ergebnis, daß allenfalls noch ignorant zu nennende Nachbarn an die unverminderte Geltung der „Worthülse" in Art. 293 nlStGB glauben.

---

[181] Feber, MC 1996, 1617.

[182] S. 36ff.

[183] Enschedé, Beginselen, S. 12; vgl. dazu Hazewinkel-Suringa/Remmelink, Inleiding, S. 862, 841 ff.

[184] Vgl. S. 37.

[185] Vgl. die Aussage eines Staatsanwalts, zitiert nach: Keown, Hastings Cent Rep 1992, 41.

Während davon auszugehen ist, daß die voraussichtliche Fassung der abgeänderten Neuregelung für Fälle aktiver ärztlicher Sterbehilfe ohne Verlangen einige Jahre Bestand haben wird, („es ist schwer, ein Gesetz zu machen, wonach Menschen ohne Verlangen getötet werden können“[186]), soll das krampfhafte Festhalten an Art. 293 nlStGB aus politischer Opportunität in Fällen aktiver ärztlicher Sterbehilfe auf Verlangen demnächst ein Ende haben. Die minimalen Kontrollmöglichkeiten unter der gesetzlichen Regelung werden auf deren strafrechtlichen Rahmen zurückgeführt, der Ruf nach Abschaffung des „kontraproduktiv[en]“[187] Art. 293 nlStGB für Ärzte wird folglich immer eindringlicher, sei es in Gestalt des Gesetzentwurfs Wessel-Tuinstra/Kohnstamm[188], der medizinischen Ausnahme[189] und der Normierung des Konzepts des Hoge Raad zum rechtfertigenden Notstand im speziellen[190] oder der pauschalen Forderung, der Straflosigkeit aktiver ärztlicher Sterbehilfe auf Verlangen endlich Form zu verleihen[191]. Das Erste Kabinett Kok hatte seinerzeit zu erkennen gegeben, daß die Einlösung dieser Forderungen nur noch eine Frage der Zeit sein sollte[192].

Es ist davon auszugehen, daß das Präsidium der KNMG, demzufolge diese Zeit gekommen ist[193], recht behalten wird: Das Zweite Kabinett Kok[194] hat in seiner Koalitionsvereinbarung von August 1998 den Gesetzentwurf dreier D'66-Abgeordneter zur Änderung des Strafgesetzbuches und des Gesetzes über das Bestattungswesen in bezug auf aktive Sterbehilfe auf Verlangen unverändert übernommen[195] und als Regierungsentwurf dem Staatsrat zur Begutachtung

---

186 Anonymes Interview v. 13.12.1997.

187 KNMG, MC 1997, 421.

188 Vgl. Legemaate, Tge 1998, 16-8; Josephus Jitta, MC 1998, 35; dazu auch Bosma/ van der Wal, Kwaliteitsborging en toetsing, S. 31-4.

189 Griffiths, NJB 1997, 625; KNMG, MC 1997, 421.

190 Feber, MC 1996, 1617

191 Stolwijk, DD 1997, 315; Leenen, MC 1997, 47.

192 Vgl. Drucks. II, 1996-97, 23 877 Nr. 13, S. 4; anders Justizministerin Sorgdrager, FAZ Nr. 19 v. 23.1.1997, S. 6. Laut Josephus Jitta, MC 1998, 35, ist die „politische Temperatur der Materie über ihren Höhepunkt hinweg“, weil eine überwiegende Mehrheit im Parlament sorgfältiger aktiver ärztlicher Sterbehilfe auf Verlangen und der gegenwärtigen Sterbehilfepolitik positiv gegenüberstehe.

193 KNMG, MC 1997, 421-2.

194 Zum Zweiten Kabinett Kok s. S. 178.

195 Drucks. II, 1997-98, 26024 Nr. 10, S. 4.

vorgelegt[196]. Der Regierungsentwurf[197] regelt in Art. 293 Abs. 4 i.V.m. Abs. 5 die Nichtanwendbarkeit der Strafvorschrift der Tötung auf Verlangen (Art. 293 Abs. 1), sofern ein Arzt bei der Vornahme der aktiven Sterbehilfe auf Verlangen an einem Patienten, der sich in einer „aussichtslosen Notsituation“ befindet, vier Sorgfaltspflichten (Art. 239 Abs. 5) einhält, die im wesentlichen mit dem Prüfungsmaßstab der Prüfungskommissionen übereinstimmen[198], und er seine Pflichten nach dem Gesetz über das Bestattungswesen erfüllt. Nach dem Regierungsentwurf wird der behandelnde Arzt gem. Art. 7 Abs. 2 des Gesetzes über das Bestattungswesen zur wahrheitsgemäßen Meldung der Todesursache und zur Abgabe eines mit Gründen versehenen Berichts über die Einhaltung der Sorgfaltspflichten bei der aktiven Sterbehilfe auf Verlangen an den amtsärztlichen Leichenbeschauer verpflichtet. Nahezu alle in dem Gesetzentwurf vorgesehenen Änderungen einschließlich des Gesetzeswortlauts sind auf Entwicklungen der abgeänderten Neuregelung der aktiven ärztlichen Sterbehilfe auf Verlangen zurückführen, welche Gegenstand dieser Arbeit sind[199].

V. Ergebnis

Die Unvereinbarkeit der abgeänderten Neuregelung mit elementaren Grundsätzen des Straf(verfahrens)rechts deutet im Lichte der praktischen Handhabung des rechtfertigenden Notstands und Art. 293 nlStGB insgesamt auf den provisorischen Charakter der abgeänderten Neuregelung hin, dem alsbald eine strafrechtliche Freigabe der aktiven ärztlichen Sterbehilfe auf Verlangen folgen wird.

E. Zusammenfassung

Die unter Verletzung elementarer (Straf)Rechtsgrundsätze zustandegekommene abgeänderte Neuregelung zur aktiven ärztlichen Sterbehilfe auf Verlan-

---

[196] Drucks. II, 1997-98, 26 000 Nr. 4.

[197] Drucks. II, 1997-98, 26 000 Nr. 2. Der Gesetzentwurf des Zweiten Kabinetts Kok in der Fassung der Staatsratsvorlage ist abgedruckt im Anhang, Ziff. XIV. Vgl. dagegen Art. 239 Abs. 2 des Regierungsentwurfs in der im Parlament anhängigen Fassung vom 6.8.1999, Drucks. II, 1999-2000, 26 691 Nr. 2, abgedruckt im Anhang, Ziff. XV. In Anbetracht der allein 500 Anfragen des Parlaments zum Regierungsentwurf ist mit weiteren, vergleichbaren "Korrekturen" bis zur Verabschiedung des Gesetzes zu rechnen. Nach van Maurik (S. 33, Fn. 101), schriftliche Auskunft v. 7.7.2000, strebt das Zweite Kabinett Kok eine Verabschiedung des Regierungsentwurfs vor den nächsten Wahlen im Mai 2002 an.

[198] Vgl. S. 138.

[199] Vgl. Teil 1-Teil 3.

gen sowie die voraussichtliche abgeänderte Neuregelung zur aktiven ärztlichen Sterbehilfe ohne Verlangen sind im Hinblick auf ihre (Prüfungs)Ziele unwirksam.

Teil 6: Rechtmäßige aktive ärztliche Sterbehilfe in der Bundesrepublik Deutschland?

Fraglich ist, ob eine straf- bzw. strafverfahrensrechtliche Reaktion des bundesdeutschen Gesetzgebers nach dem Vorbild der geltenden gesetzlichen Regelung der aktiven ärztlichen Sterbehilfe des Königreichs der Niederlande angezeigt ist.

A. Zeitgeschichtliche Hintergründe

Bei der Frage nach dem möglichen Modellcharakter der niederländischen Regelung für das deutsche Straf(verfahrens)recht ist der zeitgeschichtliche Hintergrund der rechtswissenschaftlichen Diskussion zur aktiven ärztlichen Sterbehilfe zu berücksichtigen.

I. Vernichtung lebensunwerten Lebens

Als intellektuelle Basis für das Mordprogramm im nationalsozialistischen Deutschland diente die Schrift von Binding und Hoche, „Die Freigabe der Vernichtung lebensunwerten Lebens“[1]. Quintessenz der Ansicht des Strafrechtslehrers Binding war es, daß es Menschen gebe, deren Tod sowohl sie selbst, als auch den Staat und die Allgemeinheit entlaste und daher in sittlicher, sozialer und religiöser, aber auch in rechtlicher Hinsicht kein Hindernis für ihre Tötung bestehe[2]. Das gelte auch für die nichtfreiwillige Tötung desjenigen, der bei Wiedererlangung des Bewußtseins „zu einem namenlosen Elend erwachen würde[]“[3].

II. Gnadentod dem deutschen Volksgenossen

Am Vorabend der sogenannten Euthanasieaktionen der Nationalsozialisten[4] schrieb Hilschenz in Ergänzung zu der zweckmäßigen Freigabe objektiv nutzloser Existenzen – welche sie angesichts der „...Probleme der neuesten Zeit: Wirtschaftskrise, Arbeitsbeschaffung, das Bevölkerungsproblem mit seinen beiden Gegenpolen – Überbevölkerung durch allmähliche Vergreisung und

---

1 Binding/Hoche, Die Freigabe der Vernichtung lebensunwerten Lebens. Ihr Maß und ihre Form, 1920, 2. Aufl. 1922. Zur Binding-Hocheschen Schrift im Kontext der Geschichte der Sterbehilfe s. Winau, Z. ärztl. Fortbild. 1993, 3 ff.

2 Binding, in: Binding/Hoche, a.a.O., S. 27 ff.

3 Binding, in: Binding/Hoche, a.a.O., S. 33.

4 Vgl. dazu Winau, Z. ärztl. Fortbild. 1993, S. 7 ff.

Aussterben infolge des Geburtenrückgangs – ...“ vorbehaltlos begrüßte[5] – von der Rechtmäßigkeit jener Sterbehilfe, die „...begrifflich nur die Unterstützung des Todeswunsches eines unrettbar Verlorenen sein will, der sein Leben subjektiv als wertlos empfindet...“[6].

Im Gegensatz zur „Sterbehilfe im weiteren Sinne“[7], zu der „die Euthanasie“ als „die einem qualvoll Leidenden, dem Tode unrettbar Verfallenen vom Arzt gewährte Hilfe *beim* [Hervorh., d. Verf.] Sterben“ zähle[8], behandelte Hilschenz unter dem Begriff „Sterbehilfe mit gewollter Lebensverkürzung an einem qualvollem Schicksal Verfallenen“[9] die Handlung eines Arztes[10] gegenüber einem deutschen Volksgenossen, welche als Hilfe *zum* Sterben „vor nahem, sicheren Tod Leiden abkürzt oder Leiden erspart“[11]. Voraussetzung sei daher stets, daß das Objekt der Handlung „an unerträglichen körperlichen und seelischen Schmerzen leidet oder sonst angesichts furchtbaren Schicksals sein Weiterleben als wertlos empfindet...“[12] und deshalb ernstlich seinen Tod verlange[13].

Unter diesen Voraussetzungen sollte Hilschenz zufolge ein Rechtfertigungsgrund gelten, sofern die aktive Sterbehilfe aus Mitleids- und Treuemotiven und damit das „richtige Recht“ begangen werde[14]. Das uneigennützige Mitleid mit der qualvollen Lage des Betroffenen,

---

5 Hilschenz, Die Sterbehilfe (Euthanasie), 1936, S. 14; vgl. ebd., S. 15-6.

6 Hilschenz, a.a.O., S. 16.

7 Hilschenz, a.a.O., S. 1.

8 Hilschenz, a.a.O., S. 3.

9 Hilschenz, a.a.O., S. 17.

10 Hilschenz, a.a.O., S. 21. In den seltenen Fällen, in denen ein Arzt nicht zur Stelle sei, kann die Sterbehilfe Hilschenz zufolge auch von einem Angehörigen oder Kameraden geleistet werden, ebd, S. 3, 21.

11 Hilschenz, a.a.O., S. 15; vgl. ebd., S. 3.

12 Hilschenz, a.a.O., S. 15.

13 Hilschenz, a.a.O., S. 18.

14 Hilschenz, a.a.O., S. 67; vgl. ebd., S. 15. Zur Annahme eines Rechtfertigungsgrundes gelangt Hilschenz im Rahmen ihrer Überlegungen zum „Problem der Sterbehilfe unter der Herrschaft der neuen Rechtsauffassung (de lege ferenda)“, ebd. S. 54 ff. Die S. 27-53 gelten „Problem nach der Rechtsordnung (de lege lata)“. Unter dem Treuemotiv wird die Treue gegen sich selbst und andere, wie z.B. die „ärztliche Helfertreue“, verstanden, ebd., S. 68.

„...die menschlichste aller Pflichten ... drängt nach einem Tätigwerden, einem energischen Eingreifen zur Erlösung des Todgeweihten. (...) Das Mitleid allein genügt allerdings nicht, um das in der Tötung liegende Unrecht gegen die Person auszuschließen. Es entspricht vielmehr unserem sittlichen Gefühl, den Betroffenen, der im vollen Bewußtsein seine Lage zu überschauen vermag, selbst über den Wert oder Unwert seines Lebens entscheiden zu lassen. Daher erblicken durchweg Freunde der Sterbehilfe im V e r l a n g e n des Leidenden eine unerläßliche Voraussetzung für ihre Rechtfertigung."[15]

In Ausnahmefällen ließe sich allerdings „die moralische Berechtigung" nicht leugnen, die aktive Sterbehilfe auch ohne ein Todesverlangen des Betroffenen vorzunehmen[16]. Zwar dürfe Mitleid in Abgrenzung zum „Anwendungsgebiet der Vernichtung lebensunwerten Lebens" nicht dazu führen, den Lebenswillen eines Widerstrebenden zu brechen[17]. Die „Wohltat des schmerzlosen Todes"[18] dürfe allerdings auch Bewußtlosen nicht vorenthalten werden, wenn es ihrem mutmaßlichen Willen entspreche[19]. Weil dem Bewußtlosen die Empfindung von Schmerzen fehle, sei ein vorher geäußertes Verlangen allerdings nur in Fällen „besonderer Tragik und Schwere" entbehrlich[20]. Das gelte auch für Nichtbewußtlose, falls ein Einspruch nicht zu erwarten sei[21].

„Das Wohl eines Volksgenossen umfaßt nicht nur sein Leben, auch der Tod kann Wohltat sein. Warum schmerzlosen Tod versagen, wo ein Weiterleben von keinerlei prakti-

---

15 Hilschenz, a.a.O., S. 7-9.

16 Hilschenz, a.a.O., S. 15.

17 Hilschenz, a.a.O., S. 25-6.

18 Hilschenz, a.a.O., S. 21.

19 Hilschenz, a.a.O., S. 23-4, 26.

20 Hilschenz, a.a.O., S. 23. Das Todesverlangen kann Hilschenz zufolge auch durch das Verlangen von Angehörigen ersetzt werden, sofern andere als Mitleidsmotive ausgeschlossen seien. Gegenwärtige körperliche oder seelische Qualen seien ferner abdingbar, wenn der Betroffene gefangengehalten und ihm „durch verrohte Gegner, Barbaren...Marter und Schändung droht", ebd., S. 66. In diesem Fall sei ein Schuldausschließungsgrund anzunehmen, ebd., S. 64, 67.

21 Hilschenz, a.a.O., S. 24.

> schem Wert sein kann? Ist es doch ein Volksgenosse, dem das Sterben erleichtert werden soll."[22]

Eine entsprechende gesetzliche Regelung der Sterbehilfe hielt Hilschenz angesichts der „erhabenen Stellung" des Richters, gesetzestechnischen Bedenken bei der gesetzlichen Formulierung, vor allem aber aufgrund des zu befürchtenden Widerspruchs auch psychologisch für unerwünscht:

> „Vielfach hat es bereits bisher Widerspruch herausgefordert, daß das Gesetz selbst in seinem nüchternen Text generell ausdrücklich Tötungshandlungen freistellen sollte. Man hat nicht ohne Grund befürchtet, daß dies Bedenken in manchen Kreisen hervorrufen könnte. Das kann auch in Zukunft der Fall sein. Spricht aber der Richter im einzelnen Fall frei, so entfallen alle Bedenken, die sich erheben könnten, wenn das geschriebene formelle Gesetz die Sterbehilfe freigibt. Es liegt in des Richters Hand, jeden einzelnen Fall richtig zu würdigen und materiell richtig zu entscheiden."[23]

B. Die gegenwärtig geltende Rechtslage

Nach geltendem deutschen Recht ist die aus Mitleid begangene aktive ärztliche Sterbehilfe eine Straftat gegen das Leben gem. §§ 211, 212 StGB[24] und auch bei ausdrücklichem und ernstlichen Verlangen gem. § 216 StGB mit einer Freiheitsstrafe von sechs Monaten bis zu fünf Jahren bedroht[25], wobei unter Umständen gem. § 56 StGB eine Strafaussetzung zur Bewährung erfolgen kann.

I. Die Tatsituation

Das Ziel der Arbeit, den möglichen Modellcharakter der gesetzlichen Regelung der aktiven ärztlichen Sterbehilfe der Niederlande für das deutsche Straf(verfahrens)recht zu prüfen[26], begrenzt die folgenden Ausführungen in zweierlei Hinsicht.

---

22 Hilschenz, a.a.O., S. 68.

23 Hilschenz, a.a.O., S. 68-9.

24 BGHSt 37, 376 (377 f) = JR 1993, 168; vgl. Kutzer, NStZ 1994, 111.

25 Vgl. Schönke/Schröder/Eser, StGB, vor §§ 211ff Rn. 25; Kutzer, NStZ 1994, 111.

26 S. 4.

Zum einen ergeben sich in Abgrenzung zu den in Deutschland viel diskutierten Rechtsfragen sogenannter passiver und indirekter Sterbehilfe[27] zwei für diese Arbeit relevante Tatsituationen: die aus Mitleid von einem Arzt verübte gezielte, aktive Sterbehilfe, sei es auf das freiwillige, wohlerwogene und dauerhafte Verlangen eines aussichtslos und unerträglich leidenden Patienten[28] oder unter bestimmten Voraussetzungen ohne Vorliegen eines gültigen Verlangens des zur Tatzeit einwilligungsunfähigen Patienten[29].

Während in den Niederlanden eine Rechtfertigung der nichtfreiwilligen aktiven ärztlichen Sterbehilfe wegen Notstands in gemeldeten Fällen bereits angenommen wurde[30], bestehen angesichts der deutschen Vergangenheit mit Ausnahme des jüngsten Vorschlags von Hoerster[31] keine bekannten Bestrebungen, das Tötungsverbot der §§ 211, 212 StGB für Ärzte gegenüber schwerkranken, zur Tatzeit einwilligungsunfähigen Patienten einzuschränken. Aus dem Ziel der Arbeit ergibt sich deshalb die Begrenzung auf erstere Tatsituation.

II. Tatbestandsmäßigkeit gem. § 216 Abs. 1 StGB

In Abgrenzung zum strafbaren Totschlag (§ 212 StGB) einerseits und zur straflosen Beihilfe zur Selbsttötung andererseits erfüllt die hier relevante Tatsituation den Tatbestand der Tötung auf Verlangen gem. § 216 Abs. 1 StGB.

Die gemilderte Strafandrohung der Tötung auf Verlangen[32] gegenüber dem Totschlag gem. § 212 Abs. 1 StGB („Freiheitsstrafe nicht unter fünf Jahren") ist sowohl auf die Unrechtsminderung der Tat zurückzuführen, zu der der Täter durch „das ausdrückliche und ernstliche Verlangen des Getöteten" bestimmt worden ist, als auch auf die Minderung der Schuld des Täters wegen seiner

---

27 Vgl. z.B. Tröndle, StGB, vor § 211, Rn. 15 ff; Kutzer, NStZ 1994, 113-5.

28 S. 195ff, 213ff.

29 S. 202ff.

30 S. 171ff, S. 171 Fn. 197.

31 Hoerster, in: Atrott/Pohlmeier, S. 60. *§ 216*: „Ein Arzt, der einen an einer unheilbaren, schweren Krankheit leidenden Patienten tötet, handelt nicht rechtswidrig, wenn der Kranke diese Tötung in einem urteilsfähigen und aufgeklärten Zustand wünscht oder wenn der Kranke, sofern nicht urteilsfähig, diese Tötung in einem urteilsfähigen und aufgeklärten Zustand wünschen würde." Auf den Vorschlag Hoersters wird unten, Fn. 170, eingegangen.

32 Vgl. S. 222.

Mitleids- und Hilfsmotivation.[33] Die Strafbarkeit der Tötung auf Verlangen gegenüber der Straflosigkeit der Beihilfe zur Selbsttötung folgt hingegen aus der Straflosigkeit der Selbsttötung nach geltendem Recht[34].

C. Modellcharakter der niederländischen Regelung zur aktiven ärztlichen Sterbehilfe auf Verlangen?

Die Frage, ob eine straf- bzw. strafverfahrensrechtliche Reaktion nach dem Vorbild der gesetzlichen Regelung der Niederlande im geltenden deutschen Recht angezeigt ist, setzt zunächst voraus, daß deren Rezeption durch das deutsche Recht rechtstheoretisch möglich ist.

I. Rechtstheoretische Möglichkeit der Rezeption der niederländischen Regelung

Die gesetzliche Regelung der Niederlande ist eine prozessuale Lösung auf der Tatbestandsseite (Rechtfertigung der Tat wegen Notstands), welche aus rechtstheoretischer Sicht als ein Verfahren der Nichtverfolgung einzuordnen ist[35].

1. Rechtfertigungsgrund

Fraglich ist zunächst die Möglichkeit einer Rechtfertigung des Arztes nach deutschem Recht, der zur Beseitigung aussichtsloser und unerträglich erscheinender Schmerzen den Patienten gezielt tötet und dadurch den Tatbestand des § 216 Abs. 1 StGB verwirklicht.

a. nach der geltenden Rechtsordnung?

Bei der Anwendung des geltenden Rechts kommen sowohl die rechtfertigende Pflichtenkollision als auch der rechtfertigende Notstand (§ 34 StGB) in Betracht.

---

33 Schönke/Schröder/Eser, StGB, § 216 Rn. 1 m.w.N; vgl. Eser, in: Jens/Küng, S. 155.

34 Die Grenzziehung zwischen verbotener Tötung auf Verlangen und zulässiger Beihilfe zur Selbsttötung nach geltendem Recht ist in der Rechtswissenschaft überaus umstritten, zumal auch die Rechtsprechung keine einheitliche Grenze zieht, vgl. dazu insgesamt den Überblick bei Schönke/Schröder/Eser, vor §§ 211ff Rn. 36 ff. Während sich daraus für die Praxis schwierige juristische Abgrenzungsprobleme, nicht zuletzt in bezug auf eine Garantenstellung des Arztes ergeben, verwirklicht der Arzt in der hier relevante Tatsituation, S. 222ff, den Tatbestand des § 216 Abs. 1 StGB. Zur Sach- und Systemgerechtigkeit der strafbaren Tötung auf Verlangen im Verhältnis zur straflosen Beihilfe zur Selbsttötung vgl. statt aller Schroeder, ZStW 1994, 565 ff.

35 S. 195ff; so auch Pelzl, KJ 1994, 179.

In der hier relevanten Tatsituation geht es nicht darum, eine Schmerzbekämpfung mit lebensverkürzender Wirkung zu rechtfertigen. Tötet der Arzt den schmerzgequälten Patienten gezielt, so setzt er die Tötung vielmehr als Mittel zum Zweck der Schmerzbeendigung ein. Dabei steht der Pflicht des Arztes, Leben zu erhalten und damit lebensverkürzende Maßnahmen zu unterlassen, keine Handlungspflicht gegenüber. Die gezielte Tötung als Mittel zum Zweck der Schmerzbefreiung ist kein ärztliches Therapiemittel und daher vom ärztlichen Auftrag nicht gedeckt[36]. Stellt sich die Tötung als einziges Mittel der Beseitigung von Schmerzen dar, kann der Arzt folglich nicht wegen rechtfertigender Pflichtenkollision gerechtfertigt sein, sondern kommt allenfalls eine Rechtfertigung wegen Notstands gem. § 34 StGB in Betracht.

Kernaussage des § 34 StGB ist, daß das Recht im Konflikt zweier Interessen die Verletzung des von der Rechtsordnung geringer bewerteten erlaubt, wenn der Täter nicht anders handeln konnte, um das höherwertige Interesse zu schützen. Der Konflikt zwischen dem Interesse am verbleibenden Leben und dem Interesse an der Leidensbeendigung ist der Notstandsabwägung prinzipiell zugänglich.[37] Der Anwendung des § 34 StGB steht insbesondere nicht entgegen, daß die zwei widerstreitenden Interessen, die da kollidieren, dasselbe Rechtsgut betreffen.

Abgesehen vom Gesetzeswortlaut besteht zwischen dem rechtfertigenden Notstand gem. § 34 StGB und dem rechtfertigenden Notstand nach niederländischem Recht praktisch kein Unterschied[38], insbesondere ist mit beider Rechtsnatur unvereinbar, ihre Gewährung von der Einhaltung materieller bzw. prozessualer Voraussetzungen abhängig zu machen[39]. Daß die Rechtfertigung aktiver ärztlicher Sterbehilfe wegen Notstands nach der gesetzlichen Regelung der Niederlande zumindest faktisch die Einhaltung materieller und prozessualer

---

36 Vgl. Entschließung des 98. Deutschen Ärztetages, DÄBl. 1995, S. B-1243; vgl. auch FAZ Nr. 158 v. 10.7.1996, S. 33, wonach der Deutsche Ärztetag die entschiedene Ablehnung aktiver ärztlicher Sterbehilfe bekräftigt hat.

37 Geilen, Euthanasie und Selbstbestimmung, S. 26; zustimmend Schreiber, NStZ 1986, 339.

38 Lauermann, Der strafrechtliche Notstand, S. 347; vgl. ebd., S. 86 ff, 189 ff. Zum Wortlaut des Art. 40 nlStGB s. S. 11.

39 Für § 34 StGB ergibt sich dies bereits aus Wortlaut sowie Sinn und Zweck der Vorschrift. Für den rechtfertigenden Notstand nach niederländischem Recht s. S. 32b.

Sorgfaltspflichten voraussetzt[40], ist daher durch das deutsche Recht nicht rezipierbar.

b. de lege ferenda?

In Betracht kommt ferner die Einführung eines besonderen Rechtfertigungsgrundes in § 216 Abs. 2 StGB für Ärzte, wie es Hoerster[41] sowie die Deutsche Gesellschaft für Humanes Sterben (DGHS) aktuell fordern[42].

Die Ergänzung des § 216 StGB um einen auf Fälle aktiver ärztlicher Sterbehilfe auf Verlangen begrenzten Rechtfertigungsgrund ist nicht nur möglich, um das Unrecht des hier relevanten tatbestandsmäßigen Handelns auszuschließen. In Anbetracht der Voraussetzungen, an die eine Rechtfertigung dieser Tatsituation wegen Notstands in den Niederlanden gebunden wird[43], ist eine Rezeption der niederländischen Regelung durch das deutsche Recht vielmehr uneingeschränkt durch Einführung eines unter diesen Voraussetzungen zu gewährenden Rechtfertigungsgrundes in § 216 Abs. 2 StGB zu erreichen.

---

40 S. 213ff.

41 Zum Wortlaut des Vorschlags von Hoerster s. oben, Fn. 31.

42 § 216 Abs. 3 i.V.m. Abs. 2 des Gesetzesvorschlags der DGHS, Rechtspolitische Leitsätze, S. 4. *§ 216 Abs. 1 des Gesetzesvorschlags der DGHS:* (wie bisher). *§ 216 Abs. 2*: „Die Tötung eines unheilbar Kranken unter den Voraussetzungen des Abs. 1 ist nicht rechtswidrig, wenn sie die Abkürzung eines schweren und voraussichtlich bis zum Tod andauernden Leidenszustands zum Ziel hat, auf einer freiverantwortlichen und informierten Entscheidung des unheilbar Kranken beruht, andere Mittel der Leidensminderung wie insbesondere palliative Maßnahmen nicht zur Verfügung stehen oder vom Kranken abgelehnt werden und der unheilbar Kranke zur Ausführung einer Selbsttötung dauerhaft körperlich nicht in der Lage ist." *§ 216 Abs. 3*: „Wird die Tötung eines unheilbar Kranken auf dessen Verlangen von einem Arzt ausgeführt, ist diese nur dann nicht rechtswidrig, wenn eine schriftliche Erklärung des Patienten vorliegt, dass er getötet zu werden wünscht und wenn ein zweiter Arzt das Vorliegen der Voraussetzungen nach Abs. 2 bestätigt." *§ 216 Abs. 4*: (wie bisher § 216 Abs. 2 StGB). Vgl. auch die älteren Vorschläge zur Neufassung des § 216 wie den der Humanistischen Union bei Koch, in: Eser/Koch, S. 158-60. Die Humanistische Union hat sich nach Auskunft ihres hauptamtlichen Mitarbeiters und Vorsitzenden des 1995 gegründeten deutschen EXIT in Humanitate e.V., Oltmanns, fernmündliche Auskunft v. 30.9.1998, von ihrer rechtspolitischen Forderung zur Änderung des § 216 StGB, in: Koch, a.a.O., S. 159, distanziert. Laut Oltmanns fordern weder die Humanistische Union noch der Humanistische Verband Deutschlands aktuell eine Neuregelung des § 216 StGB.

43 Vgl. S. 222ff.

c. Zwischenergebnis

Die niederländische Regelung ist auf der Tatbestandsseite durch das deutsche Recht nach der geltenden Rechtsordnung gem. § 34 StGB beschränkt und durch Einführung eines Rechtfertigungsgrundes in § 216 Abs. 2 StGB unbeschränkt rezipierbar.

2. Verfahren der Nichtverfolgung?

Ist die niederländische Regelung durch das deutsche materielle Strafrecht rezipierbar, ist schließlich die Möglichkeit eines Verfahrens der Nichtverfolgung nach deutschem Strafverfahrensrecht zu klären.

Eine mit Strafe bedrohte gesetzliche Meldepflicht des Arztes, wie sie vom niederländischen Gesetzgeber behauptet wird[44], ist unvereinbar mit dem nach deutschem Recht mit Verfassungsrang (Art. 1 Abs. 1 GG)[45] ausgestatteten Verbot des Selbstbelastungszwangs, welches in §§ 136 Abs. 1 S. 2 StPO positivrechtlich verankert ist[46]. Die Einrichtung von faktisch mit justiziellen Kompetenzen ausgestatteten Prüfungskommissionen nach niederländischem Vorbild ist des weiteren unvereinbar mit dem im deutschen Strafverfahren geltenden Legalitätsprinzip, wonach die Staatsanwaltschaft gem. § 152 Abs. 2 StPO zur Aufnahme von Ermittlungen bei vorhandenem Tatverdacht und im Anschluß an die Ermittlungen bei hinreichendem Tatverdacht zur Erhebung der öffentlichen Klage verpflichtet ist[47], sowie dem Offizialprinzip (§§ 152 Abs. 1, 170 Abs. 1 StPO), wonach die Strafverfolgung regelmäßig von Amts wegen vorzunehmen ist[48]. Wenngleich dadurch ein Kernstück der niederländischen Regelung ausgeschlossen bleibt, muß die Möglichkeit der Einführung von Prüfungskommissionen sowie einer ärztlichen Meldepflicht nach niederländischem Vorbild zur Wahrung der Rechtsförmigkeit der Strafverfolgung ausscheiden.

Danach müßte es der Staatsanwaltschaft möglich sein, bei Vorliegen der Voraussetzungen des § 34 StGB bzw. des einzuführenden § 216 Abs. 2 StGB von einer Strafverfolgung des Arztes aus Opportunitätsgründen abzusehen.

---

44 Vgl. S. 137.

45 BVerfGE 38, 105 (113); 56, 37 (43); vgl. BGHSt 14, 358 ff; 38, 214 ff.

46 Vgl. §§ 163a Abs. 3 und 4, 243 Abs. 4 StPO.

47 Vgl. Roxin, a.a.O., § 14 Rn. 1. Nach deutschem Recht findet auch die Weisungsbefugnis des Justizministers ihre Grenze am Legalitätsprinzip, ebd., § 10 Rn. 10.

48 Vgl. Roxin, StrafverfahrensR, § 12 Rn. 6.

Wenngleich die deutsche Strafprozeßordnung aus Opportunitätserwägungen eine beträchtliche Anzahl von Ausnahmen vom Legalitätsprinzip (§§ 153 ff StPO) regelt, ist ein Verfahren der Nichtverfolgung, welches der Staatsanwaltschaft einen Ermessensspielraum auf der Tatbestandsseite einräumt, nach geltendem Strafverfahrensrecht nicht vorgesehen. Aber auch ein Verfahren der Nichtverfolgung, welches der Staatsanwaltschaft einen Ermessensspielraum auf der Rechtsfolgenseite einräumen würde, kommt gem. §§ 153 ff StPO nicht in Betracht.

Eine Informalisierung der Strafverfolgung gem. § 153 Abs. 1 StPO, welche einschlägig ist, sofern § 216 StGB als selbständiger Tatbestand verstanden wird[49], scheitert – zumindest gegenwärtig[50] – bereits am bestehenden öffentlichen Interesse an einer Strafverfolgung.

Trotz des allmählichen „Siegeszugs" des Opportunitätsprinzips über das Legalitätsprinzip (§ 152 Abs. 2 StPO) in der immer länger werdenden Kette der Paragraphen zwischen § 153 und § 155 StPO erscheint die Einführung eines weiteren Einstellungsgrundes, infolgedessen die nach der Rechtsordnung gegebenen Schwierigkeiten einer Rezeption der niederländischen Regelung entfallen würden, schon deshalb als keine gangbare Lösung, weil sie den Anfang der gänzlichen Aushöhlung des Legalitätsprinzips bedeuten würde. Schließlich müßte sich diese, wie jede Ausnahme vom Legalitätsprinzip, an dem verfassungsrechtlichen Grundsatz der Verhältnismäßigkeit messen lassen, wonach im Einzelfall auf eine Bestrafung verzichtet werden darf, weil präventive Gründe sie nicht fordern[51].

Insofern bedarf es in der hier relevanten Tatsituation ausnahmslos der Erhebung der öffentlichen Klage bei hinreichendem Tatverdacht (§ 170 Abs. 1 StPO) durch die Staatsanwaltschaft und Entscheidung des Gerichts durch Urteil.

---

49 So z.B. Schönke/Schröder/Eser, § 216 Rn. 1.

50 S. 229ff. Von dem Erfordernis mangelnden öffentlichen Interesses und schwerer Tatfolgen für den Täter könnte hingegen abgesehen werden, sofern in § 216 Abs. 2 StGB die Möglichkeit eingeführt würde, von Strafe abzusehen, wie es die Verfasser des AE-Sterbehilfe für extreme Ausnahmefälle vorgesehen haben, vgl. Baumann u.a., AE-Sterbehilfe, S. 34, und daher gem. § 60 StGB analog i.V.m. § 153b StPO das Strafverfahren eingestellt werden könnte.

51 Roxin, StrafverfahrensR, § 14 Rn. 2.

3. Ergebnis

Eine Rezeption der niederländischen Regelung durch das deutsche Recht ist nur begrenzt möglich. Ein Verfahren der Nichtverfolgung kommt nach deutschem Strafverfahrensrecht nicht in Betracht. Materiellrechtlich ist die niederländische Regelung durch das deutsche Recht dagegen gem. § 34 StGB beschränkt, und durch Einführung eines Rechtfertigungsgrundes in § 216 Abs. 2 StGB unbeschränkt rezipierbar.

II. Folgen einer Rezeption der niederländischen Regelung für Recht und Gesellschaft

Neben der rechtstheoretischen Möglichkeit setzt eine Rezeption der niederländischen Regelung durch das deutsche Recht des weiteren eine Abwägung möglicher Folgen einer Rechtfertigung aktiver ärztlicher Sterbehilfe auf Verlangen für Recht und Gesellschaft in der Bundesrepublik Deutschland voraus. Dem wird im folgenden im Rahmen einer konkreten Prüfung der hier relevanten Tatsituation[52] anhand der rechtstheoretisch möglichen Rechtsanpassung[53] nachgegangen.

Im Gegensatz zu der Einführung eines Rechtfertigungsgrundes in § 216 Abs. 2 StGB, welcher eine Abwägung der rechtspolitischen Konsequenzen notwendig vorausgeht, ist der Anwendungsbereich des rechtfertigenden Notstands gem. § 34 StGB von vornherein durch dieses Abwägungsergebnis begrenzt: nach dem Gesetzeswortlaut ist für den Unrechtsausschluß der tatbestandsmäßigen aktiven ärztlichen Sterbehilfe auf Verlangen (§ 216 Abs. 1 StGB) wegen rechtfertigenden Notstands erforderlich, daß das geschützte Interesse das beeinträchtigte wesentlich überwiegt (§ 34 S. 1 StGB) und daß die Tat ein angemessenes Mittel zur Gefahrabwehr ist (§ 34 S. 2 StGB).

Als erster von zwei Wertungsakten[54] ist es gem. § 34 S. 1 StGB erforderlich, daß ein eindeutiger Wertüberhang zugunsten des geschützten Interesses vorliegt. Es müßte also der Wert der Erlösung des aussichtslos qualvollen Lebens den der Erhaltung dieses Lebens wesentlich überwiegen. Erforderlich

---

[52] S. 222ff.

[53] S. oben.

[54] Vgl. Tröndle, StGB, § 34 Rn. 12, m.w.N. A.A. ist Schönke/Schröder/Lencker, § 34 Rn. 46 m.w.N., demzufolge § 34 S. 2 unselbständiger Bestandteil einer Gesamtabwägung ist. Sachlich unterscheiden sich diese Ansichten nicht. Zugunsten einer strukturierten Darstellung der Wertung wird hier der ersten Ansicht gefolgt.

ist dazu eine Gesamtwürdigung aller Umstände und widerstreitenden Interessen, die sowohl den Rang der Rechtsgüter als auch die konkrete Situation berücksichtigt.[55]

Nach geltendem Recht ist das menschliche Leben das ranghöchste Interesse, welches insbesondere keiner Abstufung nach dem „Wert“ des Lebens zugänglich ist (Art. 2 Abs. 2 GG)[56]. Die Höherrangigkeit des Rechtsgutes Leben gegenüber dem Rechtsgut Leib folgt auch aus der Reihenfolge der in § 34 S. 1 StGB aufgezählten Rechtsgüter[57], wonach das Wort „Leben“ vor „Leib“ und den übrigen Rechtsgütern steht. An diesem Rangverhältnis ändert auch die Tatsache nichts, daß der „Leib“ von schwerer, unheilbarer Krankheit geplagt ist. Krankheit oder Todesnähe beeinträchtigen nur den körperlichen und seelischen Zustand des Betroffenen, vermögen dagegen nicht seine menschliche Würde zu mindern (Art. 1 Abs. 1 GG)[58]. Die Bejahung eines gegenüber dem Interesse der Leidbeseitigung nur nachrangigen Interesses am verbleibenden Leben läuft daher nach der objektiv-rechtlichen Wertentscheidung der Verfassung auf eine unzulässige Relativierung des Rechtsgutes Leben hinaus.

Eine Rechtfertigung der aktiven ärztlichen Sterbehilfe auf Verlangen wegen Notstands ist ferner mit der dem § 216 Abs. 1 StGB vom Gesetzgeber zugeschriebenen Funktion nicht zu vereinbaren.[59] Nach dem Entwurf von 1962 sollten Fälle der aktiven Sterbehilfe ausdrücklich zum „wesentlichen Anwendungsbereich“ des inhaltlich unveränderten Verbots der (Fremd-)Tötung auf Verlangen gehören[60]. Die Rechtfertigung der Tat wegen Notstands würde die Entscheidung des Gesetzgebers, die aktive Sterbehilfe nicht zuzulassen, aushöhlen.

1. Die Anziehungskraft der Forderung nach Selbstbestimmung über ein menschenwürdiges Sterben und des Gebotes der Humanität

Trotz der eindeutigen objektiv-rechtlichen Wertentscheidung der Rechtsordnung zugunsten eines unverbrüchlichen Lebensschutzes wird in Anbetracht

55 Tröndle, StGB, § 34 Rn. 8.

56 Vgl. BVerfGE 39, 1 (59).

57 Vgl. Tröndle, StGB, § 34 Rn. 10.

58 Vgl. Dürig, AöR 1956, 127.

59 Vgl. Pelzl, KJ 1994, 193.

60 BT-Drucks. IV/650, 275.

konkreter Ausnahmesituationen – z. B. dem Fall, daß der Sterbeprozeß ein Stadium erreicht hat, in dem der Schmerz jeden anderen Bewußtseinsinhalt verdrängt hat – in der gegenwärtigen[61] deutschen Strafrechtswissenschaft im Ergebnis bereits vertreten, daß ein kurz verbleibender Lebensrest zugunsten der Schmerzerlösung wegen Notstands gerechtfertigt sein kann[62]. Hier müsse die Achtung vor dem Leben hinter der „Achtung menschlicher Würde" zurücktreten[63].

Daraus folgt zum einen, daß konkrete Tatumstände denkbar sind, in denen das Abwägungsergebnis der konkreten Tatsituation als ausschlaggebend für das Ergebnis der Gesamtabwägung im Sinne von § 34 S. 1 StGB befunden wird. Zweitens wird die wertüberwiegende Menschenwürde nach dieser Auffassung von einem anderen Prinzip ausgefüllt als dem des – eigentlichen – verfassungsrechtlichen Menschenrechtsgehalts[64].

Darin ist die – wenn auch noch zögerliche – Bereitschaft deutscher Rechtsgelehrter zu erblicken, die Rechtsgüterabwägung des rechtfertigenden Notstands vermittels nicht als rechtswidrig *empfundener* Fälle einer neuen Dimension zu öffnen: der moralischen Überzeugung, daß bestimmte Umstände zu einem menschenunwürdigen Sterben führen können.

Um dem Bedürfnis nach „menschenwürdigem Sterben" zur Durchsetzung zu verhelfen, ist das höchste niederländische Gericht auf dem Boden der Forderung nach menschenwürdigem Sterben über die Abwägung der in der hier relevanten Tatsituation[65] betroffenen Rechtsgüter bereits vor Jahren zur Annahme eines rechtfertigenden Notstands des Arztes gelangt[66]. Auch in Deutschland könnte es nur eine Frage der Zeit sein, bevor sich der Richter dem Vorwurf der

---

61 Für eine Diskussion der vor 1990 in der Strafrechtswissenschaft erhobenen Forderungen s. Muschke, Gesetzliche Regelung der Sterbehilfe?, S. 30-3.

62 So z.B. Kutzer, ZRP 1997, 119; Schroeder, ZStW 1994, 580.

63 So ausdrücklich Otto, in: Gutachten D für den 56. DJT, S. 92; vgl. auch Kutzer, a.a.O., S. 119.

64 Vgl. S. 230. Zum Verfassungsprinzip der Menschenwürde s. Dürig, AöR 1956, 125 ff.

65 S. 222ff.

66 Vgl. die vom Hoge Raad von Amts wegen an den Gerichtshof Den Haag gerichtete Frage 2, S. 31.

Intoleranz, wenn nicht gar Inhumanität[67] zu Lasten eines unverbrüchlichen Lebensschutzes nicht mehr entziehen kann.

Daß nicht erst der unheilbare Patient im Angesicht größter Schmerzen, sondern auch potentielle Patienten in Deutschland zunehmend die moralische Forderung nach menschenwürdigem Sterben[68] und der Selbstbestimmung über den eigenen Todeszeitpunkt[69] erheben, läßt bestehende Grenzen nicht in alle Zukunft unverrückbar erscheinen.

Das Gebot der Humanität[70], welches an das Mitleid anderer, insbesondere des Arztes, appelliert, ein aussichtslos und unerträglich qualvolles Leben durch den Tod zu beenden, ergänzt das Einverständnis potentieller Patienten mit ihrer Tötung durch den Arzt um eine Standesmoral, die dem Arzt den Tötungsakt erlaubt[71].

Um rechtsstaatlichen Anforderungen zu genügen, darf der Gesetzgeber neben seiner Pflicht, gefährdete Minderheiten zu schützen, nicht die Meinung einer Mehrheit, und zwar auch einer knappen, außer acht lassen. So fordert denn auch die DGHS angesichts der Tatsache, daß nach jüngsten Umfragen 63 % der deutschen Bevölkerung die Erlaubtheit der aktiven Sterbehilfe auf Verlangen befürworten, endlich die Durchsetzung des „richtigen Rechts“[72].

Dem entspricht der Vorschlag Merkels, der eine Rechtfertigung aktiver (ärztlicher) Sterbehilfe auf Verlangen wegen Notstands regelmäßig annimmt, wenn das Weiterleben „aus der Innenperspektive des Betroffenen“ eindeutig ein wesentlich größeres Übel als den Tod darstelle und das dadurch primär subjektiv ermittelte Wertungsergebnis objektiv zumindest nachvollziehbar sei[73]. Während obige Ansicht, wonach in extremen Ausnahmesituationen das Interesse an

---

67 Vgl. z.B. Hoerster, in: Atrott/Pohlmeier, S. 56.

68 S. 1, Fn. 3.

69 S. 1, Fn. 4.

70 Vgl. z.B. Hoerster, in: Atrott/Pohlmeier, S. 55-6.

71 Vgl. Hoerster, a.a.O., S. 56 f. Daneben zieht Hoerster das Interesse bzw. mutmaßliche Interesse des Patienten heran, ebd., S. 55 ff. Aus der so begründeten standesethischen Zulässigkeit der aktiven ärztlichen Sterbehilfe folgt für Hoerster deren rechtsethische Zulässigkeit, ebd., S. 57.

72 Vgl. DGHS, Humanes Leben – Humanes Sterben, 1998, Nr. 3, S. 1.

73 Merkel, Merkur 1993, S. 957-8.

einem kurz verbleibenden Lebensrest gegenüber dem der Schmerzbefreiung zurücktreten kann, in der hier relevanten Tatsituation eine Notstandslage im Sinne von § 34 StGB unter Umständen mangels Todesnähe ablehnen müßte, wäre eine Rechtfertigung nach der von Merkel vertretenen Ansicht hingegen durchaus denkbar.

Merkels Ansatz, vorrangig auf das konkrete Abwägungsergebnis der widerstreitenden Interessen aus Sicht des Betroffenen abzustellen, macht darüber hinaus plastisch, wo die eigentliche Schwierigkeit einer Gewährung selbstbestimmten Sterbens liegt: der Grat zur Einführung der Einwilligung des Getöteten in Rechtmäßigkeitserwägungen zur Tat, welches der Gesetzeswortlaut (§ 216 Abs. 1 StGB) ausdrücklich verbietet[74], ist äußerst schmal.

2. Befürchtete Fernwirkungen rechtmäßiger aktiver ärztlicher Sterbehilfe auf Verlangen

Nach deutschem Strafrecht unterliegt jede zu rechtfertigende Notstandshandlung ausdrücklich einem zweiten Wertungsakt, dem normativen Korrektiv der Angemessenheit des Mittels (§ 34 S. 2 StGB). Danach ist die Berücksichtigung sozialethischer Schranken[75], also der vielfach befürchteten Fernwirkungen einer Rechtfertigung aktiver Sterbehilfe auf Verlangen[76] erforderlich.

Potentielle Mißbräuche, die Gefahr von Dammbrüchen und sonstigen sozial inakzeptablen Folgen faßt Schöne-Seifert wie folgt zusammen:

> „1. ein gravierender Verlust an allgemeinem Vertrauen in die Ärzte, die da zu ‚Todesengeln' würden;
> 2. der tatsächliche Verlust der ärztlichen Integrität aus demselben Grund;
> 3. eine schwindende gesellschaftliche Bereitschaft zu kostspieliger Pflege und Behandlung Schwerstkranker;

---

[74] Einwilligungssperre des § 216 Abs. 1, vgl. S. 222; zur Unrechtsminderung infolge des Verlangens des Patienten s. S. 223ff.

[75] Vgl. Roxin, StrafR AT, § 16 Rn. 80.

[76] Vgl. den Überblick bei Schreiber, Politische Studien 1995, 104; sowie Geilen, Selbstbestimmung und Euthanasie, S. 27; Schreiber, in: Dt. Sektion der Internationalen Juristen-Kommission, S. 142-3; Eser, in: Jens/Küng, S. 172-5; Kutzer, ZRP 1997, 119.

4. eine mißbräuchliche Induktion oder Unterstellung von Sterbewünschen bei Schwerstkranken;
5. schwindende allgemeine Bereitschaft zum Schutz menschlichen Lebens;
6. Dammbrüche auf dem Weg zur unfreiwilligen Euthanasie“[77].

3. Die „niederländische Erfahrung“

Vorliegende Untersuchung der niederländischen Erfahrungen mit einer Rechtfertigung der aktiven ärztlichen Sterbehilfe auf Verlangen wegen Notstands kann derartige Befürchtungen nicht widerlegen. Sie liefert vielmehr Beweise für die Vermutung, daß sich einige, wenn nicht gar alle befürchteten Fernwirkungen wahrscheinlich realisieren, wenn dieser erste Schritt getan ist.

a. Immanente Unbegrenzbarkeit der Rechtfertigung wegen Notstands auf die Tatsituation

Das gilt zunächst für die Vermutung, daß eine Begrenzung auf nicht rechtswidrig empfundene Fälle unmöglich aufrechtzuerhalten ist, wenn der ärztliche Notstand einmal toleriert ist. War das Bezirksgericht Rotterdam vor etwa zwei Jahrzehnten noch darauf bedacht, auf dem Boden der verstärkt von der Bevölkerung eingeforderten Selbstbestimmung des Patienten die ärztliche Hilfe bei der Selbsttötung unter einer ganzen Reihe von Voraussetzungen zu rechtfertigen[78], so stand zehn Jahre darauf unumstößlich fest, daß ein Todesverlangen des Patienten in der ärztlichen Praxis aktiver Sterbehilfe schlichtweg fehlte. Untersuchungen aus dem Jahre 1990 liefern den empirischen Beweis, daß Ärzte nicht nur vielfach die bis dahin unumstrittene Voraussetzung des freiwilligen, wohlerwogenen und dauerhaften Todesverlangens[79] des Patienten mißachteten[80], sondern belegen eine bereits vollzogene Ausweitung der aktiven ärztlichen Sterbehilfe auf „1.000 Fälle“ einwilligungsunfähiger Patienten[81].

aa. Die Weichenstellung durch eine „humane“ Jurisprudenz

Diese Entwicklung ist keineswegs zufällig. Die Weichen zu dieser Entwick-

---

77 Schöne-Seifert, in: Honnefelder/Streffer, S. 224.

78 S. 19ff.

79 Vgl. S. 141.

80 S. 154ff (375 Fälle unfreiwilliger aktiver ärztlicher Sterbehilfe). Für 1986-1989 s. S. 56ff.

81 S. 156 (665 Fälle nichtfreiwilliger aktiver ärztlicher Sterbehilfe).

lung stellte das höchste niederländische Gericht, indem es entschied, daß die ärztliche Mitleidstötung wegen Notstands gerechtfertigt sein kann[82]. In der Annahme eines ärztlichen Notstands liegt bereits die Zulassung un- bzw. nichtfreiwilliger aktiver ärztlicher Sterbehilfe, weil das Verlangen bzw. die Einwilligung des Getöteten völlig irrelevant ist für die Frage, ob *der Arzt* in einem Notstand gehandelt hat[83].

Ob ein niederländisches Gericht die aktive Sterbehilfe, die ein Arzt ohne Verlangen an einem Patienten vornimmt, danach tatsächlich wegen Notstands rechtfertigen würde, hatte der Hoge Raad allerdings insofern offengelassen, als er, mit der bislang rechtsfortbildenden Rechtsprechung der Instanzgerichte brechend, den rechtfertigenden Notstand einem damit zu vereinbarenden Regiment unterwarf: der wissenschaftlich zu verantwortenden ärztlichen Erkenntnis und den in der medizinischen Ethik geltenden Normen[84].

Zum Zeitpunkt der Entscheidung des Hoge Raad stand die Position des Präsidiums der KNMG zur Zulässigkeit aktiver ärztlicher Sterbehilfe bereits fest: mit der Feststellung, daß aktive ärztliche Sterbehilfe auf Verlangen praktiziert und in einer pluralistischen Gesellschaft die Meinungen über deren Zulässigkeit stets divergieren würden[85], sollte das Präsidium, unter Berufung auf die „Selbstbestimmung über ein menschenwürdiges Lebensende“[86] nur vorläufig auf einwilligungsfähige Patienten beschränkt, allein an die Eigenverantwortlichkeit und Gewissenhaftigkeit des handelnden Arztes appellieren[87].

Die nachträgliche Aussage des KNMG-Präsidiums vor dem Gerichtshof Den Haag, Arzt und Patient müßten „...mit dem Rücken zur Wand stehen“[88], war in diesem Licht die bloße Bekräftigung der bezogenen Position. Die ärztlichen Disziplinargerichte wiederum beschränkten sich auf die Übernahme der offiziellen Leitsätze der Strafrechtsprechung, um über Fälle aktiver ärztlicher Ster-

---

82 S. 28ff; vgl. S. 45ff, 49ff.

83 Vgl. S. 30ff.

84 S. 49ff.

85 S. 60, 147ff, 159ff, 173ff.

86 S. 61.

87 S. 70, 173ff.

88 S. 38.

behilfe zu richten[89]. Insgesamt fehlte danach jegliche medizinisch-ethische Durchnormierung bzw. ein entsprechendes Rahmenwerk, wonach aktive ärztliche Sterbehilfe ohne ein Verlangen des Patienten ausdrücklich verboten worden wäre. Einzig die Integrität des Arztes sollte darüber entscheiden, ob es zu un- bzw. nichtfreiwilliger aktiver ärztliche Sterbehilfe in der Praxis kommen würde.

Fünf Jahre nach der richtungsweisenden Entscheidung des Hoge Raad stand fest, daß Ärzte im Jahre 1990 in insgesamt über „1.000 Fällen“ unfreiwillige und nichtfreiwillige aktive Sterbehilfe geleistet hatten. Wie konnte es zu diesem Integritätsverlust kommen, wenn Selbstbestimmung der Anlaß der Instanzgerichte zur Rechtfertigung aktiver ärztlicher Sterbehilfe, und in Gestalt eines ausdrücklichen Todesverlangens unabdingbare Voraussetzung jeder Rechtfertigung war?

bb. Die moralische Logik der Standardmotive einer Rechtfertigung der aktiven ärztlichen Sterbehilfe auf Verlangen

Die zwei Standardmotive für zulässige aktive Sterbehilfe auf Verlangen in den Niederlanden sind das Recht des einzelnen auf Selbstbestimmung und der Anspruch auf das Mitleid anderer, insbesondere des Arztes, um Schmerzen zu lindern[90]. Zu einer einzigen moralischen Rechtfertigung vermengt, soll die aktive ärztliche Sterbehilfe eines einwilligungsfähigen Patienten zulässig sein, sofern er aussichtslos und unerträglich leidet. Dem Medizinethiker Callahan[91] zufolge läuft die moralische Logik dieser zwei Motive von vornherein einer Begrenzung der aktiven Sterbehilfe auf Fälle, in denen der unerträglich und aussichtslos Leidende ein Todesverlangen geäußert hat, zuwider: wäre das Selbstbestimmungsrecht tatsächlich ein zentrales Rechtfertigungsmotiv, dürfte aktive Sterbehilfe keinem versagt bleiben, der danach fragt, ganz gleich, was sein Beweggrund ist. Die Auflage des Leidens kompromittiert folglich das Prinzip der Selbstbestimmung.[92] Auf der anderen Seite bleibt die aktive ärztliche Sterbehilfe einem einwilligungsunfähigen Patienten versagt, und zwar auch dann, wenn er unsägliche Schmerzen erleidet. Ginge es bei der Zulässigkeit aktiver

---

89 S. 70.

90 Vgl. z.B. S. 5, 54ff, 60ff, 147ff, sowie Borst-Eilers, in: Misbin, S. 63; Nowell-Smith, Geriatr Nur Home Care 1987, 24; Admiraal, 20 Jahre Erfahrung mit der Euthanasie, S. 5-6.

91 Callahan, Hastings Cent Rep 1992, 54.

92 Callahan, a.a.O., S. 54.

Sterbehilfe auf Verlangen in den Niederlanden tatsächlich um die Durchsetzung des Selbstbestimmungsrechts, hätte der Gesetzgeber Art. 293 nlStGB längst gestrichen und einen besonderen Rechtfertigungsgrund unter der Voraussetzung einer mutmaßlichen Einwilligung zur Tatzeit in Art. 287 nlStGB aufgenommen. In diesem Lichte sind Dammbrüche, beispielsweise „auf dem Weg zur unfreiwilligen Euthanasie“[93], bereits logisch unvermeidlich.

Auf die Frage eines Teilnehmers einer Konferenz des Instituts für Bioethik in Maastricht Ende 1990, warum ein Verlangen notwendig sei, wenn Aufgabe des Arztes die Schmerzbekämpfung sei, erklärte die weiterhin amtierende niederländische Gesundheitsministerin, Borst-Eilers: „Die Antwort ist, daß sich in diesem Land rechtliche Gründe über wesentliche moralische Bedenken über die Rolle des Arztes durchgesetzt haben. Es war eine Frage der Taktik; wir konnten allmählich eine allgemeine Akzeptanz der aktiven Sterbehilfe erreichen, indem wir mit dieser Kategorie begannen.“[94] Der Generalsekretär der KNMG, van Berkestijn, fügte dem hinzu, daß das endgültige Ziel dieser Taktik gewesen sei, „aktive Sterbehilfe auf Verlangen, von einem Arzt geleistet, zu entkriminalisieren“[95]. Van Berkestijn zufolge liegt die Bedeutung der Entkriminalisierung aktiver ärztlicher Sterbehilfe auf Verlangen darin, daß man anschließend unter strengen Voraussetzungen zur nichtfreiwilligen aktiven ärztlichen Sterbehilfe übergehen können würde[96].

Aus der Analyse Callahans folgt hingegen, daß es keinen einzigen vernünftigen oder logischen Grund gibt, die aktive Sterbehilfe beispielsweise an einem Patienten, der aussichtslos und unerträglich leidet, aufgrund von dessen Unfähigkeit zur Selbstbestimmung zu verbieten, nachdem das Prinzip der Tötung um der Tötung selbst willen erst zur alleinigen moralischen Rechtfertigung erkoren ist[97]. Das Selbstbestimmungsrecht in Gestalt eines unterstellten Abwehrrechts des psychiatrischen Patienten[98] oder von fortgeschrittener Demenz betroffenen einwilligungsunfähigen Patienten in diesem Fall aufleben zu lassen wäre nicht

---

93 S. 234.

94 Borst-Eilers, zitiert nach: de Wachter, Hastings Cent Rep 1992, 29.

95 Van Berkestijn, zitiert nach: de Wachter, a.a.O., S. 29.

96 = „To the question of whether the implication that after euthanasia as narrowly defined was decriminalized one would go on to nonvoluntary cases, the answer was yes, under strictly limited conditions“, de Wachter, a.a.O., S. 29.

97 Callahan, a.a.O., S. 54.

98 S. 165.

nur willkürlich, sondern grausam[99]. Nachdem das Prinzip der Tötung eines anderen als solches legitimiert wurde, ist die aktive Sterbehilfe allerdings *jedem* erdenklichen moralischen Urteil zugänglich.

cc. Das Urteil über die Qualität des Lebens

Vorliegende Untersuchung der niederländischen Erfahrung legt den Verdacht nahe, daß die Rechtfertigung aktiver ärztlicher Sterbehilfe auf dem moralischen Urteil beruht, daß menschliche Leben, die eine bestimmte „Qualität" nicht aufweisen, nicht lebenswert sind und es daher rechtmäßig ist, sie gezielt zu beenden. Damit einher geht die Forderung gegenüber der Ärzteschaft, ihre traditionelle Pflicht als Berufsstand zur Erhaltung des Lebens, der Heilung von Krankheit und der Linderung von Leiden zugunsten der Verwirklichung der eigenen Vision vom lebenswerten Leben aufzugeben.

Das gilt beispielsweise für den 1985 von der Staatskommission Euthanasie vorgeschlagenen besonderen Rechtfertigungsgrund für irreversibel Komatöse[100], die nicht nur zur Selbstbestimmung unfähig, sondern – vermutlich – schmerzfrei sind; die „Qual der Hilfesuchenden und Hilfeleistenden" angesichts der durch steigende Lebenserwartung aufgeworfenen Frage nach der „Qualität ihres Lebens", welcher die Abgeordnete Wessel-Tuinstra mit einem Rechtfertigungsgrund in Art. 293 nlStGB ein Ende setzen wollte[101]; die „einige Dutzend" einwilligungsfähige Patienten sowie die einige Hundert einwilligungsunfähige Patienten, die Ärzte 1990 ungefragt töteten, weil es – beispielsweise – „eindeutig das Beste für den Patienten" gewesen sei[102]; die vom KNMG-Präsidium als „unbarmherzig" abgelehnte hohe Schwelle zur Annahme der Einwilligungsfähigkeit psychiatrischer Patienten, welche zur Förderung des „Wohlsein[s]" des Patienten letztlich abdingbar sei[103]; das Nicht-mehr-Mitansehen-Können der Angehörigen der Patienten als Grund für die nichtfreiwillige aktive ärztliche Sterbehilfe[104]; die Perpetuierung einer Gesetzeslage durch den Gesetzgeber zu Lasten eines wirksamen Lebensschutzes gegen weitere Vorkomm-

---

99 Vgl. Callahan, a.a.O., S. 54.

100 S. 152ff.

101 S. 74.

102 S. 154ff. Ob diese Antwort in bezug auf einwilligungsfähige oder -unfähige Patienten abgegeben wurde, geht aus der Remmelink-Studie nicht hervor.

103 S. 147ff.

104 S. 154ff.

nisse unfreiwilliger aktiver ärztlicher Sterbehilfe[105]; die nachträgliche Billigung der „1.000 Fälle“ nichtfreiwilliger aktiver ärztlicher Sterbehilfe durch die Remmelink-Kommission, wonach „der erniedrigende Zustand des Patienten ... den Arzt in eine Notsituation“ versetze[106]; die wachsende Anzahl nicht einwilligungsfähiger Patientengruppen, in denen das Fehlen der Möglichkeit, selbst zu entscheiden, für das KNMG-Präsidium keinen Grund gegen eine gezielte Tötung liefert[107]; die Befürwortung aktiver ärztlicher Sterbehilfe durch das KNMG-Präsidium an „schwerdefekten“ Neugeborenen, deren zukünftige Lebensqualität in zwei Wertungsschritten zu prognostizieren sei[108]; die moralische Rechtfertigung aktiver ärztlicher Sterbehilfe an langfristig komatösen Patienten in der Diskussionsschrift der KNMG von 1991[109], gegen die im endgültigen Positionspapier von 1997 wegen der unterstellten Schmerzfreiheit dieser Patienten Bedenken erhoben werden, eine gezielte Tötung dagegen keineswegs ausgeschlossen wird[110]. Die Rechtsprechung konnte[111] und wird[112] in Anbetracht der „wissenschaftlich zu verantwortenden ärztlichen Erkenntnis und den in der medizinischen Ethik geltenden Normen“ nicht umhin kommen, aktive ärztliche Sterbehilfe auch in diesen Fällen wegen Notstands zu rechtfertigen.

dd. Die Nivellierung des moralischen Unterschieds zwischen dem Behandlungsabbruch wegen medizinischer Sinnlosigkeit und der aktiven ärztlichen Sterbehilfe

Vorliegende Untersuchung der niederländischen Erfahrung legt schließlich den Verdacht nahe, daß die aktive Sterbehilfe in den Niederlanden als der nächste vernünftige und daher rechtmäßige Schritt erachtet wird, nachdem alle medizinisch sinnvollen Behandlungen ausgeschöpft wurden: das gilt beispielsweise für die vom Arzt einzuhaltenden Sorgfaltspflichten, wonach bereits ein medizinisch aussichtsloses und unerträgliches Leiden ausreichend ist für die gerecht-

---

105 S. 201.

106 S. 158.

107 S. 202ff, S. 202, Fn. 102.

108 S. 174.

109 S. 159ff.

110 S. 160.

111 Vgl. beispielsweise die Entscheidung des Gerichtshofs Amsterdam im Falle eines schwerstkranken Neugeborenen, S. 171ff.

112 S. 203; vgl. S. 234ff, 236ff.

fertigte Tötung durch den Arzt[113], von extremsten Ausnahmesituationen folglich keine Rede sein kann; ebenso für den Gesetzesvorschlag der Staatskommission zu irreversibel komatösen Patienten, deren fortschreitenden körperlichen und geistigen Verfall nach Behandlungsabbruch es zu vermeiden gälte[114]; für die Begründung zur Neuregelung, der Gesetzgeber könne das weitere Vorgehen eines Arztes gegenüber Patienten nicht bestimmen, die „medizinisch als aufgegeben angesehen" würden[115]; die Tolerierung einer ärztlichen Praxis durch das KNMG-Präsidium, wonach Ärzte dem infolge Behandlungsabbruch zu erwartenden Tod langfristig komatöser Patienten und solcher in dauerhaft vegetativem Zustand durch aktive Sterbehilfe zuvorkommen[116]; und nicht zuletzt das vom Gerichtshof Amsterdam angeführte Argument, das Neugeborene wäre ohnehin in kurzer Zeit verstorben[117], welches vor allem eines verschleiert: „‚Daß man lebt, ist Zufall; daß man stirbt, ist gewiß'...".[118]

Auf die Frage, ob es einen moralischen Unterschied zwischen dem Abbruch künstlicher Ernährung eines komatösen Patienten und dessen aktiver Tötung gebe, erklärte der niederländische Anästhesist und bekennende Praktiker aktiver ärztlicher Sterbehilfe auf Verlangen[119], Admiraal: „Nein, ich würde den Patienten auch töten. (...) Im Koma gibt es kein ... Leiden ... und besteht kein Bewußtsein, so daß es keinen ... Grund gibt, das Leben sofort zu beenden, obwohl ich [es] tun und nicht das Verhungern des Patienten in den nächsten Wochen abwarten würde. Oh nein, ich sollte sagen, wenn ich die Entscheidung getroffen habe, künstliche Ernährung einzustellen, würde ich aktive Sterbehilfe leisten."[120]

---

[113] S. 213ff.

[114] S. 152ff.

[115] S. 125.

[116] S. 159ff.

[117] S. 172.

[118] Kästner, Fabian, S. 187.

[119] Vgl. Admiraal, 20 Jahre Erfahrung, S. 22.

[120] Admiraal, Interview v. 27.7.1989, zitiert nach: Keown, Law Q Rev 1992, 75-6. Anders dagegen Admiraal am 28.6.1993 im Rahmen der Vorlesungsreihe „Medizinethik" an der Medinischen Fakultät der Humboldt-Universität zu Berlin, in: 20 Jahre Erfahrung, 1996, S. 14: „Eine andere Gruppe sind die Leute, die im Koma sind, nach einem Unfall zum Beispiel. Meist überleben sie nicht. Es ist heutzutage auch meist möglich festzustellen, ob es ein unumkehrbares Koma ist. Aktive Euthanasie ist da nicht möglich. Aber was wir heute nach einer entsprechenden Gerichtsentscheidung tun können ist, wenn die Familie

Der Medizinethiker Callahan hat illustriert, daß durch die Verwechslung der Schuld mit der physischen Ursache des Todes der moralische Unterschied zwischen der gezielten Tötung eines Patienten und dem Abbruch von dessen (weiterer) medizinischer Behandlung in den Niederlanden fälschlicherweise nivelliert wird. Der Arzt, der alle indizierten medizinischen Behandlungen ausgeschöpft hat, handelt deshalb nicht willkürlich oder gar boshaft[121], wenn er aus moralischer Überzeugung die schnelle und direkte Tötung des Patienten als den nächsten vernünftigen Schritt zur Schmerzbeseitigung befindet. Diese Logik verkennt laut Callahan indessen den Unterschied zwischen der physischen Ursache des Todes und dem moralischen Urteil, mit dem die Tötung nachträglich belegt wird[122]. Nicht der Abbruch der medizinischen Behandlung ist die Todesursache, sondern die Krankheit des Patienten in Abwesenheit medizinischer Behandlung. Zu behaupten, der Arzt habe seinen Patienten getötet, weil er die Behandlung abgebrochen hat, ist einzig als das moralische Urteil über die Erlaubtheit seines Unterlassens zu verstehen. Aktive Sterbehilfe dagegen tötet Kranke und Gesunde gleichermaßen.[123] Die Gleichstellung ist folglich nicht zwangsläufig, sondern bedarf eines ergänzenden moralischen Urteils.

b. Die Zwangsläufigkeit von Mißbrauch und rechtspolitisch untragbaren Fernwirkungen

Durch die Nivellierung des moralischen Unterschieds zwischen dem Abbruch medizinisch sinnloser Behandlungen und der aktiven ärztlichen Sterbehilfe zählt die gezielte Tötung medizinisch aussichtslos leidender einwilligungs(un)fähiger Patienten zu den medizinisch indizierten Behandlungen einer vermeintlich integren Ärzteschaft. Danach werden Ärzte zwangsläufig zu „Todesengeln“[124], ohne daß es hierzu ökonomischer Erwägungen, einer schwindenden gesellschaftlichen Bereitschaft, für die Kosten der Pflege und Behandlung Schwerstkranker aufzukommen bzw. einer schwindenden allgemeinen Bereitschaft zum Schutz des unheilbar kranken Lebens bedürfte.

Gelingt es, die aktive ärztliche Sterbehilfe „salonfähig“ zu machen, eine Gesellschaft also – unter Berufung auf die Selbstbestimmung über ein menschen-

---

das wünscht, daß wir dann aufhören mit der Behandlung, das ist vielleicht Beatmung oder Ernährung, damit der Patient stirbt, ohne Euthanasie.“

121 Spaemann/Fuchs, Töten oder sterben lassen?, S. 51.

122 Callahan, a.a.O., S. 53.

123 Callahan, a.a.O., S. 53.

124 S. 233.

würdiges Lebensende – von der gezielten ärztlichen Tötung als optimalem Ausweg aus unerträglichem, aussichtslosem Leiden zu überzeugen, kann von einer Gefahr des Vertrauensverlusts in Ärzte sowie einer mißbräuchlichen Induktion oder Unterstellung von Sterbewünschen bei Schwerstkranken schließlich keine Rede sein. In diesem Lichte ist die tiefe Überzeugung, mit der die niederländische Regelung der aktiven ärztlichen Sterbehilfe zuweilen gegen kritische Stimmen aus dem Ausland verteidigt wird, nicht unbegreiflich. Das gilt auch für die Tatsache, daß über 50 % aller niederländischen Ärzte unter bestimmten, nicht näher aufgeführten Gründen, dem Patienten aktive Sterbehilfe als Ausweg aus der Qual vorschlagen würden[125].

Dreh- und Angelpunkt dieser Überzeugung ist es allerdings, jenem Leben, dem durch die Mittel der Medizin nicht mehr zu einer bestimmten Lebensqualität verholfen werden kann, gemessen an der eigenen Vision vom lebenswerten Leben, die Existenzberechtigung abzusprechen[126]. Nach der vorliegenden Untersuchung bestehen gravierende Zweifel daran, ob der Schluß vom leidvollen und daher individuellen Glücksvorstellungen nicht mehr entsprechenden Leben auf eine Negierung des Lebens selbst von sämtlichen niederländischen Patienten geteilt wird, die ausdrücklich um aktive ärztliche Sterbehilfe verlangt haben: schon 1981 warnte der vor dem Bezirksgericht Rotterdam aussagende ärztliche Sachverständige, daß sich hinter dem Verlangen nach Sterbehilfe oftmals eine Bitte des Patienten um Lebenshilfe verberge[127]; auch das KNMG-Präsidium erkannte bereits 1984, daß der Sterbewunsch sich vielfach als Ausdruck von „Angst vor Schmerzen, Altersschwäche, Einsamkeit“ erweise[128]; Untersuchungen belegen schließlich, daß die Hauptmotive für den Todeswunsch des Patienten nicht unerträgliche Schmerzen sind, sondern die Angst vor Abhängigkeit, Entstellung, Würdelosigkeit[129].

Daß diese Rufe um Lebenshilfe von Ärzten – zumindest teilweise[130] – mit aktiver Sterbehilfe beantwortet wurden, zwingt zu dem Schluß, daß die miß-

---

[125] S. 2.

[126] S. 238ff.

[127] S. 22.

[128] S. 56.

[129] Für die Jahre 1986-1989 s. S. 57ff; für 1995 s. S. 126.

[130] Die jeweiligen Untersuchungsergebnisse, oben, Fn. 129, sind derart dargestellt, daß weder davon ausgegangen werden kann, daß Ärzte in allen Fällen dem Verlangen des Pa-

bräuchliche Induktion souveräner Todeswünsche in den Niederlanden nachweisbare Wirklichkeit ist. Schließlich ist auch die mißbräuchliche Unterstellung von Sterbewünschen einwilligungsunfähiger Patienten von seiten der Ärzte im Jahre 1990 nicht auszuschließen, die aktive Sterbehilfe wegen der niedrigen Lebensqualität des Patienten oder aus Rücksicht auf mitleidende Angehörige leisteten[131].

Mit der Ablösung eines Verbots der Differenzierung nach dem Wert des jeweiligen Lebens durch die Idee der Lebensqualität aber sind Integritätsverluste der Ärzteschaft und infolgedessen nicht nur Mißbrauch, wie es diese Untersuchung belegt[132], sondern auch die übrigen rechtspolitisch untragbaren Fernwirkungen unvermeidlich. Das ärztliche Urteil ist kein ausschließliches Urteil über die Gesundheit des Patienten, sondern notwendig ein Urteil über den Wert des verbleibenden Lebens. Die schwindende Bereitschaft, dasjenige Leben zu schützen bzw. finanziell oder sozial adäquat zu tragen, welches beispielsweise aufgrund von Behinderung oder hohem Alter zeit- und kostenintensiver Pflege sowie emotionaler Betreuung und Fürsorge bedarf, erscheint vor dem Hintergrund einer Überzeugung, der zufolge dieses Leben nicht wertvoll sein *kann*, zwangsläufig. Ein von seiten des Arztes unterstellter (vermeintlicher) Todeswunsch des Patienten ist danach nur folgerichtig. Daß schließlich der einwilligungsfähige Patient in einem Moment äußerster Schwäche zu einer souveränen Willensentscheidung *für* sein Leben gelangen soll, ist in Anbetracht der Suggestionskraft eines vermeintlich unfehlbaren Werturteils desjenigen, von dem eine etwaige Genesung bzw. Schmerzlinderung in diesem Falle abhängen würde, nahezu undenkbar.

Welche denkbare moralische oder technische Befähigung Ärzte für diese Rolle besitzen, ist hingegen unergründlich[133]. Es ist nicht Aufgabe der Medizin zu entscheiden, welches Leben nicht lebenswert ist oder wann die Last des Lebens untragbar geworden ist.

c. Validität der Ergebnisse?

Schöne-Seifert bezweifelt vor dem Hintergrund leicht rückläufiger Zahlen für

---

tienten nachgekommen sind, noch davon, daß sämtliche, auf diesen Gründen beruhenden Todesverlangen von Ärzten abgelehnt wurden.

[131] S. 157.

[132] S. 201, 205.

[133] Vgl. Callahan, Hastings Cent Rep 1992, 55.

1995[134] die Relevanz der „1.000 Fälle“ aktiver ärztlicher Sterbehilfe ohne Verlangen für eine Mißbrauchsprognose, weil der Trend zu gering und der Beobachtungszeitraum von fünf Jahren zu kurz sei, um von Folgen einer Liberalisierung der aktiven ärztlichen Sterbehilfe auf Verlangen ausgehen zu können[135]. Dem ist jedoch bereits vom Ansatz her zu widersprechen.

Nach hiesiger Untersuchung kann zum einen keineswegs als gesichert gelten, daß Ärzte 1990 in 375 Fällen unfreiwillige aktive Sterbehilfe und in 665 Fällen nichtfreiwillige aktive Sterbehilfe geleistet haben sowie 1995 in insgesamt 900 Fällen unfreiwillige oder nichtfreiwillige aktive Sterbehilfe geleistet haben[136]. Zum anderen stellt sich die Frage nach möglichen Dammbrüchen als Folge einer Liberalisierung der aktiven ärztlichen Sterbehilfe auf Verlangen nicht: die Ausweitung des informellen Meldeverfahrens vom 1. November 1990 auf nicht notwendig einwilligungsfähige Patientengruppen durch Justizminister Hirsch Ballin[137]; die anschließende Entscheidung des Dritten Kabinetts Lubbers, das nunmehr gesetzliche Meldeverfahren auf die von der Remmelink-Kommission gebilligten Fälle nichtfreiwilliger aktiver ärztlicher Sterbehilfe auszuweiten[138]; die auf Weisung von Justizministerin Sorgdrager geführten Musterprozesse zum vornehmlichen Zweck der „Rechtsentwicklung“ in bezug auf aktive ärztliche Sterbehilfe an schwerstkranken Neugeborenen[139]; der jüngste Vorstoß des KNMG-Präsidiums durch die Unterstützung des Vorschlags von Kelk zur Änderung der Strafvorschriften des Mords und des Totschlags[140]; die grundsätzliche Anwendbarkeit des rechtfertigenden ärztlichen Notstands auf aktive ärztliche Sterbehilfe im Falle der übrigen einwilligungsunfähigen Patientengruppen[141]; die Ankündigung eines gesonderten gesetzlichen Meldeverfahrens für Fälle nichtfreiwilliger aktiver ärztlicher Sterbehilfe[142]. Die sich eigentlich stellende Frage kann danach allein lauten, ob im Zuge der Liberalisierung aktiver ärztlicher Sterbehilfe auf Verlangen einwilligungsfähige Patienten unfreiwillig

[134] S. 154ff.

[135] Schöne-Seifert, a.a.O., S. 225.

[136] S. 120ff, 126ff, 154ff.

[137] S. 145ff.

[138] S. 162ff.

[139] S. 171ff, S. 171, Fn. 197.

[140] S. 173.

[141] S. 202ff; vgl. S.163ff.

[142] S. 178.

getötet und im Zuge der Liberalisierung nichtfreiwilliger aktiver ärztlicher Sterbehilfe die als Prüfungsmaßstab der Zentralkommission normierten Voraussetzungen sorgfältigen Handelns vom Arzt eingehalten werden[143]. Davon ist nach hiesiger Analyse nicht auszugehen[144].

4. Zur Vermeidbarkeit von Mißbrauch und rechtspolitisch untragbaren Fernwirkungen

Hätte der Hoge Raad 1984 die Möglichkeit der Rechtfertigung aktiver ärztlicher Sterbehilfe auf Verlangen wegen Notstands auch ablehnen können? In Anbetracht der damaligen Ereignisse nur schwerlich: anders als im Gutachten von 1972 hatte der Gesundheitsrat kurz zuvor von einer Verurteilung aktiver ärztlicher Sterbehilfe auf Verlangen abgesehen[145]; die von der Regierung eingesetzte Staatskommission empfahl auf der Grundlage dieses Gutachtens, einen besonderen Rechtfertigungsgrund für Ärzte in Art. 239 nlStGB einzuführen[146]; im Parlament war bereits ein Gesetzentwurf mit diesem Ziel anhängig[147]; etwa 50 % der niederländischen Bevölkerung sprach sich seinerzeit für aktive ärztliche Sterbehilfe auf Verlangen aus[148]; Justizminister de Ruiter hatte unterdessen auf die Informalisierung der Strafverfolgung in gemeldeten Fällen aktiver ärztlicher Sterbehilfe auf Verlangen hingewirkt[149]; nicht zuletzt hatte sich das KNMG-Präsidium in Abkehr von seinem vorläufigen Standpunkt von 1973 für die Zulässigkeit aktiver ärztlicher Sterbehilfe auf Verlangen ausgesprochen[150]. Es ist daher wenig verwunderlich, daß der Hoge Raad in seinen Urteilsgründen eine rechtsadäquate Analyse der aktiven Sterbehilfe, insbesondere aber eine klare Güterabwägung der kollidierenden Rechtsgüter und der Bedeutung der Idee der Selbstbestimmung über ein menschenwürdiges Sterben in der Abwägung vermieden hat[151].

---

143 S. 187.

144 S. 201, 205.

145 S. 73ff.

146 S. 77ff.

147 S. 74ff.

148 Vgl. S. 101.

149 S. 108ff.

150 S. 54ff.

151 S. 28ff.

Ein deutsches Gericht, welches nach § 34 S. 2 StGB mögliche negative sozialethische Fernwirkungen einer Rechtfertigung aktiver ärztlicher Sterbehilfe wegen Notstands zu berücksichtigen hat, wird sich in Anbetracht der hier rechtspolitisch untragbaren niederländischen Entwicklungen[152] spätestens in diesem zweiten Wertungsakt zur Ablehnung eines rechtfertigenden Notstands gezwungen sehen.

Fraglich ist dagegen, ob die immanente Unbegrenzbarkeit einer Rechtfertigung wegen Notstands auf die hier relevante Tatsituation unter anderen Voraussetzungen vermeidbar ist. Dazu müßte zunächst die Möglichkeit anderer Voraussetzungen bestehen.

Das gilt zum einen für den einschlägigen Rechtfertigungsgrund (§ 34 StGB). Eine Begrenzung auf die Tatsituation durch materielle oder prozessuale Voraussetzungen verbietet sich für den rechtfertigenden Notstand[153]. Die Annahme eines rechtfertigenden Notstands aus der Abhängigkeit von wissenschaftlich zu verantwortenden Erkenntnissen und medizinisch-ethischen Normen zu befreien, erscheint unmöglich, sofern man, wie der Hoge Raad[154], die Zugehörigkeit des Täters zum ärztlichen Berufsstand bzw. ärztliche Fertigkeiten zur Gewährung eines rechtfertigenden Notstands voraussetzt. Ein diesbezügliches medizinisch-ethisches Rahmenwerk würde angesichts oben skizzierter moralischer Widersprüche und Wertungen kaum Grenzen setzen können.

Fraglich ist deshalb, ob den aufgezeigten Mißbrauchsgefahren und negativen sozialethischen Folgen durch die Einführung eines auf die hiesige Tatsituation zugeschnittenen Rechtfertigungsgrundes in § 216 Abs. 2 StGB begegnet werden, und damit der Selbstbestimmung über ein menschenwürdiges Sterben, wenngleich eingeschränkt, de lege ferenda zur Geltung verholfen werden könnte. Anders als bei einer Rechtfertigung wegen Notstands könnte dadurch beispielsweise das rechtspolitisch wünschenswerte ausdrückliche Verlangen des Patienten[155] zu einer unabdingbaren Voraussetzung rechtmäßiger aktiver Sterbehilfe festgeschrieben werden.

---

[152] S. 241ff.

[153] S. 225.

[154] S. 49ff.

[155] S. 222ff.

Ungeachtet der Frage nach den gesetzlichen Voraussetzungen zur Gewährung eines Rechtfertigungsgrundes gem. § 216 Abs. 2 StGB ist hierbei zunächst zweierlei zu bedenken. Zum einen würde die Aufhebung des Unrechtsgehalts einer einverständlichen Tötung durch den Arzt im Strafgesetzbuch unter Umständen ein Recht des Patienten auf aktive ärztliche Sterbehilfe begründen[156]. Eine Rechtspflicht zur Tötung des Patienten ist jedoch dem deutschen Arzt berufsethisch grundsätzlich verboten[157], so daß zusammen mit der Einführung eines Rechtfertigungsgrundes aus Gründen der Rechtsklarheit eine diesbezügliche Klausel in § 216 Abs. 2 StGB nach niederländischem Vorbild[158] unverzichtbar erscheint.

Zum anderen kann auch die Einführung eines Rechtfertigungsgrundes für die aktive ärztliche Sterbehilfe auf Verlangen nicht das Ergebnis einer Strafrechtsauslegung sein[159].

Die Motive des historischen Strafgesetzgebers[160] haben freilich den niederländischen Gesetzgeber nicht daran gehindert, die Einführung eines besonderen Rechtfertigungsgrundes aktiver ärztlicher Sterbehilfe auf Verlangen im Strafgesetzbuch beinahe ein Jahrzehnt lang ernsthaft zu erwägen[161]. Angesichts der Dauer der öffentlichen Auseinandersetzung mit Fragen aktiver ärztlicher Sterbehilfe auf Verlangen in den Niederlanden könnte man insbesondere zu der Einsicht gelangen, daß die nunmehr im gesetzlichen Meldeverfahren geltenden vier Sorgfaltspflichten zulässiger aktiver ärztlicher Sterbehilfe auf Verlangen[162] eine restriktive Praxis garantierten.

Abgesehen von der „Anfälligkeit" der seinerzeit dem niederländischen Gesetzgeber zur Auswahl stehenden Sorgfaltspflichten für rechtspolitische Interessen[163], belegt diese Untersuchung, daß sich die vier Sorgfaltspflichten als Prü-

---

[156] Baumann u.a., AE-Sterbehilfe, S. 37.

[157] S. 224ff.

[158] Vgl. beispielsweise Art. 294ter Abs. 1 des Gesetzentwurfs Wessel-Tuinstra, Anhang, Ziff. IV.

[159] Vgl. S. 229ff.

[160] S. 36ff.

[161] Zum Gesetzentwurf Wessel-Tuinstra s. S. 75ff, 77ff, 87ff; vgl. dagegen den Gesetzentwurf des Zweiten Kabinetts Kok, S. 216ff.

[162] S. 213ff.

[163] S. 79ff, 82ff, 84ff, 86ff, 90ff, 92ff, 94ff.

fungsmaßstab der regionalen Prüfungskommissionen[164] zur Begrenzung der niederländischen Praxis auf die relevante Tatsituation als gänzlich ungeeignet erwiesen haben.

Das gilt zum einen im Hinblick auf die Rechtsklarheit der vier Sorgfaltspflichten. Von den zwei der vier Sorgfaltspflichten, welche überhaupt der Begrenzung der Tatsituation dienen, ist allein die „Aussichtslosigkeit des Leidens“ im Sinne fehlender (weiterer) medizinisch sinnvoller Behandlungsalternativen hinreichend konkret und daher unmißverständlich für den Arzt. In bezug auf die „Unerträglichkeit des Leidens“ hat das KNMG-Präsidium dagegen schon vor Jahren zugegeben, daß es sich beim Ausmaß des Schmerzempfindens um ein nahezu undefinierbares, höchst subjektives Kriterium handele[165]. Das „freiwillige, wohlerwogene und dauerhafte Verlangen“ wiederum ist einem ganzen Spektrum an Interpretationen zugänglich, sofern eine ausgefeilte standesethische Kasuistik fehlt[166]. Sollten diese zwei Sorgfaltspflichten in allgemeinen Worten den für eine Rechtfertigung erforderlichen Zustand und Sterbenswunsch des Patienten in § 216 Abs. 2 StGB gesetzlich festschreiben, ist folglich eine auf die hier relevante Tatsituation begrenzte Praxis aktiver ärztlicher Sterbehilfe keineswegs gewährleistet.

Andererseits legt die vorliegende Untersuchung der „niederländischen Erfahrung“ nahe, daß es schlichtweg unmöglich ist, andere allgemeine, und zugleich klare, präzise Kriterien zur Begrenzung aktiver ärztlicher Sterbehilfe auf die rechtspolitisch gewünschten Fälle zu formulieren: davon zeugt nicht zuletzt das Eingeständnis des KNMG-Präsidiums, dem erfahrenen Arzt fielen Prognosen wie die „konkrete Todeserwartung“ äußerst schwer[167] oder beispielsweise die jeder Interpretation zugängliche „aussichtslose Notsituation“ des Patienten[168]. Auch die Bemühung der DGHS, durch Formulierungen wie „schweren und voraussichtlich bis zum Tod andauernden Leidenszustand[]“ die „Spielräume ... [der Ärzte] ... zu begrenzen“[169], sowie der Vorschlag Hoersters, eine Rechtfertigung auf die „an einer unheilbaren, schweren Krankheit leidenden Patien-

---

[164] S. 201.

[165] S. 57.

[166] Vgl. S. 55ff.

[167] S. 84ff.

[168] S. 79ff.

[169] Zum Wortlaut der Vorschlags der DGHS zur Neufassung des § 216 StGB s. oben, Fn. 42.

ten“ zu beschränken[170], bestätigen diese Vermutung. Eine Regelung kann aber nicht auf rechtspolitisch tragbare Fälle begrenzt werden, wenn andere Grenzen als die medizinische Sinnlosigkeit (weiterer) ärztlicher Behandlung fehlen.

Die Einführung eines Rechtfertigungsgrundes in § 216 Abs. 2 StGB hält schließlich auch der zentralen Frage nach einer effektiven Kontrolle der Praxis nicht stand. Die vorliegende Analyse der gesetzlichen Regelung der Niederlande belegt vielmehr, daß Mißbrauch selbst dann unvermeidlich ist, wenn dem Arzt nahezu jeder denkbare Anreiz geboten wird, ungestraft öffentlich Verantwortung abzulegen[171].

Da eine Rezeption der ärztlichen Meldepflicht durch das deutsche Recht ausgeschlossen ist[172], ist eine strafrechtliche Kontrolle des Mißbrauchs auf Fälle begrenzt, die der Staatsanwaltschaft durch Selbstanzeige des Arztes oder Anzeige Dritter wie beispielsweise Kollegen oder Pflegepersonal zur Kenntnis gelangen. Dadurch aber ist eine strafrechtliche Kontrolle der ärztlichen Sterbehilfepraxis von vornherein nahezu völlig ausgeschlossen[173]. Eine schriftliche Erklärung des Patienten oder die Diagnose eines zweiten Arztes, wie sie die DGHS zur Rechtfertigung der aktiven ärztlichen Sterbehilfe auf Verlangen vorschlägt[174], mögen zwar der Einhaltung etwaiger materieller Voraussetzung der aktiven ärztlichen Sterbehilfe dienen, wovon nach hiesiger Analyse der „niederländischen Erfahrung“ keineswegs auszugehen ist[175]. Dergleichen prozessuale Erfordernisse erweisen sich jedoch als völlig überflüssig, setzen sie doch die Kenntnisnahme der ärztlichen Tötung von staatlicher Seite voraus.

---

170 Zum Wortlaut des Vorschlags Hoersters s. oben, Fn. 31. Nicht zuletzt im Lichte obiger Erläuterungen, S. 236ff, erweist sich Hoersters Vorschlag, einen Rechtfertigungsgrund für die auf ein mutmaßliches Verlangen des Patienten hin geleistete aktive ärztliche Sterbehilfe in § 216 StGB einzuführen, als rechtspolitisch untragbar.

171 S. 201. Von „Offenheit und Transparenz der Entscheidungsverfahren“ und einer damit „verbundene[n] (staatsanwaltliche[n]) Kontrolle“, wie es Merkel, Merkur 1993, 960, behauptet, kann danach keine Rede sein.

172 S. 227ff.

173 Vgl. S. 201.

174 Zum Wortlaut des Vorschlags der DGHS zur Neufassung des § 216 StGB s. oben, Fn. 42.

175 Vgl. S. 199ff; zur Einhaltung etwaiger prozessualer Voraussetzungen s. auch S. 54ff.

Die Einführung eines Rechtfertigungsgrundes in § 216 Abs. 2 StGB würde danach einzig das Signal setzen, daß die zwangsläufigen Folgen zulässiger aktiver ärztlicher Sterbehilfe auf Verlangen von der Gesellschaft gebilligt werden. Davon kann nicht ausgegangen werden. Die Einführung eines Rechtfertigungsgrundes in § 216 Abs. 2 StGB, ganz gleich, unter welchen Voraussetzungen dieser gewährt würde, wäre folglich nicht das „richtige Recht".

III. Ergebnis

Die gesetzliche Regelung der aktiven ärztlichen Sterbehilfe auf Verlangen des Königreichs der Niederlande kann aufgrund zwangsläufiger, rechtspolitisch untragbarer Folgen für Recht und Gesellschaft infolge deren Rezeption durch das deutsche Recht kein Modell für den bundesdeutschen Gesetzgeber sein.

D. Die Konsequenzen der niederländischen Erfahrung für den bundesdeutschen Gesetzgeber

Die niederländische Erfahrung mit einer Liberalisierung der aktiven ärztlichen Sterbehilfe hat zwei Konsequenzen für den bundesdeutschen Gesetzgeber.

Erstens, die Legalisierung aktiver ärztlicher Sterbehilfe auf Verlangen würde zwangsläufig auf Annahmen basieren, die unvereinbar sind mit der deutschen Rechtsordnung, welche die Würde aller Menschen als eines ihrer Grundfundamente erachtet. Die rechtliche Durchsetzung der moralischen Forderung nach Selbstbestimmung über ein menschenwürdiges Sterben ist nicht nur für sich genommen unvernünftig, sondern letzten Endes destruktiv für ein vertrauensvolles Arzt-Patienten-Verhältnis.

Zweitens hat der Gesetzgeber für Ärzte und (potentielle) Patienten unmißverständlich klarzustellen, daß das deutsche Strafrecht Ärzten bei Mißerfolg medizinischer Behandlung absolut keinen Raum beläßt, Patienten gezielt zu töten. Dafür ist die Strafandrohung des § 216 StGB in seiner jetzigen Fassung sowie deren enge Auslegung durch die Gerichte unerläßlich.

I. Art. 293 und 294 des Niederländischen Strafgesetzbuchs vom 3. März 1881 in der ab 1. September 1886 geltenden Fassung

Quelle: Stb. 64
Übersetzung von Schaffmeister, in: Jescheck/Kielwein, S. 151 (unter Berücksichtigung der inzwischen eingetretenen Änderungen im Strafmaß)

Art. 293 Wer vorsätzlich einem anderen auf dessen ausdrückliches und ernsthaftes Verlangen das Leben nimmt, wird mit Gefängnisstrafe bis zu zwölf Jahren oder Geldstrafe der fünften Kategorie bestraft.

Art. 294 Wer vorsätzlich einen anderen zum Selbstmord antreibt, ihm dabei behilflich ist oder ihm die Mittel dazu verschafft, wird mit Gefängnisstrafe bis zu drei Jahren oder Geldstrafe der vierten Kategorie bestraft, wenn der Selbstmord erfolgt ist.

II. Auszug aus dem Gesetzentwurf der Abgeordneten Wessel-Tuinstra zur Änderung der Art. 293 und 294 nlStGB v. 1984

Quelle: Drucks. II, 1983-84, 18 331 Nr. 2

ARTIKEL I

Artikel 293 nlStGB wird wie folgt gefaßt:

1. Wer vorsätzlich das Leben eines anderen auf dessen ausdrückliches und ernsthaftes Verlangen beendet, wird mit Gefängnisstrafe bis zu vier Jahren bestraft.

2. Die in Abs. 1 genannte Tat ist nicht strafbar, wenn im Rahmen sorgfältiger Hilfeleistung an jemandem gehandelt wird, der sich bereits in der Sterbephase befindet oder subjektiv unerträglich körperlich oder geistig leidet.

3. Für eine sorgfältige Hilfeleistung ist erforderlich:

   a. daß der Hilfesuchende seinen Beschluß zur Lebensbeendigung freiwillig und wohlüberlegt gefaßt und selbst geäußert hat;

   b. daß die Entscheidung zur Lebensbeendigung von einem Arzt getroffen wurde, der befugt ist, hierzulande die Heilkunst, Medizin und Geburtshilfe auszuüben;

   c. daß der Arzt seine Entscheidung getroffen hat, nachdem er sich davon überzeugt hat, daß der Hilfesuchende sich in einem Zustand im Sinne des Abs. 2 befindet und daß die unter Abs. 3 a. genannte Voraussetzung erfüllt ist sowie nach Beratung mit einem von ihm unabhängigen Sachverständigen;

   d. daß der Arzt ein Tagebuch führt, in dem zumindest zu vermerken ist:

   1e. die Tatsachen und Umstände, auf denen die unter c. genannte Überzeugung beruht;

   2e. die Ansichten der nächsten Umgebung über die Hilfeleistung;

   3e. die Beratung im Sinne von c.;

   e. daß der Arzt das Tagebuch dem Staatsanwalt auf Anfrage zur Einsichtnahme überläßt;

   f. daß die Erklärung über die Todesursache wahrheitsgemäß abgegeben wird.

ARTIKEL II

Artikel 294 nlStGB wird wie folgt gefaßt:

1. Wer vorsätzlich einen anderen zum Selbstmord antreibt, wird mit Gefängnisstrafe bis zu zwölf Jahren bestraft, wenn der Selbstmord erfolgt.

2. Wer vorsätzlich einem anderen beim Selbstmord behilflich ist oder die Mittel dazu verschafft, wird mit Gefängnisstrafe bis zu vier Jahren bestraft, wenn der Selbstmord erfolgt.

3. Die in Abs. 2 genannte Tat ist nicht strafbar, wenn im Rahmen sorgfältiger Hilfeleistung, wie im vorherigen Artikel angegeben, gehandelt wird.

III. Gesetzesvorschlag der Staatskommission Euthanasie zur Änderung des XIX. Titels des Zweiten Buches des Strafgesetzbuches v. Juli 1985

Quelle: Staatscommissie Euthanasie, Rapport, Teil I, S. 40-3

Artikel 292bis

1. Wer vorsätzlich das Leben eines anderen, der nicht imstande ist, seinen Willen zu äußern, wegen schwerer körperlicher oder geistiger Krankheiten oder Erkrankungen beendet, wird mit Gefängnisstrafe bis zu sechs Jahren oder Geldstrafe der vierten Kategorie bestraft.

2. Die in Abs. 1 genannte Tat ist nicht strafbar, wenn die Lebensbeendigung durch einen Arzt im Rahmen sorgfältigen ärztlichen Handelns an einem Patienten vorgenommen wird, der nach herrschender ärztlicher Erkenntnis unwiderruflich das Bewußtsein verloren hat, nachdem die Behandlung zuvor als sinnlos eingestellt wurde.

3. Sorgfältiges ärztliches Handeln im Sinne des Abs. 2 beinhaltet in jedem Fall, daß der Arzt einen von unserem Minister für Wohlfahrt, Gesundheitswesen und Kultur angewiesenen Arzt zu Rate gezogen hat.

Artikel 293

1. Wer vorsätzlich das Leben eines anderen auf dessen ausdrückliches und ernsthaftes Verlangen beendet, wird mit Gefängnisstrafe bis zu vier Jahren und sechs Monaten oder Geldstrafe der vierten Kategorie bestraft.

2. Die in Abs. 1 genannte Tat ist nicht strafbar, wenn die Lebensbeendigung durch einen Arzt im Rahmen sorgfältigen ärztlichen Handelns an einem Patienten vorgenommen wird, der sich in einer aussichtslosen Notsituation befindet.*)

3. Für die Anwendung des Abs. 2 wird unter der Beendigung des Lebens auch das Verschaffen von Mitteln zum Selbstmord im Rahmen sorgfältigen ärztlichen Handelns und das dabei Behilflichsein verstanden.

4. Sorgfältiges ärztliches Handeln im Sinne der Abs. 2 und 3 beinhaltet in jedem Fall, daß:

   a. der Patient über die Situation, in der er sich befindet, aufgeklärt wird;
   b. der Arzt zu der Überzeugung gelangt ist, daß der Patient seine Bitte nach sorgfältiger Überlegung und in Freiwilligkeit getan hat;
   c. der Arzt zu dem Urteil gekommen ist, daß Lebensbeendigung aufgrund seiner Befunde verantwortlich ist, weil er mit dem Patien-

ten zu der Überzeugung gelangt ist, daß es für die Notsituation, in der sich dieser befindet, keine anderen Lösungen gibt;

d. der Arzt einen von unserem Minister für Wohlfahrt, Gesundheitswesen und Kultur angewiesenen Arzt zu Rate gezogen hat.

5. Sorgfältiges ärztliches Handeln im Sinne des Abs. 2 beinhaltet in bezug auf einen Patient, der schriftlich um Lebensbeendigung gebeten hat und nicht länger in der Lage ist, seinen Willen zu äußern, in jedem Fall, daß:

a. der Arzt zu der Überzeugung gelangt ist, daß der Patient seine schriftliche Bitte um Lebensbeendigung in Freiwilligkeit und nach sorgfältiger Überlegung getan hat;
b. der Arzt zu dem Urteil gekommen ist, daß Lebensbeendigung aufgrund seiner Befunde verantwortlich ist, weil er zu der Überzeugung gelangt ist, daß es für die Notsituation, in der sich der Patient befindet, keine anderen Lösungen gibt;
c. der Arzt einen von unserem Minister für Wohlfahrt, Gesundheitswesen und Kultur angewiesenen Arzt zu Rate gezogen hat.

Artikel 293bis

Der Arzt im Sinne des Abs. 2 der Art. 293bis und 293, der nicht vor der Beendigung des Lebens einen von unserem Minister für Wohlfahrt, Gesundheitswesen und Kultur angewiesenen Arzt zu Rate gezogen hat, wird mit Gefängnisstrafe bis zu drei Jahren oder Geldstrafe der vierten Kategorie bestraft.

Artikel 293ter

Ungeachtet der Bestimmung des Art. 228 wird der Arzt, der Abs. 2 der Art. 292bis und 293 oder die gesetzlichen Verpflichtungen über Angaben zum Todesfall vorsätzlich nicht oder nicht wahrheitsgemäß erfüllt, mit Gefängnisstrafe bis zu drei Jahren oder Geldstrafe der vierten Kategorie bestraft.

Artikel 293quarter

Unter Tötung im Sinne der Bestimmungen dieses Titels bzw. Lebensbeendigung ist nicht zu verstehen:

a. die Nichteinleitung bzw. Beendigung einer Behandlung auf ausdrückliches und ernsthaftes Verlangen des Patienten;
b. die Nichteinleitung bzw. Beendigung einer Behandlung in Fällen, in denen eine solche Behandlung nach herrschender ärztlicher Erkenntnis sinnlos ist;

c. das nicht Behandeln einer Nebenerkrankung oder eines Nebenleidens bei einem Patienten, der nach herrschender ärztlicher Erkenntnis unwiderruflich das Bewußtsein verloren hat;
d. eine Beschleunigung des Todes als Nebenfolge einer Behandlung, welche notwendig ist und ihrer Art nach unmittelbar abgestimmt ist auf die Linderung eines ernsthaften Leidens eines Patienten.

Artikel 294

Wer vorsätzlich einen anderen zum Selbstmord antreibt, ihm dabei behilflich ist oder ihm die Mittel dazu verschafft, wird mit Gefängnisstrafe bis zu drei Jahren oder Geldstrafe der vierten Kategorie bestraft.

---

*) Die Mitglieder Van Gestel, Jeukens, De Lange en Mout schlagen vor, dem Satz hinzuzufügen: „...und dessen Tod unabwendbar bevorsteht". Für eine Erläuterung sei auf die Erläuterung zu Art. 293 Abs. 2 verwiesen.

IV. Auszug aus dem Gesetzentwurf der Abgeordneten Wessel-Tuinstra zur Änderung der Art. 293 und 294 nlStGB v. Dezember 1985

Quelle: Drucks. II, 1985-86, 18 331 Nr. 11

ARTIKEL I

Artikel 293 nlStGB wird wie folgt gefaßt:

1. Wer vorsätzlich das Leben eines anderen auf dessen ausdrückliches und ernsthaftes Verlangen beendet, wird mit Gefängnisstrafe bis zu vier Jahren oder Geldstrafe der vierten Kategorie bestraft.

2. Die in Abs. 1 genannte Tat ist nicht strafbar, wenn die Lebensbeendigung im Rahmen sorgfältigen ärztlichen Handelns an einem Patienten vorgenommen wird, der sich in einer aussichtslosen Notsituation befindet.

3. Für sorgfältiges ärztliches Handeln ist erforderlich

a. daß der Hilfesuchende seine Bitte um Lebensbeendigung freiwillig und wohlüberlegt getan und selbst geäußert hat;

b. daß die lebensbeendende Handlung durch oder in enger Überlegung und Zusammenarbeit mit einem Arzt vorgenommen wird;

c. daß der Arzt seine Entscheidung getroffen hat, nachdem er zu der Überzeugung gelangt ist, daß der Hilfesuchende sich in einem Zustand im Sinne des Abs. 2 befindet und daß die unter Abs. 3 a. genannte Voraussetzung erfüllt ist;

d. daß der Arzt einen von ihm unabhängigen Arzt zu Rate gezogen hat;

e. daß der Arzt ein Tagebuch geführt hat, in dem zumindest zu vermerken ist:

1e. die Tatsachen und Umstände, auf denen die unter c. genannte Überzeugung beruht;

2e. die Ansichten der nächsten Umgebung über die Bitte und die Hilfeleistung;

3e. die Beratung im Sinne von d.;

f. daß der Arzt das Tagebuch dem Staatsanwalt auf Anfrage zur Einsichtnahme überläßt;

g. daß ein wahrheitsgemäß ausgestellter Totenschein, dessen Muster durch allgemeine Regierungsverordnung festgelegt wird, unverzüglich an den kommunalen Leichenbeschauer gesandt wird.

4. Einem ernsthaften und ausdrücklichen Verlangen im Sinne des Abs. 1 wird, wenn der andere nicht länger in der Lage ist, seinen Willen zu äußern, die schriftliche Bitte um Lebensbeendigung gleichgestellt, die freiwillig und wohlüberlegt getan ist.

ARTIKEL II

Artikel 294 wird wie folgt gefaßt:

1. Wer vorsätzlich einen anderen zum Selbstmord antreibt, wird mit Gefängnisstrafe bis zu zwölf Jahren oder Geldstrafe der fünften Kategorie bestraft, wenn der Selbstmord erfolgt.
2. Wer vorsätzlich einem anderen beim Selbstmord behilflich ist oder ihm die Mittel dazu verschafft, wird mit Gefängnisstrafe bis zu vier Jahren oder Geldstrafe der vierten Kategorie bestraft, wenn der Selbstmord erfolgt.
3. Die in Abs. 2 genannte Tat ist nicht strafbar, wenn im Rahmen sorgfältiger Hilfeleistung, wie in Art. 293 angegeben, gehandelt wird.

Artikel 294bis

Falls die in Art. 293 und 294 Abs. 2 genannte Tat im Rahmen sorgfältiger Hilfeleistung und die in Art. 293 Abs. 3 unter a., b., c. und d. genannten Voraussetzungen erfüllt sind, wird der Arzt, der entgegen Art. 293 Abs. 3 e., f. und g. handelt oder unterläßt, mit Gefängnisstrafe bis zu einem Jahr oder Geldstrafe der dritten Kategorie bestraft.

Artikel 294ter

1.Niemand ist verpflichtet, einer Bitte um Lebensbeendigung oder Hilfe beim Selbstmord zu entsprechen oder daran mitzuwirken.
2. Wenn der Arzt Gewissensgründe gegen eine Lebensbeendigung auf Verlangen oder Hilfe beim Selbstmord hat, setzt er den Hilfesuchenden unverzüglich, nachdem dieser sich an ihn gewandt hat, davon in Kenntnis.
3. Abs. 1 befreit den Arzt nicht von der Verpflichtung, auf Anfrage und wenn der Hilfesuchende dazu seine Zustimmung gibt, anderen Ärzten Auskünfte über den Zustand des Hilfesuchenden zu erteilen.

V. Auszug aus dem Probeentwurf eines Gesetzes zur Ergänzung des Strafgesetzbuchs mit einigen Bestimmungen über aktive Sterbehilfe auf Verlangen v. Januar 1986

Quelle: Drucks. II, 1985-86, 19 359 Nr. 2
Übersetzung aus: Baumann u.a., AE-Sterbehilfe, S. 49-51

ARTIKEL I

Das Strafgesetzbuch wird wie folgt geändert:

Die Artikel 293 und 294 werden durch die folgenden Artikel ersetzt:

Artikel 293

1. Wer vorsätzlich einem anderen auf dessen ausdrückliches und ernsthaftes Verlangen das Leben nimmt, wird mit Gefängnisstrafe bis zu vier Jahren und sechs Monaten oder Geldstrafe der vierten Kategorie bestraft.

2. Nicht strafbar ist der Arzt, der die Tat im Rahmen der Sterbehilfe begeht, wenn die Beendigung des Lebens seinem sorgfältigen medizinischen Handeln auf ausdrückliches und ernsthaftes Verlangen eines Patienten, der unerträglich leidet, erwächst und zudem nach herrschender medizinischer Erkenntnis als Folge der Krankheit oder des Leidens eine konkrete Todeserwartung besteht und eine weitere ärztliche Behandlung keinem einzigen vernünftigen Zweck für den Patienten mehr dient. Alsdann sind andere Teilnehmer an der Tat ebensowenig strafbar.

3. Unter dem Beendigen des Lebens im Sinne des vorigen Absatzes wird auch verstanden das Verschaffen von Mitteln zum Selbstmord des Patienten und das dabei Behilflichsein.

4. Sorgfältiges medizinisches Handeln im Sinne des Abs. 2 liegt nur vor, wenn:

a. der Patient über die Situation, in der dieser sich befindet, aufgeklärt wurde, insbesondere auch über die Behandlungen, welche der Erleichterung seines Leidens dienen können;

b. der Arzt die Überzeugung bekommen hat, daß der Patient seine Bitte in Freiwilligkeit und nach sorgfältiger Überlegung getan hat;

c. der Arzt zu dem Urteil gekommen ist, daß es keine anderen Lösungen gibt, die das unerträgliche Leiden des Patienten erleichtern können und es aufgrund seiner Befunde verantwortungsvoll ist, das Leben zu beenden;

d. der Arzt einen von unserem Minister für Wohlfahrt, Gesundheitswesen und Kultur angewiesenen anderen Arzt zu Rate gezogen hat, sofern dieser letztgenannte zum erstgenannten Arzt nicht in irgendeinem Zusammenarbeits- oder Familienverband steht.

5. Der Arzt macht über seine Befunde im Sinne des vorigen Absatzes unter c. Aufzeichnungen. Er vermerkt darin auch den Namen und die Auffassung des von ihm zu Rate gezogenen zweiten Arztes. Diese Aufzeichnungen müssen mindestens fünf Jahre aufbewahrt werden und auf Anfrage dem zuständigen Medizinalinspektor der Staatsaufsicht über das Gesundheitswesen zur Verfügung gestellt werden.

6. Wenn der Patient nächste Familienangehörige hat, wird nach Rücksprache mit ihm vom Arzt geprüft, ob und inwieweit sie in den Entscheidungsprozeß miteinbezogen werden. Wenn davon abgesehen wird, die nächsten Familienangehörigen zu Rate zu ziehen, werden die Gründe dafür in den im vorigen Absatz genannten Aufzeichnungen angegeben.

7. Wenn der Patient das achtzehnte Lebensjahr noch nicht vollendet hat, werden seine gesetzlichen Vertreter immer in den Entscheidungsprozeß miteinbezogen. Wenn diese oder einer von ihnen mit der Bitte um Lebensbeendigung nicht einverstanden sein können, unterbleibt eine Entscheidung dazu.

8. Wenn der Patient nicht länger in der Lage ist, seinen Willen zu äußern, aber vorher eine schriftliche Bitte zur Beendigung des Lebens für den Fall getan hat, daß er unerträglich leiden würde, darf diese Erklärung als Ausdruck des Willens des Patienten beachtet werden, sofern der Arzt die Überzeugung hat, daß diese Erklärung nach sorgfältiger Überlegung und in Freiwilligkeit abgelegt wurde.

Artikel 293bis

1. Niemand ist verpflichtet, einer Bitte zur Lebensbeendigung gemäß Art. 293 zu entsprechen oder bei der Einwilligung einer solchen Bitte mitzuwirken.

2. Abs. 1 befreit einen Arzt nicht von der Verpflichtung, anderen Ärzten auf Anfrage Auskunft über den Zustand des Patienten zu geben.

Artikel 293ter

Der Arzt, der es unterläßt, die Vorschrift des Art. 293 Abs. 5 und 6 zu erfüllen, wird mit einer Geldstrafe der dritten Kategorie bestraft.

Artikel 293quater

Für die Anwendung der Bestimmungen dieses Abschnitts wird unter jemandem das Leben nehmen bzw. Lebensbeendigung, nicht verstanden:

a. die Nichteinleitung einer Behandlung, bzw. deren Beendigung auf ausdrückliches und ernsthaftes Verlangen des Patienten;
b. die Nichteinleitung einer Behandlung, bzw. deren Beendigung in Fällen, in denen eine solche Behandlung nach herrschender medizinischer Erkenntnis keinem für den Patienten vernünftigen Zweck mehr dient;
c. das nicht Behandeln einer Nebenerkrankung oder eines Nebenleidens bei einem Patienten, der nach herrschender medizinischer Erkenntnis unwiderruflich das Bewußtsein verloren hat;
d. eine Beschleunigung des Todes als Nebenfolge einer Behandlung, welche notwendig ist für und ihrer Art nach unmittelbar abgestimmt ist auf die Linderung eines ernsthaften Leidens eines Patienten.

Artikel 294

Wer vorsätzlich einen anderen zum Selbstmord antreibt, ihm dabei behilflich ist oder ihm die Mittel dazu verschafft, wird mit Gefängnisstrafe bis zu drei Jahren oder Geldstrafe der vierten Kategorie bestraft.

VI. Auszug aus dem Gesetzentwurf der Abgeordneten Wessel-Tuinstra/ Kohnstamm zur Änderung der Art. 293 und 294 nlStGB v. März 1986

Quelle: Drucks. II, 1985-86, 18 331 Nr. 37
Übersetzung von Scholten, in: Eser/Koch, S. 493-5

ARTIKEL I

Artikel 293 nlStGB wird wie folgt gefaßt:

1. Wer vorsätzlich das Leben eines anderen auf dessen ausdrückliches und ernsthaftes Verlangen beendet, wird mit Gefängnisstrafe bis zu vier Jahren oder Geldstrafe der vierten Kategorie bestraft.

2. Die in Abs. 1 genannte Tat ist nicht strafbar, wenn die Lebensbeendigung durch einen Arzt im Rahmen sorgfältiger Hilfeleistung an jemanden erfolgt, der sich in einer aussichtslosen Notlage befindet.

3. Für eine sorgfältige Hilfeleistung ist erforderlich:
   a. daß soweit möglich der Hilfesuchende über die Situation, in der er sich befindet, aufgeklärt wurde, insbesondere auch über die Behandlungen, die zu einer Erleichterung seines Leidens dienen können, aufgeklärt wird;
   b. daß der Hilfesuchende seine Bitte freiwillig und wohlüberlegt getan und selbst geäußert hat;
   c. daß der Arzt seine Entscheidung getroffen hat, nachdem er sich davon überzeugt hat, daß der Hilfesuchende sich in einem Zustand im Sinne des Abs. 2 befindet und daß die unter b. genannten Voraussetzungen erfüllt sind;
   d. daß der Arzt einen von ihm unabhängigen Arzt zu Rate gezogen hat, mit dem er nicht irgendwie zusammenarbeitet oder verwandt ist.

4. Falls der Patient nicht mehr in der Lage ist, seinen Willen zu äußern, aber vorher schriftlich um Lebensbeendigung für den Fall gebeten hat, daß er unerträglich leiden würde, kann auf diese Erklärung als Ausdruck des Willens des Patienten abgestellt werden; vorausgesetzt der Arzt hat die Überzeugung, daß diese Erklärung freiwillig und wohlerwogen abgegeben worden ist.

5. Falls der Hilfesuchende noch nicht achtzehn Jahre alt ist, werden seine gesetzlichen Vertreter stets in den Entscheidungsprozeß miteinbezogen. Falls

diese oder einer von diesen sich der Bitte um Lebensbeendigung nicht anschließen können, wird von einer Entscheidung abgesehen.

6. Der Arzt führt ein Tagebuch, das er für die Dauer von fünf Jahren aufbewahrt und dem Staatsanwalt auf Anfrage zur Einsichtnahme überläßt und in dem zumindest vermerkt sind:

a. die Tatsachen und Umstände, die in Abs. 3 genannt sind;
b. die Ansichten der nächsten Umgebung über die Bitte und die Hilfeleistung;
c. der Name und die Sichtweise des durch ihn konsultierten Arztes;
d. ein Auftrag an einen Krankenpfleger gemäß Art. 293bis.

7. Der Arzt übersendet dem Leichenbeschauer unverzüglich einen wahrheitsgemäß ausgestellten Totenschein, dessen Muster durch allgemeine Regierungsverordnung festgelegt wird.

Artikel 293bis

Keine Strafverfolgung wegen eines Verbrechens gemäß Art. 293 erfolgt gegen einen Krankenpfleger, der im Auftrag und unter der Verantwortung eines Arztes handelte und der guten Gewissens annehmen durfte, daß der Arzt sich dadurch nicht einer Straftat schuldig machte.

ARTIKEL II

Artikel 294 nlStGB wird wie folgt gefaßt:

1. Wer vorsätzlich einen anderen zum Selbstmord antreibt, wird mit Gefängnisstrafe bis zu zwölf Jahren oder Geldstrafe der fünften Kategorie bestraft, wenn der Selbstmord erfolgt.

2. Wer vorsätzlich einem anderen beim Selbstmord behilflich ist oder die Mittel dazu verschafft, wird mit Gefängnisstrafe bis zu vier Jahren oder Geldstrafe der vierten Kategorie bestraft, wenn der Selbstmord erfolgt.

3. Die in Abs. 2 umschriebene Tat ist nicht strafbar, wenn im Rahmen der sorgfältigen Hilfeleistung, wie in Art. 293 angegeben, und unter Beachtung der Bestimmungen der Abs. 3, 6 und 7 gehandelt wird.

ARTIKEL III

In das Strafgesetzbuch werden nach Artikel 294 zwei Artikel eingefügt, mit folgendem Wortlaut:

Artikel 294bis

Der Arzt, der es versäumt, den Bestimmungen in Abs. 6 und 7 des Art. 293 nachzukommen, wird mit Gefängnisstrafe bis zu einem Jahr oder Geldstrafe der dritten Kategorie bestraft.

Artikel 294ter

1. Niemand ist verpflichtet, einer Bitte um Lebensbeendigung oder Hilfe beim Selbstmord zu entsprechen oder daran mitzuwirken.

2. Wenn der Arzt Gewissensgründe gegen eine Lebensbeendigung auf Verlangen oder Hilfe beim Selbstmord hat, setzt er den Hilfesuchenden unverzüglich, nachdem dieser sich an ihn gewandt hat, davon in Kenntnis.

3. Abs. 1 befreit den Arzt nicht von der Verpflichtung, auf Anfrage und wenn der Hilfesuchende dazu seine Zustimmung gibt, anderen Ärzten Auskünfte über den Zustand des Hilfesuchenden zu erteilen.

VII. Auszug aus dem Entwurf eines Gesetzes über Regelungen zur Hilfeleistung durch einen Arzt, der sich bei einer Lebensbeendigung aufgrund ausdrücklichen und ernsthaften Verlangens seines Patienten auf einen übermächtigen Einfluß beruft v. Dezember 1987

Quelle: Drucks. II, 1987-88, 20 383 Nr. 2
Übersetzung von Scholten, in: Eser/Koch, S. 497-8.

ARTIKEL I

Das Strafgesetzbuch wird wie folgt geändert:

Artikel 293 wird wie folgt gefaßt:

Artikel 293

Wer vorsätzlich das Leben eines anderen auf dessen ausdrückliches und ernsthaftes Verlangen beendet, wird mit Gefängnisstrafe bis zu vier Jahren und sechs Monaten oder Geldstrafe der vierten Kategorie bestraft.

ARTIKEL II

Das Gesetz über die Ausübung der Heilkunst (Stb. 1865, 60) wird wie folgt geändert:

Nach Artikel 6 werden folgende zwei neue Artikel eingefügt:

Artikel 6a

Unter Tötung im Sinne der Bestimmungen des XIX. Titels des Strafgesetzbuchs bzw. Lebensbeendigung durch einen Arzt ist nicht zu verstehen:

a. das Unterlassen bzw. der Abbruch einer Behandlung auf das ausdrückliche und ernsthafte Verlangen eines Patienten;
b. das Unterlassen bzw. der Abbruch einer Behandlung in Fällen, in denen eine solche Behandlung nach der herrschenden medizinischen Einsicht sinnlos ist;
c. die Verrichtung einer medizinischen Behandlung oder die Anwendung eines Heilmittels, die dafür notwendig und ihrer Art nach unmittelbar oder auch darauf gerichtet sind, dem Patienten ein ernstes Leiden zu erleichtern, auch wenn eine Beschleunigung des Sterbens die Nebenfolge einer solchen Verrichtung oder Anwendung ist.

Artikel 6b

1. Ungeachtet seiner Verantwortlichkeit gemäß dem Strafgesetzbuch muß der Arzt, der dem ausdrücklichen und ernsthaften Verlangen eines Patienten um Lebensbeendigung nachgibt, dabei die medizinischen Sorgfaltsanforderungen beachten.

2. Als medizinische Sorgfaltsanforderungen gemäß Abs. 1 können angesehen werden:

a. Der Arzt hat den Patienten über die Situation, in der dieser sich befindet, über den zu erwartenden Verlauf und die möglichen Schwierigkeiten einer Einflußnahme und insbesondere über die therapeutischen Maßnahmen, die zu einer Erleichterung seines Leidens führen können, aufgeklärt;

b. der Arzt hat geprüft, ob und inwieweit bei dem Patienten der Wunsch vorhanden ist, seine nächste Umgebung in die Entscheidung miteinzubeziehen;

c. der Arzt ist mit dem Patienten und mit dessen nächster Umgebung, wenn der Patient gegen deren Befragung keine Einwände erhoben hat, zu der Überzeugung gelangt, daß der Patient sein Verlangen nach Lebensbeendigung freiwillig und nach sorgfältiger Überlegung geäußert und aufrechterhalten hat;

d. falls der Patient nicht länger in der Lage ist, seinen Willen zu äußern, bevor er in diesen Zustand verfallen ist, aber eine schriftliche Erklärung, die die Bitte um Lebensbeendigung enthält, abgelegt hat, kann diese Erklärung, wenn sie nicht älter als fünf Jahre ist, als Ausdruck des Willens des Patienten Beachtung finden, vorausgesetzt, der Arzt hat die Überzeugung, daß diese Erklärung nach sorgfältiger Erwägung abgegeben und freiwillig aufrechterhalten ist;

e. der Arzt hat einen oder mehrere andere Ärzte zu Rate gezogen, mit denen er nicht irgendwie verwandt ist und von denen angenommen werden kann, daß sie unabhängig urteilen;

f. der Arzt hält den tatsächlichen Verlauf in einem schriftlichen Bericht fest, in dem zumindest folgendes angegeben ist:

1. die Tatsachen und Umstände, die unter a. und e. angesprochen sind,
2. falls von einer Beratung mit der nächsten Umgebung des Patienten abgesehen wird, die Gründe, warum dies geschehen ist;
3. die Namen und Ansichten der von ihm konsultierten anderen Ärzte.

Dieser Bericht muß für die Dauer von fünf Jahren aufbewahrt und dem gemeindlichen Leichenbeschauer zur Verfügung gestellt werden. Letzterer übergibt den Bericht dem Staatsanwalt auf dessen Antrag zur Einsicht.

3. Falls der Patient minderjährig ist, werden seine gesetzlichen Vertreter stets in die Entscheidung miteinbezogen. Falls diese oder einer von diesen der Bitte um Lebensbeendigung nicht beipflichten können, wird von einer solchen Entscheidung abgesehen.

VIII. Standardbericht für den behandelnden Arzt im Zusammenhang mit einer Meldung aktiver Sterbehilfe auf Verlangen an den amtsärztlichen Leichenbeschauer v. Dezember 1990

Quelle: MC 1991, S. 62

Im Falle aktiver Sterbehilfe auf Verlangen oder Hilfe zur Selbsttötung sollen Sie anhand der folgenden Liste von Merkpunkten begründeten und vollständigen (schriftlichen) Bericht an den amtsärztlichen Leichenbeschauer erstatten.

I. Die Krankengeschichte

1. Welcher Art war die Krankheit bzw. die Hauptdiagnose?
2. Wie lang litt der Patient hieran?
3. Welche medizinischen Eingriffe (Medikamente, therapeutisch oder operativ, usw.) haben stattgefunden?
4. Wer waren die behandelnden Ärzte, wo sind sie zu erreichen und wie lauteten ihre Diagnosen?
5. Bestand ein derart ernstes Leiden, daß dies vom Patienten als unerträglich erfahren wurde und erfahren werden konnte?
6. Befand sich der Patient in einer aussichtslosen Notsituation und war sein/ihr Tod unabwendbar?:
   a. War die Situation, in der sich der Patient zuletzt befand, derart, daß nach ärztlicher Erkenntnis ein stets weitergehender unaufhaltbarer körperlicher und geistiger Verfall des Patienten und/oder eine noch weitergehende Verschlechterung eines bereits als unerträglich erfahrenen Leidens zu erwarten war?
   b. War vorauszusehen, daß der Patient nicht mehr in der Lage sein würde, auf würdige Weise zu sterben?
   c. Zu welchem Zeitpunkt hätten Sie das Ableben des Patienten erwartet, wenn nicht vermittels aktiver Sterbehilfe auf Verlangen eingegriffen worden wäre?
7. Welche Möglichkeiten haben Sie erwogen bzw. angewandt, um zu vermeiden, daß das Leiden von dem Patienten als unerträglich erfahren werden konnte (bestanden Möglichkeiten, um das Leiden des Patienten erträglicher zu machen?) und haben Sie diese Möglichkeiten mit dem Patienten besprochen?

II. Freiwilliges Verlangen um Lebensbeendigung

1. Lag ein in aller Freiheit erfolgtes, sehr nachdrückliches und wohlerwo-

genes Verlangen des Patienten vor:

a. anhand (durch Sie verschaffter) adäquater Informationen in bezug auf (den Verlauf der) Krankheit und die Weise der Lebensbeendigung, und
b. nach Besprechung der unter 1.7. genannten Möglichkeiten?

2. Falls ein Verlangen des Patienten vorlag, wann und wem gegenüber wurde das Verlangen geäußert? Waren andere dabei anwesend?
3. Ist eine schriftliche Willenserklärung vorhanden? (Wenn ja, diese dem amtsärztlichen Leichenbeschauer aushändigen).
4. War sich der Patient zur Zeit seines/ihres Verlangens über dessen Inhalt und seine/ihre körperliche und geistige Situation voll bewußt? Woraus ergibt sich das?
5. Hat der Patient auch noch andere Alternativen als aktive Sterbehilfe auf Verlangen erwogen? Wenn ja, welche, wenn nein, warum nicht?
6. Wurde von anderen irgendein Einfluß auf die Entscheidung des Patienten und auf Sie ausgeübt? Woraus ergibt sich das?

III. Beratung eines Kollegen

1. Ist ein Kollege konsultiert worden? Wenn ja, wer und wo ist dieser Arzt erreichbar? (Wenn mehrere Ärzte konsultiert wurden, angeben, wer und wo sie erreichbar sind).
2. Was waren die Schlußfolgerungen des/der konsultierten Arztes/Ärzte, jedenfalls in bezug auf die unter 1.6. und 1.7. genannten Punkte?
3. Hat dieser Arzt den Patienten gesehen, wenn ja, wann und/oder worauf gründen die Schlußfolgerungen des Arztes?

IV. Ausführung der aktiven Sterbehilfe auf Verlangen

1. Durch wen und auf welche Weise wurde die aktive Sterbehilfe auf Verlangen ausgeführt?
   2. Wurden zuvor Informationen über die anzuwendende Methode eingeholt und wenn ja, wo und/oder von wem?
3. War der Tod vernünftigerweise als Folge der angewandten Methode zu erwarten?
4. Wer war bei der Ausführung anwesend und wo sind sie erreichbar?

IX. Standardbericht für den amtsärztlichen Leichenbeschauer im Zusammenhang mit einer Meldung aktiver Sterbehilfe auf Verlangen durch den behandelnden Arzt v. Dezember 1990

Quelle: MC 1991, S. 62-3

1. Auch bei dem gegenwärtig geltenden „Meldeverfahren aktiver Sterbehilfe auf Verlangen" ist Ausgangspunkt, daß im Falle einer geleisteten aktiven Sterbehilfe auf Verlangen (oder Hilfe zur Selbsttötung) eine unnatürliche Todesursache vorliegt. Der behandelnde Arzt darf folglich keinen Totenschein abgeben und Sie, als der durch ihn benachrichtigte amtsärztliche Leichenbeschauer, erstatten Bericht an den Staatsanwalt.
   Siehe das GHI-Bulletin „Richtlinien für Ärzte über die Vorschriften in bezug auf die Leichenbestattung" (Neuauflage von September 1987) und Art. 29t Abs. 1 Gesetz über das Bestattungswesen.
2. Der (behandelnde) Arzt, der aktive Sterbehilfe auf Verlangen geleistet hat, hat nach dem Meldeverfahren an Sie „begründeten und vollständigen (schriftlichen) Bericht" anhand einer Liste von Fragen zu erstatten (Nummer SB/90/...von Dezember 1990, als Anlage hier beigefügt).
3. Im Falle aktiver Sterbehilfe auf Verlangen erstatten Sie gemäß Art. 29t Abs. 1 Gesetz über das Bestattungswesen durch Ausfüllen des in diesem Artikel genannten Formulars Bericht an den Staatsanwalt.
4. Die Rubrik „Besonderheiten" unter b. des genannten Formulars muß in diesen Fällen mit zwei, bzw. drei außerordentlichen Anlagen versehen werden, namentlich:
   a. den durch den Arzt verfaßten Bericht im Sinne von 2.
      mit (wenn vorliegend)
   b. der schriftlichen Willenserklärung im Sinne von II. 3. und
   c. einer Erläuterung von Ihnen über die Weise, wie Sie die Angaben des behandelnden Arzt verifiziert haben (z.B. durch Einsichtnahme in den Krankenbericht des Patienten, Nachfrage bei konsultierten Ärzten, usw.)

Nota bene: Wenn Sie bestimmte Teile der Angaben des behandelnden Arztes nicht haben verifizieren können, ist dies ausdrücklich zu vermerken und mit Gründen zu versehen, warum eine Verifikation nicht möglich war.

X. Auszug aus dem Königlichen Erlaß vom 17. Dezember 1993, beinhaltend die Feststellung des Formulars im Sinne von Art. 10 Abs. 1 des Gesetzes über das Bestattungswesen

Quelle: Stb. 688

Artikel 1

Das Musterformular des Berichts des amtsärztlichen Leichenbeschauers an den Staatsanwalt, im Sinne des Artikel 10 des Gesetzes über das Bestattungswesen über das Ableben infolge Lebensbeendigung auf Verlangen durch einen Arzt, die Hilfeleistung zur Selbsttötung oder die aktive Lebensbeendigung ohne ausdrückliches Verlangen, lautet wie folgt:

An den Herrn Staatsanwalt des Bezirks:

Der Unterzeichnete,
Leichenbeschauer der Gemeinde;

erklärt, während der letzten beiden Jahre als Arzt, Mediziner oder Geburtshelfer keinen Rat oder Beistand geleistet zu haben an:

Name
Vornamen (vollständig ausgeschrieben)
geboren am , in
letzter Wohnort in , verstorben am

erklärt, die Leichenschau persönlich vorgenommen zu haben;

erklärt, daß der behandelnde Arzt des Verstorbenen ihm mitgeteilt hat, daß der Tod infolge Lebensbeendigung auf Verlangen/der Hilfeleistung zur Selbsttötung/der aktiven Lebensbeendigung ohne ausdrückliches Verlangen* eingetreten ist;

erklärt, im Zusammenhang damit den in Artikel 14 des Gesetzes über das Bestattungswesen genannten Standesbeamten benachrichtigt zu haben;

erklärt, vom behandelnden Arzt einen Bericht erhalten zu haben, der eine von Letztgenannten begründete und vollständig ausgefüllte Liste mit den zu beachtenden Punkten im Sinne der Anlage enthält, die einen Unterteil des Erlasses bildet;

erklärt hiermit, die Angaben des vorgenannten Berichts verifiziert zu haben und daß seine Beurteilung des Berichts wie folgt lautet:

erklärt, in Anbetracht des vorgenannten Berichts des behandelnden Arztes nicht davon überzeugt zu sein, daß der Tod infolge einer natürlichen Ursache eingetreten ist;

erklärt, wohl/nicht* eine schriftliche Willenserklärung im Sinne von II, A, 3 und II, B, 3 der Anlage zu diesem Erlaß erhalten zu haben.

(Datum) (Unterschrift)

Gemäß Artikel 6 Absatz 1 des Gesetzes über das Bestattungswesen ist es dem amtsärztlichen Leichenbeschauer nicht erlaubt, in dieser Eigenschaft aufzutreten, falls er dem Verstorbenen innerhalb der letzten zwei Jahre Rat oder Beistand als Arzt, Mediziner oder Geburtshelfer geleistet hat, und falls zwischen diesem und ihm Bluts- oder Verwandtschaft bis in den dritten Grad oder Ehegemeinschaft bestand oder besteht.

Artikel 2

Das Musterformular des Berichts des amtsärztlichen Leichenbeschauers an den Staatsanwalt im Sinne von Artikel 10 des Gesetzes über das Bestattungswesen über das Ableben infolge einer anderen Ursache als der im Sinne von Artikel 1 lautet wie folgt:

An den Herrn Staatsanwalt des Bezirks:

Der Unterzeichnende
Leichenbeschauer der Gemeinde

erklärt, während der letzten beiden Jahre als Arzt, Mediziner oder Geburtshelfer keinen Rat oder Beistand geleistet zu haben an:

Name
Vornamen (vollständig ausgeschrieben)
geboren am , in

letzter Wohnort* in , verstorben am
wohnhaft* in
die am , in
einen Sohn/eine Tochter* tot geboren hat;

erklärt, die Leichenschau persönlich vorgenommen zu haben; erklärt, nicht davon überzeugt zu sein, daß der Tod infolge einer natürlichen Ursache eingetreten ist; im Zusammenhang damit den in Artikel 14 des Gesetzes über das Bestattungswesen genannten Standesbeamten benachrichtigt zu haben.

Besonderheiten:

(Datum) (Unterschrift)

Gemäß Artikel 6 Absatz 1 des Gesetzes über das Bestattungswesen ist es dem amtsärztlichen Leichenbeschauer nicht erlaubt, in dieser Eigenschaft aufzutreten, falls er dem Verstorbenen oder der Mutter des Totgeborenen innerhalb der letzten zwei Jahre Rat oder Beistand als Arzt, Mediziner oder Geburtshelfer geleistet hat, und falls zwischen diesem/dieser und ihm Bluts- oder Verwandtschaft bis in den dritten Grad oder Ehegemeinschaft bestand oder besteht.

Artikel 3

Dieser Erlaß tritt an einem durch Königlichen Erlaß festzulegenden Zeitpunkt in Kraft.

---

* Nichtzutreffendes durchstreichen

XI. Standardbericht für den behandelnden Arzt im Zusammenhang mit einer Meldung an den amtsärztlichen Leichenbeschauer über das Ableben infolge Lebensbeendigung auf Verlangen, einer Hilfeleistung zur Selbsttötung oder der aktiven Lebensbeendigung ohne ausdrückliches Verlangen im Sinne von Art. 1 v. Dezember 1993

Quelle: Stb. 688

Sie haben im Falle einer Lebensbeendigung auf Verlangen, der Hilfeleistung zur Selbsttötung oder der aktiven Lebensbeendigung ohne ausdrückliches Verlangen des Patienten anhand folgender Fragen dem amtsärztlichen Leichenbeschauer einen begründeten und vollständigen schriftlichen Bericht auf der Grundlage des Krankenberichts vorzulegen. Diese Meldung läßt die Art. 287, 289, 293 und 294 des Strafrechtsgesetzbuches unberührt.

I. Die Krankengeschichte

1. Welcher Art war die Krankheit und welche wichtigen Haupt- und Nebendiagnosen gab es?
2. Wann wurde(n) diese Diagnose(n) gestellt?
3. Welche medizinischen Eingriffe (Medikamente, therapeutisch oder operativ, usw.) haben stattgefunden?
4. Wer waren die behandelnden Ärzte, wo sind sie zu erreichen und wie lauteten ihre Diagnosen und Prognosen?
5. a. Bestand ein derart ernstes Leiden, daß dies vom Patienten als unerträglich erfahren wurde und erfahren werden konnte?
   b. Worin bestand dieses Leiden?
   c. In welcher Hinsicht konnte dieses Leiden als dauerhaft und aussichtslos bezeichnet werden?
   d. Aus welchen Gründen wurde angenommen, daß die Situation, in der sich der Patient zuletzt befand, nach ärztlicher Erkenntnis zu einer weitgehenden Verschlechterung des bereits als unerträglich erfahrenen Leidens führen und dadurch ein derartig unaufhaltbarer körperlicher und geistiger Verfall des Patienten eintreten würde, so daß der Patient nicht mehr auf menschenwürdige Weise sterben können würde?
   e. Zu welchem Zeitpunkt hätten Sie das Ableben des Patienten erwartet, wenn nicht zu Lebensbeendigung auf Verlangen, Hilfe zur Selbsttötung oder aktiver Lebensbeendigung ohne ausdrückliches Verlangen des Patienten übergegangen worden wäre?

6. a. Bestanden Möglichkeiten, das Leiden des Patienten erträglicher zu machen, und haben Sie diese mit dem Patienten besprochen?
   b. Wie stand der Patient dem gegenüber?

II. Verlangen nach Sterbehilfe

A. Lebensbeendigung auf Verlangen und Hilfe zur Selbsttötung bei Patienten mit einem körperlichen Leiden

1. Lag ein in aller Freiheit erfolgtes, sehr nachdrückliches und wohlerwogenes Verlangen des Patienten vor?
   (Wenn nein, dann die Fragen unter III. Aktive Lebensbeendigung ohne ausdrückliches Verlangen beantworten)
2. Wann und wem gegenüber wurde das Verlangen zuerst geäußert? Wann und wem gegenüber wurde das Verlangen wiederholt?
3. Ist eine schriftliche Willenserklärung vorhanden?
   Wenn ja, dann diese Erklärung diesem Bericht hinzufügen.
   Wenn nein, welchen Grund hat das?
4. Woraus ergibt sich, daß der Patient zur Zeit des Verlangens über den Inhalt seines/ihres Verlangens und seiner/ihrer körperlichen Situation voll bewußt war?
5. Wurde über die Lebensbeendigung mit Angehörigen gesprochen?
   a. Wenn ja, mit wem, und wie lauteten deren Auffassungen?
   b. Wenn nein, warum nicht?

B. Lebensbeendigung auf Verlangen und Hilfe zur Selbsttötung bei Patienten mit einem psychiatrischen Leiden

1. Lag ein in aller Freiheit erfolgtes, sehr nachdrückliches und wohlerwogenes Verlangen des Patienten vor?
2. Wann und wem gegenüber wurde das Verlangen zuerst geäußert? Wann und wem gegenüber wurde das Verlangen wiederholt?
3. Ist eine schriftliche Willenskundgebung vorhanden?
   Wenn ja, dann diese Erklärung diesem Bericht hinzufügen.
   Wenn nein, welchen Grund hat das?
4. Konnte der Patient unter Berücksichtigung der Art seines/ihres Leidens nach Ihrem ärztlichen Urteil Einsicht in den Inhalt seines/ihres Verlangens und in seine/ihre Situation haben?
5. Woraus ergibt sich, daß sich der Patient zur Zeit des Verlangens über den Inhalt seines/ ihres Verlangens und seiner/ihrer Situation voll bewußt war?

6. a. Bestanden (medizinische, therapeutische oder andere) Möglichkeiten, um das Leiden des Patienten erträglicher zu machen oder diesen zu heilen?
   b. Wenn ja, woraus ergibt sich, daß der Patient diese Möglichkeiten wohlerwogen abgelehnt hat?
7. Wurde über die Lebensbeendigung mit Angehörigen gesprochen?
   a. Wenn ja, mit wem, und wie lauteten deren Auffassungen?
   b. Wenn nein, warum nicht?

III. Aktive Lebensbeendigung ohne ausdrückliches Verlangen

1. Welche Ursache hat die Abwesenheit eines ausdrücklichen Verlangens des Patienten im Zeitpunkt des lebensbeendenden Handelns?
2. Bestand eine frühere Äußerung (schriftlich oder mündlich) des Patienten über Lebensbeendigung?
   a. Wenn ja, wie hat diese gelautet, wann und wem gegenüber wurde sie geäußert?
   b. Wenn nein, in welchem Zeitpunkt und von wem wurde die Frage aufgeworfen, ob zur Lebensbeendigung übergegangen werden soll?
3. Welche ergänzenden Erwägungen haben die ärztliche Entscheidungsfindung sowie den Handlungszeitpunkt bestimmt?
4. Wurde über die Lebensbeendigung mit Angehörigen und/oder gesetzlichem/n Vertreter/n gesprochen?
   a. Wenn ja, mit wem, und wie lauteten deren Auffassungen?
   b. Wenn nicht, warum nicht?

IV. Konsultation

(Die folgenden Punkte sind sowohl anwendbar auf II. Verlangen um Lebensbeendigung, als auch auf III. Aktive Lebensbeendigung ohne ausdrückliches Verlangen)

1. a. Welcher(r) Arzt/Ärzte wurde(n) konsultiert?
   b. Welche Funktion hat/haben er/sie? (Hausarzt/Facharzt/Psychiater/sonstiges)
   c. Wann hat/haben der/die konsultierte(n) Arzt/Ärzte den Patienten gesehen?
   d. Wo ist er/sind sie zu erreichen?
   e. War(en) er/sie an der Behandlung beteiligt?
   f. In welchem Verhältnis steht/stehen er/sie zu Ihnen?
2. Dieser Punkt gilt nur, wenn der Patient an einem psychiatrischen Leiden gelitten hat (s. II-B):

a. Welche/r Psychiater und/oder andere Personen mit Kenntnis des Geisteszustands des Patienten wurde(n) außer dem/den unter 1. genannten Arzt/Ärzten konsultiert?
b. Wann hat/haben diese(r) den Patienten gesehen, und wie hat/haben diese(r) sein/ihr Urteil gebildet?
c. Wo ist er/sind sie zu erreichen?
d. In welchem Verhältnis steht/stehen er/sie zu Ihnen?

3. Welche Schlußfolgerungen haben der/die konsultierte(n) Arzt/Ärzte in bezug auf folgendes gezogen:
   a. Zustand des Patienten und zu erwartender Todeszeitpunkt?
   b. die eventuell anwendbaren Alternativen?
   c. die Freiheit, Wohlerwogenheit und Dauerhaftigkeit des Verlangens des Patienten?

V. Die Ausführung der Lebensbeendigung

1. Wann, wo, von wem und auf welche Weise und mit welchen Mitteln hat die Lebensbeendigung stattgefunden?
2. Wurden zuvor Informationen über die anzuwendende Methode eingeholt, und wenn ja, bei wem?
3. a. Waren Sie selbst bei der Ausführung anwesend?
   b. Wer war außer Ihnen bei der Ausführung anwesend, und wo sind diese Personen zu erreichen?
4. Wurde über die Ausführung der Lebensbeendigung mit dem Abteilungsleiter und/oder dem Pflegepersonal und/oder der Gemeindeschwester gesprochen?
   a. Wenn ja, mit wem, wann und wie lauteten deren Auffassungen?
   b. Wenn nein, warum nicht?
5. Wann und auf welche Weise wurde die Leitung der Versorgungseinrichtung über die Ausführung der Lebensbeendigung informiert?

XII. Auszug aus dem Königlichen Erlaß vom 19. November 1997, beinhaltend die Feststellung der Formulare im Sinne von Artikel 10 des Gesetzes über das Bestattungswesen über das Ableben infolge einer unnatürlichen Ursache, welche nicht Lebensbeendigung ohne ausdrückliches Verlangen ist
Stb. 550

Artikel 1

Das Musterformular des Berichts des amtsärztlichen Leichenbeschauers an den Staatsanwalt im Sinne des Artikel 10 des Gesetzes über das Bestattungswesen über das Ableben infolge einer unnatürlichen Ursache, welche nicht Lebensbeendigung auf Verlangen, Hilfe zur Selbsttötung oder Lebensbeendigung ohne ausdrückliches Verlangen ist, lautet wie folgt:

An den Staatsanwalt des Bezirks:

Der Unterzeichnende,
Leichenbeschauer der Gemeinde;

erklärt, während der letzten zwei Jahre keine ärztlichen Behandlungen geleistet zu haben an:

Name
Vorname (vollständig ausgeschrieben)
geboren am , in
letzter Wohnort in , verstorben am
wohnhaft* in , die am , in
einen Sohn/eine Tochter* tot geboren hat;

erklärt, die Leichenschau persönlich vorgenommen zu haben;

erklärt, nicht davon überzeugt zu sein, daß der Tod infolge einer natürlichen Ursache eingetreten ist; im Zusammenhang damit den in Artikel 14 des Gesetzes über das Bestattungswesen genannten Standesbeamten benachrichtigt zu haben.

Besonderheiten:
(Datum) (Unterschrift)

Gemäß Artikel 6 Absatz 1 des Gesetzes über das Bestattungswesen ist es dem amtsärztlichen Leichenbeschauer nicht erlaubt, in dieser Eigenschaft aufzutreten, falls er an dem Verstorbenen oder der Mutter des Totgeborenen innerhalb der letzten zwei Jahre ärztliche Handlungen verrichtet hat und zwischen diesem/dieser und ihm Bluts- oder Verwandtschaft bis zum dritten Grad oder Ehegemeinschaft bestand oder besteht.

---

*Nichtzutreffendes durchstreichen

Artikel 2

Das Musterformular des Berichts des amtsärztlichen Leichenbeschauers an den Staatsanwalt im Sinne von Artikel 10 des Gesetzes über das Bestattungswesen über das Ableben infolge Lebensbeendigung durch einen Arzt auf Verlangen oder dessen Hilfeleistung zur Selbsttötung lautet wie folgt:

An den Staatsanwalt des Bezirks

Der Unterzeichnende
Leichenbeschauer der Gemeinde

erklärt, während der letzten zwei Jahre keine ärztlichen Behandlungen geleistet zu haben an:

Name
Vorname (vollständig ausgeschrieben)
geboren am , in
letzter Wohnort in , verstorben am

erklärt, daß der behandelnde Arzt des Verstorbenen ihm mitgeteilt hat, daß der Tod infolge Lebensbeendigung auf Verlangen/Hilfeleistung zur Selbsttötung* eingetreten ist;

erklärt, verifiziert zu haben, wie und mit welchen Mitteln das Leben beendet wurde;

erklärt, von dem behandelnden Arzt einen Bericht der Lebensbeendigung auf Verlangen oder Hilfe zur Selbsttötung erhalten zu haben, der mit dem Muster in der Anlage übereinstimmt, welche einen Unterteil dieses Erlasses bildet;

erklärt, im Zusammenhang mit diesem Todesfall eine/keine* schriftliche Willenserklärung vom Verstorbenen erhalten zu haben;

erklärt, im Zusammenhang mit diesem Todesfall eine/keine* Erklärung des konsultierten Arztes erhalten zu haben;

erklärt, den Bericht über die Lebensbeendigung auf Verlangen oder Hilfe zur Selbsttötung und, falls erhalten, die schriftliche Willenserklärung des Verstorbenen und die Erklärung des konsultierten Arztes, sowie eine Kopie dieses Formulars der dazu durch den Justizminister und den Minister für Volksgesundheit, Gemeinwohl und Sport eingesetzten Prüfungskommission Euthanasie in der Region, in der der Todesfall stattfand, zuzusenden;

erklärt, die Leichenschau persönlich vorgenommen zu haben;

erklärt, daß er nicht der Überzeugung ist, daß der Tod infolge einer natürlichen Ursache eingetreten ist; im Zusammenhang damit den in Artikel 14 des Gesetzes über das Bestattungswesen genannten Standesbeamten benachrichtigt zu haben;

(Datum) (Unterschrift)

Gemäß Artikel 6 Absatz 1 des Gesetzes über das Bestattungswesen ist es dem amtsärztlichen Leichenbeschauer nicht erlaubt, in dieser Eigenschaft aufzutreten, falls er an dem Verstorbenen innerhalb der letzten zwei Jahre ärztliche Handlungen verrichtet hat und zwischen diesem und ihm Bluts- oder Verwandtschaft bis zum dritten Grad oder Ehegemeinschaft bestand oder besteht.

*Nichtzutreffendes durchstreichen

Artikel 3

Der Erlaß vom 17.12.1993, Stb. 688, beinhaltend die Feststellung des Formulars im Sinne von Artikel 10 Absatz 1 des Gesetzes über das Bestattungswesen, wird eingezogen.

Artikel 4

Dieser Erlaß tritt an einem durch Königlichen Erlaß festzulegenden Zeitpunkt unter der Voraussetzung in Kraft, daß die Einziehung des in Artikel 3 genannten Erlasses, soweit er sich auf aktive Lebensbeendigung ohne ausdrückliches Verlangen bezieht, zu einem späteren Zeitpunkt erfolgt.

XIII. Musterbericht für den behandelnden Arzt im Zusammenhang mit einer Meldung an den amtsärztlichen Leichenbeschauer über das Ableben infolge Lebensbeendigung auf Verlangen oder Hilfe zur Selbsttötung im Sinne von Artikel 2 v. November 1997

Quelle: Stb. 550

Mit der Meldung eines unnatürlichen Todesfalles infolge Lebensbeendigung auf Verlangen oder Hilfe zur Selbsttötung an den amtsärztlichen Leichenbeschauer erteilt der behandelnde Arzt dem amtsärztlichen Leichenbeschauer einen Bericht, der wie folgendes Muster verfaßt ist.

Nota Bene: Sie werden gebeten, die Antworten auf die gestellten Fragen zu **begründen.** Es steht Ihnen frei, zur Beantwortung der Fragen weitere Informationen in Form von Anlagen zu geben. Bitte fügen Sie bitte ebenfalls Anlagen bei, falls der Raum zur Beantwortung einer Frage nicht ausreicht. **Vergessen Sie nicht, auf der Anlage deutlich anzugeben, auf welche Frage diese sich bezieht.**

Angaben zum Arzt

Nachname:
Vorname: Geschlecht: m/w
Funktion: Hausarzt
Hausarzt im Pflegeheim
Spezialist: (benennen)
Name der Einrichtung (soweit zutreffend):
Adresse des Arbeitsortes:
Postleitzahl/Ort:

Angaben zum Verstorbenen

Nachname
Vorname: Geschlecht: m/w
Tag des Ablebens:
Gemeinde:

I. Die Krankengeschichte

1. An welcher/welchen Erkrankung/en litt der Patient und seit wann?
2. Welche medizinischen Therapien wurden erprobt?
3. War eine Heilung des Patienten noch möglich?

4. Worin bestand das Leiden des Patienten?
5a. Bestanden noch Möglichkeiten, das Leiden des Patienten zu erleichtern?
5b. Wenn ja, wie stand der Patient diesen Alternativen gegenüber?
6. Zu ungefähr welchem Termin wäre das Ableben zu erwarten gewesen, falls nicht Lebensbeendigung auf Verlangen oder Hilfe zur Selbsttötung geleistet worden wäre?

II. Verlangen um Lebensbeendigung oder Hilfe zur Selbsttötung

7a. Wann hat der Patient um Lebensbeendigung oder Hilfe zur Selbsttötung verlangt?
7b. Wann wurde dieses Verlangen wiederholt?
8. In wessen Anwesenheit wurde dieses Verlangen geäußert?
9a. Liegt eine schriftliche Willenserklärung vor?
9b. Wenn ja, mit welchem Datum? (bitte diese Erklärung dem Bericht beifügen)
9c. Wenn nein, aus welchen Gründen?
10. Bestehen Hinweise, daß das Verlangen des Patienten unter dem Druck oder Einfluß anderer geäußert wurde?
11. Gibt es Anlaß zu bezweifeln, daß der Patient zur Zeit des Verlangens sich des Inhalts seines/ihres Verlangens und seiner/ihrer körperlichen Verfassung voll bewußt war?

NB: Lebensbeendendes Handeln in bezug auf Patienten, deren Leiden primär psychischen Ursprungs ist, sowie Patienten, deren Fähigkeit, ein wohlerwogenes Verlangen zu äußern gestört gewesen sein kann, beispielsweise als Folge einer Depression oder einer sich entwickelnden Demenz, ist entsprechend der Meldung für Fälle der Lebensbeendigung ohne ausdrückliches Verlangen vorzunehmen. Nach diesem Verfahren ist auch lebensbeendendes Handeln an minderjährigen Patienten zu melden.

12a. Haben Überlegungen zur Lebensbeendigung mit dem Pflegepersonal stattgefunden?
12b. Wenn ja, mit wem und wie lauteten deren Auffassungen?
12c. Wenn nein, warum nicht?
13a. Haben Überlegungen zur Lebensbeendigung mit Angehörigen stattgefunden?
13b. Wenn ja, mit wem und wie lauteten deren Auffassungen?
13c. Wenn nein, warum nicht?

III. Beratung

14. Welcher Arzt/welche Ärzte ist/sind konsultiert worden?
15a. Was ist seine/ihre Funktion? (Hausarzt/Spezialist/Psychiater/andere, namentlich
15b. War/waren dieser/diese an der Behandlung beteiligt?
15c. Was ist sein/ihr Verhältnis zu Ihnen?
16a. Wann hat/haben der/die konsultierte(n) Arzt/Ärzte den Patient gesehen?
16b. Wenn der/die konsultierende(n) Arzt/Ärzte den Patient nicht gesehen hat/haben: warum nicht?
17. Nota Bene: Sie werden gebeten, einen schriftlichen Bericht des/der konsultierten Arzt/ Ärzte über sein/ihr Urteil zur Aussichtslosigkeit und Unerträglichkeit des Leidens des Patienten und zur Ausdrücklichkeit und Wohlerwogenheit des Verlangens des Patienten dem Bericht beizufügen.
    Falls der/die konsultierte(n) Arzt/Ärzte sein/ihr Urteil nicht aufgeschrieben hat/haben: wie lautete das Urteil des/der konsultierten Arztes/Ärzte bzgl. der soeben genannten Aspekte?

IV. Die Ausführung der Lebensbeendigung auf Verlangen oder der Hilfe zur Selbsttötung

18a. Was wurde ausgeführt:
    Lebensbeendigung auf Verlangen (gehe zu Frage 18.b.)
  oder
    Hilfe zur Selbsttötung?
18b. Wer hat die Lebensbeendigung auf Verlangen tatsächlich ausgeführt?
19. Mit welchen Mitteln und auf welche Weise wurde das Leben beendet?
20. Wurden zuvor Informationen über die anzuwendende Methode eingeholt und wenn ja, bei wem?
21. Wer außer Ihnen war bei der Lebensbeendigung anwesend?

V. Übrige Anmerkungen

22. Gibt es noch Punkte, die Sie der regionalen Prüfungskommission zur Kenntnis bringen möchten und die Sie bei der Beantwortung der Fragen nicht anbringen konnten?

Datum: Name:
Unterschrift:

XIV. Auszug aus dem Gesetzentwurf des Zweiten Kabinetts Kok zur Änderung des Strafgesetzbuches und des Gesetzes über das Bestattungswesen in bezug auf Lebensbeendigung auf Verlangen und Hilfe zur Selbsttötung v. August 1998

Drucks. II, 1997-98, 26 000 Nr. 2

ARTIKEL I

Das Strafgesetzbuch wird wie folgt geändert.

A

Art. 293 lautet wie folgt:

Artikel 293

1. Wer vorsätzlich das Leben eines anderen auf dessen ausdrückliches und ernsthaftes Verlangen beendet, wird mit Gefängnisstrafe bis zu zwölf Jahren oder Geldstrafe der vierten Kategorie bestraft.
2. Wer vorsätzlich einen anderen zur Selbsttötung antreibt, wird mit Gefängnisstrafe bis zu drei Jahren oder Geldstrafe der vierten Kategorie bestraft.
3. Wer vorsätzlich einem anderen bei der Selbsttötung behilflich ist oder ihm die Mittel dazu verschafft, wird mit Gefängnisstrafe bis zu drei Jahren oder Geldstrafe der vierten Kategorie bestraft, wenn der Selbstmord erfolgt,
4. Abs. 1 und 3 sind nicht anwendbar, wenn die Lebensbeendigung oder das Behilflichsein bei der Selbsttötung oder das Verschaffen der Mittel dazu auf das ausdrückliche und wiederholte Verlangen eines Patienten aufgrund der aussichtslosen Notsituation, in welcher dieser sich befindet, durch einen Arzt erfolgt, der dabei die aufgestellten Sorgfaltspflichten einhält und dem amtsärztlichen Leichenbeschauer die gem. Art. 7 Abs. 2 des Gesetzes über das Bestattungswesen erforderliche Mitteilung macht.
5. Die Sorgfaltspflichten im Sinne des Abs. 4 beinhalten, daß der Arzt:
   a. zu der Überzeugung gelangt ist, daß der Patient seine Bitte um Lebensbeendigung freiwillig und wohlerwogen getan hat;
   b. den Patienten über die Situation, in der dieser sich befindet, und die Aussichten in bezug auf die Notsituation aufgeklärt hat;
   c. mit dem Patienten zu der Überzeugung gelangt ist, daß es für die Notsituation keine andere Lösung gibt;

d. einen von ihm unabhängigen Arzt zu Rate gezogen hat, der sich über die aussichtslose Notsituation ein Urteil gebildet hat, und den Patienten, sofern eine sorgfältige Beurteilung dies erfordert, besucht hat.

6. Wenn der Patient zwischen zwölf und achtzehn Jahre alt ist, werden seine gesetzlichen Vertreter in die Entscheidung miteinbezogen. Wenn einer von ihnen mit der Lebensbeendigung nicht einverstanden ist, wird dem Verlangen des Patienten nicht entsprochen, es sei denn, daß dieser die Lebensbeendigung weiterhin wohlüberlegt wünscht und die Notsituation nach dem Urteil des Arztes keinen Aufschub der Lebensbeendigung gestattet.

B

Art. 294 fällt weg.

C

In Art. 295 wird nach „293“ hinzugefügt: , Abs. 1, 2 und 3,.

D

In Art. 422 wird nach „293“ hinzugefügt: , Abs. 1, 2 und 3,.

ARTIKEL II

Das Gesetz über das Bestattungswesen wird wie folgt geändert.

A

Art. 7 lautet wie folgt:

Artikel 7

1. Der die Leichenschau Verrichtende gibt einen Totenschein ab, wenn er der Überzeugung ist, daß der Tod infolge einer natürlichen Ursache eingetreten ist.

2. Wenn der Tod die Folge einer Lebensbeendigung auf Verlangen oder des Behilflichseins bei einer Selbsttötung oder des Verschaffens der Mittel dazu war, wie in Art. 293 Abs. 1 oder Abs. 3 des Strafgesetzbuches bestimmt, gibt der behandelnde Arzt keinen Totenschein ab und erstattet unverzüglich

Nachricht an den amtsärztlichen Leichenbeschauer oder einen der amtsärztlichen Leichenbeschauer durch Ausfüllen eines Formulars. Der Nachricht fügt der behandelnde Arzt einen begründeten Bericht über die Einhaltung der Sorgfaltspflichten im Sinne von Art. 293 Abs. 5 und 6 des Strafgesetzbuches bei.

3. Wenn der behandelnde Arzt in anderen Fällen als denen im Sinne des Abs. 2 der Meinung ist, keinen Totenschein abgeben zu können, teilt er dies unverzüglich dem amtsärztlichen Leichenbeschauer oder einem amtsärztlichen Leichenbeschauer mit.

B

Art. 9 lautet wie folgt:

Artikel 9

1. Die Form und der Inhalt der Muster des vom behandelnden Arzt und des amtsärztlichen Leichenbeschauers abzugebenden Totenscheines werden durch allgemeine Regierungsverordnung geregelt.

2. Die Form und der Inhalt der Muster der Benachrichtigung und des Berichts im Sinne von Art. 7 Abs. 2 und der Formulare im Sinne von Art. 10 Abs. 1 und 2 werden auf Vortrag von unserem Justizminister und unserem Minister für Gemeinwohl, Volksgesundheit und Sport durch allgemeine Regierungsverordnung geregelt, welche nicht eher in Kraft tritt, als drei Monate nach dem Datum der Ausgabe des Staatsblattes, in dem sie veröffentlicht wurde. Von der Veröffentlichung werden die beiden Kammern des Staaten-Generals unverzüglich benachrichtigt.

C

Art. 10 lautet wie folgt:

Artikel 10

1. Wenn der amtsärztliche Leichenbeschauer meint, nicht zur Abgabe eines Totenscheines übergehen zu können, erstattet er durch das Ausfüllen eines Formulars unverzüglich Bericht an den Staatsanwalt und benachrichtigt unverzüglich den Standesbeamten.

2. Ungeachtet der Bestimmung in Abs. 1 benachrichtigt der amtsärztliche Leichenbeschauer, wenn eine Benachrichtigung im Sinne von Art. 7 Abs. 2 erforderlich ist, durch das Ausfüllen eines Formulars ferner die regionale Prü-

fungskommission im Sinne von Art. 10a. Dem fügt er den begründeten Bericht im Sinne von Art. 7 Abs. 2 hinzu.

D

Nach Art. 10 wird der folgende Artikel eingefügt:

Artikel 10a

1. Es bestehen fünf regionale Prüfungskommissionen, welche anhand des Berichts im Sinne von Art. 7 Abs. 2 und des Berichts im Sinne von Art. 10 Abs. 2 beurteilen, ob der behandelnde Arzt bei der Lebensbeendigung auf Verlangen, dem Behilflichsein bei der Selbsttötung oder dem Verschaffen der Mittel dazu die Sorgfaltspflichten im Sinne von Art. 293 Abs. 5 und 6 des Strafgesetzbuches erfüllt hat.

2. Die regionale Prüfungskommission bringt ihr begründetes Urteil innerhalb von sechs Wochen nach Empfang des Berichts im Sinne von Art. 10 Abs. 2 schriftlich zur Kenntnis des behandelnden Arztes. Der in S. 1 genannte Termin kann einmal bis zu zehn Wochen verlängert werden. Wenn der Arzt nach dem Urteil der regionalen Prüfungskommission nicht übereinstimmend mit den Sorgfaltspflichten im Sinne von Art. 293 Abs. 5 und 6 des Strafgesetzbuches gehandelt hat, bringt die regionale Prüfungskommission ihr Urteil zur Kenntnis des Staatsanwaltes und des regionalen Inspektors der Staatsaufsicht über die Volksgesundheit.

3. Auf Vortrag unseres Justizministers und unseres Ministers für Gemeinwohl, Volksgesundheit und Sport werden durch oder aufgrund allgemeiner Regierungsverordnung in bezug auf die Abs. 1 genannten Kommissionen in jedem Fall Regeln aufgestellt betreffend:

a. ihren Sitz und relative Zuständigkeit;
b. ihr Umfang und Zusammensetzung;
c. Benennung, Kündigung und Besoldung;
d. Befreiung bei Befangenheit und Geheimhaltung;
e. Arbeitsweise und Berichterstattung.

Die allgemeine Regierungsverordnung im Sinne des letzten Satzes tritt nicht eher in Kraft, als drei Monate nach dem Datum der Ausgabe des Staatsblattes, in dem sie veröffentlicht wurde. Von der Veröffentlichung werden beide Kammern des Staaten-Generals benachrichtigt.

E

Art. 12 wird der folgende Satz hinzugefügt: Wenn angesichts des Berichts des amtsärztlichen Leichenbeschauers im Sinne von Art. 10 Abs. 1 der Tod die Folge einer Lebensbeendigung auf Verlangen, des Behilflichseins bei der Selbsttötung und des Verschaffens der Mittel dazu im Sinne von Art. 293 Abs. 1 oder Abs. 3 des Strafgesetzbuches war und der Staatsanwalt meint, nicht zur Abgabe einer Unbedenklichkeitserklärung zum Begräbnis oder Verbrennung übergehen zu können, setzt er den amtsärztlichen Leichenbeschauer und die regionale Prüfungskommission im Sinne von Art. 10a hiervon unverzüglich in Kenntnis.

F

In Art. 81, Unterteil 1, fällt nach „7“ weg: , Abs. 1,.

XV. Entwurf eines Gesetzes über die Prüfung der Lebensbeendigung auf Verlangen und Hilfe zur Selbsttötung sowie zur Änderung des Strafgesetzbuches und des Gesetzes über das Bestattungswesen (Gesetz zur Prüfung Lebensbeendigung auf Verlangen und Hilfe zur Selbsttötung) vom 6. August 1999

Quelle: Drucks. II, 1999-2000, 26 691 Nr. 2

Kapitel 1. Begriffsumschreibungen

Artikel 1

Im Sinne dieses Gesetzes sind:

1. Unsere Minister: die Minister für Justiz sowie für Volksgesundheit, Wohlfahrt und Sport;
2. Hilfe zur Selbsttötung: das vorsätzlich einem anderen bei der Selbsttötung Behilflich sein oder ihm die Mittel dazu Verschaffen im Sinne von Artikel 294 Absatz 2 Satz 2 Strafgesetzbuch;
3. der Arzt: der Arzt, der der Meldung zufolge Lebensbeendigung auf Verlangen angewendet hat oder Hilfe bei der Selbsttötung geleistet hat;
4. der Berater: der Arzt, der über das Vorhaben eines Arztes zu Rate gezogen wurde, Lebensbeendigung auf Verlangen anzuwenden oder Hilfe zur Selbsttötung zu leisten;
5. die Sozialarbeiter: Sozialarbeiter im Sinne von Artikel 446 Absatz 1 des 7. Buches des Bürgerlichen Gesetzbuches;
6. die Kommission: eine regionale Prüfungskommission im Sinne von Artikel 3;
7. regionale Inspektor: regionale Inspektor der Aufsicht für die Gesundheitspflege der Staatsaufsicht über die Volksgesundheit;

Kapitel 2. Sorgfaltspflichten

Artikel 2

1. Die Sorgfaltspflichten im Sinne von Artikel 293 Absatz 2 Strafgesetzbuch beinhalten, daß der Arzt:

a. zu der Überzeugung gelangt ist, daß ein *freiwilliges*, *wohlüberlegtes* und *dauerhaftes* Verlangen des Patienten vorlag,
b. zu der Überzeugung gelangt ist, daß *aussichtsloses* und unerträgliches Leiden des Patienten vorlag,
c. den Patienten über die Situation, in welcher sich dieser befand sowie dessen Aussichten, aufgeklärt hat,
d. mit dem Patienten zu der Überzeugung gelangt ist, daß es für die Situation, in welcher dieser sich befand, keine *vernünftige andere Lösung* gab;
e. mindestens einen anderen unabhängigen Arzt zu Rate gezogen hat, der den Patienten gesehen und sich ein Urteil gebildet hat über die Sorgfaltspflichten im Sinne der Abschnitte a bis einschließlich d, und
f. die Lebensbeendigung medizinisch *sorgfältig* ausgeführt hat.

2. Wenn der sechzehnjährige oder ältere Patient nicht mehr imstande ist, seinen Willen zu äußern, jedoch zu einer vernünftigen Bewertung seiner Interessen über Lebensbeendigung imstande war, bevor er in diesen Zustand verfiel, und diesen abgegeben hat, kann der Arzt diesem Verlangen entsprechend Absatz 1 nachkommen, es sei denn er hat berechtigte Gründe, das Verlangen nicht zu gewähren.
3. Wenn der minderjährige Patient zwischen sechzehn und achtzehn Jahre alt ist und anzunehmen ist, daß er zu einer vernünftigen Bewertung seiner Interessen zur Sache imstande ist, kann der Arzt einem Verlangen des Patienten um Lebensbeendigung oder Hilfe zur Selbsttötung nachkommen, nachdem der Elternteil oder die Eltern, welche(r) die elterliche Sorge über ihn ausübt/ausüben oder sein Vormund in die Entscheidungsfindung einbezogen wurden.
4. Wenn der minderjährige Patient zwischen zwölf und sechzehn Jahre alt ist und anzunehmen ist, daß er zu einer vernünftigen Bewertung seiner Interessen zur Sache imstande ist, kann der Arzt, wenn ein Elternteil oder die Eltern, welche(r) die elterliche Sorge über ihn ausübt/ausüben oder sein Vormund nicht mit Lebensbeendigung oder Hilfe zur Selbsttötung einverstanden ist/sind, einem Verlangen des Patienten nachkommen, wenn er zu der Überzeugung gelangt ist, daß mit der Lebensbeendigung *ernsthaftem Nachteil für den Patienten* zuvorgekommen werden kann. Absatz 2 ist entsprechend anzuwenden.

Kapitel 3. Regionale Prüfungskommissionen für Lebensbeendigung auf Verlangen oder Hilfe zur Selbsttötung

Paragraph 1: Einsetzung, Zusammensetzung und Bestellung

Artikel 3

1. Es bestehen regionale Kommissionen für die Prüfung der Meldungen der Fälle der Lebensbeendigung auf Verlangen und Hilfe zur Selbsttötung im Sinne von Artikel 293 Absatz 2 beziehungsweise 294 Absatz 2 Satz 2 des Strafgesetzbuches.
2. Eine Kommission besteht aus einer ungeraden Anzahl an Mitgliedern, in jedem Fall einem Juristen, zugleich Vorsitzenden, einem Arzt und einem Experten in Fragen der Ethik oder Sinngebung.

Artikel 4

1. Der Vorsitzende und die Mitglieder sowie die stellvertretenden Mitglieder werden durch unsere Minister für die Dauer von sechs Jahren bestellt.
2. Eine Kommission hat einen Sekretär und einen oder mehrere stellvertretende Sekretäre, sämtlich Juristen, die durch unsere Minister bestellt werden. Der Sekretär hat in den Versammlungen der Kommission eine beratende Stimme.
3. Der Sekretär ist für seine Tätigkeiten für die Kommission ausschließlich der Kommission verantwortlich.

Paragraph 2: Kündigung

Artikel 5

Der Vorsitzende und die Mitglieder sowie die stellvertretenden Mitglieder können jederzeit auf eigenen Wunsch durch unsere Minister entlassen werden.

Artikel 6

Der Vorsitzende und die Mitglieder sowie die stellvertretenden Mitglieder können durch unsere Minister wegen Untauglichkeit oder Unfähigkeit oder aus anderen schwerwiegenden Gründen entlassen werden.

Paragraph 3: Besoldung

Artikel 7

Der Vorsitzende und die Mitglieder sowie die stellvertretenden Mitglieder erhalten Urlaubsgeld sowie eine Vergütung für die Reise- und Aufenthaltskosten nach den geltenden staatlichen Bestimmungen, soweit nicht aus anderen Bestimmungen eine Vergütung für diese Kosten aus der Staatskasse gewährt wird.

Paragraph 4: Tätigkeiten und Zuständigkeiten

Artikel 8

1. Die Kommission beurteilt anhand des Berichts im Sinne von Artikel 7 Absatz 2 des Gesetzes über das Bestattungswesen, ob der Arzt, der Lebensbeendigung auf Verlangen angewendet oder Hilfe zur Selbsttötung geleistet hat, gemäß den Sorgfaltspflichten im Sinne von Artikel 2 gehandelt hat.
2. Die Kommission kann den Arzt ersuchen, seinen Bericht schriftlich oder mündlich zu ergänzen, wenn dies für eine rechte Beurteilung des ärztlichen Handelns erforderlich ist.
3. Die Kommission kann beim amtsärztlichen Leichenbeschauer, dem Berater oder den beteiligten Sozialarbeitern Erkundigungen einholen, wenn dies für eine rechte Beurteilung des ärztlichen Handelns erforderlich ist.

Artikel 9

1. Die Kommission setzt den Arzt binnen sechs Wochen nach Empfang des Berichts im Sinne von Artikel 8 Absatz 1 schriftlich von ihrem begründeten Urteil in Kenntnis.
2. Die Kommission setzt die Versammlung der Generalstaatsanwälte und den regionalen Inspektor für die Gesundheitspflege von ihrem Urteil in Kenntnis;
   a. wenn der Arzt nach dem Urteil der Kommission nicht in Übereinstimmung mit den Sorgfaltspflichten im Sinne von Artikel 2 oder
   b. wenn die Situation im Sinne von Artikel 12 letzter Satz des Gesetzes über das Bestattungswesen eintritt. Die Kommission setzt den Arzt hiervon in Kenntnis.

3. Der in Absatz 1 genannte Termin kann einmal für höchstens sechs Wochen verlängert werden. Die Kommission setzt den Arzt hiervon in Kenntnis.
4. Die Kommission ist befugt, das durch sie gefällte Urteil dem Arzt gegenüber mündlich zu erläutern. Diese mündliche Erläuterung kann auf Ersuchen der Kommission oder auf Ersuchen des Arztes stattfinden.

Artikel 10

Die Kommission ist verpflichtet, dem Staatsanwalt auf Anfrage alle Auskünfte zu erteilen, welche er benötigt:

1. zum Zwecke der Beurteilung des ärztlichen Handelns im Falle des Artikel 9 Absatz 2; oder
2. zum Zwecke einer Ermittlung.

Paragraph 6: Arbeitsweise

Artikel 11

Die Kommission ist zur Registrierung der zur Beurteilung gemeldeten Fälle der Lebensbeendigung auf Verlangen oder Hilfe zur Selbsttötung verpflichtet. Weitere Bestimmungen darüber können durch ministerielle Regelung unserer Minister aufgestellt werden.

Artikel 12

1. Ein Urteil wird durch einfache Stimmenmehrheit festgestellt.
2. Ein Urteil kann durch die Kommission nur festgestellt werden, wenn alle Mitglieder der Kommission an der Abstimmung teilgenommen haben.

Artikel 13

Die Vorsitzenden der regionalen Prüfungskommissionen beratschlagen einander mindestens zwei Mal pro Jahr über Arbeitsweise und Funktionieren der Kommissionen. Zu den Beratungen werden ein Vertreter der Versammlung der Generalstaatsanwälte und ein Vertreter der Aufsicht für die Gesundheitspflege der Staatsaufsicht über die Volksgesundheit eingeladen.

Paragraph 8: Geheimhaltung und Befreiung bei Befangenheit

Artikel 14

Die Mitglieder und stellvertretenden Mitglieder der Kommission sind zur Geheimhaltung der Daten verpflichtet, die ihnen bei der Ausführung ihrer Tätigkeit zur Verfügung stehen, sofern und soweit nicht eine gesetzliche Vorschrift sie zur Mitteilung verpflichtet oder sich die Notwendigkeit der Mitteilung aus ihrer Arbeit ergibt.

Artikel 15

Ein Mitglied der Kommission, daß zur Verhandlung einer Sache einen Sitz in der Kommission hat, verweigert sich und kann wegen Befangenheit befreit werden, wenn Tatsachen oder Umstände vorliegen, durch welche die Unparteilichkeit seines Urteils leiden könnte.

Artikel 16

Ein Mitglied, ein stellvertretendes Mitglied und der Sekretär der Kommission enthalten sich der Abgabe eines Urteils über das Vorhaben eines Arztes, Lebensbeendigung auf Verlangen anzuwenden oder Hilfe zur Selbsttötung zu leisten.

Paragraph 8: Berichterstattung

Artikel 17

1. Die Kommission legt unseren Ministern jährlich vor dem 1. April einen Arbeitsbericht über das abgelaufene Kalenderjahr vor. Unsere Minister können durch ministerielle Regelung hierfür ein Muster bestimmen.
2. Der Arbeitsbericht im Sinne des Absatz 1 gibt in jedem Fall an:
   a. die Anzahl gemeldeter Fälle der Lebensbeendigung auf Verlangen und Hilfe zur Selbsttötung, über welche die Kommission ein Urteil abgegeben hat;
   b. die Art dieser Fälle;
   c. die Urteile und die dabei vorgenommenen Abwägungen.

Artikel 18

Unsere Minister legen anläßlich der Vorlage des Haushaltsplanes dem Staaten-General aufgrund des in Artikel 17 Absatz 1 bestimmten Arbeitsberichts jährlich Bericht vor über das Funktionieren der Kommissionen.

Artikel 19

1. Auf Vorschlag unserer Minister werden in bezug auf die Kommissionen durch allgemeine Regierungsverordnung Regelungen aufgestellt betreffend
   a. ihre Anzahl und relative Zuständigkeit;
   b. ihren Sitz
2. Durch oder aufgrund allgemeine Regierungsverordnung können unsere Minister in bezug auf die Kommissionen nähere Regelungen aufstellen betreffend
   a. ihren Umfang und Zusammensetzung;
   b. ihre Arbeitsweise und Berichterstattung.

Kapitel 4. Änderungen in anderen Gesetzen

Artikel 20

Das Strafgesetzbuch wird wie folgt geändert.

Artikel 293 wird lauten:

1. Wer vorsätzlich das Leben eines anderen auf dessen ausdrückliches und ernsthaftes Verlangen beendet, wird mit Gefängnisstrafe bis zu zwölf Jahren oder Geldstrafe der fünften Kategorie bestraft.
2. Die Tat im Sinne des Absatz 1 ist nicht strafbar, wenn sie durch einen Arzt begangen ist, der dabei die Sorgfaltspflichten im Sinne von Artikel 2 des Gesetzes zur Prüfung Lebensbeendigung auf Verlangen und Hilfe zur Selbsttötung einhält und hiervon den amtsärztlichen Leichenbeschauer hiervon Artikel 7 Absatz 2 des Gesetzes über das Bestattungswesen benachrichtigt.

Artikel 294 wird lauten:

1. Wer vorsätzlich einen anderen zur Selbsttötung antreibt, wird mit Gefängnisstrafe bis zu drei Jahren oder Geldstrafe der vierten Kategorie bestraft, wenn der Selbstmord erfolgt.
2. Wer vorsätzlich einem anderen bei der Selbsttötung behilflich ist oder ihm die Mittel dazu verschafft, wird mit Gefängnisstrafe bis zu drei Jahren oder Geldstrafe der vierten Kategorie bestraft, wenn der Selbstmord erfolgt. Artikel 293 Absatz 2 ist anwendbar.

In Artikel 295 wird nach ‚293' hinzugefügt: *‚Absatz 1'*

In Artikel 422 wird nach ‚293' hinzugefügt: *‚Absatz 1'*

Artikel 21

Das Gesetz über das Bestattungswesen wird wie folgt geändert.

Artikel 7 wird lauten:

1. Der die Leichenschau Verrichtende gibt einen Totenschein ab, wenn er der Überzeugung ist, daß der Tod infolge einer natürlichen Ursache eingetreten ist.
2. Wenn der Tod die Folge einer Lebensbeendigung auf Verlangen oder Hilfe zur Selbsttötung im Sinne von Artikel 293 Absatz 2 bzw. Artikel 294 Absatz 2 Satz 2 des Strafgesetzbuches war, gibt der behandelnde Arzt keinen Totenschein ab und erstattet über die Ursache des Ablebens unverzüglich Nachricht an den amtsärztlichen Leichenbeschauer oder einen der amtsärztlichen Leichenbeschauer durch Ausfüllen eines Formulars. Der Nachricht fügt der Arzt einen begründeten Bericht über die Einhaltung der Sorgfaltspflichten im Sinne von Artikel 2 des Gesetzes zur Prüfung Lebensbeendigung auf Verlangen und Hilfe zur Selbsttötung bei.
3. Wenn der behandelnde Arzt in anderen Fällen als denen im Sinne des Absatz 2 der Meinung ist, keinen Totenschein abgeben zu können, teilt er dies unverzüglich dem amtsärztlichen Leichenbeschauer oder einem der amtsärztlichen Leichenbeschauer durch Ausfüllen eines Formulars mit.

Artikel 9 wird lauten:

1. Die Form und der Inhalt der Muster des vom behandelnden Arzt und vom amtsärztlichen Leichenbeschauer abzugebenden Totenscheines werden durch allgemeine Regierungsverordnung geregelt.
2. Die Form und der Inhalt der Muster der Benachrichtigung und des Berichts im Sinne von Artikel 7 Absatz 2, der Benachrichtigung im Sinne von Artikel 7 Absatz 3 und der Formulare im Sinne von Artikel 10 Absatz 1 und 2 werden durch allgemeine Regierungsverordnung auf Vorschlag unseres Justizministers und unseres Ministers für Volksgesundheit, Wohlfahrt und Sport geregelt.

Artikel 10 wird lauten:

1. Wenn der amtsärztliche Leichenbeschauer meint, nicht zur Abgabe eines Totenscheines übergehen zu können, erstattet er durch Ausfüllen eines Formulars unverzüglich Bericht an den Staatsanwalt und benachrichtigt unverzüglich den Standesbeamten.
2. Unbeschadet des Absatz 1 benachrichtigt der amtsärztliche Leichenbeschauer, wenn es sich um eine Benachrichtigung im Sinne von Artikel 7 Absatz 2 handelt, durch Ausfüllen eines Formulars ferner die regionale Prüfungskommission im Sinne von Artikel 3 Gesetz zur Prüfung Lebensbeendigung auf Verlangen und Hilfe zur Selbsttötung. Dem fügt er den begründeten Bericht im Sinne von Artikel 7 Absatz 2 hinzu.

An Artikel 12 wird folgender Satz hinzugefügt:

Wenn der Staatsanwalt in den Fällen im Sinne von Artikel 7 Absatz 2 der Meinung ist, nicht zur Abgabe einer Unbedenklichkeitserklärung zum Begräbnis oder Verbrennung übergehen zu können, setzt er den amtsärztlichen Leichenbeschauer und die regionale Prüfungskommission im Sinne von Artikel 3 Gesetz zur Prüfung Lebensbeendigung auf Verlangen oder Hilfe zur Selbsttötung hiervon unverzüglich in Kenntnis.

In Artikel 81, Abschnitt 1, wird „*7 Absatz 1*“ ersetzt durch: „*7 Absatz 1 und 2*“.

Artikel 22

Das Allgemeine Verwaltungsgesetz wird wie folgt geändert.

In Artikel 1:6 wird an das Ende des Abschnitt d der Punkt durch ein Semikolon ersetzt und wird folgender fünfter Abschnitt hinzugefügt:

a. Königliche Erlasse und Verhandlungen zur Ausführung des Gesetzes zur Prüfung Lebensbeendigung auf Verlangen oder Hilfe zur Selbsttötung.

Kapitel 5 [sic]. Schlußbestimmungen

Artikel 23

Dieses Gesetz tritt zu einem durch Königlichen Erlaß zu bestimmenden Zeitpunkt in Kraft.

Artikel 24

Dieses Gesetz wird angeführt als: *Gesetz zur Prüfung Lebensbeendigung auf Verlangen und Hilfe zur Selbsttötung.*

...daß dieses im Staatsblatt veröffentlicht werden soll und daß alle Minister, Behörden, Gremien und Beamte, die es betrifft, eine vollständige Fassung erhalten sollen.

Der Justizminister und der Minister für Volksgesundheit, Wohlfahrt und Sport

Die Reihe RECHT UND MEDIZIN wird von den Professoren Deutsch (Göttingen), Laufs (Heidelberg) und Schreiber (Göttingen) herausgegeben. Ihre Aufgabe ist es, Monographien und Dissertationen auf dem Gebiet des medizinischen Rechts zu veröffentlichen. Dieses Gebiet, das an Bedeutung noch zunehmen wird, umfaßt auf der juristischen Seite sowohl zivilrechtliche als auch straf- und öffentlich-rechtliche Fragestellungen. Die Fragen können von der juristischen oder von der medizinischen Seite aus untersucht werden. Übergreifendes Ziel ist es, den medizin-rechtlichen Fragen nicht etwa ein gängiges juristisches Denkschema überzuwerfen, sondern die besonderen Probleme der Regelung medizinischer Sachverhalte eigenständig aufzufassen und darzustellen.

Die Adressen der drei Herausgeber sind:

Prof. Dr. Dr. h.c. Erwin Deutsch (Zivilrecht und Rechtsvergleichung)
Höltystraße 8
37085 Göttingen

Prof. Dr. Dr. h.c. Adolf Laufs (Zivilrecht und Rechtsgeschichte)
Kohlackerweg 12
69151 Neckargemünd

Prof. Dr. Dr. h.c. Hans-Ludwig Schreiber (Strafrecht und Rechtstheorie)
Linzer Straße 1
30519 Hannover

RECHT UND MEDIZIN

Band 1 Erwin Deutsch: Das Recht der klinischen Forschung am Menschen. Zulässigkeit und Folgen der Versuche am Menschen, dargestellt im Vergleich zu dem amerikanischen Beispiel und den internationalen Regelungen. 1979.

Band 2 Thomas Carstens: Das Recht der Organtransplantation. Stand und Tendenzen des deutschen Rechts im Vergleich zu ausländischen Gesetzen. 1979.

Band 3 Moritz Linzbach: Informed Consent. Die Aufklärungspflicht des Arztes im amerikanischen und im deutschen Recht. 1980.

Band 4 Volker Henschel: Aufgabe und Tätigkeit der Schlichtungs- und Gutachterstellen für Arzthaftpflichtstreitigkeiten. 1980.

Band 5 Hans Lilie: Ärztliche Dokumentation und Informationsrechte des Patienten. Eine arztrechtliche Studie zum deutschen und amerikanischen Recht. 1980.

Band 6 Peter Mengert: Rechtsmedizinische Probleme in der Psychotherapie. 1981.

Band 7 Hazel G.S. Marinero: Arzneimittelhaftung in den USA und Deutschland. 1982.

Band 8 Wolfram Eberbach. Die zivilrechtliche Beurteilung der *Humanforschung*. 1982.

Band 9 Wolfgang Deuchler: Die Haftung des Arztes für die unerwünschte Geburt eines Kindes ("wrongful birth"). Eine rechtsvergleichende Darstellung des amerikanischen und deutschen Rechts. 1984.

Band 10 Hermann Schünemann: Die Rechte am menschlichen Körper. 1985.

Band 11 Joachim Sick: Beweisrecht im Arzthaftpflichtprozeß. 1986.

Band 12 Michael Pap: Extrakorporale Befruchtung und Embryotransfer aus arztrechtlicher Sicht; insbesondere: Der Schutz des werdenden Lebens in vitro. 1987.

Band 13 Sabine Rickmann: Zur Wirksamkeit von Patiententestamenten im Bereich des Strafrechts. 1987.

Band 14 Joachim Czwalinna: Ethik-Kommissionen - Forschungslegitimation durch Verfahren. 1987.

Band 15 Günter Schirmer: Status und Schutz des frühen Embryos bei der *In-vitro*-Fertilisation. Rechtslage und Diskussionsstand in Deutschland im Vergleich zu den Ländern des angloamerikanischen Rechtskreises. 1987.

Band 16 Sabine Dönicke: Strafrechtliche Aspekte der Katastrophenmedizin. 1987.

Band 17 Erwin Bernat: Rechtsfragen medizinisch assistierter Zeugung. 1989.

Band 18 Hartmut Schulz: Haftung für Infektionen. 1988.

Band 19 Herbert Harrer: Zivilrechtliche Haftung bei durchkreuzter Familienplanung. 1989.

Band 20 Reiner Füllmich: Der Tod im Krankenhaus und das Selbstbestimmungsrecht des Patienten. Über das Recht des nicht entscheidungsfähigen Patienten, künstlich lebensverlängernde Maßnahmen abzulehnen. 1990.

Band 21 Franziska Knothe: Staatshaftung bei der Zulassung von Arzneimitteln. 1990.

Band 22 Bettina Merz: Die medizinische, ethische und juristische Problematik artifizieller menschlicher Fortpflanzung. Artifizielle Insemination, In-vitro-Fertilisation mit Embryotransfer und die Forschung an frühen menschlichen Embryonen. 1991.

Band 23 Ferdinand van Oosten: The Doctrine of Informed Consent in Medical Law. 1991.

Band 24 Stephan Cramer: Genom- und Genanalyse. Rechtliche Implikationen einer "Prädiktiven Medizin". 1991.

Band 25 Knut Schulte: Das standesrechtliche Werbeverbot für Ärzte unter Berücksichtigung wettbewerbs- und kartellrechtlicher Bestimmungen. 1992.

Band 26 Young-Kyu Park: Das System des Arzthaftungsrechts. Zur dogmatischen Klarstellung und sachgerechten Verteilung des Haftungsrisikos. 1992.

Band 27 Angela Könning-Feil: Das Internationale Arzthaftungsrecht. Eine kollisionsrechtliche Darstellung auf sachrechtsvergleichender Grundlage. 1992.

Band 28 Jutta Krüger: Der Hamburger Barmbek/Bernbeck-Fall. Rechtstatsächliche Abwicklung und haftungsrechtliche Aspekte eines medizinischen Serienschadens. 1993.

Band 29 Alexandra Goeldel: Leihmutterschaft – eine rechtsvergleichende Studie. 1994.

Band 30 Thomas Brandes: Die Haftung für Organisationspflichtverletzung. 1994.

Band 31 Winfried Grabsch: Die Strafbarkeit der Offenbarung höchstpersönlicher Daten des ungeborenen Menschen. 1994.

Band 32 Jochen Markus: Die Einwilligungsfähigkeit im amerikanischen Recht. Mit einem einleitenden Überblick über den deutschen Diskussionsstand. 1995.

Band 33 Meltem Göben: Arzneimittelhaftung und Gentechnikhaftung als Beispiele modernen Risikoausgleichs mit rechtsvergleichenden Ausblicken zum türkischen und schweizerischen Recht. 1995.

Band 34 Regine Kiesecker: Die Schwangerschaft einer Toten. Strafrecht an der Grenze von Leben und Tod – Der Erlanger und der Stuttgarter Baby-Fall. 1996.

Band 35 Doris Voll: Die Einwilligung im Arztrecht. Eine Untersuchung zu den straf-, zivil- und verfassungsrechtlichen Grundlagen, insbesondere bei Sterilisation und Transplantation unter Berücksichtigung des Betreuungsgesetzes. 1996.

Band 36 Jens-M. Kuhlmann: Einwilligung in die Heilbehandlung alter Menschen. 1996.

Band 37 Hans-Jürgen Grambow: Die Haftung bei Gesundheitsschäden infolge medizinischer Betreuung in der DDR. 1997.

Band 38 Julia Röver: Einflußmöglichkeiten des Patienten im Vorfeld einer medizinischen Behandlung. Antezipierte Erklärung und Stellvertretung in Gesundheitsangelegenheiten. 1997.

Band 39 Jens Göben: Das Mitverschulden des Patienten im Arzthaftungsrecht. 1998.

Band 40 Hans-Jürgen Roßner: Begrenzung der Aufklärungspflicht des Arztes bei Kollision mit anderen ärztlichen Pflichten. Eine medizinrechtliche Studie mit vergleichenden Betrachtungen des nordamerikanischen Rechts. 1998.

Band 41 Meike Stock: Der Probandenschutz bei der medizinischen Forschung am Menschen. Unter besonderer Berücksichtigung der gesetzlich nicht geregelten Bereiche. 1998.

Band 42 Susanne Marian: Die Rechtsstellung des Samenspenders bei der Insemination / IVF. 1998.

Band 43 Maria Kasche: Verlust von Heilungschancen. Eine rechtsvergleichende Untersuchung. 1999.

Band 44 Almut Wilkening: Der Hamburger Sonderweg im System der öffentlich-rechtlichen Ethik-Kommissionen Deutschlands. 2000.

Band 45 Jonela Hoxhaj: Quo vadis Medizintechnikhaftung? Arzt-, Krankenhaus- und Herstellerhaftung für den Einsatz von Medizinprodukten. 2000.

Band 46 Birgit Reuter: Die gesetzliche Regelung der aktiven ärztlichen Sterbehilfe des Königreichs der Niederlande – ein Modell für die Bundesrepublik Deutschland? 2001.
2. durchgesehene Auflage 2002.

Band 47 Klaus Vosteen: Rationierung im Gesundheitswesen und Patientenschutz. Zu den rechtlichen Grenzen von Rationierungsmaßnahmen und den rechtlichen Anforderungen an staatliche Vorhaltung und Steuerung im Gesundheitswesen. 2001.

Band 48 Bong-Seok Kang: Haftungsprobleme in der Gentechnologie. Zum sachgerechten Schadensausgleich. 2001.

Band 49 Heike Wachenhausen: Medizinische Versuche und klinische Prüfung an Einwilligungsunfähigen. 2001.

Band 50 Thomas Hasenbein: Einziehung privatärztlicher Honorarforderungen durch Inkassounternehmen. 2002.

Band 51 Oliver Nowak: Leitlinien in der Medizin. Eine haftungsrechtliche Betrachtung. 2002.

Band 52 Christina Herrig: Die Gewebetransplantation nach dem Transplantationsgesetz. Entnahme – Lagerung – Verwendung unter besonderer Berücksichtigung der Hornhauttransplantation. 2002.

Band 53 Matthias Nagel: Passive Euthanasie. Probleme beim Behandlungsabbruch bei Patienten mit apallischem Syndrom. 2002.

Band 54 Miriam Ina Saati: Früheuthanasie. 2002.

Kolibri 360 GmbH
Ferdinand-Jühlke-Straße 7
99095 Erfurt, Deutschland
produktsicherheit@kolibri360.de

Druck:
CPI Druckdienstleistungen GmbH
im Auftrag der
Kolibri 360 GmbH
Ferdinand-Jühlke-Str. 7
99095 Erfurt